Kolhoff-Kahl

Ästhetische Muster-Bildungen

Kontext Kunstpädagogik Band 21

herausgegeben von Johannes Kirschenmann, Maria Peters und Frank Schulz

Iris Kolhoff-Kahl

Ästhetische Muster-Bildungen

Ein Lehrbuch

mit ästhetischen Werkstätten
zum Thema Kleid – Körper – Kunst

kopaed (muenchen)
www.kopaed.de

Bibliografische Information Der Deutschen Nationalbibliothek
Die Deutsche Nationalbibliothek verzeichnet diese Publikation in der Deutschen Nationalbibliografie; detaillierte bibliografische Daten sind im Internet über http://dnb.ddb.de abrufbar

Gedruckt mit freundlicher Unterstützung von:

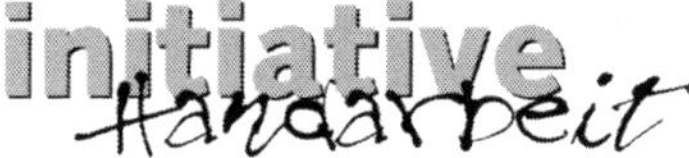

Titelbild: Lee Wagstaff, Performance 2000, aus: Brüderlin, M. (Hg.): Ornament und Abstraktion Kunst der Kulturen, Moderne und Gegenwart im Dialog, DuMont-Verlag, Köln 2001. – Inhaber der Bildrechte, die wir nicht recherchieren konnten, bitten wir, sich beim Verlag zu melden. Berechtigte Ansprüche werden selbstverständlich im Rahmen der üblichen Vereinbarungen abgegolten.

ISBN 978-3-86736-121-7

Druck: Kessler-Druck+Medien, Bobingen

Pfälzer-Wald-Str. 64, 81539 München
Fon: 089. 688 900 98 Fax: 089. 689 19 12
e-mail: info@kopaed.de Internet: www.kopaed.de

Inhaltsverzeichnis

1 Vor-Muster

Wir mustern die Anderen und werden gemustert, ohne dass wir uns diesem Wahrnehmungsprozess entziehen können. Unsere ästhetische Wahrnehmung bildet, ob wir wollen oder nicht, immer Muster aus, die zwei Seiten umfassen: Selektion und Kontingenz. Wir müssen uns für eine Ordnung entscheiden und lassen andere Optionen damit aus.

In Claudia Rogges Rapport-Bildern, die die Düsseldorfer Künstlerin 2004/05 präsentierte und unter dem Titel »Uniform« weitergeführt hat, fügen sich die Figuren und ihre Körperteile zu einem ornamentähnlichen Muster zusammen, die wie eine Metapher für die ästhetische Standardisierung unseres Alltags in einer zunehmend globaleren Welt stehen (vgl. Raap 2008, 96). Die Uniformierungen der Menschen in Rogges Bildern thematisieren die Einbindung von uns allen in einen normierten Alltag. Die uniformen Muster können sich so autoritär gebaren, dass der Einzelne kaum noch Freiraum zu individuellen Musterveränderungen findet. Sie können aber auch Sicherheit und Ordnung, sowie Orientierung in der Vielfalt der sinnlichen Wahrnehmung des Alltages geben. Gleichzeitig normieren uniforme ästhetische Körperbilder unsere Wahrnehmung für das, was schön oder hässlich, dazugehörend oder als das Andere außenstehend, gilt. Man denke nur an die Fußballfans, Militäruniformen, Flugbegleiterinnen, Trachten, Jugendmoden. Es finden sich auch Uniformierungen im Häuserstil, im Autodesign, Inneneinrichtung, Spielzeugen etc..

Uniforme Musterungen bilden Normalität aus, sind sozial-kulturelle Standardisierungen, die ästhetisch wahrgenommen werden. Diese alltäglichen Uniformierungsmuster kennt jeder Leser und nicht umsonst sagt der Volksmund: »Zeig mir deine Kleidung/deinen Körper und ich sag dir, wer du bist.« Jeder hat schon erfahren, dass ihm die Fremdmusterung gar nicht gefiel. Die 60jährige Künstlerin Orlan ließ ihr Gesicht in einer Life-Performance nach verschiedenen historischen Schönheitsidealen operieren. Ihre Körperkunst ist ein ästhetischer Widerstand gegen kontrollierende Schönheitsmuster. Orlan erzählt in einem Interview mit Heinz-Norbert Jocks folgendes Erlebnis: »Ich komme nach drei Jahren aus den Vereinigten Staaten zurück, wo ich sicher sein kann, draußen auf der Straße Leute zu treffen, die mir sagen: »Wonderful, I love your look and your style!« Zurück in Frankreich, wo ich nach einem Taxi Ausschau halte, schreit mir ein junger Mann auf dem Fahrrad entgegen: »Geh dahin zurück, wo Du herkommst! Hast Du Deine Fresse gesehen? Wie siehst Du denn aus! Die Zeit der Punks ist vorbei.« Der Blick der Anderen ist also nie der gleiche. In der Kunst gibt es sowohl die, die dich für genial und das, was du machst, für revolutionär halten, und jene, die sagen, das sei keine Kunst, sondern Schrott. So ist das mit dem Spiegel. Er hat immer zwei Seiten, und es amüsiert mich, dass das so extrem auseinandergeht.« (Orlan 2008, 75).

Leicht geraten Musterungen in Vorurteile, weil man das, was man als alltägliche Körperbilder wahrnimmt, für die normale Wirklichkeit hält. Erst durch Orlans Erscheinen fällt dem Franzosen auf, dass etwas anders ist und aus Angst vor dem Anderen in sich selbst, beleidigt er sie. Er sieht das Normale, was sonst unsichtbar ist, durch Orlans Alterität bedroht, womöglich weil seine ästhetischen Wahrnehmungsmuster sehr eng korsettiert sind.

Aber was sind schon »normale« Wahrnehmungsmuster? Wir müssen alltäglich unsere sinnliche Wahrnehmung so selektieren, dass wir uns ästhetische Ordnungen schaffen, sonst würden wir in der Vielfalt der Möglichkeiten nicht überleben können. Und so kreieren wir normale Muster, die kulturell verortet sind und sich wie im Beispiel von Orlan sehr unterscheiden können. Treffen die alltäglichen, normal empfundenen Muster auf unbekannte, irritierende Wahrnehmungen, so müssen wir uns verhalten, vergleichen, anpassen, abwehren oder neue Muster bilden.

Das Anderssein muss man nicht erst in der weiten Fremde suchen, sondern erlebt es im eigenen Alltag und schon Kinder und Jugendliche erfahren »Wie siehst du denn aus?« tagtäglich in der Schule, weil wir intuitiv spüren, welches die kulturell gemachten »normalen« Wahrnehmungsmuster sind. Junge Männer erfahren dies besonders intensiv bei der Musterung der Bundeswehr, wo ihr Körper auf dem Prüfstein des Fitseins für das spezifische Muster »Bundeswehrsoldat« steht.

Körper und Kleid spielen bei den alltäglichen sinnlichen Wahrnehmungen in der Begegnung von Menschen eine nicht zu unterschätzende Rolle. »Das Medium ist die Botschaft.« (McLuhan 1995, 21) und Kleid- und Körperbilder transportieren Ordnungsmuster, die es uns in Sekundenschnelle erlauben, den gegenüberstehenden Menschen gesellschaftlich einzustufen (vgl. Kolhoff-Kahl 2004, 175). Passt das Erscheinungsbild in die gewohnten Kontrollmechanismen oder das schematische Verstehen des Betrachters (vgl. Geertz 1992, 70), hält sich der menschliche Blick nicht länger beim Anderen auf. Stört das äußere Outfit aber die bisherigen Wahrnehmungsmuster, bleibt der Blick hängen, die zweite Haut wird intensiver betrachtet. Bei diesem »Outfit-Scanning« sind wir Menschen immer beides zugleich, wir beobachten und sind Beobachtete. Es kommt zu ästhetischen Differenzen, Muster werden assimiliert oder transformiert, Gestaltungszwischenräume entstehen, und das nicht nur in performativen Situationen der Alltagsästhetik. Kunst, Mode oder Design sind Felder, in denen ästhetische Musterverschiebungen unsere alltäglichen Ordnungen in Frage stellen und im

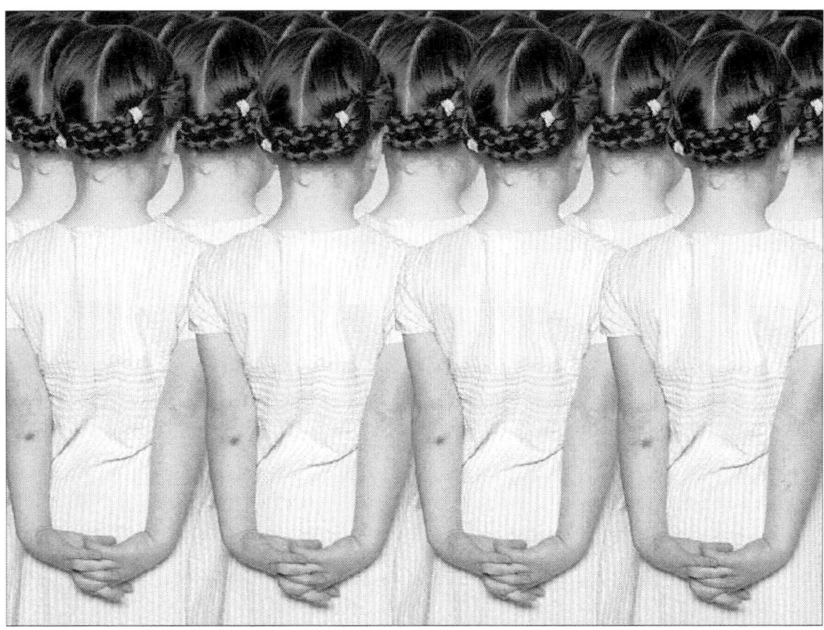

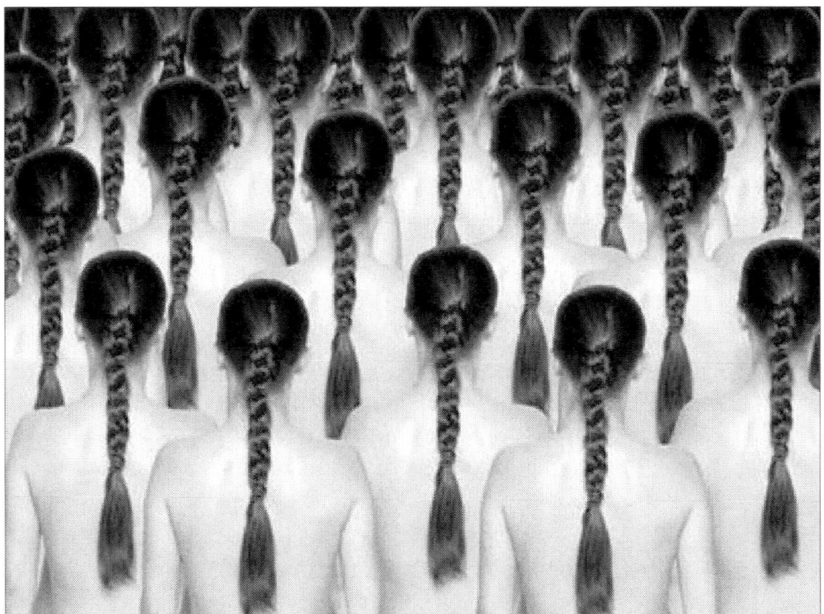

Abb. 1: Claudia Rogge: Rapport, 2005

schulischen Bereich sind es die ästhetischen Lernfelder, wo diese oft unbekannten Strategien zum Erfinden von neuen Identitäten, Wirklichkeiten oder auch Alltagsgestaltungen des eigenen Körpers und seiner Erscheinungsformen führen können. »Das Normale lernen wir nebenbei im Alltag, im (Kunst)Unterricht geht es darum, dieses Normale als Konstruktion zu verstehen, als das schematische Verstehen zu verstehen (…) nach der Gebrauchsempfehlung »Betrachten Sie es *wie* Kunst.«. Den Supermarkt, das Tanken, die Autobahn, die Plakatwand, die Wohnungstür und all die anderen Erscheinungen des sog. Alltags.« (Billmayer 2005, 14).

Meine Motivation für das Buch »Muster-Bildungen« ist, solchen Menschen ein pädagogisch orientiertes Denkmodell an die Hand zu geben, die in ihrem Berufsleben Kinder und Jugendliche, Studierende und Lehramtsanwärter in ästhetisch bildenden Fächern unterrichten werden (Kunst, Medien, Gestalten, Werken, Textil, Design, Mode, Hauswirtschaft etc.). Meine Liebe und mein Interesse gilt diesen Menschen und ihren Möglichkeiten, die Welt ästhetisch mit offenen Augen, Ohren, Nasen, Händen bzw. ihren Körpern wahrzunehmen, sich mit Hunderten von verschiedenen Sprachen ausdrücken zu können, mit den Gefühlen denken und mit dem Verstand fühlen zu können; Dinge, Verhalten oder Emotionen in neue Kontexte setzen zu können… Ich wünsche mir, dass die jungen Menschen dieser Welt, viele Sichtweisen kennen lernen, dass sie die Konstruktion ihrer ästhetischen Alltagsmuster oder Weltbilder reflektieren und verändern können, dass sie dadurch komplexer und menschlicher, sich ihrer eigenen Geschichtlichkeit bewusst werden. Vielleicht wird es ihnen dadurch gelingen, für Mitmenschlichkeit und Verschiedenartigkeit einzutreten und Ideologien bzw. kulturell erstarrte Vorurteile und Unglück mit Zivilcourage zu hinterfragen und gegen sie vorzugehen. Differenzierte ästhetische Wahrnehmungen und künstlerische Ausdrucksweisen bzw. Strategien verhelfen, das sonst Unsagbare sagbar zu machen, nicht nur in der Therapie, sondern auch im alltäglichen Leben; sie können die Menschen einer demokratischen Gesellschaft humaner und kreativer werden lassen.

Dazu bedarf es aber der Bildung, und zwar nicht nur der Wissensbildung, sondern vor allem der ästhetischen Bildung, die Gefühl und Denken vereint. Meine Textildidaktik (2005) war der erste Versuch, aufzuzeigen, was das Fach Textil zu dieser ästhetischen Bildung beitragen kann. »Muster-Bildungen« arbeitet an der Schnittstelle von ästhetischen Fächern, weil es nicht mehr in Fachdidaktiken getrennt denkt, sondern versucht, die ästhetische Bildung möglichst ganzheitlich als Lern- und Forschungsprozess in Schulen zu verorten. Alte polarisierende Wertmuster der »hohen Kunst« und der »niederen angewandten Künste«, Unterscheidung von Handarbeit, Werken, Gestalten oder bildender Kunst, die sich aus traditionellen Ästhetikkonzepten speisen, werden hier nicht weiter diskutiert oder zur Abgrenzung und Profilbildung von Fächern herangezogen, auch wenn dies im politischen Alltag von Hochschule und Schule noch immer Gang und Gäbe ist. Im Lebensalltag haben sich die Grenzen von Mode, Design, Handarbeit, Werken, Medien und Kunst längst vermischt und inspirieren sich gegenseitig.

Es ist ein Buch der praktischen Pädagogik, in dem Muster-Bildungen auf wissenschaftlichen Theorien der Bildungsforschung, des Konstruktivismus und der Systemtheorie, der Kreativitätsforschung und der Neurophysiologie begründet (vgl. Kap. 2) und in spezifischen Zugangsweisen der ästhetischen Bildung weitergeführt wird. Ziel ist es, sich mit Hilfe von ästhetischen Mustererkennungen und künstlerischen Strategien an ästhetischen Ordnungen und Normierungen zu reiben, sie zu verschieben, zu verdichten oder zu transformieren, um die eigene kulturelle Verbundenheit in ästhetische Muster, aber auch die kreative Kraft zur Möglichkeit des Andersseins zu erfahren und auszuprobieren.

Ich möchte mit diesem didaktischen Lehrbuch vor allem ästhetisch bildende Menschen erreichen, damit sie die Inhalte der ästhetischen Bildung klug und überzeugend legitimieren, eigene neue Anregungen finden, um im anstrengenden Bildungsalltag durchzuhalten, ob in Kindertagesstätten, Schulen, außerschulischen Lernorten wie Museen oder Jugendzentren und nicht zuletzt die ästhetische Bildung für sich selbst als Motor für das Verstehen von Welt zu erhalten. Wie immer schreibe ich für ein Publikum, das mich verstehen soll und werde versuchen, abstrakte Verallgemeinerungen und eine komplizierte Wissenschaftssprache zu vermeiden, stattdessen in konkreter, einfacher und bodenständiger Sprache zu schreiben und dabei viele Beispiele aus dem Alltagsleben zu geben. Beispielhaft werden zur Theorie der Muster-Bildungen impulsgebende ästhetische Werkstätten (vgl. Kap. 7) zum Einstieg in das Thema »Kleid – Körper – Kunst« angeboten, die im Unterricht der weiterführenden Schulen erprobt werden können, bzw. sich an junge Menschen im Alter von ca. 10 bis 18 Jahren richten. Der Mensch und sein Körper stehen im Blickfeld dieser Werkstätten und die verschiedensten Zugänge aus Textil, Kleid, Mode, Kunst oder Design öffnen das Bewusstsein, Musterbildungen zum Körper aus alltagsästhetischen, wissenschaftlichen und künstlerischen Perspektiven zu erforschen und zu transformieren.

Das zugrunde liegende Denkmodell bzw. Menschenbild des Buches »Muster-Bildungen« ist eingebettet in die jahrhundertealte Tradition reformpädagogischer Bewegungen, die versuchen, zwischen Subjekt- und Sachorientierung eine ausgewogene Balance zu finden. Rationale, wissenschaftliche oder sachorientierte Zugänge zum Verständnis von Musterbildungen sind genauso notwendig wie subjektiv-biografisches Erfahrungslernen und künstlerisch-pragmatische Zugänge, die einen Menschen dazu befähigen, im Alltag zu handeln und zu gestalten.

Im Mittelpunkt steht der lernende Mensch, der mit seinen Wahrnehmungsmustern in Bildungsinstitutionen kommt. Diese haben sich in seinem Alltagsleben herausgebildet und sie vermitteln ihm Sicherheit, Heimat und Ordnungsgefühle. Aber ästhetisch Forschen und Lernen wäre langweilig, wenn es nur die alltäglichen Musterbildungen wiederholte oder aber nur Wissen und Fertigkeiten vermittelte, damit diese für einen Test oder eine Produkterstellung angewandt, benotet und dann wieder vergessen würden. Schlimmstenfalls landen die Objekte im Mülleimer, wie es manchmal mit Produkten aus dem Kunstunterricht geschieht. Wenn das schulische Lernen keinen Sinn im eigenen Leben macht, wenn lineare Lernwege zu dominant sind, wenn Schüler und Schülerinnen zu Lernmaschinen verkommen, die Wissen bulimisch »fressen und kotzen« (Kahl 2000), dann entstehen auch keine neuen Lebensmuster, keine kreativen Ideen, keine ungewöhnliche Fragen oder spannende Identitäten. Wenn das weit verbreitete Alltagsverständnis von den ästhetisch bildenden Fächern, sich auf Themen wie Franz Marc, Hundertwasser, van Gogh oder auf die Abstraktion, das Portrait und die Landschaftsmalerei reduziert, wenn Kunst, Textil oder Werken immer noch nur mit Techniken wie Malen und Zeichnen, Töpfern und Basteln, Nähen, Stricken, Häkeln oder Holz- und Metallverarbeitung verbunden wird (Beispiele sind zufällig aus dem Alltag von Kunst-Textil-Werkunterricht gewählt), obwohl es seit Jahrzehnten so viele interessante theoretische und auch praktische neue Ansätze gibt, dann muss sich noch einiges an den ästhetischen Musterbildungen in den Bildungsinstitutionen unserer Gesellschaft tun. Künstler dürfen nicht wie Stoff vermittelt werden, Techniken dürfen nicht um ihrer selbst Willen gelehrt werden, Produkte müssen Sinn machen, auch wenn sie nicht immer nützlich sind. Dietmar Kamper schreibt, dass das Vermitteln von Kunst und Literatur als Stoff unter der Hand alles in ein Gift verwandelt, in ein lang wirkendes Gift, das die Schüler immun macht, sich je mit Begeisterung und Engagement für Literatur und Kunst zu interessieren, geschweige denn für die eigenen alltagsästhetischen Muster.

Daher möchte ich in diesem Buch, basierend auf den altbekannten Konzepten der ästhetischen Bildung[1], Musterbildungen zum Thema von Lernen machen, die die drei reformpädagogischen oder auch bildungstheoretisch begründeten Zugänge zur Erkenntnis von Welt verbinden:

1. alltagsästhetisch-biografisch (Herz) [Kapitel 3]

---

1 Schäfer und Duncker sprechen von »ästhetischer Erfahrung«, Otto spricht von »ästhetischer Rationalität«, Herzog von »ästhetischem Lernen«, Kämpf-Jansen von »ästhetischer Forschung«, Kolhoff-Kahl betont das »ästhetische Infizieren« und Vallentin spricht von »ästhetischer Bildung«, Selle vom »ästhetischen Projekt«, Masets von »ästhetischer Differenzierung« oder Staudte von »ästhetischer Erziehung«.

2. kulturwissenschaftlich-rational (Kopf) [Kapitel 4]
3. künstlerisch-pragmatisch (Hand) [Kapitel 5]

Nur so scheint für mich ein didaktisches oder auch alltägliches »Gipfelglück« statt verengendem schematischem »Tunnelblick« (Billmayer 2005, 10) für ästhetisch Lernende wie auch für Lehrende möglich. Wird einer der drei genannten Zugänge zu sehr in den Mittelpunkt gestellt, wie es leider durch die »didaktischen Schulenbildungen« manchmal geschieht, verengt sich Lernen zu einem Tunnel.

So wie wir uns kleiden und wohnen, mit welchen Dingen wir uns umgeben, schaffen wir ästhetische Heimatmuster, fühlen uns sicher und verortet. Auch hier sind Einengung, Tunnelblick oder Versklavung durch zu eng gewordene Muster eine große Gefahr. Künstlerische Strategien in der Kunst, Mode, im Design oder auch im Theater, in der Musik etc. sind Teil dieser Mustererfahrungen. Aber sie verdichten, hinterfragen, irritieren, stören oder erhöhen, verkitschen, transformieren unsere Alltagsmuster und heben kurzweilig den Tunnelblick auf.

Dazu bedarf es Menschen, die geschult sind in der ästhetischen Mustererkennung und Mustertransformation. Solche Lehrenden holen die Lernenden auch nicht dort ab, wo sie stehen und beginnen dann mit ihrem Unterrichtsstoff, in der Hoffnung, dass alle ihrem neu angebotenen Muster schon folgen werden und es als Bereicherung verstehen bzw. als neue Wahrheit, die allerdings schon bald wieder einengt.

Dieses Bild passt nicht, denn Menschen stehen nicht irgendwo, wie an einer Bushaltestelle, und warten darauf, dass sie abgeholt werden, sondern sie bewegen sich mit ihren Fähigkeiten selbstständig in ihrer Welt und machen sich laufend Bilder davon (vgl. Schäfer 2005, 13). Wir Lehrenden können also die jungen Menschen nicht irgendwo abholen, sondern wir müssen so komplex sein, dass unsere Wege sich mit denen der jungen Menschen kreuzen, und dass wir an diesen Kreuzungen verhandeln, was wir für die nächste gemeinsame Zeit zusammen erfahren, erarbeiten und durchdringen wollen. Es ist eine kreative »Ko-Konstruktion« von gemeinsamer Wirklichkeit, kein Abholen und Absetzen bei den von Erwachsenen bestimmten Zielen, um einen Musterschüler zu formen. Gemeinsam werden neue Bilder von Wirklichkeit entworfen, indem die verschiedensten ästhetischen Erfahrungs- und Wirklichkeitsmuster in neue Lebenskontexte gesetzt und erprobt werden, ohne sie in ihren Differenzen gleich machen zu wollen. Es gilt eher, sie in ihrer Vielschichtigkeit, ihrem Widerstand und ihren Widersprüchen auszuhalten, und das mit Hilfe künstlerisch-pragmatischer Strategien und im Sinne einer hermeneutisch-dialektischen Methode. Das Ergebnis werden keine Musterschüler im herkömmlichen Sinn sein, sondern junge Menschen, die lebendig immer neue Musterwechsel, - verschiebungen und -bildungen kreieren können und somit wachsam gegenüber Vorurteilen, starren ästhetischen Strukturen und Ideologien sein werden.

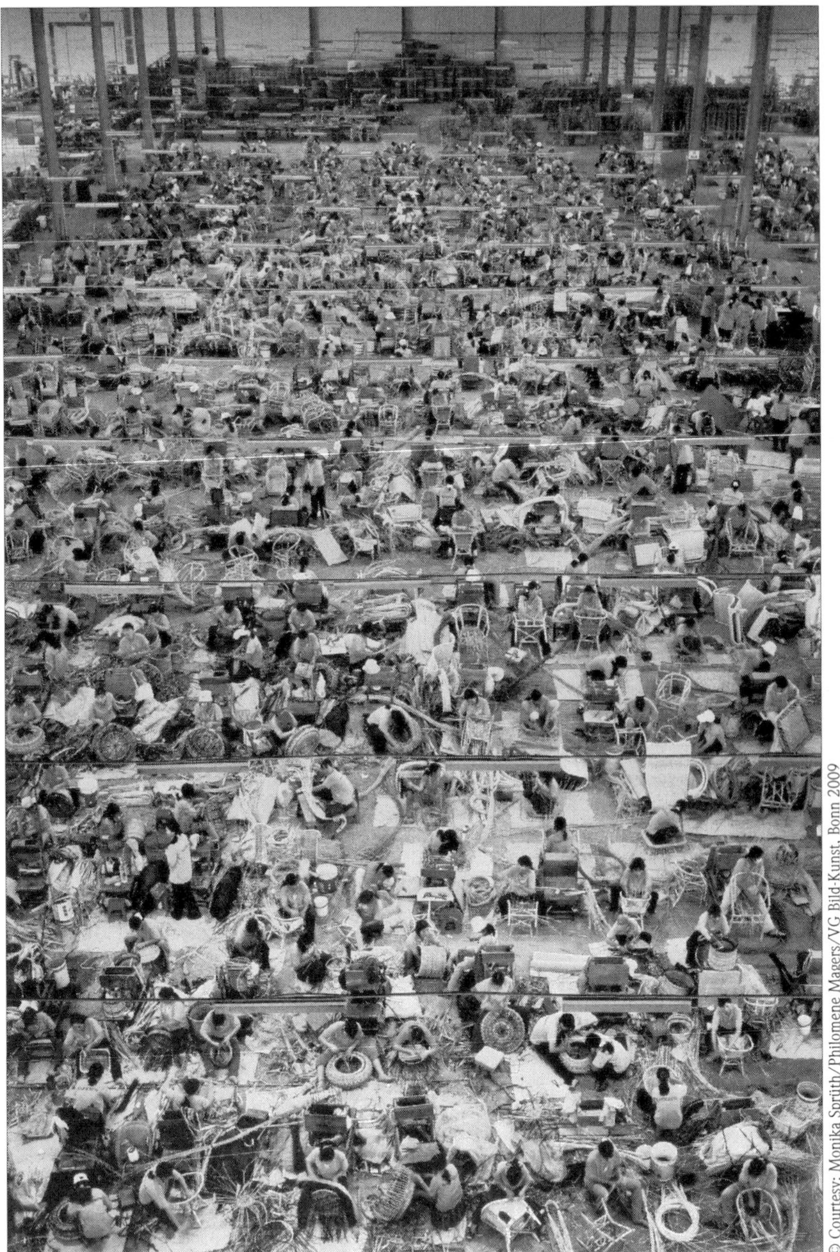

Abb. 2: Andreas Gursky: Nha Trang, 2004 (Korbflechterinnen in vietnamesischer Fabrik)

2 Muster-Bildungen

»Für sein Tun und Lassen darf man keinen andern zum Muster nehmen; weil Lage, Umstände, Verhältnisse nie die gleichen sind, und weil die Verschiedenheit des Charakters auch der Handlung einen verschiedenen Anstrich gibt.« Arthur Schopenhauer (1788 – 1860)

Muster sind gleich bleibende Merkmale oder Strukturen, die sich wiederholen. Muster können Handlungen, Denk- und Verhaltensweisen oder Gefühle strukturieren.

Seit dem 15. Jahrhundert ist das aus dem Romanischen stammende Wort Muster bei uns eingebürgert (ital. mostra, franz. monstre bzw. später montre, was so viel bedeutet wie Zeigen). Mit einem Muster zeigt man im angewandten Handwerk ein Probestück einer Arbeit. Ein Muster kann aber auch ein Vorbild bzw. eine Vorlage sein, wie ein Arbeitstück anzufertigen sei, z.B. in Bereich der Stickerei, des Nähens, der Ornamentik oder im Möbelbau. In Musterbüchern oder Designbüchern werden bis heute solche Vorlagen dokumentiert. Muster können Proben von einem Ganzen sein, wie z.B. kleine Tapeten-, Strick- oder Stoffproben. Mit Hilfe eines verbindenden Musters kann man das Wesen von Dingen erkennen. Nicht zuletzt spricht man von Menschen, die ein Muster der Tugend und Aufrichtigkeit sind, und als Vorbild menschlich erwünschten Handelns gelten (vgl. Grimmsches Wörterbuch Bd. 12, Sp. 2761ff.).

Menschen und Tiere sind evolutionär gesehen hoch effektive Mustererkennungskünstler, wenn es um die überlebensfähige Passung an die vorgegebene Umwelt geht. Die höchste Wirkung haben dabei Mustererkennungen, die von ihrem Wiederholungsfaktor weder zu häufig, noch zu selten auftreten. Was sich ständig wiederholt und keine direkte schädigende Auswirkung auf die eigene Existenz hat, fällt nicht unter die bewusste Mustererkennung von lebenden Organismen. Um ein Beispiel aus dem Bereich der körperlichen Mustererkennung zu geben: Wenn alle Frauen lange Haare tragen, dann ist dies ein gewöhnliches Alltagsmuster und fällt nicht auf. Erst in einer solchen Mustererkennung können abgeschnittene Frauenhaare ein Muster für Bestrafung, religiöses Verhalten oder als Initiationsritus für Erwachsenwerden stehen, je nach kulturellem Kontext. Mustererkennung und Musterbildung stehen komplementär zueinander. Unsere alltägliche Erkenntnissuche über die Wirklichkeit ist ständig darauf aus, Muster zu erkennen, weil sie das Leben erleichtern. Gleichzeitig bilden wir immerzu auf Basis der alten Muster neue Muster. »Um Muster wechseln zu können, braucht es Muster. Es steht eine Quadratur des Kreises an.« (Radits 2007, 9). Muster zu bilden oder Muster zu wechseln ist eine regulative Idee im kantianischen Verständnis, die sich gerade in ihrer immanent angelegten Paradoxie sehr fruchtbar für den ästhetischen Bildungsprozess ausdrückt.

Muster durchziehen fast alle Lebens- und Forschungsbereiche, weil es für die menschliche Erkenntnis ein sinnstiftendes Hilfsmittel ist, Ordnung in die Komplexität des Daseins zu bringen. Gleichzeitig haben Muster die Eigenart, Unterschiede überhaupt möglich zu machen, sie sind also trotz Wiederholung äußerst dynamisch angelegt, so dass Musterbildungen in der Ambivalenz von statischer Ordnung und dynamischer Unordnung stehen.

Musterbildungen sind Konstruktionen des Beobachters und dienen als Orientierungshilfen sowie als existentielle Anker zur Welterklärung. Viele Wissenschaften beziehen sich auf die Mustererkennung, von denen hier einige ohne Anspruch auf Vollständigkeit angeführt werden:

Psychologie und Soziologie	Verhaltensmuster, Handlungsmuster, Rollenmuster, biografische Muster, Assimilationsmuster, Erklärungsmuster, Kommunikationsmuster, Pattern, Habitus
Literaturwissenschaft/ Linguistik	Textmuster, Sprachmuster, Argumentationsmuster
Philosophie; Konstruktivismus/ Systemtheorie	Wahrnehmungsmuster, Wirklichkeitsmuster, Zeitmuster
Naturwissenschaft; Biologie/ Neurobiologie	verbindende Lebensmuster, neuronale Muster, Aktivierungsmuster, Fraktale, Kristallmuster, Wolkenmuster, Zeitmuster, Konstruktionsmuster, Ordnungsmuster, Wahrnehmung von Mustern – die Ökonomie des Sehens
Kunst; Gestaltung; Design; Textil; Handwerk	Mustervorlagen, Musterproben, Mustervariationen, Musterbuch, Musterung, Stoffmuster, Kachelmuster, Mosaikmuster, Streifen-, Rauten-, Punkt-, Schachbrett-, Hahnenfußmuster, Moirémuster, Strick-, Stick-, Schnittmuster, Farbmuster, Tarnmuster, Bildmuster, Grundmuster, Tapetenmuster Rezeptionsmuster
Musik; Tanz; Sport	Tonmuster, Bewegungsmuster, Takt, Pattern, Harmoniemuster
Alltagssprache	jemanden mustern; Musterung (= Ordnung) Musterschüler, Musterbeispiel, mustergültig Musterjagd, Musterspur „Erika Mustermann“

Die Liste ließe sich fortsetzen und spezifizieren. Auf einige Wissenschaftsbereiche möchte ich mich im Folgenden beziehen, um die Mustererkennungen und Musterbildungen für die ästhetische Bildung als mögliches Denk- und Handlungsmodell fruchtbar werden zu lassen. Jede Form von Erkenntnisgewinn sucht nach einem neuen Erklärungsmodell, die von bisherigen Mustern abweichen und somit bisher nicht gekannte Handlungs- und Denkräume eröffnet. Wer dieses Handwerk der Mustererkennung, -veränderung und -bildung erlernt und im Laufe des eigenen Lebens spezifiziert und differenziert, der vermag sich auch selbst zu bilden. Somit ist Musterbildung im doppelten Wortsinn, einerseits ein kognitiver, pragmatischer oder emotionaler Erkenntnisgewinn und andererseits ein ganzheitlicher Bildungsgewinn.

2.1 »Mit Ästhetik meine ich Aufmerksamkeit für das Muster, das verbindet.« (Bateson)

Der aus dem Griechischen stammende Begriff der Aisthesis[2] umfasst zwei Bedeutungen: Da gibt es die sinnliche Wahrnehmung der Wirklichkeit, die Sehen, Tasten, Riechen, Hören, Schmecken umfasst, was zunächst der Erkenntnis von Welt dient und im Gehirn für Repräsentationen sorgt. Solche sinnlichen Wahrnehmungen beginnen schon mit der Geburt eines Menschen und sind stark von den Einflüssen abhängig, die unsere kulturelle Umwelt uns anbietet. Gleichzeitig bedeutet »aisthesis« Empfindung und schließt die Gefühlsperspektive mit ein. Ein Samtkleid kann ich zum einen als weich, der Haut schmeichelnd und vielleicht gut duftend nach Waschmittel oder stinkend nach Mottengeruch wahrnehmen, und gleichzeitig kann ich es mögen oder nicht mögen, mich wohl oder wie in einer zu warmen, einengenden zweiten Hülle eingesperrt fühlen. In der ästhetischen Wahrnehmung sind somit die Ebenen der Erkenntnis und der Empfindung, des Gefühls der Lust oder Unlust direkt miteinander verschränkt. Die subjektiven Repräsentationsmuster von Wirklichkeit in unserem Gehirn basieren auf dieser Fähigkeit des »ästhetischen Denkens« (Welsch 2006).

Seit der Antike aber, besonders seit der Aufklärung wird die Ästhetisierung des Menschen immer wieder zur Vollendung der Menschwerdung herangezogen (Schiller 1795, in vgl. Welsch 1996) und hat damit zu pädagogischen Eigenarten in der ästhetischen Erziehung des Menschen geführt. Der gebildete Mensch solle erhaben,

2 Vgl. auch Kolhoff-Kahl, I.: Textildidaktik, Kap. 6, Ästhetische Bildung im Textilunterricht, 2005, 75-101

gut und schön empfinden und interessenloses Wohlgefallen ausbilden. Dahinter verbirgt sich ein jahrhundertealter philosophischer Diskurs um den ästhetischen Imperativ, der die Geburtsstätte des Geschmacks ist und sich in unserer Alltagssprache immer noch in dem Ausdruck »Ästhetisch sei das Schöne« wiederfindet. Dieser Geschmack »bewertet seine Gegenstände nicht mehr, wie die primäre Empfindung es tat, nach Vitalkriterien, also etwa als aufreizend oder wohlschmeckend oder ekelerregend, sondern nach Reflexionskriterien, beispielsweise als schön, wohlgefällig, harmonisch oder als abstoßend, hässlich und gestört.« (Welsch 1996). Kant verlegte in diesem Diskurs in seiner »Kritik der Urteilskraft« (1790) den »Sinnen-Geschmack« ins Erdgeschoß und den »Reflexions-Geschmack« des interesselosen Wohlgefallens ins Obergeschoß der Ästhetik. »Ästhetik hatte fortan zwei Dimensionen: zum einen die kognitive, die ›Wahrnehmung‹, und zum anderen eine emotive: die ›Empfindung‹. Und die letztere die des ästhetischen Urteils, welches dem Freiheitsbegriff zugeordnet wird, fand in der Nachfolge Kants eine begeisterte Aufnahme.« (Bering 2004, 38-39). In Folge dessen wurde das Ästhetische für die Ethik instrumentalisiert und es wurden Bildungskanons für pädagogische Zwecke entworfen, bei denen ästhetische Ausdrucksformen zum Stoff erklärt wurden, die dann von Kindern und Jugendlichen durchgearbeitet werden müssen, um sie zum spezifischen Menschsein zu erheben. Menschsein bedeutet in diesem Sinn, sich über die rein sinnliche vitale Wahrnehmung zu erheben und von einem Standpunkt des höheren Wohlgefallens aus, die Wahrnehmung reflektieren zu können. Hier kommen Kategorien wie das Schöne, das Hässliche, das Harmonische und das Disharmonische, das Triviale und Wertvolle mit ins Spiel. Bis heute macht dieses Verständnis von Ästhetik Probleme, was Menschen als schön oder hässlich im Sinne von Geschmack empfinden. Durch dieses Denken haben sich ästhetisch normative Maßstäbe in die pädagogische Erziehung ja sogar in den Kunstdiskurs eingeschlichen, die so tun als gäbe es einen ästhetisch allgemeingültigen Imperativ. So erzogene Kinder und Jugendliche fragen im Unterricht ohne Unterlass: »Ist das schön, was ich gemacht habe? Ist das so gut genug?«

Aber zurück zu den Ästhetikern des 18. Jahrhunderts, wie Kant und Baumgarten, die zunächst einmal eine wichtige Lanze für die ästhetische Wahrnehmung als Erkenntnisform gebrochen haben. Sie waren gezwungen, die Ästhetik zu einem solchen ästhetisch-elevatorischen Imperativ zu verabsolutieren, wenn sie der sinnlichen Wahrnehmung überhaupt einen eigenen Stellenwert in der Erkenntnis geben wollten, um dafür kulturelle Akzeptanz zu erzielen. Dass durch die Hintertür der ethischen Standardforderungen bezüglich der sinnlichen Wahrnehmung eine paradoxe Disziplinierung der Sinne eintrat, war wohl vor dem Hintergrund der damaligen Weltbilder nicht erwartet worden und kann erst aus der historischen Distanz vermerkt werden (vgl. Welsch 1996).

Wolfgang Welsch führt drei Absolutismen (vgl. Welsch 1996, 118 ff) für das traditionelle Ästhetikverständnis an, die bis heute vielfach in pädagogischen Diskussionen um die ästhetische Bildung herangezogen werden:

Ästhetik, wenn sie als erzieherischer Imperativ verstanden wird, beinhaltet im traditionellen aufklärerischen Verständnis:

a. Sinnlichkeitsvernichtender Absolutismus: Disziplinierung der primären vitalen Sinnlichkeit und damit eine Wendung gegen die Materie;
b. Weltvernichtender Absolutismus: Ästhetik spiele sich lediglich im Subjekt ab, es gebe keine Erfahrung des Verändertwerdens, Hingabe an das Material.
c. Konkurrierende Orientierungsweisen werden absolut vernichtet, wie z.B. die Kognition oder Ethik.

Was zu diesen Verabsolutierungen geführt hat, ist der Versuch, das sinnliche Wahrnehmen mit der Reflexion zu überschreiten und damit Strategien der Beherrschung und Disziplinierung des sinnlichen Erfahrens kulturell zu verankern. Wollte das Projekt der »ästhetischen Erziehung« im 18. Jahrhundert eigentlich die Sinne als menschliches Erkenntnisorgan aufwerten, so ist durch die Verabsolutierung des ästhetischen Imperativs eher eine Schwächung des Ästhetischen eingetreten, was seit einigen Jahren wieder zu relativieren versucht wird.

Peter Sloterdijk ruft dazu auf, diesen »ästhetischen Imperativ« (2007) endlich aufzuheben und Ethik und Ästhetik nicht miteinander zu verknüpfen, sondern ästhetische Erfahrungen als Genuss stehen zu lassen. Die erkenntnistheoretische kognitive Ebene der Ästhetik oder, anders formuliert, die sinnlich vitale Wahrnehmung muss wieder aufgewertet werden. Doch dazu muss man sich von allgemein gültigen oder universellen Mustern des Ästhetischen verabschieden. Es müssen Singularität und subjektive Konstruktionen des Ästhetischen zugelassen werden, die sich zwar in kulturelle Kontexte einbetten, aber dennoch für eine gewisse Zeit und in einem bestimmten Raum gemachte Mustererkennungen jederzeit individuell diversifizieren können. Das bedeutet für die ästhetische Bildung, keine ästhetischen Normen als Vorbildmuster zu geben, die nachzufühlen und nachzuarbeiten sind, sondern das Entstehen und die Konstruktion von subjektiven und kollektiven ästhetischen Mustern zu reflektieren, neue Musterbildungen zu initiieren und dabei auch Fragmente und »ästhetische« Basteleien, Versuche von Verschiebungen und Verdichtungen auszuhalten, die nicht immer dem eigenen ästhetischen Muster der Lehrenden entsprechen.

Diesen Prozess, aus der sinnlichen Wahrnehmung ein Denkbild oder ein Muster zu machen, das einerseits ordnet, andererseits aber diversifiziert wird, um lebendig zu bleiben, bedeutet ästhetisches Denken. Dafür braucht es:

»Das Muster, das verbindet.« (Bateson 1982, 15)
Unter ästhetischer Wahrnehmung versteht Gregory Bateson die Aufmerksamkeit für ein verbindendes Muster in einem bestimmten räumlichen und zeitlichen Kontext. Kommunikation oder Handlungen stehen nicht für sich, sondern sind nur bedeutungsvoll in Relationen, die sich immer wieder neu ergeben. Bateson fragt eindringlich, warum Schulen so gut wie nie etwas über das Muster lehren, das verbindet? Über die Muster des Lebens, über die Probleme der Schönheit und des Unterschieds? Sollte der Grund sein, dass die Lehrenden Angst davor haben, irgendetwas Lebenswichtiges zu lehren und dafür lieber an den Mustern des Lebens vorbei schreiten? Oder haben sie Angst, dass wenn sie die Lebensmuster anpacken, sie sie in Geschmacklosigkeit oder sogar Tod verwandeln?

Bateson reichte z.B. einen gekochten Krebs in einer Papiertüte an Kunststudenten. Sie sollten sich vorstellen, diesen Krebs als Wesen eines imaginären Planeten vorgefunden zu haben und zu untersuchen, wie sie auf dieses Geschöpf bezogen seien, welches Muster sie mit dem Krebs verbinde? Damit stellte Bateson eine ästhetische Frage, denn die Kunststudierenden konnten den Krebs nur mit den Kriterien untersuchen, die sie selbst als sinnlich erfahrene Festpunkte in sich verankert hatten. So stellten sie Symmetrien am Krebs fest, dass seine Scheren zueinander in Relation stehen, dass er nach einem Grundmuster aufgebaut sei, wie der menschliche Körper auch und dass man von dieser Gestalt und Form darauf zurück schließen könne, dass auch der Krebs ein Lebewesen sei. Die Muster des Krebses sind Muster erster Ordnung, die sich dann wieder zu Mustern zweiter Ordnung verbinden können, wenn der Krebs mit Hummern, Menschen oder Pferden verglichen wird.

Dass wir solche Muster überhaupt denken, ist Folge der ästhetischen Wahrnehmung oder des Geistes, mit Welsch gesprochen des »ästhetischen Denkens«, das die vorgefundenen Dinge als Beispiel für etwas setzt. **»Mit *Ästhetik* meine ich Aufmerksamkeit für *das Muster, das verbindet.*«** (Bateson 1982, 16). Die Scheren des Krebses an sich sind nicht bedeutungsvoll, erst mit der ästhetischen Aufmerksamkeit entsteht das Muster, das verbindet. Muster stiften in Kontexten von Zeit und Raum Sinn. Bateson nutzt den Musterbegriff, um aufzuzeigen, wie sich alle Erkenntnis über ästhetische Aufmerksamkeit bildet und wir immer Teil des zu Beobachteten sind und damit ein Wissen über das Entstehen unserer Muster und Kategorien von Welt dringend notwendig ist, um das Leben selbst zu verstehen.

Wahrnehmungsprozesse sind dabei nicht alle bewusst, das würde uns im Alltag auch viel zu sehr aufhalten, wenn wir das Entstehen eines jeden Musters oder einer Fertigkeit im Detail bemerken müssten. Wir brauchen geradezu die Selektion von Wirklichkeit in Mustern, um zu überleben und nutzen diese unbewussten Muster tagtäglich, um uns auszutauschen. Unsere alltägliche Wahrnehmung von Dingen ist sehr effizient, aber auch immer in vor-urteilenden oder einteilenden Bildmustern verhaftet. So fragte mich eine Achtjährige: »Wozu sind eigentlich Ohren da, für Ohrringe, zum Hören und wozu sonst noch?« Als Mädchen, die sich mit viel Mut hat Ohrlöcher stechen lassen, lautet die primäre Musterbildung, Ohren sind da, um als Schmuckträger zu dienen, und hören kann sie auch noch mit ihnen. Diese beiden Funktionen sind für dieses Mädchen ästhetisch-performativ aus ihrem Alltag heraus entstanden. Aber sollte das wirklich alles sein? Sie spürt, dass es eventuell noch mehr sinnliche Funktionen der Ohren geben könnte, will über ihre »kulturellen Grundbilder« oder Ohren-Muster hinausgehen. Hier beginnt nach der Mustererkennung erster Ordnung eine ästhetische Musterbildung zweiter Ordnung. Eine Ohrenforschung, die sich wissenschaftlich, alltagsästhetisch und auch künstlerisch-pragmatisch verortet, z.B. biologische Kenntnisse zum Gleichgewichtsorgan im Ohr und damit verbundene performative Übungen und Inszenierungen, Ohrkrankheiten, Ohrgestaltungen in anderen Kulturen, Ohren in der Kunst wie z.B. das künstlich gezüchtete dritte Ohr im Arm des australischen Performancekünstlers Stelarc, das Ohr in Literatur und Dichtung, die vielfältige Funktion des Ohrs beim Musikhören – all diese Zugänge könnten dem Mädchen eine »Ohrenbildung« ermöglichen, wonach sie weitaus kreativer, komplexer und differenzierter Ohren einzuschätzen in der Lage wäre.

Grundsätzlich gehen wir im Alltag davon aus, dass die Musterbildungen ernst und wahrhaftig gemeint sind und hinterfragen selten die kulturellen Grundmuster.

Allerdings ist es bei allen gelernten Musterbildungen so, dass sie einem einerseits verhelfen, sich leichter zu orientieren oder eine Fertigkeit besser auszuüben und sich dadurch komplexer ausdrücken zu können. Andererseits werden diese Muster irgendwann so unbewusst, dass wir vergessen, warum wir uns so ausdrücken, wie wir es tun und es nicht mehr anders wagen. Ein Künstler, der eine künstlerische Fertigkeit beherrscht, kann dies nicht in Worte fassen, weil seine Ausdruckssprache eine eigene Form gefunden hat. Aber darin besteht auch sein Dilemma: Einerseits hat das Üben ihn dahin gebracht, dass er immer fähiger das erreicht, was er anstrebt, andererseits wird das Tun so zur Gewohnheit, dass ihm nicht mehr bewusst ist, wie er es tut (vgl. Bateson 1981, 192-195).

Gregory Bateson versucht als Biologe, den verbindenden Mustern im Geist der Ökologie auf die Spur zu kommen. Dieses Denkmodell der biologisch motivierten Musterbildungen lässt sich auf kulturelle Muster übertragen. Um mit dem Philosophen Welsch weiterzudenken, können kulturelle Grundbilder derart »normal« oder »gewöhnlich« werden, dass sie ästhetische Aufmerksamkeit unmöglich machen. »Solche Bilder sind Fallen. Sie haben zugeschnappt, als man sich an sie hielt. Nachher wird man wie Wittgenstein sagen: »Ein *Bild* hielt uns gefangen und heraus konnten wir nicht, denn es lag in unsrer Sprache, und sie schien es nur unerbittlich zu wiederholen.«[3] – Aber wie gelangt man ins Nachher, wie kommt man aus diesen Bildern heraus?« (Welsch 2006, 35). Darin sehe ich die Aufgabe der ästhetischen Bildung: Kinder und Jugendliche zu befähigen, alltagsästhetische Musterbildungen, Bilderfahrungen, eingeschriebene Körperbilder etc. zu reflektieren, sich an ihnen abzuarbeiten, ihren Wert, wie auch ihre Einschränkungen zu erkennen.

Ästhetische und anästhetische Muster

Wenn ästhetische Muster in der zunehmenden medialen Bildwerdung der Wirklichkeit anästhetisch werden, dann entsteht Eintönigkeit oder narkotisches Verhalten (vgl. Welsch 2006, 15). Im Ästhetischen oder sinnlich-emotionalen Wahrnehmen ist immer auch die anästhetische Gleichförmigkeit enthalten, wenn die Muster sich festfahren, ideologisch werden oder von innen her den Menschen in seiner Wahrnehmung versklaven. Wenn ich nicht mehr in der Lage bin, ungeschminkt und ohne Barbour Jacke, Halstuch und Prada-Tasche vor die Türe zu gehen, dann ist das Modebranding so tief in mich eingedrungen, dass andere ästhetische Muster nicht mehr existieren. Meine Silhouette ist eintönig geworden, mein Handeln wird von ästhetischen Denkmustern überlagert. Wolfgang Welsch spricht von bildervollen wie fensterlosen Individuen, die alles schon in sich haben und somit keine Fenster und Türen für Neues mehr brauchen. Damit koppeln sie sich von der Wirklichkeit erster Ordnung ab, leben in virtuellen medialen Welten, die nicht mehr konkret sinnlich erfahrbar sind. Auf die eigenen Sinne ist im Prozess der Anästhetisierung kein Verlass mehr, was nicht unbedingt nur zum Nachteil für den Menschen sein muss. Nicht wahrzunehmen bzw. in einer überfluteten Bilderwelt desensibilisiert zu sein, kann auch vorteilhaft sein, wenn man nicht alles für wahr nehmen kann, bzw. unempfindlich geworden ist für den Unterschied von Original und Simulation, wenn man sich nicht mit der anstrengenden Wirklichkeit auseinandersetzen muss. Für viele Menschen sind bereits jetzt die Originale im Vergleich zu den Simula-

3 Wittgenstein. L.: Philosophische Untersuchungen (1953), Nr. 115.

tionen enttäuschend (vgl. Welsch 2006, 21), um nur an die virtuellen Schönheitsideale in Second Life oder an die virtuellen Reisemöglichkeiten in ferne Länder zu erinnern.

Außerdem ist es schlichtweg unmöglich alles wahrzunehmen, was nicht nur in der Gestaltpsychologie und im Konstruktivismus schon lange bewiesen wurde. Wir müssen beim Wahrnehmen selektiv vorgehen, was bedeutet, nur das auszuwählen, was jeweils für die Situation relevant bzw. passungsfähig erscheint. Stelle ich aus meinem Kleiderschrank morgens ein Outfit zusammen, dann leiten bestimmte ästhetisch erfahrene Kleidungsmuster mein Verhalten. Wäre dies nicht der Fall, müsste ich alle Kombinationen durchspielen, was womöglich Stunden dauern würde beim Umfang meines Kleiderschrankes oder ich bräuchte ein Navigationssystem. Ich könnte die Auswahl der Willkür meines Zugriffs überlassen, was womöglich zu derart ungewöhnlichen Kombinationen führen würde, dass ich im Alltag hohem sozialem Stress ausgesetzt wäre. Ich nehme also bestimmte Kleidzusammenstellungen nicht wahr, nicht weil ich sie nicht sehen kann, sondern weil ich für gewisse Kombinationen aus meinen alltagsästhetischen weiblich sozialisierten Verhaltensmustern heraus blind bin. Ein Mann, ein Kind oder ein Jugendlicher, die morgens vor dem Kleiderschrank stehen, werden für jeweils andere ästhetische Muster empfänglich bzw. blind sein.

Diese Form ästhetischen Denkens oder auch zuweilen »gesunden« Blind-Seins für alle möglichen Musterbildungen wird in der postmodernen Philosophie seit längerem als eigenständige Erkenntnisform von Welt und somit auch originäre Wahrheit eines Subjektes anerkannt, ist damit aber nicht objektiv kommunizierbar, sondern immer in kulturell bedingte Lebenswelten eingebettet. Das bedeutet, dass ästhetische Erkenntnis, die subjektiv ist, allen anderen Erkenntniszugängen vorgeschaltet ist. Auch jeder scheinbar noch so objektiv forschende Wissenschaftler, entwickelt seine Fragen und Thesen auf einem wahrgenommenen Grundmuster seines Lebens.

Dies hat Folgen für den Wert ästhetischer Muster für die Bildung des Menschen, im doppelten Sinn der Muster-Bildung.

Muster-Bildung

Der ästhetischen Mustererkennung liegt ein Bildungsverständnis zu Grunde, das Bildung nicht als Ware und Sammelstelle für von außen instruiertes Wissen oder als Katalog von Kompetenzen und Standards versteht, bei der Kinder erst als Unfertige konstruiert werden müssen, damit sie zum Medium von Erziehung werden können (vgl. Luhmann 2006). Arno Gruen hat dieses Muster von Erziehung noch schärfer als Niklas Luhmann formuliert. Indem die Menschen ein Muster von Kindsein konstruieren, verengen sie schon die lebendige Entwicklungsfähigkeit, die in jedem Menschen steckt. »Die Kultur der Kindheit ist schon eine gewalttätige Kultur.« (Gruen 2001, 140).

Bildung im Kontext von ästhetischem Denken und Mustererkennung wird daher als der nie aufhörende Versuch der Menschen verstanden, lernfähig zu bleiben, und zwar in dem Sinne, dass Wissen, Fähigkeiten und Fertigkeiten in immer neuen Kontexten erprobt, reflektiert und so angepasst werden, dass Mitmenschlichkeit möglich ist oder, wie von Hentig es formuliert, Bildung bedeutet: »Die Menschen stärken, die Sachen klären.« Lernen ohne Kontextbildung, bzw. ohne die individuellen Erfahrungsmuster des Menschen zu berücksichtigen, der gerade lernt, ist sinnlos, bzw. zerstört sogar das Lebendige im Menschen, macht ihm seine eigenen Erfahrungen fremd. Von daher fordern Hartmut von Hentig und Wolfgang Klafki Maßstäbe, an denen sich Bildungsinhalte ausrichten sollten, damit sie in Lebenskontexte einbezogen werden können. Diese Maßstäbe sind nicht normativ, sondern ständig neu zu diskutieren, je nach gesellschaftlicher Lage.

Von Hentig: sechs Bildungsmaßstäbe, die jeder Fachunterricht einlösen kann und die notwendig sind, um Menschen in der Schule tatsächlich für ihr Leben zu stärken.	Klafkis kritisch-konstruktive Bildungstheorie fordert in Bezug auf die Persönlichkeitsstärkung im Rahmen einer demokratischen Gesellschaft:
1. Abscheu und Abwehr von Unmenschlichkeit 2. Wahrnehmung von Glück 3. Fähigkeit und Wille, sich zu verständigen 4. Bewusstsein von der Geschichtlichkeit der eigenen Existenz (Identität im Wandel) 5. Wachheit für letzte Fragen (Kritik gegenüber Ideologien) 6. Bereitschaft zur Selbstverantwortung und Verantwortung in der res publica *Entnommen aus von Hentig 1996, 78-98*	Selbstbestimmung Mitbestimmung Solidarität und das Behandeln von Schlüsselproblemen in unserer Gesellschaft, wie z.B. Ökologie, Arbeitslosigkeit, Gender-Fragen, Krieg und Frieden, Neue Medien, trans-/fremdkulturelles Lernen etc.

Tabelle aus: Kolhoff-Kahl 2005a, 18

Wenn forschende Lernfähigkeit als Bildung verstanden wird, dann kann niemand belehrt, instruiert oder bekehrt werden, sondern es geht um das Verstehen von verschiedensten Weltbildern. Wie sind Muster oder Bilder von Wirklichkeiten in den jungen Menschen entstanden? Welche sinnlich erfahrenen Bilder prägen ihr Fühlen, Denken und Handeln?

Wir lernen von Beginn unserer Geburt an, bilden Repräsentationen in unseren Köpfen, die sich zusammensetzen aus sinnlich-emotionalen Erfahrungen, die wir im Zusammenspiel mit Menschen und Dingen, Tieren und Natur etc. in dem jeweiligen kulturellen Kontext machen. All diese Erfahrungsbilder, die sich in unseren Körper und unser Gehirn einschreiben, versuchen wir als Muster zu erkennen, auf die wir uns verlassen können, sonst wäre die tagtägliche Bilderflut, die uns umgibt, gar nicht ertragbar (vgl. Kap. 2.3).

Manchmal werden diese Muster sogar anästhetisch und zum blinden Fleck, wie weiter oben beschrieben, und müssen erst wieder im Bildungsprozess bewusst reflektiert werden. Je komplexer, vielfältiger, divergenter und widerstandsfähiger diese Bildwelten und die erzeugten Muster sind, desto kreativer, perspektivenreicher und mitmenschlicher werden Menschen in ihren Möglichkeiten zu fühlen, zu denken und zu handeln oder auch in ihren Optionen anders zu sein, bzw. anderes zu tolerieren, auszuhalten oder menschenwürdig zu integrieren, bzw. sich integrieren zu lassen. Je flexibler der Umgang in Mustererkennung und Musterbildung, desto so leichter erkennen Menschen, wann ihre Muster zu Vorurteilen oder Ideologien erstarrt sind und können durch Verschieben ihres Verhaltens in neue Kontexte auch neue Perspektiven wahrnehmen und anders handeln.

Angelehnt an Gerd Schäfer (2005, 30) sei hier aufgelistet, was Bildung sein kann und was sie auf keinen Fall ist:

Was Bildung nicht ist:	**Bildung weist darauf hin:**
• sie hängt nicht von bestimmten Inhalten ab, durch die man angeblich gebildet wird; • sie ist kein anderes Wort für Kompetenzvermittlung; • sie bezeichnet keinen spezifischen Förderbedarf; • genauso wenig kann Bildung vermittelt oder instruiert werden.	• dass man sich letztlich nur selbst bilden kann; • dass Bildungsprozesse mit sozialen Verständigungsprozessen verquickt sind; • dass Lernen einen persönlichen Sinn ergeben muss; • dass in Bildungsprozessen Handeln, Empfinden, Fühlen, Denken, Werte (Muster und Ordnungen), sozialer Austausch, subjektiver und objektiver Sinn miteinander in Einklang gebracht werden müssen; • dass Bildungsprozesse Selbst- und Weltbilder zu einem mehr oder weniger spannungsvollen Gesamtbild verknüpfen.

Will ästhetische Bildung zu diesen Bildungsprozessen beitragen, dann sollte sie die Fähigkeit junger Menschen fördern, die ästhetischen Musterbildungen als Motor für Handeln, Denken und Fühlen in ihren Selbst- und Fremdbildern bewusst werden zu lassen, sie zu verdichten, zu verschieben, zu vergleichen, um sich in ihrer Persönlichkeitsentwicklung als selbstständige und nicht als für immer betreute oder fremdbestimmte Menschen zu stärken.

Es geht um eine Perspektivenvielfalt der Musterbildungen, um ein Bewusstsein darüber, dass Wissen nicht gleich Wahrheit ist, sondern dass Wissen immer in Abhängigkeit von den Fragen steht, die man stellt. Pisa-Tests, Standardverordnungen für Lehrpläne oder Kompetenzformulierungen widersprechen in meinen Augen geradezu lebensfähigen dynamischen »Musterbildungen«, weil sie aufgrund ihres Zieles zu Evaluieren und zu vergleichen immer mit statischen Messlatten agieren müssen und damit, ob sie wollen oder nicht, feststehende, zu erreichende Lernmuster und keine flexiblen, transversalen Musterbildungen vorgeben. Es muss sich noch zeigen, ob die gerade einsetzende Euphorie von Kompetenz, Standardisierung und Evaluation vielleicht positiv Veränderndes mit sich bringt. Das bleibt abzuwarten – im Moment ist meine Skepsis groß, ob tatsächlich die betroffenen Kinder, Jugendlichen und Lehrenden in der Lage sind, sich noch in Bildungsprozesse hineinzuwagen, wenn am Ende des Prozesses eine Wissensüberprüfung steht oder ob nicht enge »Wissensmuster« gezurrt werden, wie sie sich gerade in den Zentralabituranforderungen für das Fach Kunst anbahnen oder wie derzeit in der Presse über das Leid der »G8-Menschen« geklagt wird, in die über sieben bis acht Schulstunden am Tag hinweg Wissen eingetrichtert wird, manchmal im 45 minütigen Wechsel. Die kiloschwere Schultasche, die die jungen Rücken beugt, mag ein gutes Bild für das dahinter stehende Lernkonzept sein.

Bildung befähigt, neue Perspektiven einzunehmen, die eigene Wirklichkeit nicht für die einzig Wahre zu halten, erkannte und bewährte Muster zu überprüfen, zu bewerten, zu interpretieren, zu relativieren oder sich sogar von ihnen zu distanzieren. Manchmal gehört dazu auch, Heimatmuster oder alt Bewährtes in Frage zu stellen, um Neues wagen und ausprobieren zu können, was gerade unter Jugendlichen einen hohen Stellenwert im Prozess der Persönlichkeitsentwicklung einnimmt. Dazu ist es aber bedeutsam, nicht nur im subjektiven Wahrnehmen gefangen zu bleiben, sondern kollektive, historische oder wissenschaftliche Horizonte aufbreiten zu können, um von sich selbst und der eigenen Befangenheit absehen zu lernen (vgl. Gadamer 1960). Wissen spielt auch bei Musterbildungen eine große Rolle, aber muss eingebettet sein in Fühlen und Handeln des Alltages. »Nur wer einen allgemeinen Horizont beschreiten kann, ist in der Lage, von den Zufällen der eigenen Biographie und Erfahrung zu abstrahieren. (…) Insofern bedeutet Bildung einen *Habitualisierungsprozess*, in dem es darum geht, Erfahrung zu überschreiten und über den Prozess der Kulturaneignung den eigenen Horizont zu erweitern«

(Duncker 2007, 20) oder, um im Sinne des hier vorgestellten Denkmodells der Muster-Bildungen zu bleiben. »Je gebildeter jemand ist, desto besser kann er sich ausmalen, wie es wäre, in der Lage Anderer zu sein, und dadurch vermag er, ihr Leid zu erkennen. Bildung macht präzise soziale Phantasie möglich, und in dieser Form ist Bildung tatsächlich ein Bollwerk gegen Grausamkeit.« (Bieri 2007, 27).

Muster-Bildungen sind:

- mehrperspektivisch angelegt (Duncker)
- zwischen subjektiven und kollektiven Mustern verortet (Gadamer)
- führen zur Selbstreflexion vor dem Hintergrund vielschichtiger Kontexte und Ordnungen (von Humboldt)
- stärken die Menschen, klären die Sachen (von Hentig).

2.2 Wirklichkeit »wahr«-nehmen

Ein grundlegendes und fruchtbares Denkmodell für pädagogisches Handeln rund um ästhetische Muster-Bildungen ist die Wahrnehmungsforschung in Beziehung gesetzt zur Systemtheorie und zum Konstruktivismus.

Weltbilder

Wenn wir wahrnehmen, dann erzeugen wir in uns kein getreues Abbild der äußeren Wirklichkeit, sondern wir nehmen das für wahr in uns auf, was vor dem Hintergrund unserer schon zuvor gemachten Musterbildungen für unser Überleben Sinn macht. Es sind also Wirklichkeiten zweiter Ordnung, die wir autonom über Wahrnehmung konstituieren und die unser alltägliches Verhalten leiten. Sinnliches Wahrnehmen erzeugt keine Abbilder von Wirklichkeit, sondern ist ein hochkomplexer Denkprozess, indem sich verschiedene Informationen aufeinander abgleichen und je mehr Quellen und Verarbeitungsprozesse ein Mensch heranziehen kann, desto komplexer und differenzierter werden seine für »wahr« genommenen Repräsentationsmuster.

Epiktet hat dieses Entstehen von Weltbildern oder Wirklichkeiten zweiter Ordnung prägnant in dem häufig zitierten Aphorismus zusammengefasst: »Nicht die Dinge selbst beunruhigen uns, sondern die Meinungen, die wir über die Dinge haben.« und Karl Jaspers nimmt hier noch den Wahrheitsbegriff unserer alltäglichen Wahrnehmung mit auf: »Die Welt ist, was sie ist. Nicht die Welt, sondern nur unser Wissen kann wahr oder falsch sein.« (1947, 627).

Unsere verinnerlichten Weltbilder basieren auf einer umfassenden Synthese aus Erfahrungen, Erlebnissen, Deutungen oder Zuschreibungen. »Es ist nicht *die* Welt,

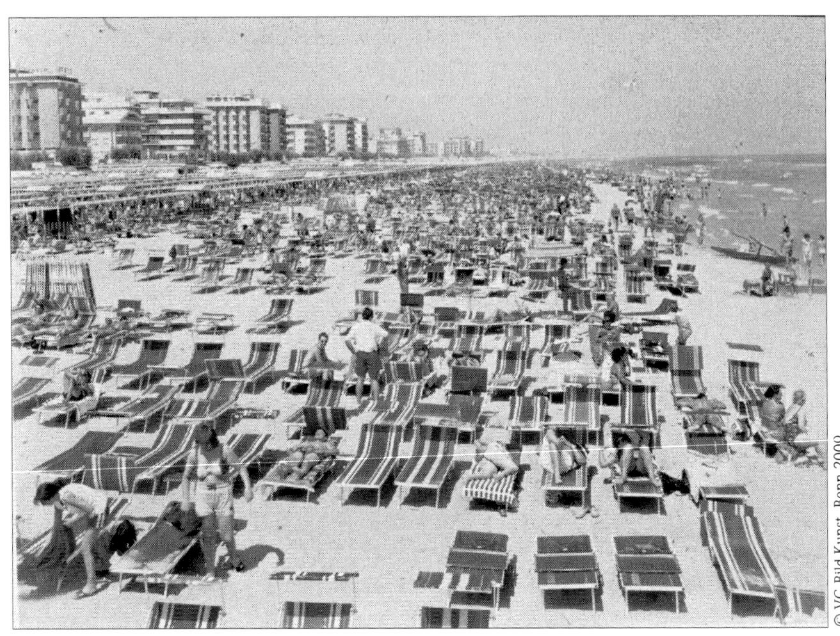

Abb. 3: Martine Vitali: Riccione Beach (August 1997)

sondern ein Mosaik von Einzelbildern, die heute so, morgen so geordnet werden können, ein Muster von Mustern; eine Deutung von Deutungen; ...« (Watzlawick 2007, 38). Teilweise geschehen die Entscheidungs- und Deutungsmuster unbewusst, teilweise reflektiert. Jeder Organismus entwickelt andere Weltbilder oder Weltmuster. Ein Hund hat auch innere Bilder von Wirklichkeit, die für mein Erleben von Welt aber nicht ausreichen würden, für ihn hingegen passungsfähig sind. Ein Forscher weiß um die subjektive Befangenheit des Beobachters. Selbst in den Naturwissenschaften, wo doch eigentlich eine empirische Realität objektiv erforscht wird, melden sich seit Jahren Stimmen, dass wir Menschen nur einen verschleierten Blick auf die Realität haben. Schon Platon philosophierte, dass die Erscheinungen der Welt, wie wir sie wahrnehmen, nur Abbilder einer höheren Realität sein könnten, die uns in Wirklichkeit verschlossen blieben. Der Philosoph und Physiker Bernard d'Espagnat argumentiert aufgrund der Entwicklung der Quantentheorie ähnlich, indem er aufzeigt, wie naturwissenschaftlich nachgewiesene Gesetze wie die Quantentheorie, zwar etwas mit der Realität zu tun hätten, aber es seien immer nur »stark verzerrte Spiegelungen«. »Es sind gewissermaßen Ausbeulungen im Schleier der Wirklichkeit.« (von Rauchhaupt 2008, 69). Und Douglas Hofstadter, ein Mathematiker, schreibt gerade in seinem neuen Buch »Ich bin eine seltsame Schleife«, wie wir zwar immer stärker in der Lage sind, die Realität naturwissenschaftlich auf mikroskopischer Ebene zu untersuchen, aber dass dies für unsere Wahrnehmung im Alltag auf makroskopischer Ebene ziemlich irrelevant sei (vgl. Hofstadter 2007, 73), weil wir hier symbolische Muster von der Welt internalisieren, die zwar reduktionistisch sind, aber sehr wohl funktionieren. Auch ohne Atome zu kennen oder von Neuronen sprechen zu können, haben die Menschen Jahrtausende überlebt. Es sind die symbolischen Ideen, die sich zu Mustern in uns ausbilden und sich gegenseitig »herumschubsen«, wie Douglas Hofstadter dies nennt (2007, 83), so dass wir im Sinne einer seltsamen Schleife auch selbstreferentiell reagieren können. Douglas Hofstadter bezieht sich auf den Mathematiker Kurt Gödel, der als erster nachgewiesen hat, dass es die reine beweisbare Mathematik nicht geben kann, weil selbst diese Mathematiksprache sich ab einer gewissen Ebene selbstreferentiell widerlegt oder anders formuliert: »seine Entdeckung, dass dank einer bestimmten Zuordnungsweise ausgewachsene Bedeutung an einer Stelle auftauchen kann, wo keiner es erwartet hätte.« (Hofstadter 2008, 199). Muster, die sich durch Symbolisierungen ergeben, sind sich selbst stabilisierende Strukturen, die in der Lage sind, neue Ebenen von Realität zu begründen. Das heißt, auch wenn ein System deterministisch ist, sind die Muster, die es beinhaltet in Folge von Schleifenbildungen in der Lage Unvorhersehbares zu erzeugen (vgl. Hofstadter 2007, 108). Beim Menschen ist es das »Ich«, das offenbar alles ins Rollen bringt und seltsame Schleifenbildungen und Mustersuchen betreibt, indem wir jede Bedeutung und Musterung auf Analogien zurückführen und damit neue Musterbildungen hervorrufen, also plötzlich Unvorhergesehenes kreieren.

Ob es dabei eine Realität vor unseren subjektiv beobachteten, empirisch nachgewiesenen Naturgesetzen gibt, ist ein Glaube, der sich als sehr furchtbar für das menschliche Zusammensein erweist, weil es uns vor festgezurrten Wirklichkeitsmustern schützen kann, oder Immanuel Kants Ausführungen folgend, es ein Gebot der praktischen Vernunft ist. Viele Menschen haben Angst vor solchen Infragestellungen unserer Wahrnehmung, aber für einen ästhetisch bildenden Pädagogen ist es sehr hilfreich, sich seines eigenen, relativen Beobachterstandpunktes bewusst zu sein und sein Denken und Handeln unablässig auf einer Metaebene zu reflektieren oder konstruktivistisch formuliert, als Beobachter des Beobachters, die sein Handeln leitenden Muster zu überprüfen und zu variieren. Es relativiert den subjektiven Standpunkt, zu wissen, dass das eigene Wissen ein konstruiertes ist und kein wahres allgemeingültiges Muster, dem andere unreflektiert folgen sollen, und dass jeder andere auch eine seltsame musterbildende Schleife ist.

Bei Einführungsveranstaltungen, die ich jedes Semester wiederholen muss, spüre ich an mir selbst, wie sich meine Verhaltens- und Lehrmuster plötzlich verengen, weil ich ein altbekanntes und bewährtes Unterrichtsverhalten wiederhole. Durch die immer gleiche Wiederholung werde ich mit der Zeit nicht besser, sondern schlechter, weil ich rigider und enger werde. Überarbeite ich jedoch jedes Semester neu meine Einführungsveranstaltung, wähle andere Themen, an denen die Studierenden die didaktischen Zugangsmöglichkeiten kennen lernen und erarbeiten, wird mein Seminarmuster differenzierter, bleibt lebendig und ich kann auch für mich den offenen Blick, die Neugierde, das Fragen und sich Weiterentwickeln erhalten.

Varela weist darauf hin, daß Wirklichkeitskonstrukte »verkörpert« werden, dass Überzeugungen »ganzheitlich«, d.h. verbal und nonverbal, mimisch und gestisch vermittelt werden. »Häufig wirken Lehrende durch ihre Person, und nicht durch Appelle und Aufklärungen.« (Siebert 1996, 71). Wenn ich meine Verengungen spüre, dann steigen meine appellartigen Ausdrucksweisen, ich versuche zu »erziehen«, statt den Studierenden Lernräume zu eröffnen und ihnen Bildungschancen anzubieten.

Daher setze ich das »Reframen« ein (vgl. Watzlawick 1995 und 2007) oder verschiebe meine didaktischen Leitfragen in immer andere »Bilderrahmen«, kontextualisiere neu, um Verstehen und damit Bildung zunächst bei mir selbst und in der Folge bei den Studierenden zu ermöglichen. Das bedeutet nicht, dass bewährte Muster nicht sinnvoll seien, aber lang andauernde Wiederholungen bergen die Gefahr, dass die Muster sich festzurren, nach dem Motto »Das haben wir doch immer schon so gemacht.« und genau dann hört der Muster-Bildungsprozess auf und Lehrende wie Lernende verfangen sich in starren ästhetischen Mustern. Die Lernenden sind dann nur noch darauf aus herauszubekommen, welche ästhetischen Musterbildungen der Lehrende anstrebt, wollen diese erfüllen, um eine annehmbare Note zu erlangen oder eben Musterschüler zu sein. Das eigentliche Ziel, die Auseinandersetzung mit Neuem, Verschiebungen und neuen Blicken aus der eigenen »gemusterten Wirklichkeit«, wird nur noch zum instrumentalisierten Hindernisrennen. »Auch das ist Motivierung, aber es ist nicht die Art von Motivierung, die zu Verstehen führt.« (von Glasersfeld 1995, 12). Daraus werden Menschen, die etwas tun, um es gut zu haben, aber nicht etwas tun, um etwas Neues zu empfinden, die sich am eigenen Verstehen erfreuen, die nicht intrinsisch motiviert lernen wollen und fortlaufend so handeln, dass die Zahl ihrer Möglichkeiten zu handeln, zu denken und zu fühlen wächst (vgl. von Foerster 1985, 33).

Allerdings ist bei unseren Wirklichkeitskonstruktionen zu beachten, dass aus erkenntnispsychologischer Sicht, die Menschen Neues nur akzeptieren, wenn es nicht zu sehr von Altbewährtem abweicht, weil wir nur ein Minimum an Erschütterung vertragen und an einem Maximum von Kontinuität interessiert sind (vgl. James 1977). Das bedeutet für die ästhetische Musterbildung, dass nicht ständig Muster variiert werden können, weil solch ein Verhalten ein hohes Maß an Stress auslösen würde. Der Mensch ist also an bleibenden Musterbildungen oder Wirklichkeitskonstruktionen interessiert, die seine Welt im Reinen halten, denn Widersprüche und Fremdes stören das Gleichgewicht. Doch sollten diese alltagsästhetischen Grundmuster nicht auch noch in den ästhetischen Fächern bestätigt werden, sondern genau hier muss den Kindern und Jugendlichen bewusst gemacht werden, wie ästhetische Muster von Wirklichkeiten entstehen und wie wir selbst darin verfangen sind und dennoch Optionen haben, dynamisch an Musterverdichtungen und -verschiebungen mitzuwirken, indem wir andere Fragen stellen, andere Beobachterstandpunkte und Blicke einnehmen, kulturwissenschaftliche und künstlerische Horizonte aufspannen und so unser alltagsästhetisch meist sinnvolles Musterkorsett zwischenzeitlich aufbrechen können.

Musterstörungen

Jean Piagets Kognitionsmodell (1974) strukturiert, wie wir Menschen versuchen, uns die Wirklichkeit der Welt, in der wir leben, anzueignen. Indem wir wahrnehmen, eignen wir uns Assimilationsschemata an, das heißt, wir entwickeln Muster des Wahrnehmens, Erkennens und Deutens, mit denen wir immerfort die Außenwelt einverleiben. Folglich erkennen wir nur das, was zunächst in diese Schemata hineinpasst. Der schon lange währende Diskurs um das Kopftuchtragen von Muslima ist ein Beispiel sehr unterschiedlicher ästhetischer, politischer, religiöser und kultureller Deutungsmuster und damit einhergehend blinder Flecken auf allen beteiligten Seiten. Assimilieren alleine bedeutet noch kein Verstehen oder Lernen, denn es ist zunächst eine sensomotorische bzw. begriffliche Anpassungsleistung des Organismus an die Umwelt. Würden wir nur assimilieren, glichen wir immer alles auf bekannte Muster hin ab und hielten Unbekanntes außen vor. Manche Menschen ziehen es vor, möglichst assimiliert zu leben. Im Kopftuchstreit gibt es solche Positionen, die man als ideologisch, im Extremfall als fundamentalistisch bezeichnen kann. Sie beharren auf ihrem Standpunkt, ohne eine andere Perspektive oder Handlungsmöglichkeit einnehmen zu wollen. Hier möchte ich nicht in einer zur Zeit aufgeheizten gesellschaftspolitischen Auseinandersetzung Partei ergreifen, sondern lediglich aufzeigen, dass Assimilationsmuster einerseits dringend notwendig zum Überleben sind, andererseits aber die Gefahr des Nicht-Mehr-Lernen-Könnens beinhalten, wenn keine Störungen oder Perturbationen (vgl. Maturana/Varela 1987) von außen zugelassen werden.

Auslöser für lernrelevante Störungen sind soziale oder symbolische Interaktionen, die die bisherigen Wahrnehmungs- und Handlungsmuster des Individuums derart ins Schwingen setzen, dass sie die bisherigen Muster akkomodieren oder anpassen und zwar so lange, bis sich der Mensch wieder im Einklang oder Gleichgewicht zwischen sich und der Umwelt befindet. Diese Äquilibration ist immer eine Leistung des Menschen selbst und kein Ergebnis von Belehrung und Erziehung (vgl. Siebert 1996, 21).

Mit den Begriffen der Systemtheorie ausgedrückt, ist jeder Organismus als System in sich geschlossen, rekursiv, strukturdeterminiert und autopoietisch, aber mit anderen Systemen oder der Umwelt über das Bewusstseinssystem strukturell gekoppelt. Erziehung steht also damit vor einem Problem, dass sie nicht kann, was sie eigentlich will. Jede Form von Sozialisation oder Störung des Systems Kind ist nämlich eine Selbstsozialisation. Sie kommt also nicht durch Übertragung zu Stande, sondern durch Autopoiese (= Selbstgestaltung/Selbstschaffung). Daher musste in der Geschichte der Erziehung das Kind erst zum Medium der Erziehung gemacht werden, und zwar durch ein Konstrukt der Unterscheidung zum Erwachsenen, um es scheinbar erziehen zu können (vgl. Luhmann 2006). Dies gelingt bis heute nicht immer, denn die Kinder einer Schulklasse, ja selbst einer Familie, entwickeln sich alle unterschiedlich, auch wenn sie dieselben Erziehungsmuster erfahren. Solche Unterschiede werden dann durch soziale, kulturelle, körperliche oder ökonomische Benachteiligungen erklärt. Als Pädagoge sollte man sich darüber bewusst sein, was es für junge Menschen bedeutet, wenn ihnen Muster von Kindsein und Jugendlichsein kommuniziert werden, was impliziert, nicht als Erwachsene zu gelten: Sie entwickeln Vorstellungen vom »Können, Nichtkönnen, Nochnichtkönnen, Nichnichtkönnenmüssensaberdochschonkönnens« (Luhmann 2006, 34) und diese Könnensmuster bewirken in jedem lernenden Organismus andere autopoietische Bewusstseinsspuren und Wirklichkeitskonstruktionen. Und trotzdem impliziert die Konstruktion des Kindes als Medium der Erziehung, dass Erwachsene davon ausgehen, dass die Kopplung der kindlichen Wahrnehmungen und Gedanken lockerer sei und somit für Wissensmuster zur Verfügung stehe. Das Gelingen und Misslingen sind in diesem Konzept eingeschlossen und machen dem Erzieher Mut, das Kind zu bilden und zu perfektionieren. Aber das Kind und der Jugendliche sind aus Sicht der Systemtheorie gar nicht beeinflussbar, sondern koppeln sich selbst so an ihre Umwelt, wie es für sie überlebensdienlich ist. Somit kann es auch nicht um ein Erlernen von Wissensmustern oder ein Zuwachs von Wissen in der Erziehung gehen, sondern nur um ein ständiges Lernen im Sinne vom Verlernen alter Muster oder Gelerntem zu revidieren. Im ersten Fall wären die Kinder triviale Maschinen, die zu bestimmten Anlässen, immer denselben erwarteten homogenen Output an Wissen reproduzieren, dem auch noch der Anstrich der Wissenschaft und ein hoher Wahrheitsgehalt zugeschrieben wird. Meist geht das aber an der Alltagskompetenz und Lebenstauglichkeit der Kinder und Jugendlichen vorbei. Daher besteht auch eine große Diskrepanz zwischen schulischem Können (= Wissen haben) und Alltagskompetenz (= Wissen nutzen). Sie haben viel akkumuliertes Wissen (vgl. Kap. 2.3), aber nur wenige alltagstaugliche Handlungskompetenzen.

Wird ein Mensch gezwungen, sich einem engen Erziehungsmuster anzupassen, dann meist mit dem Verlust von Mitmenschlichkeit. Es braucht Freiräume, das Neue und Unbekannte durchspielen zu dürfen, es selbst auch wieder abwandeln zu können – erst dann ist Verstehen und sich Bilden möglich.

Mehrperspektivische Muster-Bildungen

Es ist das Wechselspiel von Nachahmung und Veränderung, die es einem Menschen ermöglichen, seine Erfahrungsmuster von Wirklichkeit ständig aus neuen Blickwinkeln zu betrachten. Je differenzierter die Angebote der Umwelt sind, umso vielschichtiger werden die emotionalen, kognitiven und pragmatischen Erkenntnismuster eines Menschen.

Um ein Beispiel aus den Grundschulerfahrungen meiner Tochter und ihrer Freundin zu geben, bei denen der Kunstunterricht fachfremd vermittelt wurde, möchte ich aufzeigen, wie Assimilationsmuster von dem, was Kunstunterricht ausmacht, entstehen und teilweise über Jahre beibehalten werden, teilweise bis zum Beginn eines eigenen Kunstpädagogikstudiums. Hier das Gespräch der beiden siebenjährigen Mädchen, die sich über ihren Kunstunterricht in der zweiten Klasse austauschten:

»Kunst ist echt gut. Da kann man endlich mal miteinander quatschen, während man so malt. Und die bunten Tiere sind lustig. Deine lila Kuh fand ich klasse. Nur schade, dass du sie nicht selber gemalt hast, sondern ausschneiden und aufkleben solltest. Du kannst doch selbst Kühe malen.«

»Nee, finde ich nicht. Ich war froh, eine vorgemalte Kuh bekommen zu haben.«

»Hoffentlich müssen wir nicht das nächste Mal wieder so Bäume aus Alufolie kleben. Das fand ich doof.«

»Fand ich auch, das ist doch nicht Kunst – das ist Basteln wie im Kindergarten.«

»Stimmt in Kunst sollten wir nur malen.«

Dieser Dialog steht für sich. Was aber vielleicht interessant zu erfahren ist, dass beide Mädchen im gleichen Zeitraum auf der documenta, der Biennale in Venedig und im Skulpturenpark Münster waren. Dafür haben sie sich selbst kleine Kunstbücher angelegt, in denen sie das festhalten, was sie besonders interessant fanden und fotografiert haben: Cosima von Bonins Stoffhunde, ein Lichtkleid oder Sophie Calles Installation »Passen Sie auf sich auf« in Venedig, speziell das Video mit der Ballerina. Sie haben ein zweites Kunstmuster in sich konstruiert. Die Pädagogin, die die Freundinnen in Kunst unterrichtet, vermag keine verbindenden Muster zu den großen Archiven der Kunst aufzuzeigen, sondern nur zu den Künstlern der klassischen Moderne. Daher entwickeln die Mädchen für sich selbst verschiedene Muster davon, was Kunst zu sein habe: ein Kunstmuster für die Schule und eines für den Alltag, die nichts miteinander zu tun haben.

In dem ersten Fall: Kunst ist Malen mit Wasserfarben, wo man einen Künstler kennen lernt und ihn nachmalt. Der Input Franz Marc erzeugt in diesem Fall 25 kleine Franz Marc Nachahmungen mit Tierfiguren, die direkt aus den Marc-Bildern rauskopiert wurden, damit die Bilder auch wirklich Franz Marc Bildern ähneln. Der Konstruktivist Heinz von Foerster (1993) vergleicht die Kinder und Jugendlichen, die nach solchen fest vorgegebenen Mustern unterrichtet werden, mit »trivialen Maschinen« und so werden häufig nicht nur Grundschulkinder behandelt, sondern sogar Schüler und Schülerinnen im Kunstunterricht der weiterführenden Schulen. Man traut ihnen nicht mal zu, Tiere selbst zu malen. Die Kinder könnten ja enttäuscht sein, wenn die Tiere nicht »echt« aussähen. Um eine Kategorie von »echten, normalen« Tierabbildungen zu erzeugen, braucht es Vorbildmuster, welche aber Differenzen und Anderssein ausgrenzen. Dieses Input-Output-Lernen oder Konditionieren ignoriert die Möglichkeiten von Freiheit und Würde der jungen Menschen. Indem im Voraus festgelegt wird, was relevant ist, müssen sich die Mädchen um das, was wirklich im Leben vorgeht, gar nicht mehr kümmern. Sie müssen nicht mehr wirklich hinsehen, fühlen, Tiere entdecken etc., weil von vorneherein ihr Verhalten geplant und standardisiert wurde.

Im zweiten Fall: Kunst kann alles sein. Stofftiere, Videos, Malen, Skulptur etc. Ich suche mir das raus, was mich bewegt, forsche darüber, fotografiere es und nutze die künstlerische Ausdrucksweise in meinen eigenen Arbeiten zu Hause. Kunst kann lustig und schrecklich sein, gefallen und schockieren, manchmal will ich sie gar nicht sehen und ein anderes Mal fahre ich gerne mehrmals in die Ausstellung. Es gibt Bücher über Kunst und Tiere und im Internet finde ich mehr über das, was die Künstler gemacht haben etc..

Die »Kunstbücher« der beiden Mädchen sind sehr verschieden, denn jeder Mensch bildet sich anders an Kunstwerken oder wiederum mit Heinz von Foerster (1993) gesprochen: Diese Kinder handeln hier wie »nicht-triviale Maschinen«. Der Input löst unterschiedliche Outputs aus, weil die inneren Zustände der Mädchen nicht berechenbar, sondern unbestimmt sind. Die Kinder sind frei und verantwortlich sowie autopoietisch und doch mit der Außenwelt strukturell gekoppelt.

Die beiden Zweitklässlerinnen haben gerade durch ihre Wahrnehmung verschiedene Wirklichkeiten von dem, was Kunst sein kann, konstruiert. Was Kunst nun wirklich ist, wissen sie nicht, aber wer weiß das schon, wenn er den bisherigen Musterbildungen bis hier hin gefolgt ist. Auch Wolfgang Ullrich beschreibt im Vorwort seines Buches »Was war Kunst?« (2005) wie unterschiedlich und kurios sich der Begriff der Kunst durch die Geschichte ausformuliert hat. Wolfgang Ullrich vergleicht die elf vorgestellten Kunstbegriffe bewusst mit Biografien, die ihrem je eigenen Zeit- und Raummuster gefolgt sind. Sie stellen Deutungen und Konstruktionen dar, von dem was Kunst sein kann. Es wäre bestimmt hilfreich für die Zweitklässlerinnen, wenn sie in naher Zukunft auf einen Kunstpädagogen träfen, der sie in die Verschiedenartigkeit von Kunstmustern einführen könnte oder vielleicht finden sie selbst Wolfgang Ullrichs Buch oder ein anderes Kunstbuch im Bücherregal und forschen alleine weiter, weil es sie interessiert.

Um auf den Anfang des Kapitels zurückzukommen: Wir wissen nicht, wie real die Welt der ersten Ordnung da draußen wirklich ist, weil wir sie ja erst durch unser Wahrnehmen zweiter Ordnung erschaffen wird, damit wir passungsfähig handeln können. Das Erkennen ist also nicht eine Repräsentation der »Welt da draußen«, »sondern ein andauerndes Hervorbringen einer Welt durch den Prozess des Lebens selbst.« (Maturana/Varela 1984, 7). Die Biologen Humberto Maturana und Francisco Varela betonen, dass jeder Organismus sich jeden Moment neu erzeugen muss, sonst stirbt er. Dazu nimmt der Organismus Bezug zur Umwelt auf und holt sich aus ihr, was er zum Überleben braucht. Kein Organismus, kein Kind oder Jugendlicher, wird folglich von außen gemacht, sondern er ist autonom und holt sich von außen das, was in der Umwelt vorhanden ist und bildet seine inneren Strukturen und Muster passend zu dieser Umwelt aus. »Wenn sich eine Handlungs- oder Denkweise unter bestimmten Umständen als brauchbar erweist, so heißt das nicht, dass sie die einzig mögliche ist.« (Glasersfeld 1995, 8). Es bedeutet nur, dass sie als die angemessene oder passungsfähige angesehen wird, die für das Individuum und die Gemeinschaft eine Handlungsoption entwirft, die auf die beste Lösung oder das Überleben setzt.

Wie verschieden das Hervorbringen von Welt durch Leben sein kann, vermag vielleicht der folgende Witz vom Mann, der alle zehn Sekunden in die Hände klatscht verdeutlichen. »Nach dem Zweck dieses merkwürdigen Verhaltens befragt, sagt er: ›Um Elefanten zu verscheuchen.‹ – ›Elefanten? – Es sind doch gar keine Elefanten da?‹ Darauf er: ›Na, bitte!‹« (Watzlawick 2007, 80).

Das Objektive von Wirklichkeit wird erst im sozialen und kulturellen Kontext generiert, wenn Wirklichkeitswahrnehmungen intersubjektiv überprüft werden, wie bei den Elefanten (vgl. Berger/Luckmann 1969). Auch hier gilt, die Welt ist, wie sie ist, es ist lediglich unsere Deutung der Welt, die wir als falsch oder wahr einstufen, je nach intersubjektiver kultureller Bedeutungszuschreibung. Um auf die beiden Zweitklässlerinnen zurückzukommen: Zurzeit haben sie zwei verschiedene Kunstmuster aufgrund ihrer ästhetischen Erfahrungen in der Umwelt Schule und zum anderen in der Umwelt Familie konstruiert. Irgendwann werden sie diese vergleichen und zu neuen Mustern verbinden, und zwar dann, wenn niemand von ihnen verlangt wie eine triviale Maschine Kunst nachzumachen, sondern sie selbst autopoietisch verstehen und erkennen und sich strukturell mit kognitiven und sozialen Systemen koppeln.

Um ästhetische Muster als wahrgenommene konstruierte Wirklichkeitsmöglichkeiten zu erkennen, müssen die Fächer, die solche Themen aufgreifen, ein reiches Repertoire der Perspektivenvielfalt ermöglichen. »Wer auf einen Turm steigt, wird die Welt mit anderen Augen sehen, und wer viele Türme besteigt, weiß, dass sich das Bild der Welt mit der Anzahl der Ausblicke verändert.« (Duncker 2007, 235). Musterveränderungen bedürfen aber nicht nur der variantenreichen vorwissenschaftlichen Sinneswahrnehmungen, sondern auch zahlreicher Bezüge zu kulturwissenschaftlichen, soziologischen, psychologischen oder auch ökonomischen Sichtweisen und nicht zuletzt der künstlerischen Zugänge.

Wer sich konstruktivistisch in der Welt bewegen will, erfährt sein Wissen und Erleben der Wirklichkeit eben nicht mehr als Abbild und als einzig geltende Wahrheit, sondern wie eine Bricolage, in der es verschiedene Wahrheiten zur gleichen Zeit geben kann. Das eigene Leben erhält Werkstattcharakter. Hier sind Bildungsszenarien für junge Menschen verlangt, die didaktisch gut aufbereitete Werkstätten mit sinnvollen Musterstörungen und fremden Welten oder anderen kulturellen Horizonten anbieten. Denn in der konstruktivistischen Pädagogik ist im Gegensatz zum radikalen Konstruktivismus nicht alles möglich, es können nicht beliebig individualisierte Einzelbiographien entworfen werden, sondern die demokratischen Bildungsmaßstäbe (vgl. Kap. 2.1) oder die gelebte, erfahrene zwischenmenschliche Realität gelten als Reibungs- und Bewährungsfläche für neu entworfene Wirklichkeiten, deren Wahrheitsgehalt immer wieder überprüft werden muss.

Ziel ist, dass sich die Muster nicht so festsetzen, dass sie als einzig wahre Wirklichkeiten den Menschen in seiner Wahrnehmung einengen. Um aber gute Musterbildungen einleiten zu können, muss man selbst am Puls der Zeit bleiben und auf die Fragen der Lernenden hören. Jeder Mensch stellt, konstruktivistisch gedacht, eigene Fragen an die Welt und braucht ein Bildungsgelände, indem er diesen Fragen möglichst frei nachgehen oder sie erforschen kann, um seine Muster lebendig zu variieren.

Hier hat die Gehirnforschung aufgrund ihrer neuen bildgebenden Verfahren in den letzten Jahren die Thesen von der Wirklichkeitskonstruktion und der Musterbildungen noch einmal bestärkt und ihre Bedeutung für die ästhetische Bildung von Menschen hervorheben können.

2.3 Das Gehirn nimmt immer wahr und das Gedächtnis mustert

Die Hirnforschung wird zwar in den letzten Jahren für alle möglichen Erklärungen herangezogen, wie z.B. um den freien Willen des Menschen in Frage zu stellen, soziales Verhalten zu erklären oder auch um die Förderung von Föten im Mutterleib zu legitimieren. Man mag dies als eine Modeerscheinung abtun, aber Moden haben an sich, dass über alt hergebrachte Muster noch einmal erneut nachgedacht wird und sie in neue Kontexte gesetzt werden. Die sich immer weiter verbessernden bildgebenden Verfahren in der Hirnforschung und die komplexer werdenden Hirnsimulationen mit Netzwerkmodellen veranlassen ein Überdenken althergebrachter Muster ästhetischen Lernens: wie z.B. die Funktionen der Hirnhälften, bezogen auf lineare Ausdruckssprachen und assoziative bildhafte Sprachen, das Zusammenspiel von Hand und autobiografischem Gedächtnis sowie innere Bildrepräsentationen.

Das Gehirn kann nicht nicht wahrnehmen und jeder Input, jede Wahrnehmung erzeugt elektrochemische Prozesse in unserem Gehirn, die die Synapsen zwischen den Neuronen arbeiten lassen, so dass »neuronale Muster« (Damasio 2002, 381) in den einzelnen Kortexfeldern des Gehirns entstehen. Wiederholt sich ein ähnlicher Input und ist relevant für den Menschen, dann extrahiert das Gehirn das Inputmuster und es entstehen kortikale Landkarten, die miteinander vernetzt sind. Viele Menschen erfahren dies am eigenen Körper, wenn sie in ihrer Jugendzeit die Möglichkeit hatten, sich modisch zu inszenieren und von der Erwachsenenwelt abgrenzen zu dürfen. Diese jugendlichen Mode- und Kleidungsmuster prägen uns dann ein Leben lang. Sie haben im Gehirn weit vernetzte neuronale Muster hinterlassen, so dass wir uns leicht wieder finden, wenn die aktuelle Mode auf diese eigene Jugendzeitmode zurückgreift, weil das Muster an schon vorhandene Hirnstrukturen andockt. Ich habe bis heute Schwierigkeiten mit Schlaghosen und bauchfreien T-Shirts, weil meine Jugendzeit von Röhrenjeans geprägt war, mit denen man sogar in die Badewanne stieg, damit sie besonders eng saßen. Dazu trugen wir überdimensional große T-Shirts. Meine körperliche Sinneswahrnehmung von Kleidung (Tastsinn, visuelle Wahrnehmung, Geruch und Geräusche der Kleidung) und meine emotionale Einbettung in eine damalige Jugendszene haben mein ästhetisches Denken, also meine »mentalen« Vorstellungsmuster (vgl. Damasio 2002, 382) und damit auch meine Gehirnlandkarten, ziemlich tief neuronal gemustert und es fällt mir nicht leicht, diese eingeschriebenen Muster zu variieren, oder um noch einmal mit Wolfgang Welsch zu sprechen, meine ästhetischen Modevorlieben können mich für neue Modemuster blind und anästhetisch machen. Schwierig wurde es, als es keine Röhrenjeans mehr auf dem Markt zu kaufen gab, weil sie unmodisch geworden war. Es trat eine Perturbation, eine Musterstörung ein und mein Körper und meine Wahrnehmung müssen sich auf Neues hin akkomodieren. Zum Glück ist unser Gehirn derart neuroplastisch, dass es alte Muster verlernen und Synapsenverbindungen neu verknüpfen kann, sobald lange ein neuer Input erfolgt, der als relevant vom Organismus angenommen wird, auf den er seine Aufmerksamkeit richtet und damit ein Bewusstsein für neue Muster entwickelt. Mein neuer Input waren damals Kleider und Röcke, auf die ich ausgewichen bin und versucht habe, neue, für mich sinnvolle, modische Passungsfähigkeiten zu erzielen.

Meine mentalen Vorstellungen von dem Kleidungsstil, der für mich und meine kulturelle Prägung passungsfähig ist, sind über alle beteiligten Sinneskanäle entstanden und haben sich teilweise bewusst, teilweise unbewusst im Gehirn repräsentiert. Diese mentalen Vorstellungen oder Repräsentationen (vgl. Damasio 2002, 384) sind nur mir selbst zugänglich, weil sie von außen, von einem Beobachter nicht gelesen werden können. Die neuronalen Muster in meinem Gehirn, also das Feuern der Synapsenverbindungen sobald ich meinen Körper wieder in Röhrenjeans zwängen kann, ist allerdings aus der Perspektive einer anderen Person möglich, wenn ich mein Gehirn für bildgebende Verfahren zur Verfügung stelle.[4]

In unserem Gehirn werden laufend innere Repräsentationen über alle Sinneskanäle gebildet, teilweise bewusst, aber größtenteils unbewusst. Beteiligt ist die äußere Umwelt, aber auch das System Gehirn selbst, wenn es untereinander Muster

4 Antonio Damasio unterscheidet in diesem Zusammenhang zwischen neuronalen Mustern oder Karten, die gehirnphysiologisch durch die Hirnforschung empirisch nachgewiesen werden können, und mentalen Vorstellungen oder Repräsentationen, die daraus im Geist entstehen, die aber noch nicht mit physikalischen Verfahren in ihrer Entstehung aufgezeigt werden konnten. Damit will er nicht den alten Leib-Seele Dualismus heraufbeschwören, sondern lediglich zu verstehen geben, dass es hier einen missing-link gibt, den die Hirnforschung bisher nicht füllen konnte. Neuronale Muster sind also höchstwahrscheinlich die biologischen Vorläufer für mentale Vorstellungen. Das bedeutet nicht unbedingt, dass wir deshalb keinen freien Willen mehr hätten, wie es zurzeit immer wieder diskutiert wird.

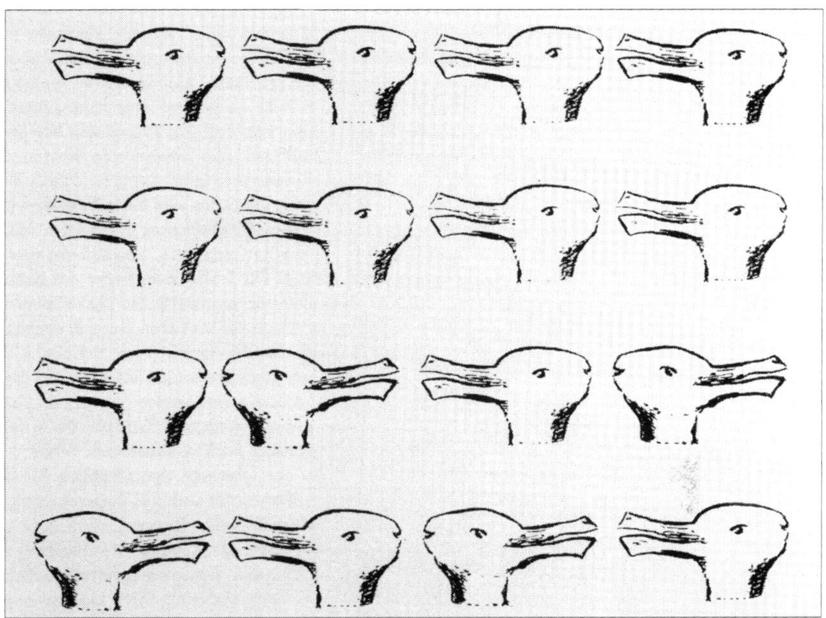

Abb. 4: Marian Wenzel: Kaninchen oder Ente?, o.J.

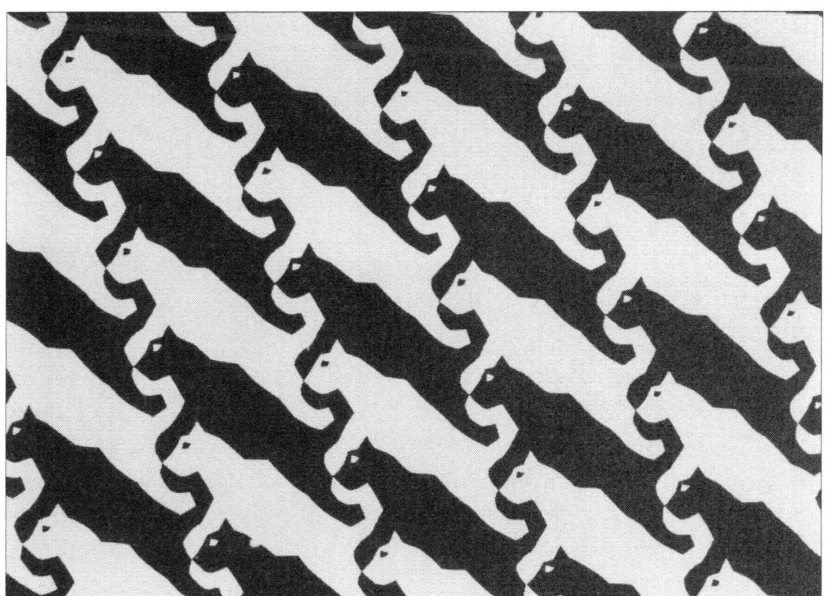

Abb. 5: Michio Kubo: »Gegenwechselmotiv«, o.J.

abgleicht oder innere Vorstellungen auf die äußere Welt projiziert und sogar weiterarbeitet, wenn wir schlafen. Der Psychiater und Hirnforscher Manfred Spitzer fordert uns auf, stärker auf unsere Eindrücke zu achten, damit auch unser Ausdruck ein mitmenschlicher, verantwortungsbewusster und kreativer wird: »Wir sind es gewohnt, sehr auf den Input für den Magen zu achten: im Hinblick auf unser wichtigstes Organ, das Gehirn, ist uns der Gedanke an eine Diät sehr fremd. Dabei ist unser Gehirn im Gegensatz zum Magen zeitlebens plastisch wie eine Wachstafel. Achten wir in Zukunft besser auf unsere Eindrücke.« (Spitzer 2000, 335) und was für Forschungsfelder, Welten und Mustervarianten wir uns und unseren Kindern anbieten. Denn das Gehirn konstruiert unablässig aus den Signalmechanismen, die über unseren ganzen Körper verteilt sind - die Haut, die Muskeln, die Netzhaut und so fort -, neuronale Muster, welche die *Interaktion* des Organismus mit dem Objekt abbilden (vgl. Damasio 2002, 385). Es gibt folglich eine Realität, die Objekt und Interaktionen zwischen Menschen umfasst. Aber die neuronalen Muster, die in jedem einzelnen Gehirn entstehen, sind keine 1:1 Abbilder von Wirklichkeiten, keine abgespeicherten Repräsentationen wie in einem Computer. Wenn das so wäre, dann könnte man unsere Festplatte Gehirn auch wieder löschen, was aber nicht der Fall ist. Jeder Mensch hat schon selbst erlebt, dass sich Bilder, Vorstellungen oder Eindrücke, die sich zu mentalen Vorstellungen im Gehirn gemustert haben, nicht einfach auf Knopfdruck ausradieren, sondern nur langsam wie ein Muskel umtrainieren lassen. »Das Gehirn ist ein kreatives System. Statt seine Umgebung einfach widerzuspiegeln, legt jedes Gehirn als komplex angelegter Informationsverarbeitungsapparat bei der Konstruktion von Karten dieser Umgebung seine eigenen Parameter und seinen eigenen Bauplan zu Grunde, so dass eine Welt entsteht, die eine Besonderheit dieser Klasse von vergleichbar angelegten Gehirnen ist.« (Damasio 2002, 387).

Jedes Gehirn ist mit seiner Geburt fit für jegliche Signalverarbeitung und abhängig von seiner strukturellen Koppelung mit der Umwelt. Behandelt man junge Gehirne, als würden sie mit festlegbaren Musterkarten arbeiten, so behindert man auf lange Sicht die kreative, vitale Gehirnleistung, weil man sie depriviert. Je variantenreicher das ästhetische Lernangebot, je vielfältiger die angebotenen symbolischen Ausdruckssprachen, umso kreativer, toleranter und unangepasster werden die Menschen. Verschiedene Regionen im Gehirn reifen nacheinander aus und so gibt es in jedem Lebensalter entwicklungsgerechte Inputs, die aber individuell verschiedenen sind. Die Hirnforschung spricht auch von sensiblen Phasen oder Zeitfenstern, so sind z.B. die ersten zwölf Lebensjahre besonders offen für die Ausprägung der sinnlichen Wahrnehmung. Das bedeutet nicht, dass wir sofort wieder nach einem neuen Förderkanon für die jungen Menschen suchen, um sie optimal zu Lernmaschinen in bestimmten geeigneten Zeitfenstern zu drillen (Englisch, Klavier und Physik im Kindergarten), sondern eine gute Förderung der kindlichen Gehirne zu gewährleisten, den Kindern viele verschiedene Inputs ohne Überfrachtung anzubieten und vor allem auf ihre individuell gestellten Fragen und Bedürfnisse zu reagieren. Dies sollte in einer positiven Atmosphäre mit Humor und Witz erfüllten Lebenswelt ohne Strafen und Gehorsam geschehen.

Unser Gehirn ist ein lebendiges System, das sich zwischen genetischen Anlagen und Interaktionen mit der Umwelt ständig verändert (vgl. Singer 2002, 212):

1. Es extrahiert gewisse Merkmale von Mustern, die es in der Umwelt vorfindet.
2. Es bildet Invarianten aus Merkmalskombinationen.
3. Es bildet abstrakte Repräsentationen dieser Invarianten, die Generalisierungen ermöglichen (entspricht den kortikalen Karten oder neuronalen Mustern).
4. Es kann derart repräsentierte Sachverhalte in neue Beziehungen zueinander setzen.
5. Es hält diese Ergebnisse assoziativer Analyse in Speichern fest.
6. Es kann andere Gehirne in einer für sie verständlichen Weise auf diese Prozesse hinweisen.
7. Es kann das Verhältnis von kognitiver Auseinandersetzung und Außenwelt mit emotionalen Attributen bewerten. (Es ist womöglich das limbische System, welches die Kontroll- und Bewertungsinstanz der anderen Hirnrindenareale übernimmt. Stammesgeschichtlich ist es sehr alt, liegt in nicht-kortikalen Hirnrindenstrukturen und wird wohl vor allem dazu herangezogen, die notwendige selektive Aufmerksamkeit für das Überleben zu erzeugen.)

Menschen sind also immer wieder in der Lage, neue Muster zu erfinden, Altes zu Neuem zu kombinieren, dieses Ergebnis oder diese Erkenntnis zu externalisieren, und zwar in den unterschiedlichsten Sprachen: Bilder, Filme, Literatur, technische Erfindungen oder Gebrauchsgegenstände, die uns selbst herausfordern wieder neue Wahrnehmungs-, Denk-, und Handlungsmuster zu bilden.

»Einen Teil dieser externalisierten Inhaltsträger reflexiver Prozesse nennen wir Kunst.«, und ein Attribut dieser künstlerischen Leistungen ist, dass über einen reflexiven Prozess neue Bezüge entdeckt und diese durch symbolische Kodierung verdichtet werden. Dadurch werden neue Wirklichkeiten erzeugt (vgl. Singer 2002, 222).

Wer künstlerisch-kreativ tätig wird, sucht seinen Gegenstand in den bereits verarbeiteten symbolischen Repräsentationen unserer Erfahrungen, verknüpft und verbindet folglich das, was sich an ästhetischen Erfahrungsmustern im Gehirn abgelegt hat. Dabei gibt es kaum Restriktionen bei der Wahl der Inhaltsträger und es werden alle Sinneskanäle einbezogen. Man könnte auch sagen, im Unterricht, wo ästhetische Musterbildungen im Mittelpunkt stehen, kann alles zum Thema werden was sinnlich erfahrbar und reflexiv analysierbar ist.

Künstlerisch-pragmatisches Handeln ließe sich also als Ausdruck des Versuchs definieren, »Wirklichkeiten erfahrbar zu machen, die aufgrund der reflexiven Struktur unserer Gehirne entstanden sind und erfahrbar wurden und die mit dem rationalen Anteil unserer Sprache nicht abgebildet werden können.« (Singer 2002, 224).

Doch damit kombiniert werden kann, muss es in der Kultur eine positive Motivation für dieses Spiel geben, welches sehr anstrengend ist. »Es liegt also nahe, anzunehmen, daß jene Gehirne, die besonderen ›Spaß‹ daran haben, das kombinatorische Spiel zu spielen und neue Bezüge zwischen vorher nicht Verbundenem herzustellen, einen erheblichen Selektionsvorteil erlangen.« (Singer 2002, 224), kurzum solche Gehirne, die eine lebendige Muster-Bildung erfahren durften.

Vor dem Hintergrund dieses neurobiologisch argumentierenden Wissens, muss es bestürzen, dass in Schulen zu fast hundert Prozent unserer Lehrpläne Zeit darauf verwendet wird, Wissen zu vermitteln und das rationale Sprachsystem zu fördern und nur eine verschwindend kleine Elite sich der künstlerisch-pragmatischen Ausdrucksspektren jenseits der rationalen Sprachen bedient. Der Rest der Menschen sagt von sich, sie seien nicht kreativ oder könnten nicht malen und das oft schon von der fünften Schulklasse an, manchmal auch schon früher. Sie sind einfach depriviert (vielleicht auch deprimiert) worden durch Bastelanleitungen, Ausmalbücher, Schablonen und normierten Schönheitsvorstellungen von guten Zeichnungen.

Dabei haben die komplementären Darstellungsweisen der Kunst eine Fähigkeit, komplexe Dinge auszudrücken, die sonst gar nicht erfahrbar wären. »Es könnte also sein,« schrieb Wolfgang Singer schon 1984, »daß wir ein Entwicklungsstadium erreicht haben, in welchem eine Fähigkeit, die zunächst als Epiphänomen bestimmter adaptiver Funktionen entstanden ist, plötzlich eine wichtige, möglicherweise arterhaltende Funktion bekommen hat. Wenn das so ist, dann werden jene Gesellschaftssysteme überleben, die die künstlerische Begabung ihrer Mitglieder ausschöpfen und die Sprache der Kunst verstehen.« (Singer 2004, 234). Mit Hilfe von künstlerischen oder ästhetischen Ausdrucksweisen kann das sprachlich Unsagbare sagbar gemacht werden.

Dazu bedarf es aber eines gesellschaftlich kulturellen Klimas, in dem Kindern und Jugendlichen in großer Varianz und Differenz künstlerische Strategien, Forschungsmöglichkeiten und Leerstellen subjektorientiert und nicht in Form des Nürnberger Trichters zum Experimentieren angeboten werden. Es ist, wie Manfred Spitzer sie nennt, die Varianz der gemachten Erfahrungen während der Reifung des frontalen Hirnkortex, die uns vor Einseitigkeit bewahrt, also sollten Lehrjahre, wie Goethe es beschreibt, Wanderjahre der Musterbildungen sein. Je mehr künstlerisch-ästhetischen Austausch ein junger Mensch während seiner Schulzeit erlebt, je mehr er sinnlich-emotional erfahren hat, um so toleranter wird er später sein, um so differenzierter wird er sich ausdrücken können, weil sein Gehirn über komplexere mentale Repräsentationen verfügt, oder anders formuliert: »Für's Hänschen die Varianz bringt Toleranz bei Hans.« (Spitzer 2002, 356).«[5]

Oder nochmals aus neurophysiologischer Sicht argumentiert: Unser Gehirn baut sich aus zwei miteinander verbundenen Hirnhälften auf, die es gilt, möglichst flexibel miteinander zu kombinieren, damit Muster des Fühlens, Denkens und Handelns nicht in rigiden Strukturen erstarren.

Zwei Gehirne – zwei Sprachen

Oder man könnte auch mit dem Motto des Kurators Robert Storr der Biennale in Venedig 2007 sprechen: »Denke mit den Sinnen, fühle mit dem Verstand.« (Kunstforum international, Bd. 188, 2007, 53), um zu verdeutlichen, wie unterschiedlich unser Gehirn auf äußere Reize reagiert, diese repräsentieren und zu Mustern verdichten kann.

In der folgenden Abbildung ist dargestellt, wie verschieden unsere beiden Hemisphären mentale Repräsentationen der Wirklichkeit, oder mit Watzlawick gesprochen, unterschiedliche Weltbilder oder Muster erzeugen.

Über das Verbindungsstück, das so genannte Corpus Callosum, korrespondieren die beiden Hemisphären miteinander. Dieser Austausch ist »entscheidend für die ‚intelligente‹ Steuerung unserer Aktivitäten ...« (von Hentig 1998, 47). Man geht derzeit davon aus, dass die linke Hemisphäre, also der eher analytische Bereich, schneller aktiv wird und es dadurch dazu kommen kann, dass die rechte Hälfte bei zu wenig Anregung resigniert und langsam verkümmert. Die ungleiche linksseitige Förderung »... geschieht 10 oder 13 oder – falls man studiert – 18 Jahre lang. Da die Ausbildung der Gehirnstruktur im Alter von 17 oder 18 Jahren weitgehend abgeschlossen ist, kommt es zu einer einseitigen Ausbildung der einen Fähigkeiten, zu einer Vernachlässigung der anderen und zu keinem ›balancierten Miteinander‹ der beiden.« und so lassen wir »elementare Erfahrungsmöglichkeiten verkümmern... .« (von Hentig 1998, 47).

---

5 Vgl. Kolhoff-Kahl, I.: Textildidaktik, Eine Einführung, Donauwörth 2005, 144ff.

linke Gehirnhälfte	**Corpus Callosum**	**rechte Gehirnhälfte**
verbal, analytisch, rational, zerlegend, sequentiell, reduktiv, zeit-orientiert, diskontinuierlich, sukzessiv-hierarchisch strukturierte Aufgabentypen		nicht-verbal, holistisch, synthetisch, visuell-räumlich, intuitiv, zeitlos, diffussimultane Informationsverarbeitung
sequentielle Tätigkeiten: Registrieren, Vergleichen, Unterscheiden, Urteilen, Erkennen, Verstehen von Gesetzmäßigkeiten etc.	⟷ ⟷ ⟷	**synthetische Tätigkeiten:** Erkennen + Verstehen von Bildern, Emotionen, Bewegungen des Menschen im Raum, etc.
willkürliche Bezeichnung zwischen Bezeichnetem und Bezeichnendem		Verdichten, Transformieren, Analogiebildung, pars pro toto
Digitale Sprache (Watzlawick)		Analoge Sprache (Watzlawick)

»Die Funktionen der rechten Hemisphäre (wiederum beim typischen Rechtshänder) sind dagegen folgende: Sie ist hochentwickelt für die ganzheitliche Erfassung komplexer Zusammenhänge, Muster, Konfigurationen und Strukturen.« (Watzlawick 2007, 22). Die rechte Hirnhälfte ist dazu in der Lage, nach dem pars pro toto Prinzip, aufgrund von Details eine Ganzheit zu erkennen, besonders dann, wenn es um sinnliche Eindrücke geht. Anhand eines Details vermögen wir ein Gesicht wieder zuerkennen, anhand eines Geruchs steigen ganze Erfahrungsmuster in uns hoch oder mit Hilfe einer Karikatur sind wir in der Lage, komplexe Situationen oder Gestalten zu erfassen. Die rechte Gehirnhälfte scheint zudem beim Erfassen von logischen Mengen oder Mustern beteiligt zu sein, indem sie die Vielfalt der Welt in logische Begriffe zusammenfasst, ohne die menschliche Existenz gar nicht möglich wäre. Karl Jaspers stellte in diesem Zusammenhang fest: »Es ist möglich, statt in Begriffen durch Worte, vielmehr in Bildern, Gestalten, Mythen, Göttern, in Landschaften, Farben, Naturerscheinungen, in Handlungen und Vollzügen zu »denken«. Alle primitiven Weltbilder bauen sich auf diesem Wege auf, die Wortsprache bezieht sich darauf. Allerdings ist dieses Denken für ihn nur der Übergang zur Wortsprache. Sprachloses Denken scheint es als Keim und als Übergang zu geben. Vielleicht geht das Entscheidende des Erkennens – der Sprung zum Neuen, der Ansatz, das ursprüngliche, vorwegzunehmende Begreifen – im sprachlosen Denken vor sich.« (Jappers 1974, 415 zit. in: Watzlawick 2007, 25).

Bezüge zum ästhetischen Denken von Wolfgang Welsch lassen sich hier ziehen und damit ein Plädoyer für Muster-Bildungen, die beide Hemisphären aktiv mit einbeziehen, um auch das Denken mit den Sinnen und das assoziative Fühlen mit dem Verstand zu ermöglichen.

»Das Gehirn strukturiert sich durch das, was es konkret wahrnimmt. Die Umwelt ist also nicht nur Auslöser der menschlichen Wahrnehmungs-, Verarbeitungs- und Denkprozesse. Vielmehr sind die ersten Lebensjahre entscheidend für die Wahrnehmungs- und Denkstrategien, die ein Kind im Zusammenspiel mit seiner sozialen und kulturellen Umwelt entwickelt.« (Schäfer 2005, 34).

Um noch einmal an die beiden Mädchen zu erinnern, die sich über ihr Verständnis von Kunst unterhielten, welches schulisch motiviert wurde, zeigt sich: Es geht um das Nachmalen von Franz Marc Bildern, die Tiere werden schablonenhaft vorgegeben. Es handelt sich um ein sequentielles, zerlegendes, hierarchisches Herangehen an Bilder, das belohnt wird. Kein Wunder, dass solche Kinder, falls sie später einmal Kunstpädagogik studieren, fragen, was sie tun sollen. Ihre rechtshemisphärischen Fähigkeiten sind verkümmert, aber wie weiter oben gezeigt, besteht Hoffnung, da unsere Gehirne neuroplastisch sind und bei wiederkehrendem, relevantem und ähnlichem Input auch völlig neue neuronale und mentale Muster bilden können. Wir brauchen eine gezielte Förderung beider Gehirnhälften und ein optimales Zusammenspiel, um möglichst kreative Musterbildungen zu ermöglichen. Die ästhetische Bildung hat in der Schule die Aufgabe, durch das Bewirken komplexer neuronaler Vernetzungen im menschlichen Gehirn umfassende, dynamische Wirklichkeitsmuster im Gedächtnis aufzubauen (vgl. Bering 2004, 55).

Musterndes Gedächtnis: ein Wandlungskontinuum

Alles, was an Erregungsinput in unser Gehirn eindringt, wird verarbeitet, zergliedert und bildet nicht nur neuronale, sondern auch mentale Vorstellungen oder Repräsentationsmuster ab. Die einzelnen wissenschaftlichen Disziplinen streiten seit Jahrhunderten, wie die rätselhafte Masse in unserem Kopf die Inhalte, Episoden oder das Wissen festschreibt. Antike Vorstellungen von der Wachstafel, pädagogische Vorstellungen vom Nürnberger Trichter, Vorstellungen von Gedächtnisschubladen oder Gehirnlandkarten und neuerdings Hologramm-Modelle, schwirren durch Medizin, Neurophysiologie, Soziologie, Philosophie oder Psychologie. Die Neuroforscher konnten im Gehirn keine Kommandozentrale nachweisen, die die eingehenden physikalischen Informationen separiert und bestimmten Regionen zuordnet, sondern es ist ein gigantischer, dynamischer Zergliederungsapparat, den man eher mit den Elementarteilchen in der Theorie der Quantenphysik über den Kosmos vergleichen könnte. Thomas Metzinger erklärt die fehlende Hirnzentrale unseres Ichs und das Gefühl, dennoch ein subjektives Bewusstsein und ein Gedächtnis zu haben, mit einem philosophisch begründeten Selbstmodell, dass ein Ich erst dann erscheint, wenn ein Wahrnehmungsapparat wie das Gehirn seine eigenen Modelle als solche nicht mehr erkennt und doch gleichzeitig die Gedächtnismuster und Bewusstseinsstrukturen aktiviert (vgl. Metzinger in Siefer/Weber 2008, 256). Douglas Hofstadter bezeichnet sein Ich deswegen als »eine seltsame Schleife« (2007), und meint damit, die Fähigkeit des menschlichen Gehirns als komplexes System, sich selbstreferentiell auf die eigenen Strukturen auszuwirken und Veränderungen hervorrufen zu können.

Es geht bei den Musterbildungen folglich um keinen neuen Dualismus von Leib und Seele, bzw. Gehirn oder Gedächtnis, das vielfach diskutierte Determinismusproblem mit der Freiheit des menschlichen Willens und dem Zentrum des Ichs, sondern um eine Interdependenz von biologischem Gehirn und mentalem Gedächtnis, welche gemeinsam die Interaktion mit der Umwelt betreiben.

Über das gesamte Gehirn bildet sich im Laufe des menschlichen Lebens ein Netzwerk von Nervenzellen aus, welches sich aufgrund von Erregungsmustern ständig verändert. Nicht benötigte Verschaltungsmuster werden gekappt. Wir nennen das auch Vergessen. Neue Muster werden aufgebaut, es wird gelernt. Die ganze Zeit verändern sich unsere neuronalen Gehirnvernetzungen und das Gedächtnis entwickelt stetig sich verändernde bewusste und unbewusste Erinnerungsmuster.

Alles, was einen Menschen ausmacht, Sprache, Denken, Gefühle, Handlungen oder Erkenntnis beruht auf der Fähigkeit des Gehirns, Erinnerungen abzuspeichern und abzurufen, sowie auf jahrtausendalte vererbte Wissensspuren zurückzugreifen. Jeden Moment greifen wir auf Wissen zurück, was wir zuvor erworben haben. Wenn wir Klavierspielen, ein Kleid nähen, eine Suppe kochen, greifen wir z.B. auf koordiniert fest gespeicherte und meist unbewusste Bewegungsmuster zurück, die in dem Wunderwerk von 100 Milliarden Nervenzellen in unserem Gehirn verarbeitet werden. Das Gehirn ermöglicht es uns mit verschiedenen Formen des Langzeitgedächtnisses, selbstständig in der Welt zu bestehen (vgl. Markowitsch/Welzer 2005, S. 80ff.).

Prozedurales Gedächtnis: Dieses Gedächtnis ist auf die Motorik ausgerichtet und hochgradig automatisiert, wie z.B. die Fertigkeiten beim Autosteuern oder das geschickte Laufen auf Stöckelschuhen, das Skifahren oder Reiten. Das Gedächtnis verfügt über automatisierte, unbewusste Bewegungsmuster.

Priming-Gedächtnis: Es bahnt über unbewusst abgespeicherte Reize das Wiedererkennen von etwas Früherem an. Wir sehen ein bestimmtes Kleid und erinnern uns dadurch an einen Opernbesuch oder einen Schuleintritt. Wir riechen einen Duft und erinnern uns an eine bestimmte Person. Dieses Gedächtnis verfügt über unbewusste Reflexmuster.
Perzeptuelles Gedächtnis: Es erkennt an charakteristischen Reizmerkmalen ein Objekt und kann es identifizieren. Es unterscheidet einen Banker im dunklen Herrenanzug von einem Freizeitsportler im Turnhose und Joggingschuhen. Dieses Gedächtnis verfügt über bewusste Bekanntheits- und Ähnlichkeitsmuster, die besonders bei ästhetischen Erfahrungen eine große Rolle spielen. Je komplexer die Reizmerkmale, über die ein Mensch verfügt, desto differenzierter kann er sich kreativen, ästhetisch-künstlerischen Erfahrungen nähern. Ein Joschka Fischer, der bei seiner Vereidigung zum hessischen Umweltminister in weißen Joggingschuhen, Jeans und Jacket auftritt, stört die kulturell bedingten Reizmerkmale von Körpererscheinungen und fordert neue ästhetische Musterbildungen heraus.
Wissenssystem oder Faktengedächtnis: Hier erinnert das Gedächtnis Allgemeinwissen, welches meist kontextfrei ohne ein Erinnern an Raum oder Zeit gelernt worden ist. Es sind mathematische Formeln, der goldene Schnitt, Gestaltungslehren oder Faktenwissen, kurzum die Welt der Ideen oder der Kultur, welche wir erlernt haben, ohne uns später erinnern zu können, wann und wo wir dies gelernt haben. Es handelt sich um bewusste Faktenmuster, um formalisiertes Wissen, um ein Gedächtnis, das derzeit intensiv im gesellschaftlichen Diskurs steht. Es verführt in schulischen Institutionen leicht dazu, Wissen einzutrichtern und abzufragen, was zu einer bulimischen Wissensaneignung führen kann. Ohne Wissensgedächtnis könnten wir jedoch viele Errungenschaften gar nicht weiterentwickeln oder reflektieren.
Episodisch-autobiografisches Gedächtnis: Hier werden Episoden aus dem eigenen Leben bewusst und aktiv erinnert: mein Einschulungskleid, das Hochzeitskleid oder die erste Tätowierung sind hier abgespeichert. Es ist, hierarchisch betrachtet, das höchste der fünf Gedächtnisformen und verfügt über kontextabhängige und emotional gefärbte Episodenmuster, welche sich zwischen dem zweiten und dritten Lebensjahr ausbilden.

»Und weil jede Art der Wahrnehmung mit Lernen und Gedächtnis zu tun hat, weil uns immer wieder etwas widerfährt, das in unserer Erinnerung haften bleibt, befindet sich das Gehirn in einem pausenlosen Umbauprozess.« (Siefer/Weber 2008, 139), ebenso wie unser Gedächtnis. Teilweise sind dies bewusste, teilweise unbewusste Prozesse. Stark beteiligt an diesem Einprägungsprozess im Gedächtnis sind die körpereigenen Hormonausschüttungen wie Dopamin und Serotonin bei positiven Erlebnissen und Adrenalin oder Cortisol bei negativen Erfahrungen. Diese Gefühle bzw. Hormonausschüttungen sind ein Unterscheidungskriterium der Neuronen für Wichtiges und Unwichtiges, um die unendlichen Informationsflüsse zu memorieren oder als Durchlaufposten zu vergessen, bzw. gar nicht erst zu Gedächtnisspuren werden zu lassen. So bildet sich über das limbische System mit der Amygdala (Mandelkern im Gehirn = Gefühlszentrum) zu jedem Erregungsmuster ein emotionales Muster, welches den Menschen befähigt, unbewusst und äußerst schnell auf schon erfahrene soziale Situationen zu reagieren.

Die Amygdala schlägt sofort Alarm bei bedrohlichen autobiografischen Gedächtnismustern. Das ist auch ein Grund, warum Lernen in emotional unangenehmen Situationen nur geringe Erfolge verzeichnet. Das Gehirn nimmt immer wahr und das Gedächtnis mustert mit Hilfe sehr verschiedener Gedächtnisstrukturen und bildet so ein scheinbar kohärentes Selbstbild des Menschen, von dem aus dieser fühlt, denkt und handelt. Wahrheit ist dabei eine konstruierte Ansichtssache, wie schon in Kapitel 2.2 dargestellt wurde, denn wahre, allgemeingültige Erinnerungen kann es mit Verlaub nach diesem Gehirn/Gedächtnismodell nicht geben, sondern nur Musterbildungen, die immer wieder neu zur Disposition gestellt werden. Dabei können sie zu Vorurteilen erstarren oder aber auch für Differenzen und Vielfältigkeit geöffnet werden, je nachdem, welches kulturelle Umfeld und individuellen Anlagen einen Menschen prägen.

Das Gedächtnis ist folglich kein statisches, verstaubtes Archiv, sondern dient der ständigen Bestätigung des Individuums. Rufen Menschen Erinnerungsmuster wieder auf, so werden sie neu verarbeitet und auch neu gespeichert. Die neuronalen Muster und mentalen Muster verändern sich dabei. Erinnerungen verblassen, z.B. die an einen verstorbenen Menschen oder wenn unser Gedächtnis ein Gesicht falsch zuordnet. Unsere Gedächtnismuster verführen uns zu Vorurteilen, zudem nimmt es selektiv wahr und richtet seine Aufmerksamkeit nur auf das, was für den Menschen relevant ist, weil es schlichtweg um das Überleben geht. Unser autobiografisches Gedächtnis verdrängt, beschönigt und manipuliert unsere Erinnerungen so gelungen, dass wir den Selbstbetrug gar nicht merken, denn all die multiplen Rollen, die wir im Alltag bewältigen, müssen ja irgendwie zu einer Konsistenz im Dialog von Ich und den Anderen zusammengeführt werden, so dass wir von uns sagen können »Ich bin ich«.

Gedächtnismuster bilden sich folglich nicht von alleine, sondern nur in kommunikativen Kontexten, in denen wir mit anderen Menschen im »Memory Talk« unsere Existenz ständig neu emotional bestätigen. Dem autobiografischen Gedächtnis kommt die Aufgabe zu, die Muster in den verschiedenen Gedächtnisstrukturen auf ihre

Aktualität hin anzupassen. Daher erzählt eine 15 Jährige die Trennung von ihrem ersten Freund ganz anders, als sie es Jahre später vielleicht mit 30 oder nach einem langen Leben mit 60 Jahren tun wird.

Das wahrnehmende Gehirn und das musternde Gedächtnis sind hoch kommunikativ. Das autobiografische Gedächtnis integriert das multiple Ich zu einem beständigen Selbst, gerade weil sich dieses permanent verändert. »Die Einheit des Bewusstseins, so überzeugend wir sie subjektiv auch erleben mögen, ist eine der vielen Aufführungen des Gehirns auf der Bühne des Ich. Die Realität ist, dass viele räumliche und zeitlich getrennt arbeitende Module gleichberechtigt zum Bewusstsein beitragen. Unser Gehirn ist ein Reich ohne König.« (Siefer/Weber 2008, 251). Man könnte auch formulieren, Ich bin ich, weil ich anders bin, denn unser autobiografisches Ich macht sich an sozial erfahrenen kulturellen Mustern fest, die ziemlich genau bestimmen, welche Ordnungen und Lebensläufe als sozial angepasst gelten. »Evolutionär wird eine solche Passung aber erst dann erforderlich, wenn ein Wesen ein Bewusstsein über sich selbst entwickelt und sich als verschieden von anderen Wesen erlebt.« (Markowitsch/Welzer 2005, 217). Dazu bedarf es der emotional-sozialen und kognitiv-semantischen Perspektivenübernahme in andere Muster oder zuvor überhaupt in Mustererkennungen und Musterbildungen, die sich mit der wachsenden sozialen Einbindung eines Kindes in die jeweilige kulturelle Gemeinschaft herausbilden.

Bei diesem Wandlungsprozess des Gedächtnisses sind die ästhetischen Muster, die einem jungen Menschen von der Umwelt angeboten werden, sehr entscheidend. Sie beeinflussen, welche Art von Gedächtnisstrukturen im Gehirn repräsentiert und wie flexibel und assoziativ diese sein werden. Hans Markowitsch beschreibt, welche Gedächtnisstrukturen sich in der Entwicklung des Kindes aufbauen müssen (vgl. auch weiter oben die fünf Gedächtnisformen), damit es zu einem handlungsfähigen und verantwortlichen Mitglied seiner sozialen und kulturellen Gemeinschaft wird:

> »In der frühen Phase erlaubt das Gedächtnis des Kindes Gewöhnungslernen, es speichert körperliche Erfahrungen, es erinnert wiederkehrendenHandlungs- und Geschehensabläufe. Das alles ist keine bewusste Erinnerung, sie bleibt noetisch und experientiell. Mit dem Erreichen des sozialen Selbstverstehens gewinnt das Gedächtnis eine neue Qualität: Personen und Objekte können als konstant begriffen werden. Es entsteht ein semantisches Gedächtnis, das Dinge beinhaltet, die für das Kind auch dann existieren, wenn sie gerade nicht anwesend sind. Mit dem kognitiven Selbstverstehen beginnt sich das episodische Gedächtnis herauszubilden: Wenn das Kind sich in Re-

lation zu anderen Menschen erfährt und etwa gemeinsame Aktivitäten mit Freude erlebt oder deren Ausbleiben mit Enttäuschen registriert, bekommen seine Erinnerungen einen emotionalen Index – eine der zentralen Voraussetzungen für episodische und später autobiografische Erinnerungen. Mit dem Entstehen eines repräsentationalen Selbst gewinnt dieses noch rudimentäre episodische Gedächtnis eine weitere zentrale Eigenschaft: den Ich-Bezug – der wiederum Voraussetzung dafür ist, sich gemeinsam mit anderen an persönlich bedeutsame Erlebnisse zu erinnern.« (Markowitsch/Welzer 2005, 223).

Wenn das autobiografische Gedächtnis also eine lebenslange Entwicklungsaufgabe ist, eine ständige Neumusterung oder Neujustierung und wenn diese Wandlungen von den sensorischen Erregungsmustern und den kommunikativen Interaktions- und Beziehungsmustern (»Memory Talk«) beeinflusst werden, dann hat die ästhetische Bildung eine nicht zu unterschätzende Aufgabe, indem sie kreative Musterbildungen an der Schnittstelle von Umwelt einerseits und der internen, subjektiven Vorstellungsarbeit andererseits fördert, die in der ästhetischen Fachdiskussion häufig unter dem Begriff des »Perzepts« verhandelt werden.

Perzepte sind Musterbildungen.

Die sinnlich-emotionalen frühesten Wahrnehmungen eines Kindes, die auf seinen erlebten empathischen Perzeptionen beruhen, können für das Kind nur wahr sein, wenn ein Kind von seinen ästhetischen Gefühlen, seinen empathischen Perzeptionen z.B. nicht entfremdet wird. Wenn es z.B. die Kleider, in denen es sich wohl fühlt, nicht tragen darf, weil sie nicht den modischen Vorlieben der Eltern entsprechen, wird es aus Liebe zu den Eltern, von denen es abhängig ist, das tragen, was die Eltern vorschreiben. Aber es wird sein Ich-Empfinden entfremden, wird fremde Muster übernehmen und lernen, dass eigene empathische Kleidempfindungen keine Gültigkeit haben. Wenn im traditionellen China, jungen Prinzessinnen die Füße durch Schnüren zu Lilienblüten verkrüppelt wurden, so entspricht diese Körperentstellung einem kulturellen Muster und die jungen Frauen halten das Humpeln für eine »schöne« Wahrheit (vgl. Kap. 2.2). Sie sind des natürlichen menschlichen Gangs entfremdet worden. Erst wenn die Muster in Frage gestellt werden dürfen, wenn andere Optionen der Erfahrung zur Verfügung stehen, kann das Gehirn und damit das Gedächtnis neue Aktivitätsmuster aufbauen und alte vergessen.

Perzepte sind visuelle, taktile, auditive oder olfaktorische Wahrnehmungsmuster, von der Umwelt aktiviert, und im Gedächtnis subjektiv verarbeitet und gespeichert, die aber bei jedem Erinnern wieder neu bearbeitet und verändert werden. Im

Zeitalter der Informationsgesellschaft steht die Bildwissenschaft, die neue Macht der Bilder (vgl. Maar/Burda 2005), das Bilderlesen, der Bildumgang (vgl. Busse 2004), das Denken und Lernen mit Bildern (vgl. Niehoff/Wenrich 2007) hoch im Kurs. Mit der »visual literacy« wird im Unterricht versucht, die Schüler und Schülerinnen zu aktivieren, ihre alltäglichen medialen Bilderwelten zu hinterfragen, zu transformieren, kritisch und konstruktiv mit Bildern denken und handeln zu können, damit sie beim Lesen und Kodieren von Bildern der Macht der inneren wie äußeren Bilder nicht hilflos ausgeliefert sind. Gunter und Maria Otto haben schon in den 80er Jahren den aus der Wahrnehmungspsychologie stammenden Begriff der »Perzeptbildung« als das Fundament, auf dem das Auslegen von Bildern beruht, in die kunstdidaktische Debatte eingebracht (vgl. Otto/Otto 1987, 51ff.).

Dahinter steht eine jahrhundertlange Theorietradition des Perzeptionsbegriffs und der Erkenntnistheorie, wonach Wahrnehmen und Erkennen subjektabhängige, ganzheitliche Konstruktionsakte sind (vgl. Kap. 2.1 und 2.2.) und die hier nicht noch einmal aufgriffen wird, aber für didaktisch Interessierte sehr gut bei Kunibert Bering u.a. (2004) nachzulesen ist.

Auffallend ist, dass in der ästhetischen Bildung häufig der Sehsinn bzw. der Gesichtsraum oder die visuellen Perzept- bzw. Musterbildungen im Zentrum des Interesses stehen, obwohl die anderen sinnlichen Kanäle, seien es die Haut, die Hände, der Körper eine genauso wichtige, wenn nicht manchmal noch intensivere Rolle bei den neuronalen und mentalen Musterbildungen spielen. Der Körper oder die »Leibwahrnehmung«, wie sie Merleau-Ponty (1966) in seiner Wahrnehmungstheorie beschreibt, bestimmt unser Verhältnis zur Welt, bzw. durch unseren Körper sind wir demnach überhaupt erst in der Lage, Wahrnehmungsmuster von Wirklichkeit zu konstruieren. Dies geschieht im kohärenten Zusammenspiel von externen Umweltreizen, Körperempfindungen sowie inneren neuronalen und mentalen Verarbeitungen.

Sehr alt ist der Streit der Philosophen, Anthropologen und Kunsttheoretiker um die Hierarchie der Sinne. George Berkeley stellt 1708 die These auf, dass ohne Tastsinn überhaupt keine perspektivische Wahrnehmung möglich sei und wird 1788 von Johann Gottfried Herder bestärkt, der dem Gesichtssinn nur das Wahrnehmen von Gestalten zuspricht, das Körpergefühl allein aber nur durch den Körper erfahren werden könne. Erst mit Erhalt des Tastsinns sei der Mensch in der Lage Ich zu sagen (vgl. Benthin 2001, 231ff). Und mit der Aufwertung des menschlichen Tastsinns gelangen auch die intelligente Hand-Arbeit oder Körper-Arbeit als sinnlich denkende Organe in den Fokus der Musterbildungen oder taktilen Perzeptbildungen, die dem Menschen ermöglichen, sich im Gegensatz zu Dingen und Umwelt als Selbst zu erfahren.

Hand- und Körper-Arbeit bilden Gedächtnismuster.
Nicht umsonst sprechen wir davon, dass wir nicht nur die Welt versuchen, »wahr«-zu nehmen, sondern dass wir sie auch »begreifen« oder »erfassen« wollen. Vom Homo faber reden wir, als zum ersten Mal ein Mensch die Fähigkeit erwarb, Dinge mit sicherem Griff zu halten, um sie zu bearbeiten. »Daraus ergibt sich dann das Nachdenken über die Dinge, die man solcherart im Griff hat. Man sagt von Problemen, dass man sie »im Griff« hat, und ganz allgemein von geistigen Zusammenhängen, dass man sie begreift. In beidem spiegelt sich der evolutionäre Dialog zwischen Hirn und Hand.« (Sennett 2008, 204). Für die Musterbildungen und Konstruktionen unserer Wirklichkeit spielen die Hände, aber auch der Tastsinn unseres Körpers, die neben den Augen eine eigene Form von Gedächtnismustern erzeugen, eine nicht zu unterschätzende Rolle. Manfred Spitzer berichtet von Versuchen aus der Neurophysiologie, in denen beobachtet wurde, dass bei Geigen- und Gitarrenspielern die Hirnbereiche, die für die Griffhand zuständig sind, sehr viel größer sind, als bei Menschen, die kein solches Instrument spielen (vgl. Spitzer 2000, 178). Und es macht einen großen Unterschied in der Wahrnehmung, ob ich eine Geige lediglich anschaue und anfasse oder ob ich sie selbst spielen kann. Jeweils völlig andere ästhetische Zugänge erzeugen unterschiedliche Gedächtnismuster. Und wenn ästhetische Bildung sich in den ersten Grundschuljahren darauf reduziert, Bilder auszumalen und vielleicht auch mal mit Wasserfarben zu pinseln oder ein kleines Webdeckchen zu weben, dann liegt hier eine fahrlässige Deprivation eines äußerst bedeutsamen Musterbilders vor: der Hand bzw. des Körpers.

Aus dem verbindenden neuronalen Netz unserer Sinnesorgane, was dafür sorgt, dass Tasten, Sehen und Greifen integriert sind, werden im heutigen Schulunterricht meist nur Auge und Gehirn trainiert und Hand und Körper vernachlässigt. Dabei ist die Hand schon nach dem ersten Lebensjahr so ausgebildet, dass sie zur lebenslangen Erkundung bereit ist (vgl. Wilson 2002, 115). Besonders unsere Hände, aber auch unser Tastorgan Haut, sind in der Lage, Fertigkeiten zu erlangen, die höchst dynamische und flexible Bewegungsmuster und Perzepte im Gedächtnis erzeugen und uns befähigen, zu musizieren, zu zeichnen, zu nähen und damit ständig neue Kreationen erfinden lassen. Dabei bereiten wir mit den Händen vor, experimentieren, erkunden Fehler, geraten in Sackgassen und finden schließlich ein neues ästhetisches Muster oder eine gelungene Form.

Je stärker Menschen durch Sozialisations- und Zivilisationsprozesse von ihren Händen und Körpern entfremdet werden, umso undifferenzierter und eingleisiger sind ihre Gedächtnismuster, die sie handelnd die Welt begreifen lassen. Beim Grundschulkind sind besonders die Zeitfenster für die sinnlichen Erfahrungen bei der Entwicklung des Gehirns geöffnet. Ein Geigenspieler, der bis zum 12. Lebensjahr nicht das Vibrato gelernt hat, wird darin nie mehr meisterhaftes Können erlangen. So muss man sich eindringlich fragen, welche Chancen verpassen die Kinder, wenn ihre Sinne nicht genügend beispielhafte ästhetische Erfahrungen machen können. Welche Vernetzungen im Gehirn werden nicht gut genug ausgebildet?

Leider gibt es zu dem Forschungsbereich, was Kindern und Jugendlichen in ihrer Entwicklung gut tun würde, nur wenig Langzeituntersuchungen, weil die Wissenschaft auf kurzweilige Erfolge aus ist. Aber aus neurobiologischer Sicht lassen sich jetzt für die Zukunft neue Fragen stellen. Z.B. was passiert mit uns Menschen, wenn unsere Hände durch den verstärkten Computergebrauch zwar an den Fingerkuppen eine hohe sensorische Repräsentation aufweisen, aber schon Textilstudierende Schwierigkeiten haben, mit zwei Nadeln zu stricken, eine Schnittgestaltung zu konstruieren oder ein Muster zu entwerfen? Wenn Kinder nicht mehr lernen, mit den Händen und Augen ganz nah bei den Dingen die Probleme zu lösen, sondern nur noch durch abstrakte Erfahrungen ihre Muster im Gehirn repräsentieren?

Es fehlt ihnen die Möglichkeit, die Welt nicht nur mit den Sinnen passiv aufzunehmen und innerlich zu verarbeiten, sondern sie auch nach außen greifend, aktiv zu gestalten. Eine ganzheitliche Verbindung von Hand-Körper-Kopf-Arbeit ist klug, macht kreativ und ermöglicht flexible Musterbildungen, aber dazu bedarf es kreativitätsfördernder Umwelten.

2.4 Kreative Muster-Bildungen brauchen Muster.

Oder um mit einem rheinischen Bonmot zu sprechen »Von Nix kütt nix.«

In diesem Kapitel möchte ich neben den schon skizzierten ästhetisch-philosophischen, wahrnehmungstheoretisch-konstruktivistischen sowie neurobiologisch-autobiografischen Begründungshorizonten auch Aspekte der Kreativitätsforschung hinzuziehen, die maßgeblich das Verständnis der ästhetischen Muster-Bildungen prägen. Der Betrachtungsfokus liegt dabei auf den ästhetischen Input-Mustern, mit denen Erwachsene meinen, dass Kinder und Jugendliche kreativer würden. An anderer Stelle hat Hartmut von Hentig differenziert aufgezeigt, dass wir den Kreativitätsbegriff in der Schule vielfach überlasten, vor allem dann, wenn wir ihn als Geniekult oder kompensatorisches, heilendes schöpferisches Tun dem Wissen oder Denken gegenüberstellen. »Die Ablösung vom Leitbild des Wissens oder der Denk-

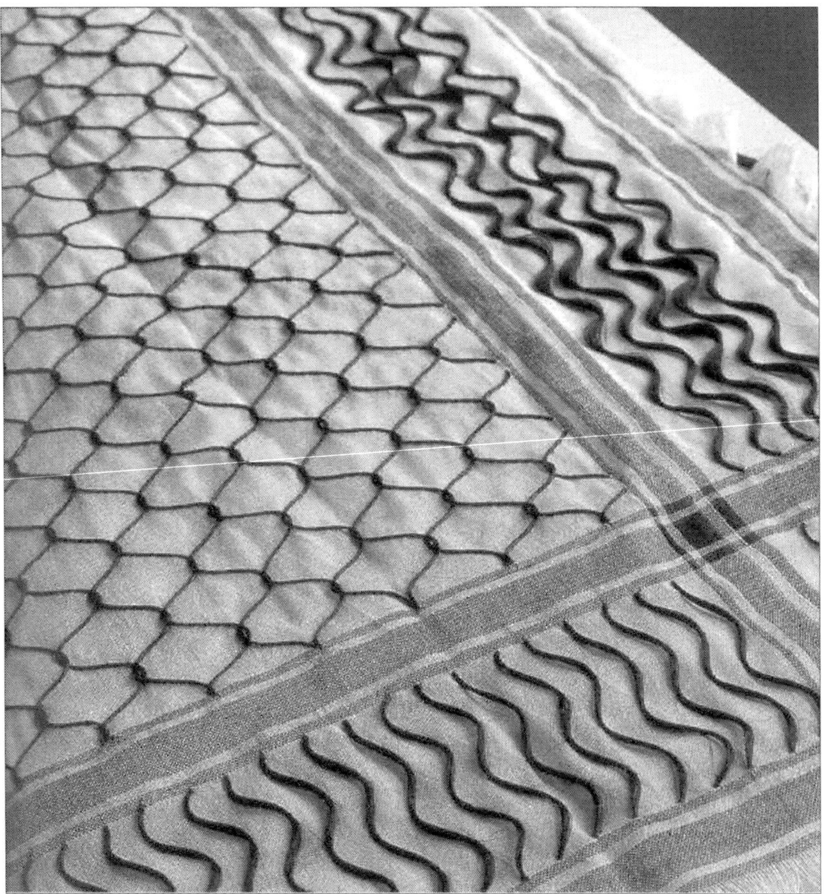

Abb. 6: Mona Hatoum: Keffieh und menschliches Haar (1999, Detail), 120x120cm

leistung hat der Förderung tatsächlicher Kreativität nichts eingebracht und den Unterricht unverändert gelassen. Nicht einmal der Zeichen- und Malunterricht, der Kunstunterricht, hat davon profitiert. Der hat sich – wie aller Unterricht – der Aufnahme und Wiedergabe verschrieben.« (von Hentig 1998, 30).

Was alles unter kreativen Vorlagen, Prozessen und Produkten in den ästhetischen Fächern verstanden wird, verdeutlicht eine breite Spannbreite von Kreativitätsvorstellungen. An den gewählten didaktischen Vorgehensweisen, ist zu erkennen, wie komplex und selbstreflexiv eine Lehrperson ist, ihre eigenen Wirklichkeitsmuster, ihre Selektionen von z.B. bestimmten Themen, Techniken, Künstlern etc. zu beobachten und vor allem in einen Dialog mit den ästhetischen kulturellen Mustern der Kinder und Jugendlichen zu stellen. Hier zeigt sich, ob wirklich ein für die Schüler und Schülerinnen neues sinnstiftendes Problemfeld formuliert wird, ob sie ein ermutigendes Vorbild erleben, ob sie Realität als Widerstand gegen beliebige Einfälle und sachliche Anerkennung erfahren (vgl. von Hentig 1998, 73). Nur aus dem Bauch heraus kreativ sein ist versklavend und vorurteilsbeladen und nur nach Vorlagen arbeiten erreicht eine niedrige Ebene der Kreativität, wenn überhaupt eine.

Die im ästhetischen Bereich Lehrenden führen z.B. einen intensiven Diskurs darüber, ob man Lernenden künstlerische Vorbilder zeigen sollte, um kreatives Handeln zu fördern. Unterschiedlichste Meinungen werden vertreten, hier folgen einige Beispiele:

- »Auf keinen Fall, so würden die jungen Menschen nur kopieren, würden zu kleinen Monets oder Picassos, hätten aber selber noch nichts kreiert.«
- »Ja, es sei sehr sinnvoll, ihnen Vorlagen zu geben, denn selbst würden sie ja nie auf solche Ideen kommen. So könnten sich die Produkte wenigstens sehen lassen.«
- »Wenn Künstler in die Schatzkiste der Kunstgeschichte greifen, ist das ein kreativer Akt der Verschiebung, bei Schülern jedoch handelt es sich nur um einen Abklatsch, denn sie seien nicht in der Lage, kreativ die Vorlagen zu bearbeiten.«
- »Unbedingt so viele ästhetische Zugänge wie möglich zu einem Thema eröffnen, erst im selbstreflexiven Tun, in der Wiederholung von schon Bekanntem entstehe Neues.«

In diesen Aussagen stecken verschiedenste Vorstellungen von Kreativität: das künstlerische Genie, der Originalitätsanspruch, der Vorwurf des Plagiats und der Konformität an den Durchschnittsmenschen, aber auch »Jeder Mensch ist ein Künstler.«

Erinnern wir uns an meine Tochter und ihre Freundin, die sich über ihren Kunstunterricht unterhielten, entstehen in dem Nacharbeiten von Franz Marc Bildern mit vorgefertigten Tierschablonen wohl kaum kreative Wiederbearbeitungen. Gehen die beiden Mädchen aber durch eine Ausstellung und fokussieren von selbst ihr Interesse auf z.B. Tiere, wie bei Cosima von Bonins Beitrag zur documenta 12, und beginnen zum Thema Tier zu forschen und zu arbeiten und werden dabei zusätzlich von einem sachkundigen und pädagogisch geschulten Menschen in ihren Recherchen sowie der technischen Gestaltung vielfältig unterstützt, so werden sie neue Muster zum Thema Tier bilden und kreativ handeln. Wenn diese Mädchen anfangen Stofftiere zu nähen und sie in ihre Lebenskontexte zu integrieren, dann werden das keine kleinen Bonin-Klone, sondern eigenständige Umsetzungen, die zwar eine Idee wiederholen, aber in einem differenziertem Muster zwischen Subjekt- und Sachorientierung. Sie bewegen sich nicht in festen Vorgaben, sondern erleben vielfältige Tiermuster, innerhalb derer Kontexte sie Neues kreieren. »Vielfältigkeit zu unterstützen scheint für kreative Lösungsstrategien wichtiger zu sein als nach einheitlichen Kompetenzen zu streben.« (Schäfer 2005, 36), daher muss auch nicht jedes Kind ein »Franz Marc Bild« zustande bringen.

Aber »der Großteil unserer institutionalisierten Erziehungsbemühungen hat zum Ziel, unsere Kinder zu trivialisieren (...). Da unser Erziehungssystem daraufhin angelegt ist, berechenbare Staatsbürger zu erzeugen, besteht sein Zweck darin, alle jene ärgerlichen inneren Zustände auszuschalten, die Unberechenbarkeit und Kreativität ermöglichen.« (von Foerster 1993, 171).

Ich möchte an dieser Stelle ein Beispiel aus der Psychoanalyse Arno Gruens anführen, die verdeutlicht, wie grausam die Folgen eines mit engen Mustern arbeitenden Unterrichts sein können und wie ein auf Mitmenschlichkeit und Kreativität ausgerichteter ästhetischer Unterricht die Einzigartigkeit in jedem Menschen fördern kann und damit auch seine Achtung vor dem Anderen:

> »Nun, Liebe heißt z.B., dass Kinder so malen können, wie sie möchten. Dass man ihre eigenen Ideen fördert. Natürlich gibt es Kinder, die es brauchen, dass man ihnen sagt, was sie tun sollen, weil ihre eigene Initiative schon so früh gebrochen wurde. Ich kann mich an ein Kind erinnern, es ging zur Schule und war wirklich sehr originell. Die Bilder, die es malte, ebenso, wie die Geschichten, die es erzählte. Der Lehrer konnte dieses Kind nicht aushalten. Er wollte das Kind unbedingt zum Psychologen bringen. Am Ende haben die Eltern das talentierte Kind in eine Privatschule gegeben, wo dieser Zwang nicht existierte und wo es Lehrer gab, die sich nicht durch die Kreativität des Kindes gefährdet fühlten. Diese Kreativität war überhaupt nicht verrückt. Das Kind brauchte keinen Psychologen. Es brauchte menschliche Anerkennung. [...] Dieses Kind ist heute erwachsen und eine sehr talentierte Zeichnerin. Das heißt: Wenn man Kinder wachsen lassen möchte, wenn man ihnen Raum zur Entfaltung bieten möchte, dann kann man kein Programm aufstellen, dann muss man dauernd bereit sein, auch sich selbst von neuem anzuschauen. Man muss bereit sein zu sehen, was vor sich geht, man ist dauernd am Arbeiten. Diejenigen, die alles im Voraus festgelegt haben möchten, etwa durch ein Schulprogramm oder ein Erziehungsprogramm, müssen erkennen, dass es so nicht geht, wenn sie ihre Kinder wirklich fördern wollen, wenn sie ihre Kinder in Freiheit lernen und leben lassen wollen.« (Gruen 2001, 143).

Donald Winnicott schrieb 1952, dass es sehr davon abhänge, ob Kinder in ihrer frühen Entwicklungsphase Förderung oder Zurückweisung erfahren haben, um in ihrem späteren Leben kreativ und demokratisch leben zu können.

Ob kreative Musterbildungen in jungen Menschen gefördert werden, hängt also, wie schon im Kapitel zur Gehirnforschung aufgezeigt, von den Umwelteinflüssen ab, denen ein Mensch ausgesetzt wird, sowie von seinen individuellen Fähigkeiten, sinnstiftende Ordnungen und kulturelle Muster verschieben und differenzieren zu können. Dazu bedarf es auch des Muts. Denn anders als in den alltagsästhetisch gelebten Mustern zu denken, zu fühlen oder zu handeln, versetzt Menschen in Stresssituationen. »Was in uns herangezüchtet wird, ist das Bedürfnis nach Konformität, ein Bestreben, stets das zu sagen, was in der Gruppe anerkannt wird.« (Gruen 2002, 191). Man denke an eine Lebenssituation, in der man unpassend gekleidet war und damit das Outfit-Muster gestört hat. Die unzähligen musternden Blicke, die einen dann treffen, geben nur einen leichten Vorgeschmack auf das, was es heißt, neue Musterbildungen zu wagen.

Somit steckt man mitten in der anfangs beschriebenen Quadratur des Kreises, wenn es um kreative Musterbildungen geht. Ohne konforme Muster, wie z.B. ein Wissen darüber »wie man sich zu bestimmten Anlässen kleidet«, sei es, dass der Mensch sich morgens zum Universitätsbesuch, zu einer Hochzeit, zum Brunchen, zum Nordic Walking oder für eine Trauerfeier anzieht, wäre es äußerst schwierig sich in alltäglichen Situationen schnell, pragmatisch und sinnvoll zurechtzufinden. Gleichzeitig aber schränken uns diese konformen Muster des kollektiven Wissens ein und machen es dennoch möglich, genau aus dieser selektiven Setzung heraus, kreativ zu werden. Indem wir uns für ein bestimmtes sozial passungsfähiges Outfit entscheiden, haben wir bestimmte Voraussetzungen in Anspruch genommen, andere hingegen nicht. Der Philosoph Siegfried Schmidt umschreibt dies mit Selektion und Kontingenz, die sich gegenseitig konstituieren, so wie die Musterbildung nicht ohne Muster auskommt. Kontingentes, man könnte auch kreatives musterbildendes Verhalten sagen, sieht er als die Hauptaufgabe des Menschen im dritten Jahrtausend, nämlich Möglichkeiten, Optionen und Setzungen, die wir bei einer getroffenen Entscheidung nicht gewählt haben, ebenfalls vom Beobachterstandpunkt zweiter Ordnung selbstreflexiv einzubeziehen. »Diese kontinuierliche Selbst- und Fremdbeobachtung befördert Beobachtungskompetenz zweiter Ordnung: Man lernt, Beobachter beim Beobachten zu beobachten. Und dabei stellt man unweigerlich fest, dass Alles auch anders gemacht werden könnte, in Beziehungen und Weltanschauungen ebenso wie in Beruf, Kleidung, Nahrung und Freizeitgestaltung. (...) Das kollektive Wissen, das wir aus unserem Kulturprogramm beziehen, invisibilisiert gnädig die ubiquitäre Kontingenz, verschafft scheinbare Sicherheit und Evidenz und Wir-Normalität.« (Schmidt 2008, 54-55).

Es ist geradezu die Aufgabe der ästhetischen Bildung, ein komplexes Beobachten von alltagsästhetischen, kulturell als normal verorteten Verhaltens-, Denk- und Wahrnehmungsmustern zu fördern, um diese dann gegen den Strich zu bürsten, die Kontingenzen oder, wie Welsch es formulierte, die ästhetisch blinden Flecke, all die nicht gewählten Möglichkeiten durchzuspielen und so immer wieder neue differente Muster zu bilden. Aber dazu bedarf es der Muster, der Vorlagen, der »normalen« Bilder, des Wissens und der Erfahrungen, um überhaupt verändern zu können. Und diese »normalen« Muster, oder wie es Siegfried Schmidt nennt, die kulturprogrammierten Phänomene, die in Geschichten und Diskursen, in Wirklichkeitsmodellen und Kulturprogrammen ständig von den Menschen in ihrer Kommunikation und in ihren Handlungen auf ihre soziale Passungsfähigkeit hin verortet werden, dürfen in ihren Differenzen, Heterogenitäten und Pluralitäten nicht als Kalamität und Schrecken bewertet werden. »Vielmehr geht es in erster Linie um die kreativen Möglichkeiten der Kontingenzbearbeitung.« (Schmidt 2003, 148-149) oder um im vorliegenden Denkmodell zu bleiben, der Musterbearbeitungen oder Musterbildungen.

Die Hirnforschung und die Forschungen zum autobiografischen Gedächtnis haben gezeigt, dass wir Menschen die Erfahrungen unserer Umwelt in neuronale und mentale Muster neuroplastisch und in verzweigten kortikalen Karten verarbeiten. So entstehen Grundmuster schon in den ersten Lebenstagen, die immer, wenn wir sie abrufen, neu bearbeitet und holografieähnlich abgespeichert werden. »Je mehr Eindrücke wir speichern, desto eher melden sich Gedankenverbindungen und desto größer ist die Chance, aus deren Wechselspiel heraus neue Ideen zu bilden.« (Vester 2001, 115-116).

Wir können als Menschen, um zu überleben, nichts anderes tun, als sinnlich-emotional Aufmerksamkeit für verbindende Muster aufzubringen. Gleichzeitig aber müssen wir, wenn wir demokratisch und kreativ in einer reflexiven Moderne zusammenleben wollen, unser Potential entwickeln, all die nicht gelebten Muster, die manchmal durch kulturelle Tabus verhindert werden, beim Namen nennen zu dürfen und verändern zu können, sobald gelebte Muster anfangen zu versklaven.

Und an dieser Stelle greift die Kreativitätsförderung bei Musterbildungen, die in folgendem pädagogisch-ästhetischen Feld diskutiert wird:

Für kreative Musterbildungen braucht es verschiedener Muster aus dem Alltagsleben, aus dem Wissenschaftskontext und aus künstlerisch-pragmatischen Kontexten. Bedeutsam ist, dass am Anfang ein wirklich zu lösendes, ein ästhetisch-infizierendes Problem, eine Idee, ein Thema, eine Sache steht (vgl. Kolhoff-Kahl 2002). Der Zugang zu solch einem Problem kann organisiert (Dewey) oder intuitiv (Wallas) sein (vgl. Landau 1984). Möglich wäre hier solche eine Frage wie: »Was ist überhaupt ein schöner Körper?« oder »Wie könnte mein Alter Ego aussehen?«.

In der Präparationsphase bedarf es nun musterbildender Lehrer, die in der Lage sind, je nach Alter und Gruppe ihrer Lernenden, verschiedenste Inputs aus den Bereichen des Alltags, der Wissenschaft, wie auch der Kunst (vgl. Kämpf-Jansen 2000) anzubieten, bzw. Hilfestellungen zu geben, in diesem Feld zu forschen. Je mehr differente Muster aus unterschiedlichen Bezugsfeldern den Lernenden zur Verfügung stehen und dann je nach individueller Ausgangslage herangezogen werden können, um so höher ist die Chance, dass sich in den jungen Menschen die Muster in den weiteren Kreativitätsphasen verändern. Nicht in Richtung eines festgelegten, vom Lehrer normierten Produktes, dieses wäre wohl kaum kreativ, sondern in ganz eigenen, sich an der Wirklichkeit, dem Wissen und der Gestaltung geriebenen Prozessen und Produkten. Dass hierbei sehr unterschiedliche Kreativitätsebenen erreicht werden (vgl. Taylor 1959, in: Kolhoff-Kahl 2005, 127 ff.) ist offensichtlich. Je nach Umwelteinflüssen und Persönlichkeitseigenschaften eines Menschen sind sogar Musterbildungen möglich, die die jeweilige Gesellschaft manchmal gar nicht zu schätzen vermag, weil das Neue nicht anschlussfähig an den »normalen« kulturellen Wissenskontext ist. Man denke nur an Galileo Galilei, der, aufgrund religiöser Glaubensmuster, nicht »wahr«-genommen werden durfte, obwohl seine naturwissenschaftlichen Erkenntnisse bahnbrechend kreativ waren.

Nichts ist schädlicher für kreative Musterbildungen als erzwungene Konformität, Zeitdruck, Belehrungen und zu hohe Erwartungen, Bestrafungen durch Zensuren oder eng gemusterte Lehrende. Nichts ist förderlicher, als komplex gewählte Themen mit einem tiefen Fundus an Bild-, Wissens-, Technik/Medienhorizonten, die entsprechend der Lerngruppe altersgemäß aufbereitet sind, um in einen kreativen Flow-Prozess zu geraten, der nicht überfordert, aber auch nicht langweilt (vgl. Csikszentmihalyi 1997).

Bei meiner eigenen Lehrerfahrung stelle ich fest, wie Studierende an ästhetischen, von außen gesetzten Wertvorstellungen scheitern, weil sie ihre Hemmschwellen praktisch-künstlerisch zu gestalten so hoch setzen, dass Experimente oder Fragmente kaum noch möglich sind. Sie erwarten von sich selbst andauernde kreative Sternstunden. Andere meinen, dass jede kleine ästhetische Übung sofort eine Höchstleistung sei, obwohl sie gerade mal ein Muster erkannt, aber noch lange nicht verschoben, transformiert oder in irgendeiner Weise in einen anderen, ungewöhnlichen Kontext überführt haben. In beiden Fällen konnte das Fenster zur kreativen Musterbildung, die sich an der Wirklichkeit reibt, die Kontexte verschiebt, die zwischen Subjekt- und Sachorientierung steht, nicht geöffnet werden.

Hier kann das Denkmodell der Muster-Bildungen den angehenden, ästhetisch bildenden Lehrenden vielleicht auch sinnvolle Handlungsanregungen vermitteln. In folgender Tabelle werden die theoriegeleiteten Kapitel zu Musterbildungen zusammenfassend in den Kontext der konstruktivistischen Pädagogik (vgl. Siebert 1996) gestellt:

Von Muster zu Muster zu Muster...

Prämisse I: Unzugänglichkeit der Realität *vgl. Kap. 2.2 Wirklichkeit »wahr«-nehmen - Muster beobachten*

erfordert Umgang mit:

Nichtwissen (als Folge des Wissens)	Ungewißheit (im Blick auf die Zukunft)	Komplexität (durch Vielschichtigkeit)	Unberechenbarkeit (durch Zirkularität)	Widersprüchlichkeit (Dilemmata, Paradoxien)

Prämisse II: Autopoiese des Gehirns *vgl. Kap. 2.3. Das Gehirn nimmt immer wahr und das Gedächtnis mustert.*

erfordert emotionale, kognitive und [pragmatische] Bereitschaft zu:

Perspektiven--wechsel (Empathie)	Urteilsvorsicht (= Differenzwahrnehmung)	Verantwortung (Selbstattribuierung)	Selbstreflexion (Beobachtung II. Ordnung)	Toleranz (Pluralität, Belehrungsverzicht)

Prämisse III: strukturelle Koppelung mit der Umwelt *vgl. Kap. 2.4: Kreative Muster-Bildungen brauchen Muster.*

erfordert permanentes Lernen als

Perturbation (= ›Störungen‹ wahrnehmen)	Erweiterung der Möglichkeiten	Kontextsensibilität (= Passung)	Responsivität (= revidierbare Handlungen, Neugier)

mit dem Ziel

human-, sozial-, umweltverträgliche Viabilität (= Überlebensdienlichkeit) *vgl. Kap.: 2.1: Mit Ästhetik meine ich Aufmerksamkeit für das Muster, das verbindet. (Bateson)*

Tabelle aus: Siebert 1996, 84, kursiv erweitert von Kolhoff-Kahl

Muster, in diesem Sinne verstanden, dürfen in der Pädagogik nicht zur Pose oder zu einem Image verkommen, weder bei den ästhetisch Lehrenden noch bei den Lernenden. Wenn Kinder und Jugendliche dazu erzogen werden, Mustern mit größtem Gehorsam zu folgen, um angepasst zu sein und als Leistungsträger zu gelten, dann führen solche Muster zur Entfremdung des Eigenen. Solche Kinder und Jugendlichen können die Wirklichkeit nicht mehr auf ihre eigene Art und Weise lebendig wahrnehmen und kreativ handeln, sondern werden autoritätsgläubig, angepasst und gehorchen auch völlig »verrückten« oder ideologischen Wirklichkeitskonstruktionen.

Wenn mich Erstsemestler fragen: »Was sollen wir lesen? Was werden Sie abfragen? Wie lang darf die Performance sein? Wie viele Künstler sollen wir kennen?« höre ich aus diesen Worten Unsicherheit, Entfremdung für das Eigene heraus, ja fast schon Infantilismus, der daraus erwachsen ist, dass die Kernlektion des Lebens lautete: Gehorsam zu zeigen und nicht kritisch nachzufragen, weil dieses Verhaltensmuster belohnt wurde: nach dem Motto des gegenseitigen Auf die Schulter Klopfens und sich Bestätigens.

Fragende und kritische Lernende sind anstrengend, daher wird kreatives Anderssein häufig bestraft. Die schulisch Lernenden sind solange auf etwas Fremdes hin sozialisiert worden, dass sie nur noch auf der Suche sind zu gefallen, um durchzukommen und um nicht bestraft zu werden. Sie spüren noch nicht die Freiheit, selbst lernen zu dürfen und es dauert oft lange, bis sie sich trauen, dieser Freiheit überhaupt in die Augen zu schauen. Wir brauchen solche ästhetisch bildenden Lehrer, die ihre eigenen Musterbildungen immer wieder überdenken, ständig wachsam für die Fragen ihrer Kinder und Jugendlichen sind, die ihnen anvertraut wurden und ihnen Mut und Kraft geben, neue Muster zu bilden, die ihrem Eigenen entsprechen. Auf diesem Weg ist der Lehrer lediglich ein Förderer des Individuellen, ein Archiv und Speicher von hunderten von möglichen Sprachen, die er anbietet und auf die junge Menschen zurückgreifen. Zensuren haben in diesem System eigentlich gar nichts zu suchen, sondern eher konstruktive Vergleiche, kritische Diskurse und Selbsteinschätzungen. Viel mehr bedarf es lehrender Menschen, die die Lernenden achten und lieben und deren Möglichkeiten fördern, so gut sie können, und zwar mit einer positiven, konkreten und konstruktive Optionen aufzeigenden Sprache und größtmöglichem, sich ständig bildenden Sachverständnis (vgl. Watzlawick 2007, 56-57). Das bedeutet viel Arbeit und die Lehrperson muss ihre eigenen Muster wie ein ästhetisches Chamäleon durch gute Überraschungen, Witz und Humor wechseln können, die vielleicht die nützlichsten Motivationsverstärker in der ästhetischen Muster-Bildung sind.

Lernen oder ästhetisch zu forschen, bedeutet dann nicht, mechanisch nach normierten Handlungsaufträgen auf einen Stimulus zu reagieren, sondern auf einen Input mit Suchen zu reagieren und ein Netz ineinander verflochtener Verbindungen zu knüpfen, das immer neue Musterbildungen ermöglicht und das die drei Zugänge des Menschen von Herz, Kopf und Hand berücksichtigt:

Kapitel 3 (alltagsästhetisch-biografische Muster-Bildungen) – wo Ich-Erfahrungen, Identitäten im Übergang und ästhetische Widerstandskonstruktionen zu kulturellen Mustern der Körperinszenierung und Kleidung im Mittelpunkt stehen;

Kapitel 4 (kulturwissenschaftlich-rationale Muster-Bildungen) – in dem kulturelle Archive und Gedächtnisse, das Fremde und Eigene von Körper- und Menschenbildern fokussiert werden;

und schließlich in **Kapitel 5** (künstlerisch-pragmatische Muster-Bildungen) – wo es um exemplarische künstlerisch-kreative Strategien geht, Musterbildungen rund um das Thema »Kleid – Körper – Kunst« zu initiieren.

Alle drei Zugänge zu Musterbildungen sind wie ein spiralförmiges Curriculum angelegt. Jederzeit sind Übergänge und Schnittpunkte gegeben und die Zugänge bedingen sich gegenseitig. Das eigene »Ich« zu gestalten, ist ohne Zuschauer oder »Du«, ohne kulturelle Musterkontexte gar nicht möglich und ohne die Leiblichkeit des Menschen wäre kein Ich-Gefühl möglich. Insofern steht es jedem Leser frei, sich dort einzulesen, wohin ihn die eigenen Fragen und Interessen zu Musterbildungen besonders hinziehen. Weil sprachliche Texte linear angelegt sind, musste ich eine Strukturierung unter vielen setzen. Es wären auch andere Präsentationsmuster in diesem Buch möglich gewesen.

3 Alltagsästhetisch-biografische Muster-Bildungen

> Sokrates in Platons Dialog »Symposion«: »... auch jedes einzelne lebende Wesen wird, solange es lebt, als dasselbe angesehen und bezeichnet: zum Beispiel ein Mensch gilt von Kindesbeinen an bis in sein Alter als der gleiche. Aber obgleich er denselben Namen führt, bleibt er doch niemals sich selbst gleich, sondern einerseits erneuert er sich immer, andererseits verliert er anderes: an Haaren, Fleisch, Knochen, Blut und seinem ganzen körperlichen Organismus. Und das gilt nicht nur vom Leibe, sondern ebenso von der Seele: Charakterzüge, Gewohnheiten, Meinungen, Begierden, Freuden und Leiden, Befürchtungen: alles das bleibt sich in jedem einzelnen niemals gleich, sondern das eine entsteht, das andere vergeht.«

Die alltagsästhetisch-biografischen Muster-Bildungen setzen das Subjekt beispielhaft mit seinen Kleid- und Körpererfahrungen in den Mittelpunkt der Beobachtung, wobei selbstverständlich auch kulturelle Kontexte nicht ausgeblendet werden. Sobald wir Menschen im westlichen Kulturkreis das Licht der Welt erblicken, wird unser Körper in Kleidung gehüllt und wir erhalten eine zweite Haut, die mit der Zeit sich immer tiefer in unseren Körper einschreibt. Es ist das vestimentäre Alltagsgeschehen, das mit seinen sich wiederholenden Kleidungsregeln ein alltagsästhetisches Erfahrungswissen oder Körper-Kleid-Muster in unserem autobiografischen Gedächtnis repräsentiert.

Wir können dem Thema Kleidung oder zweite Haut in unserem Leben nicht ausweichen: Ganz gleich, ob wir im Alltag innerhalb fest vorgeschriebener Trachtenregeln und Körperbildern des 19. Jahrhunderts aufwachsen, im Zeitgeist von jugendlichen »Anti-Moden« der 60er und 70er Jahre des 20. Jahrhunderts oder in der virtuellen Welt des Second Life als Avatare einen Kleidungsstil kreieren, alle diese alltagsästhetischen Handlungen, Entscheidungen und Setzungen greifen in unsere Ich-Konstruktionen, in unsere ästhetische Biografie ein und gestalten unser Menschsein, manchmal in Form eines Gipfelglücks und kreativer Freiheit, manchmal aber auch notgedrungen in einem Tunnelblick. Richard Sennett (1996) hat in einer Studie bei nordamerikanischen Jugendlichen in Innenstädten festgestellt, dass sie sich ein eingeengtes Lebensmuster selbst vorschreiben, um die mangelnden Chancen in einer angeblich so pluralen und viele Chancen versprechenden Lebenswelt des »American way of life« aushalten zu können. Es gibt einen hohen Gruppenzwang und Feindbildkonstruktionen, um eine solche »purifizierte Identität« zu errichten. Hier entsteht ein Tunnelblick, den man auch mit »reflexivem Fundamentalismus« bezeichnen kann und der in ähnlicher Form bei politisch rechtsorientierten, vorwiegend männlichen Jugendgruppen zu beobachten ist. Eingeschränkte Kleidungsregeln, festgelegte Körperbilder, Männlichkeitsposen und Feindbilder von Ausländern engen die Identitätsarbeit auf ein rigides Schnittmuster ein und bahnen fundamentalistisches und rassistisches Fühlen, Denken und Handeln an.

In diesem Kapitel werden Ich-Konstruktionen nicht als ein in einem körperlichen Gehäuse feste zentralistisch gedachte Ich-Instanz gesehen (vgl. Kap. 2.3), sondern als eine ständige Kommunikation verschiedener Identitätsanteile, die das autobiografische Gedächtnis zu einem für uns erscheinenden kohärenten Ich fügt, welches sich die ganze Zeit in einem fortlaufenden »Memory Talk« befindet. Während des gesamten Lebens versuchen wir unser Ich zwischen subjektiver Innenwelt und den gesellschaftlichen Normalitätsmustern abzugleichen, so dass wir uns als passungsfähig empfinden und in einem Gleichgewicht von Ich und Umwelt existieren.

Wir schreiben bei Bewerbungen einen faktisch-chronologischen Lebenslauf, der einer Normalbiografie in unserer Kultur entspricht. In dieser Normalbiografie sind zeitliche Meilensteine, wie Geburt, Familiengeschichte, Statuspassagen enthalten, in denen bestimmte Entwicklungsschritte kulturell erwartet werden (vgl. Habermas/Paha 2001, 86). Aber unsere Lebensläufe sind in der Realität vielfältiger, zeigen Brüche und Sprünge, Leerstellen und patchworkartige Muster, die dann expliziert und begründet werden müssen. Der Identitätszwang nimmt in Gesellschaften mit weniger hierarchischen Strukturen ab. Ich muss nicht immer so sein wie ich bin, sondern ich kann auch vielfältig anders sein. Dieses Denken und Handeln verbreitet sich zunehmend in westlichen Kulturen. Das Ich wird nicht mehr länger in ein kontinuierliches Stufenmodell, lebenslange Berufsrollen oder Genderrollen gezwängt und kann sich damit im Alltag vielfältig inszenieren. »Die Schnittmuster, nach denen Menschen sich biografisch entwerfen und ihr Leben verwirklichen sollten, haben ihre Prägekraft verloren.« (Keupp 2006, 47). Von den betroffenen Personen muss eine hohe Eigenleistung im Prozess der konstruktiven Selbstverortung erbracht werden, wie folgendes Lebensbeispiel verdeutlicht:

> »Heute spaltet sich die Identität in viele Rollen auf – je nachdem, ob sich jemand gerade im Beruf, in der Familie, in der Freizeit bewegt. Der 38-jährige Münchner Eventmanager macht ganz cool seinen Job und organisiert Empfänge und Podiumsdiskussionen, religiös hat er sich für den Diamantweg-Buddhismus entschieden. Er meditiert jeden Morgen vor der Arbeit eine Viertelstunde. Als Schüler und junger Student lief er als Palästinen-

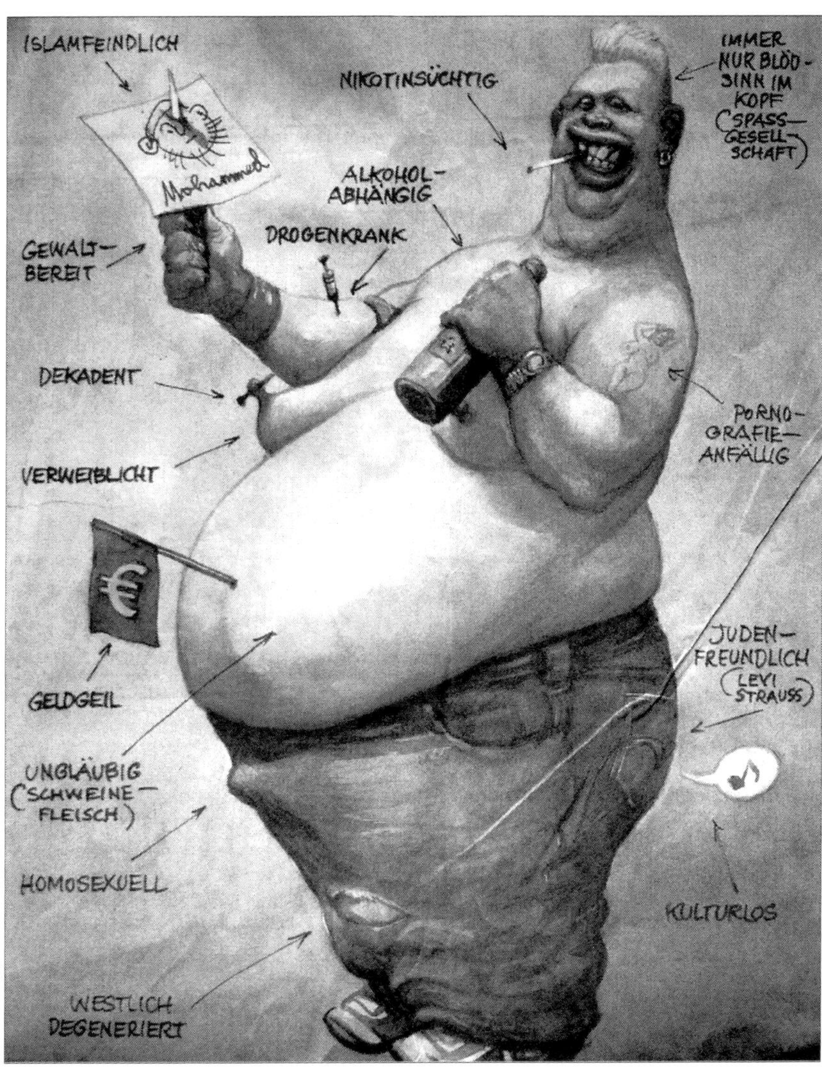

Abb. 7: Manfred Deix, Cartoon, 9.2.2006 (Die Zeit)

sertuchzausel auf Friedensdemos mit, mittlerweile ist er politisch bei der FDP angelangt. Das hat mit dem Steuerbescheid zu tun. In seiner Freizeit fährt er gern Rennrad. Seine Möbel: Retro-Siebziger, vor allem die Lampen sind braun-orangefarbene Scheußlichkeiten, die auf einem gehobenem Ironielevel jedoch akzeptabel sind. Kulinarisch steht er auf Sushi, obwohl ihm schwant, dass das bereits seit mehreren Jahren nicht mehr ganz hip ist. Vielleicht taugt das neue Restaurant am Ammersee etwas, bayerisch-asiatische Crossover-Küche. Die Fernbeziehung nach Basel ist gerade ein bisschen stressig. Man wird sehen. Zumindest sollte er mal wieder zum Friseur gehen.« (Siefer/Weber 2008, 114)

In diesem aktiven und kreativen Gestaltungsprozess der Ich-Musterbildungen sind Konstruktionsfähigkeiten verlangt, die, je nachdem wie variationsreich ein junger Mensch aufwachsen konnte, sehr unterschiedlich ausfallen und auch sein Denken und Handeln beeinflussen. Bei der Frage nach dem »Wer bin ich?« spielen alltäglich für »wahr«-genommene Lebensmuster und biografische Normalerwartungen eine große Rolle. Die ästhetische Bildung hat den gesellschaftsdemokratischen Auftrag, diese Normalitätsmuster zu hinterfragen, um oberflächliche Vorurteile über andere Lebensmuster aufzudecken und die nicht wahrgenommenen anderen Möglichkeiten sichtbar zu machen, die aufgrund der Alltagsmuster in den Hintergrund treten. Es geht darum, die Verinnerlichung von Werten, Mustern und Ordnungen, die Norbert Elias als »Selbstzwangapparatur« der abendländischen Zivilisation bezeichnet hat oder das rigide Über-Ich, das »domestizierte« Subjektmodell (vgl. Flusser 1994, 63) in einen konstruktiven Ich-Muster-Bildungsprozess oder in ein Ich-Projekt zu überführen. Dieses Ich kann aus vielen verschiedenen Identitäten und Rollen zusammengesetzt sein und reibt sich an den kulturellen Kontexten und den jeweils zeittypischen Mustern, vorausgesetzt es durfte lernen, sich zu reiben und zu erfinden.

Insofern sind alltagsästhetisch-biografische Muster-Bildungen ein wichtiges Element in der Ich-Konstruktion von Menschen, denn sie arbeiten sich an material-inhaltlichen Problemkontexten ab. Es sind die Dinge des Alltags, die es in ihren hunderten von Möglichkeiten ästhetisch zu erkunden, zu reflektieren und zu gestalten gilt und damit in der Auseinandersetzung, die impliziten sozialen, symbolischen, materiellen, historischen oder funktionalen kulturellen Deutungsmuster (vgl. Kap. 3) für das Subjekt zu erschließen, sie lebendig und veränderbar werden zu lassen. Dabei spielen der menschliche Körper und seine zweite Haut, die Kleidung, eine nicht zu unterschätzende Rolle in der autobiografischen Ich-Bildung.

Wie Maurice Merleau-Ponty betonte, ist unser Leib oder unsere körperliche Erfahrung das Zentrum für die räumliche und zeitliche Vermittlung von Welt (vgl. Kap. 2.3). Mit unserem Körper nehmen wir die Welt wahr, er bestimmt unser Verhältnis zur Welt und nur durch ihn sind wir überhaupt in der Lage »Ich« zu sagen. Heranwachsende machen über ihren Körper überhaupt die ersten sinnlichen Erfahrungen, die im Gehirn und Gedächtnis neuronale wie mentale Spuren hinterlassen. Die Verhaltensmuster, Körpermuster, Kleidungsmuster und Inszenierungsmuster der eigenen Person, die im Elternhaus und Peer Groups geprägt und auch determiniert werden, machen eine beginnende Identitätsentwicklung möglich. »Zugleich erfährt das Individuum durch diese Determination überhaupt jene divergierenden Muster der Wirklichkeitsdeutung, die ihn erst befähigen, eine eigene Identität zu konstruieren.« (Bering 2004, 19). In unserer Gesellschaft gibt es eine hohe Variationsbreite von Identitätskonstruktionen, so dass man von der Baustelle Ich, lebenslangen Bastelbiographien oder einer »Identität im Übergang« (Welsch 2006, 168) spricht. Diese Ich-Baustellen haben Arbeitscharakter und fordern geradezu die Fähigkeit des biografischen Verstehens ein. Sie leben von einem Subjekt, »das sich aktiv um sein Selbst- und Weltverhältnis zu kümmern hat. Es entwirft und konstruiert sich seine Selbstverortung, und es bedarf der Zustimmung der anderen zu seinen Entwürfen und Konstruktionen. Das wussten die modernen Identitätstheoretiker auch schon vor Erikson. Von Hegel bis Mead wurden Identitäten als Konstruktionen betrachtet, die auf wechselseitige soziale Anerkennung angewiesen sind.« (Keupp 2006, 27; vgl. Kap. 3.2).[6]

Auftrag der ästhetisch bildenden Fächer ist es, bei den Musterbildungen der Ich-Erfahrungen junger Menschen Kompetenzen zu fördern, die es ermöglichen, sich selbst im sozialen Zusammenspiel immer wieder neu zu erfinden und dennoch ein Ich-Bewusstsein zu bewahren: Selektion (= Setzung und Voraussetzung) und Kontingenz (= prinzipielle Offenheit menschlicher Erfahrungen) bedingen auch hier die alltagsästhetisch-biografischen Muster-Bildungen.

---

6 Die Diskussion um das Subjekt, das Selbst oder das Ich als Utopie, feststehende Instanz oder verschwindendes Konzept wird in der Philosophie, Literatur und Kunst ausgiebig seit der Renaissance geführt. Im Rahmen dieses Buches würde eine Abhandlung des Subjektbegriffes in seinen verschiedenen Setzungen, ob Descartes Selbstgewissheit des Ichs »Ich denke, also bin ich.«, Montaignes Körper-Ich »Wird sind Doppel in uns selbst.«, Pascals Ungewissheit der Ich-Identität, Valérys Möglichkeiten-Ich »Ich bin viel mehr potentielles Wesen als aktuelles.«, Rimbauds »Je est un autre.« oder Novalis »Der Mensch ist so gut Nichtich als Ich.«, Foucaults abhängig, kontrolliertes Subjekt überschreiten. Eine für ästhetisch lehrende Pädagogen sehr aufschlussreiche Darstellung dieser Diskussion liefern die Beiträge von Armin Zweite und Peter Bürger in dem Katalog: Zweite, A., u.a.: Ich ist etwas anderes., Kunst am Ende des 20. Jahrhunderts, Köln 2000.

Wenn in Menschen keine »Illusion der Alternativen« aufgebaut worden ist, sind sie blind dafür geworden, dass es außerhalb dieses von außen und innen gesetzten Handlungsrahmens auch noch andere Möglichkeiten existieren. Viele Erstsemestler sind in Seminaren zur ästhetischen Biografie zunächst sehr irritiert, wenn sie feststellen, das ihr Persönlichkeitsbild, das sie von sich entworfen haben, zwar für sie ein wahres Alltagsmuster darstellt, aber dass sich unendlich viele Möglichkeiten auftun, wenn sie aufgefordert werden, sich selbst als jemand anderes zu erfinden, im Sinne von Rimbauds »Je est un autre.«: Ein Spiel des Alter Egos zwischen mir und meiner Person (Marcel Duchamp) zu inszenieren oder Umdeutungen des eigenen Lebens vorzunehmen. »Die jedem Weltbild in verschiedenster Weise eigene Illusion einer allumfassenden, jede andere Möglichkeit ausschließenden Rahmens wird gesprengt, und es erweist sich damit die Möglichkeit des Andersseins im Sinne von Aristoteles. Das geschieht durch das Sichtbarmachen übergeordneter Alternativen und Gegensatzpaare.« (Watzlawick 2007, 91).

Um dies an einem Beispiel zu verdeutlichen: Die männlichen Studierenden wählen meist auch ein männliches Alter Ego und wenn es darum geht, diesem Alter Ego einen Kleiderstil zu kreieren, bleiben sie bei Jeans, Stoffhose, Sporthose oder auch Lederhose. So gut wie nie wählt ein Erstsemestler als Alternative einen Rock, weil die alltagsästhetischen männlichen Kleidungsmuster schon anästhetische Flecken erzeugt haben, wie: »Männer tragen in westlich geprägten Kulturen so gut wie nie Röcke.«

Image und Pose, Schemata und Klischees oder erwartete Lebensläufe können zum Ersatz für das Eigene werden, stehen für Identität, obwohl es stumpf wiederholbare Muster geworden sind. Solchen Menschen könnte man die Identität rauben, indem man ihnen ihre kulturellen Muster entzieht. Sie sind dann leere Identitätshüllen. »Das ›wahre‹ Ich verbirgt sich im Vorgang des Suchens, es hat nichts mit dem theoretischen Konstrukt eines Ichs gemein, das sich auf pure Äußerlichkeiten kapriziert.« (Gruen 2002, 30). Die Marilyn Monroe Serie von Andy Warhol (1967) ist ein typisches Beispiel für das Image eines Starkults. Es geht nicht um die Einzigartigkeit und Lebendigkeit einer Person, sondern um die Konstanz einer Starschablone oder eines Looks, den Warhol durch die Permutationen von Siebdruckflächen erzeugt (vgl. Welsch 2006, 177-178). Der Pop-Star Madonna ist ein Paradebeispiel für einen personenlosen Körper, der lediglich durch Kostüm- und Rollenwechsel in die verschiedenen Posen schlüpft, mal Marilyn, mal Marlene, mal Girly, mal Vamp...

Das Erstarren zur Pose, zum grinsenden Superstar oder angepassten Körpermuster beginnt sehr früh, wenn Eltern, Erzieher, Lehrer oder Bezugspersonen ihren eigenen Selbstwert dadurch aufbauen, dass die Lernenden das Verhalten der Erzieher als adäquat bestätigen müssen und somit zum Werkzeug der Erziehenden werden. Solch eine ästhetisch-normierende Erziehung zum Muster-Ich ist auf Gehorsam ausgerichtet, der durch Zwang und Belohnung geschieht und somit Sozialisationsmuster in den jungen Menschen einschreibt, die in den meisten Fällen die eigenen Fragen, Gefühle und Handlungen zu Fremden macht, die abgespalten werden. Die jungen Menschen sind gezwungen ihr eigenes Wahrnehmen zu verleugnen. In den meisten Fällen läuft es darauf hinaus, sich daran zu gewöhnen, und anästhetisch für die noch möglichen anderen Lebensoptionen zu werden. »Was übrig bleibt, ist eine Identität, welche nur wie eine Montage am Fließband [oder im Internet – wie derzeit im Second Life] zusammengesetzt werden kann, die nach den Regeln montiert wird, welch von den abstrakten Vorstellungen einer Gesellschaft verlangt werden. Wenn wir diese ablehnen, riskieren wir, ausgestoßen zu werden.« (Gruen 2008, 76). Ich fühle mich von manchen Erstsemestlern oft in eine Rolle des Zensors und Mustergebers gedrängt, wenn sie begierig darauf warten, ob **ich** das toll finde, was sie gestalten, anstatt sich in einen lebendigen kommunikativen Austauschprozess mit allen Lernenden und Forschenden im Seminar zu begeben und gemeinsam Sachkriterien, moralische Kriterien oder Gestaltungskriterien zu finden. Das Festhalten an einer pädagogischen, künstlerischen oder wissenschaftlichen Autorität wird stattdessen zum Lerngrundsatz. Es dauert lange, bis dieses oberflächlich sozialisierte Identitätsmuster bröckelt und sich darunter ein autonomes suchendes Selbst bildet, das Muster an Muster an Muster entwickelt und dabei in der Lage ist, eine eigenständige Ich-Kohärenz trotz der vielen kulturell vorgefertigten multimedialen Instant-Muster zu bilden.

Daher plädiere ich u.a. für alltagästhetisch-biografische Muster-Bildungen in den Fächern wie Kunst, Textil, Werken oder Design, bzw. in allen Bildungsinstitutionen, die sich der ästhetischen Bildung verpflichtet fühlen, die angehende Lehrende, aber auch den Kindern und Jugendlichen in den Schulen, ein ästhetisches Bewusstsein für Kontingenzen, für die differenten Muster, für das Anderssein ermöglicht. Dabei bewegt sich das Ich-Projekt in einem Spannungsverhältnis der Identitätsdiskussion, deren beiden Pole Heiner Keupp (2006, 69) in folgender Tabelle zusammengestellt hat und die die theoretische Herleitung des Konzepts Muster-Bildungen aus Kapitel 2 implizit aufgreift.

Anthropologische Konstante Die Identitätsfrage ist zeitlos.	*Frage der Moderne* Die Identitätsfrage ist ein Problem der gesellschaftlichen Moderne.
Derselbe bleiben Identität bezeichnet ein So-sein, ein Wesenhaftes.	*Sich selber finden* Identität ist bezogen auf einen Such- und Entwicklungsprozeß, auf ein Sich-selbst-Finden.
Gefährliche Vielfalt Identität braucht Kohärenz und Kontinuität.	*Vielfalt als Chance* Erst Vielfalt des Selbsterlebens macht Kohärenz und Identität möglich.
Personaler Fokus Identität meint die Singularität.	*Soziale Konstruktion* Identität und Alterität sind untrennbar verbunden.
Basale Identität Identität beruht auf basalen innerpsychischen Prozessen, einem Identitätsgefühl.	*Narrative Identität* Identität ist sozial konstruiert. Das Medium der Konstruktion ist Sprache. Die Strukturierung geschieht erzählend, narrativ.

Tabelle aus Keupp (2006, 69)

Ohne Muster, ohne ein Gefühl von Kohärenz der eigenen ästhetischen Biografie, ist Variation, Differenz und Abweichen gar nicht möglich. Diese Differenzerfahrung von alltagsästhetisch-biografischen Mustern entsteht erst in der Kommunikation mit den anderen und somit sind feste ästhetische Muster des Alltäglichen oder Ich-Kohärenzen genauso wie Dissoziationserfahrungen, notwendige Bedingungen dafür, dass innovative Musterbildungen in der ästhetischen Biografie in Gang gesetzt werden können. »Dissoziation [oder Muster-Bildung] so verstanden wäre ein Steuerungsmechanismus, der es ermöglicht, die Integrations- und Kohärenzarbeit auf das Unverzichtbare zu beschränken und ansonsten mit Ich- oder Identitätsbaustellen zu leben, mit Unabgeschlossenem und aktuell Unabschließbarem.« (Keupp 2006, 92). Alltagsästhetisch-biografische Muster-Bildungen im Schulunterricht vermitteln danach nur minimal festgelegte Gestaltungsmuster und ein optionsreiches Erkundungs- und Erforschungsfeld, um innovative Muster zu bilden.

3.1 Ästhetische Biografien

> »Unser Gedächtnis ist, [...] die große Ich-Show. Hier wird redigiert, zensiert, zerschnitten, ausgeblendet und alles Verbliebene neu verknüpft, und zwar so, dass die Vergangenheit einen Sinn macht. Die erinnerte Biografie ist ein immer wieder neues Schauspiel auf der Bühne des Ich. In Wahrheit, wenn dieses große Wort in diesem Zusammenhang überhaupt erlaubt ist, ist ein jeder von uns, ob Staatsmann oder Straßenbahnschaffner, zu großen Teilen nur derjenige, der er überzeugt ist, gewesen zu sein.« (Siefer/Weber 2005, 172).

Ästhetische Biografiearbeit ist nicht nur für Lernende ein sinnvoller Zugang, um die eigenen Schnittmuster des alltagsästhetischen Verhaltens zu reflektieren und sich der Prozesse der Persönlichkeitsbildung und Ich-Werdung im musternden Zusammenspiel von äußeren und inneren Faktoren bewusst zu werden, sondern sollte eine verpflichtende Auseinandersetzung für alle angehenden ästhetisch lehrenden Menschen sein (vgl. Seydel 2005). Wenn ich ästhetische Bildungsinhalte lehre und meinen eigenen, durch mein geführtes Leben entstandenen, ästhetischen »Musterkoffer« (Seydel 2005, 75) nicht kenne, dann laufe ich leicht Gefahr, eine normative Ästhetik zu vermitteln, die einengend und restriktiv für die Lernenden ist. Es sind die biografischen Muster, die sich zwischen kulturellen, dynamischen Symbolen einerseits und Klischees, verpackten, fest gefügten und relativ starren Mustern, andererseits bewegen und ästhetisches Lehrerverhalten bestimmen. Dabei spielen die ästhetischen Wahrnehmungsmuster, die nichtsprachlich, nichtdiskursiv in Symbolen, Bildern, Körperhaltungen etc. verarbeitet werden, eine nicht zu unterschätzende Rolle (vgl. Duncker 1999, 12 und auch Kapitel 4).

Anfang der 90er Jahre wurden Jeans mit Schlitzen am Gesäß oder Knie modern. Für 160 DM konnte ein Jugendlicher im Laden eine Jeans mit ca. 20 cm großen, künstlichen Schlitzen erwerben. Ein Schrecken für manche Eltern, aber auch Textillehrerinnen, die der Meinung waren, diese Schlitze seien hässlich oder zu aufreizend im Schulkontext, wenn knapp unterm Gesäß getragen, kurzum, die künstlich geschaffenen Risse müssten säuberlich zugenäht werden. Hier werden ästhetische Normvorstellung von Sauberkeit, Ganzheit und schicklichem Auftreten zum Vorbildmuster erhoben, die lange Zeit das Curriculum des Textilunterrichts als Erziehung zur Weiblichkeit geprägt haben und welche auch zu klischeehaften biografischen Mustern im Lehrerverhalten erstarrt sind.

Anregungen zu kreativen Musterbildungen hätten sein können, die Jugendlichen in der Geschichte der Moden forschen zu lassen, wann und warum Menschen die Oberkleidung aufschlitzen, um Haut oder Unterwäsche durchblitzen zu lassen, schließlich ist diese Technik schon jahrhundertealt. Die Jugendlichen könnten weitere Schlitztechniken entwickeln, sie hätten die Wirkung von modischen Phänomenen und ihre eigene Rolle in diesem Modespiel reflektieren können. Sie könnten sich in die Rolle einer Mutter, eines Modemachers, eines Bettlers oder eines Pop-Stars versetzen und die Schlitzjeans aus verschiedenen Perspektiven fiktiv beschreiben.

Im ersten Fall macht die unreflektierte eigene ästhetische Biografie zum Körper-Kleid-Verhalten einen offenen Musterbildungsprozess unmöglich, denn sie verengt den Blick der Lernenden auf ein Musterkorsett oder Klischee wie »Kleidung muss eine geschlossene Oberfläche aufweisen, sauber und nicht erotisierend sein.« Im zweiten Fall eröffnen sich Kontingenzen und anästhetische Flecke in der eigenen Biografie und werden mit Optionen gefüllt. Jugendliche, die derart forschen, entwickeln ein Verständnis und Gefühl dafür, wie ästhetisch biografisches Verhalten ein laufend kreativer Prozess der Ich-Gestaltung ist, bei dem Verschwinden, Verlieren, Wiederfinden, Erinnern und Erfinden von subjektiver Biografiearbeit und ästhetischer Erfahrung mit der Umwelt sich abwechseln. Ihr eigenes ästhetisches Wahrnehmen und Erfahren von Kleidung wird in einen größeren Kontext gestellt, um so die Möglichkeit des Anderssein auszuloten und sich nicht selbst von der modischen Schlitzjeans einengen zu lassen, sondern immer wieder einen Beobachterstandpunkt zu sich selbst einnehmen zu können und die eigene Biografie weiterzuschreiben.

Biografie stammt aus dem Griechischen und bedeutet bios = Leben und gráphein = schreiben, kritzeln, ritzen, zeichnen, darstellen etc.. Wir müssen unser Leben in irgendeiner Weise festhalten, sonst können wir nicht von Biografie sprechen. Und jedes Festhalten von Lebenserfahrungen, seien es Fotoalben, Tagebücher, Sammlungen, Zeichnungen oder Web-blogs sind keine 1:1 Abbildungen (vgl. Kap. 2.2.), sondern das Leben wird durch diese Transformationen ästhetisch wahrnehmbar (vgl. Pazzini 2002, 309). Wir selbst sind die Autoren der Biografie und entscheiden auch darüber, was »wahr«-genommen und was nicht »wahr«-genommen wird. Diese Prozesse des Biografierens, denen Menschen unterschiedlich differenziert nachgehen, sind immer mit Setzungen oder mit Ich-Konstruktionen verbunden, denn ich wähle aus, was ich aus meinen ästhetischen Erfahrungen im Alltag festhalten will und wie ich es ausdrücken will, ob mit Sprache, mit einem Video, Fotos, Collagen, Objektsammlungen, körperlichen, räumlichen oder bildhaften Darstellungen. Ein Kleiderschrank mit 200 Paar Stöckelschuhen setzt ästhetisch andere Muster als eine mit hunderten von Applikationen verzierte Lederjacke eines Motorbikers. Beide Male aber haben Menschen

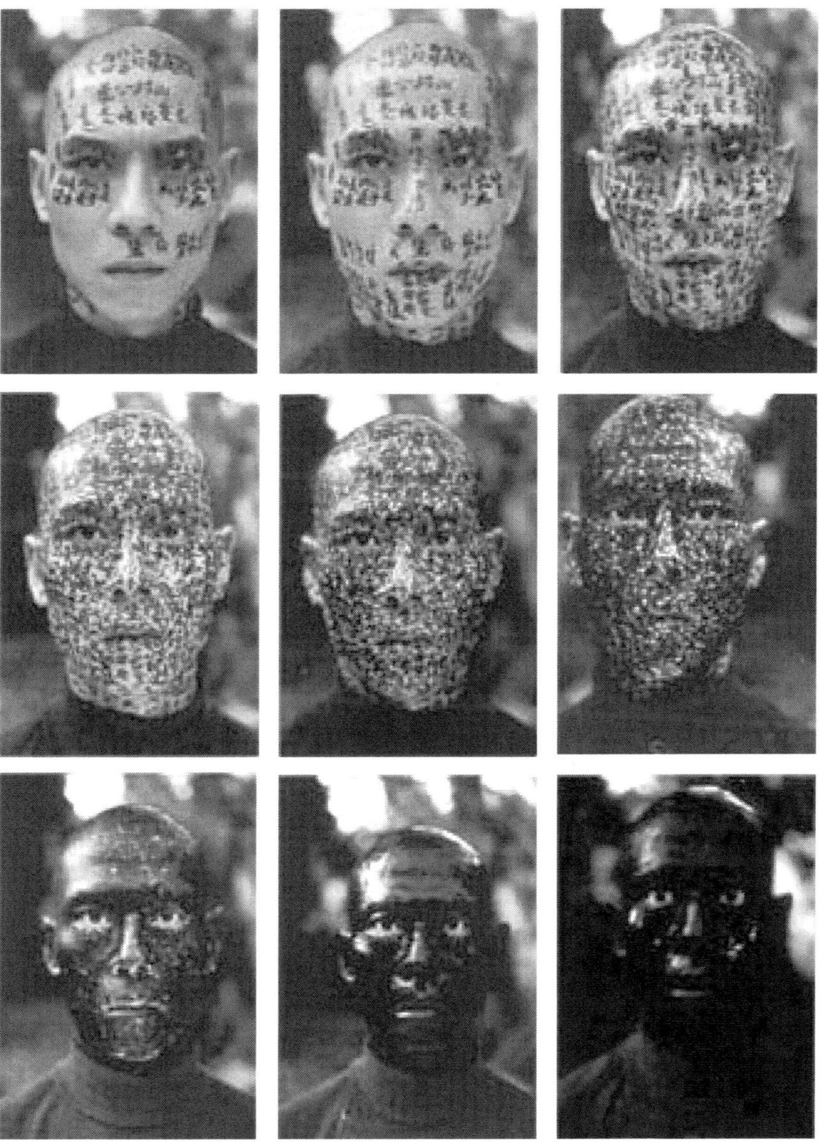

Abb. 8: Zhang Huan: Familiy Tree 4, 2001, C-Print, 177,8x221 cm

hier mit sinnlich erfahrbaren Kleidungsstücken eine Facette ihrer Identität konstruiert und stellen sich damit in einen Dialog mit den Anderen. Sie machen ihre Lebensgeschichte kommunizierbar, schreiben ihr Leben ein Stück weit nieder, hinterlassen Lebensspuren. Dabei wirken Kulturprogramme stark auf ästhetische Erfahrungen ein und damit auch auf das, was in die aktive Biografiearbeit einbezogen wird. »So wird die biografische Erzählung häufig vom Heute aus geschönt und interaktiv abgesichert.« (Sabisch/Seydel 2004, 8). Fotoalben stellen eine Auswahl an erlebten Situationen und biografischen Sichtweisen dar, die selektiv, manchmal geschönt und immer konstruiert sind. Ist ein Foto aus einem Album rausgerissen, beschäftigt man sich als Betrachter meist mehr mit der Leerstelle, als mit all den übrigen Bildern. Wir ergänzen in Gedanken, was fehlt, wollen die Biografie wieder »ganz« machen, weil Lücken das Muster stören. Wenn Studierende zu ihren ästhetischen Körperinszenierungen in der Kindheit forschen, stellen sie teilweise fest, dass es kaum weinende Kinder in den Fotoalben gibt, sie häufig in »schönen« Kleidern in außergewöhnlichen Situationen (Taufe, Schuleintritt, Geburtstage, Weihnachten, Kommunion, Konfirmation etc.), präsentiert sind. Es handelt sich um »Muster-Bilder« zur eigenen Körperhaltung und Kleidung in der Familie und im sozialen Umfeld.

Hier liegt eine Herausforderung der ästhetischen Bildung, die impliziten nichtsprachlichen Momente in der ästhetischen Biografiearbeit herauszuarbeiten und zu reflektieren. Beispiele aus der aktuellen Kunst der Spurensuche, z.B. Christian Boltanskis »Zehn fotografische Portraits von Christian Boltanski« (vgl. Kap. 7), können diesen ästhetisch biografischen Prozess bereichern. Er zeigt in seinen Arbeiten, wie wir unser Leben mit Bildern selber schreiben können. Die zehn Fotografien stellen völlig unterschiedliche Jungen dar und doch hat der Künstler so getan, als würden sie ihn selbst in verschiedenen Alterstufen repräsentieren: immer vor einer Treppe im Hintergrund als Symbol des Lebens.

Das Lügen und Täuschen sind schlichtweg unabdingbare Elemente in der biografischen Arbeit und wir nutzen sie jeden Tag, indem wir unser Leben erzählen, schreiben oder darstellen. Ganz gleich, wie wir Menschen uns inszenieren, wir stellen nur einen Teil von uns dar, vieles bleibt nicht gesagt, wir täuschen mit Kleidung vor oder wollen gefallen, wir können gar nicht anders, als ständig die Alltagsmuster und Vorbilder zu nutzen, um sie gleichzeitig zu verändern.

Ästhetische Lernprozesse kommen ohne biografische Anteile nicht aus und Ziel der ästhetischen Muster-Bildungen ist, »Leerstellen« (Blohm 2000, 20) oder offene Optionen, das Mögliche, das Nicht-Vorhersehbare, die neuen Muster zu fördern. Kinder, Jugendliche, Studierende und Lehramtsanwärter, aber auch Lehrerinnen und Lehrer ob an Schule oder Hochschule müssen immer wieder neu durch ästhetische

Biografiearbeit hindurch, um sich an den kulturellen Mustern abzuarbeiten und um neue Blicke und Handlungsstrategien zu eröffnen. »Da es bei der Biografiearbeit jedoch kein Probehandeln geben kann, sie immer einen »Ernstfall« darstellt, brauchen wir ästhetische Annäherungen, um die Biografie indirekt und somit aus der Distanz bearbeiten zu können. *Grafien* bieten also die Möglichkeit, Fiktionen mit Abstand zu sich selbst zu entwerfen, zu entwickeln und auszugestalten.« (Sabisch/Seydel 2004, 7). Und künstlerische Strategien (vgl. Kap. 5) helfen in diesem Prozess ungewohnte Blickwinkel, Handlungsweisen und emotionale Vereunsicherungen auszulösen.

Besonders intensiv arbeiten Jugendliche an Selbstkonzepten zur Körper- und Kleidinszenierung, die sich als biografisches Basteln im 21. Jahrhundert von einem Produktions- zu einem Konsumtionsmodell verwandelt hat, in dem gesammelt, selektiert und daraus ein Geschmacksdesign entwickelt wird. Man bastelt nicht mehr, um einen Lifestyle zu realisieren, sondern die Inszenierung ist der Lifestyle selbst, wie bei den japanischen Kawaii-Samurai. Die Arbeit an dem eigenen Selbstkonzept beginnt als Suche und verschiedenste Facetten von Kleidungsstilen verbinden sich in einer Person, die sich abgrenzen will von Standardmustern der Eltern oder der Bezugspersonen. »Gerade Jugendliche machen Erfahrungen mit starken Veränderungen an ihrem Körper, an ihrem gestischen Ausdruckspotential, im Bereich sozialer Beziehungen etc.. Sie stellen sich darum immer wieder die Frage: Bin ich der, der ich zu sein scheine?« (Baacke 1994, 203).

Forschungen zum biografischen Erinnern haben gezeigt, dass 70jährige Menschen von der Zeitspanne ihres Lebens »Erinnerungshöcker« aufweisen, die sich vor allem zwischen dem 15. und 30. Lebensjahr abspielen. Conway und Rubin (1993) führen das darauf zurück, dass diese Lebensphase sehr prägend in der Entwicklung des Selbstkonzepts ist und das autobiografische Gedächtnis stark beeinflusst. Ereignisse und Situationen, die Menschen in dieser Lebensphase durchmachen, prägen intensiv ihr Lebens- und Selbstkonzept sowie ihr biografisches Verstehen. Man könnte auch sagen, biografische Musterbildungen sind in dieser Lebensphase sehr flexibel und dynamisch, denn die Forschungen zeigten auch, dass nach Festigung des Selbstkonzeptes die Zahl der einschneidenden biografischen Erinnerungen wieder abnahm.

Ein prägendes autobiografisches Ereignis ihres Körperbildes und ihrer Körperinszenierungen erlebte eine Zwanzigjährige, die sich für den Studiengang »Fashion Management« bewarb. Sie empfand das Bewerbungsgespräch als einschneidendes biografisches Ereignis, das stark ihr Selbstkonzept beeinflusste, weil sie mit dieser Chance nicht gerechnet hatte und auch nicht so wirklich an ihre Kreativität glaubte. In dem Vorstellungsgespräch musste sie eines ihrer Kleidungsstücke biografisch analysieren. Sie berichtete in ihrer Präsentation, dass sie erst mit ca. 16 Jahren, also ab der elften Klasse, den Mut aufgebracht hätte, Kleidung zu tragen, die sie für sich selbst als passend empfunden habe. Zuvor sei sie nur im Mainstream der Peer-Group geschwommen, um nicht aus dem Schulkleidungsmuster herauszufallen. Sie hätte das Ausgrenzen einfach nicht ausgehalten und habe viele Klamotten getragen, die ihr selbst nicht gefallen hätten, die aber »in« gewesen seien. Anhand ihres Kleidungsstücks »Abi-Kleid«, mit dem sie 2007 zur Abi-Queen eines Berliner Gymnasiums gewählt wurde (ein Second-Hand Kleid für 25€ aus dem Kostümverkauf eines Theaters) vertiefte sie sich in eine biografische Analyse ihrer Körperinszenierungen vor dem Hintergrund kultureller Kontexte und entdeckte Momente der Lüge, der Anpassung wie auch der Kreativität. Sie näherte sich biografisch ihren ästhetischen Mustern und war zunehmend in der Lage, diese zu reflektieren und vor allem auch diskursiv zu transformieren. Sie schloss ihren Vortrag mit einem Bilddialog ab, der die Weite ihrer Erkenntnisse spüren ließ. Ihrem Abi-Kleid, ein Traum in Blau, stellte sie Cindy Shermans »Untitled« gegenüber (vgl. Abb. Kapitel 3.2), wo die Künstlerin eine ungewöhnliche Abendkleidinszenierung für die Modemarke Comme des Garçons präsentiert: Aufgemacht mit langen Handschuhen, durchscheinender tätowierter Haut, einer Damenbinde und Ringen unter den Augen, bringt sie all das zur Sprache, was das Muster-Abendkleid nicht sagen will und was die Bewerberin auch in ihrem Abi-Outfit tunlichst vermieden hatte. Ihr wurde erst jetzt bewusst, wie sie sich ästhetisch-biografisch in die Pose oder das Klischee der Diva versetzt hatte. Alle Details mussten stimmen: sie trainierte und hungerte ihren Körper auf die gerade modischen Idealmaße herunter, besorgte die dem Vorbild entsprechenden Accessoires wie lange Handschuhe, Armtäschchen, Strasscollier und Strasshaarspange, schminkte sich entsprechend und übte den stolzierenden aufrechten Abendkleidgang. Erst im Kontrast zu Cindy Shermans Inszenierung fielen ihr all diese Detailarbeiten an ihrem eigenen Körper auf. Sie hatte das Bild von ihrem eigenen Körper als überaus erfolgreiche Musteranpassung analysiert. Dann steigerte sie die Kontraste zu ihrem Abi-Kleid, indem sie eine Burka tragende Afghanin präsentierte, die auch einen »Zelt-Traum in Blau« trägt, das völlig andere ästhetisch-biografische Elemente beinhaltet, mit dem sie aber wohl kaum zur Abi-Queen in Berlin gewählt worden wäre. Im derzeitigen kulturell aufgeladenen politischen Kontext wäre es nicht ungefährlich mit solchen Mustern auf einem Abi-Ball zu spielen. Diese junge Frau hat die Kunst und andere kulturelle Kontexte genutzt, um ihre eigenen ästhetischen Muster zu reflektieren und sich selbst einzuordnen und leistet damit einen großen Schritt zum biografischen Verstehen. Ein weiterer Schritt wäre nun, auch ästhetisch-künstlerisch ihr Abi-Kleid zu transformieren (vgl. auch Kapitel 5). Erste Versuche hat sie erprobt, indem sie ihr Kleid mit Springerstiefeln und Goldflügeln kombinierte. Eine kreative, musterbildende Lehrperson ergriffe hier die Chance, um dieser begabten jungen Frau weitere Sachinformationen zum Thema Körper-Kleid-Mode zu eröffnen, sie noch tiefer in ihre ästhetische Biografie eindringen zu lassen und ihre künstlerisch-pragmatischen Fähigkeiten zu erhöhen.

Angelehnt an Helga Kämpf-Jansen (vgl. 2000, 170 ff.) ist festzuhalten, dass ästhetische Biografien:

- von wahrnehmbaren alltäglichen Dingen (hier Kleid und Körper) leben, die als Zeugnisse und Spuren les- und deutbar sind. Sie verweisen, auf das, was im Leben eines Menschen als sinnstiftend empfunden wird, als wichtig für das eigene Überleben in bestimmten sozialen Kontexten. Sie verweisen auf individualgeschichtliche, milieugeschichtliche und produktionsgeschichtliche Kontexte (vgl. Selle/Boehe 1986).

  An dieser Stelle wird beispielhaft eine Tabelle von möglichen Funktionen alltäglicher Dinge (Kleid und Körper) als Kommunikations- und Handlungsmedium (vgl. Habermas 1999) im biografischen Kontext vorgestellt, um mögliche Anknüpfungspunkte für reflektierte Musterbildungen anzuregen.

Funktionen	**Beispiele: Körper-Kleid**
A Selbstdarstellung	
A.1 Besonderheit der eigenen Person	selbst bestickte Jeans...
A.2 Zugehörigkeit zu Gruppe	Punkkleidung, Grufties, Raver...
A.3 allgemein: Objekt reflektiert etwas von der Person	Kleidung (Jeans, Plateauschuhe...), Kleidung als Prestigeobjekt
B Private Selbstkommunikation **Persönliches Objekt als imaginärer Anderer**	
B.1 imaginärer Dialogpartner	Pullover, den der erste Freund geliehen hat
B.2 Anthropomorphisierung Persönliches Objekt erleichtert Selbstreflexion	Kleidung als Stellvertreter für die verschiedenen Identitäten, die eine Person einnehmen kann
B.3 erleichtert Nachdenken/Besinnen	Hauskleidung, in der sich der Körper wohl und behaglich fühlt (vgl. Eco, Umberto: »Das Lendendenken«)

C Erinnerung	
C.1 Erinnerung an vergangene Zeiten	Taufkleid, Babyschuhe, Abi-Ball-Kleid
C.2 Erinnerung an bestimmte Person	Hut des Großvaters
C.3 Erinnerung an Verbindung mit Orten	Sari aus dem Urlaub in Indien
C.4 symbolischer Zukunftsentwurf	Brautkleid, Mitgift ...
D Autonomie	
D.1 Ermöglicht/symbolisiert Unabhängigkeit	»anti«-Moden, individuelle Uniformen
D.2 ermöglicht/symbolisiert Kontrolle über eigenen Bereich	Corsagen, Schnürungen, »Mogelpackungen« der Mode
E Mediale Funktionen	
E.1 ermöglicht rezeptive Teilnahme an Kultur	Labelkleidung
E.2 erleichtert Kontakt über Distanz	Uniform (Polizisten, Stewardess...)
E.3 erleichtert Kontaktaufnahme	Angepasste Muster-Kleidung, weder over- noch under-dressed
E.4 erleichtert gemeinsame Aktivitäten	Signaltextilien, Mannschaftstrikots beim Sport...
F Beeinflussung von Stimmung, Befindlichkeit	
Erregungsniveau F.1 Entspannung	Schlafanzug, »Gammelpullover«...
F.2 Anregung (»Spaß, Unterhaltung«)	Sportkleidung, Freizeitkleidung
F.3 Vertrautheit	zehn Jahre alte Jeans
F.4 Geborgenheit	Wintermantel
Stimmungen	
F.5 beeinflusst/spiegelt Stimmung	Farbwahl von Kleidung
F.6 ermöglicht ungehemmten Affektausdruck (Katharsis)	Karnevalskostüm (Teufel, Clown...) Maske
F.7 tröstet	Kleidgeruch eines verstorbenen Menschen

Phantasiewelten	
F.8 erleichtert/lädt ein zu Tagträume(n)	magisch aufgeladene Kleider
F.9 Flucht aus dem Alltag	Kostüme (Verkleidungen)...
G Ästhetisch-rezeptive Funktionen	
Ästhetisches Gefallen G.1 taktiles/olfaktorisches Gefallen	Stoffe (Seide, Cord, Tüll, Latex...)
G.2 optisches/akustisches Gefallen	klappernde Stöckelschuhe, quietschende Gummisohlen, flüsternde Seide
Harmonie	
G.3 vermittelt Harmonie/Wohlgefühl	Kuschelpulli, Schal, Schlafanzug...
G.4 verbindet mit der Natur	ökologische Textilien, Kleider und Accessoires aus Blättern, Stöcken und Blumen
H Erhöhung der Handlungspotenz	
H.1 dient kreativer Betätigung	Tanzschuhe, Schlittschuhe...
H.2 dient der Leistung	Sportschuhe, Jogginganzug, Badeanzug...
H.3 Erhöhung des Selbstgefühls	Prada-Tasche, Diamantring...
H.4 magische, moralische, physische Stärkung	Talisman, Tarnkappe, Glücksbringer-Shirt...
J Instrumentalität für andere Zwecke	Kleidung und Körper als Kunstwerk

(linke Tabellenspalte aus: Habermas 1999, 423-424, rechte Tabellenspalte mit Beispielen aus dem Bereich Körper-Kleid von Kolhoff-Kahl erweitert)

- sich konstruieren über ästhetisch-künstlerische Verfahren, Medien und Materialien, wie sammeln, archivieren, inszenieren, Spuren festhalten, ordnen, kritzeln, schreiben, fotografieren, performieren etc.
- sich in Zeit und Raum frei bewegen können und nicht linear angelegt sein müssen. In ästhetischen Biografien wird ausgelassen, retuschiert, gelogen, erfunden, geschnitten und Muster über Muster gelegt.
- das Subjekt des Biografierens und das Subjekt der Biografie sich überlagern und damit Projektionen und Identifikationen in ihren Grenzen verwischt werden.

Für die Musterbildungen bedeutet dies, dass die festgezurrten Muster sich abschwächen und offen werden für neue Musterbildungen.

- »Und letztlich bleibt noch zu benennen, dass im Ästhetischen die Trennung zwischen Fiktion und Authentizität, zwischen Wahrheit und Lüge, Wirklichkeit und Schein nicht mehr gegeben ist.« (Kämpf-Jansen 2000, 171).

In der ästhetischen Biografiearbeit geht es um die Frage, das Wechselspiel von Klischeebildern und Selbstbild-Mustern im ästhetischen Erfahrungsprozess mit Hilfe von kulturwissenschaftlichen Kontexten (vgl. Kap. 4) und künstlerischen Strategien (vgl. Kap. 5) aufzudecken und zu bearbeiten. Es geht darum, dass ästhetische Imperative oder Geschmacksmuster nicht den Menschen dominieren, sondern dass der junge Mensch erlebt, dass er selbst an diesen Musterbildungen im Alltag beteiligt ist: ob er die vielen Stars und Sternchen kopiert, sich auf persönlichen Homepages im Netz mit intimen Details präsentiert, oder ob er die kreative Chance wagt, bewusst in diesen Selbstbildungsprozess einzugreifen. Selbststilisierung muss nicht nur Schale sein, auch wenn dies in unserer Kultur manchmal so den Anschein hat, sondern ist Kernsache, denn: »Das Tiefste am Menschen ist seine Kleidung, sein Accessoire, sein soziales Milieu, seine Musik.« (Baacke 1985, 211, in Duncker 2007, 212).

Allerdings sind mit Beginn der Pubertät und besonders in der Spätadoleszenz, auch bei den Studierenden des Grundstudiums, nicht zu unterschätzende Hemmungen gegenüber der ästhetischen Biografiearbeit vorhanden. Es ist die Angst, Privates veröffentlichen zu müssen (obwohl gelogen, getäuscht und erfunden werden darf, aber dies halten viele für moralisch verwerflich, denn sie wollen sich doch authentisch geben, so wie es ihnen beigebracht worden ist, aber gerade die Fiktion der Authentizität wird in der Biografiearbeit hinterfragt). Es ist der Zweifel, dass diese Form der Arbeit nicht wissenschaftlich, sondern lediglich pseudopsychologisch oder therapeutisch sei; es ist die Andersartigkeit der Seminare, die von üblichen Unterrichtsmustern abweicht und es ist auch die spürbare Gefahr, dass man nach solch einer ästhetisch-reflexiven Biografiearbeit nicht mehr der oder die Selbe ist. Dies sind berechtigte Ängste, wenn die eigenen biografischen Muster eng gestrickt, ja vielleicht sogar zum Korsett geworden sind. Wenn man sie an den Rändern löst, droht der Körper plötzlich nackt dazustehen oder sogar umzufallen. Der ästhetisch-biografische Prozess muss gut begleitet werden, vor allem müssen diese Lehrpersonen selbst einen solchen Selbstgestaltungsprozess durchlaufen und die Ängste und Sorgen am eigenen Leib verspürt haben. Im nächsten Kapitel wird von Widerstandsmustern die Rede sein, die möglicherweise einen Zwischenschritt bieten, sich den eigenen Mustern über einen Stellvertreter zu nähern und damit die Konfrontation etwas abzupuffern.

Die ästhetischen Muster-Bildungen haben zum Ziel, das eigene Ich alltagsästhetisch zu spiegeln und Aufmerksamkeit für die biografischen verbindenden Muster und Musterbrüche zu entwickeln, die für die neuronale und mentale Kohärenz unseres Ichs sorgen. Um diesen ästhetisch-biografischen Forschungsprozess nicht wie Narziss zu beschreiten, der Angst hat sich im Spiegel zu verlieren, wird das Ich in seiner Vielfältigkeit aus dem Beobachterstandpunkt entdeckt und die eigene Biografie als offener Selbstgestaltungsprozess in verantwortungsvoller, demokratisch verorteter und kreativer Art und Weise ernst genommen. Dies scheint mir u.a. einer der sinnstiftendsten Aufträge der ästhetischen Bildung aus biografischer Sicht zu sein.

Ästhetische Werkstätten für die Unterrichtspraxis finden sich in Kapitel 7.1.1: »Das gespiegelte Körper-Ich«.

3.2 Widerstandsmuster: »Möglichkeit des Andersseins«

»Jede Form von Identität muss durch das ›Nadelöhr‹ des Anderen.«
(Stuart Hall 1994, 44)

Aristoteles hat in seiner Nikomachischen Ethik den prägnanten Begriff der »Möglichkeit des Andersseins« geprägt. Hier beschreibt er, wie es uns Menschen gelingt zu handeln, obwohl sich eine objektive Wirklichkeit nicht beweisen lässt und stets die Möglichkeit des Andersseins besteht, indem wir uns über die Mittel beraten, mit denen wir Probleme lösen wollen (vgl. Watzlawick 2007, 37). Dabei entwerfen wir auch kulturelle Ordnungen oder Muster.

Wenn wir sinnvoll handeln wollen, um in unserem Kulturprogramm überleben zu können, müssen wir von Anderen bestätigt werden und so erzwingt all unser ästhetisches Handeln die Differenz von Alter und Ego. Damit werden die Setzungen oder die Muster, die wir wählen, und solche, die wir nicht wählen (die Möglichkeiten des Andersseins) maßgebend für die Beobachtung, bzw. die Kommunikation, ohne die keine erfahrbaren Wirklichkeiten zustände kämen und ohne die wir ästhetische Muster nicht variieren könnten. Die »Beobachtung, (...), ist nie neutral oder objektiv nachvollziehbar, sondern immer nur mitverstrickt, partizipierend, involviert.« (Schmidt 2003, 51).

Um ästhetische Biografiearbeit so aufzubauen, dass sie die Möglichkeiten des Andersseins mit einbeziehen kann, ist es sinnvoll, Widerstandsmuster einzufädeln, die das Ich in einen ästhetischen Forschungsdialog mit anderen Ichs, aber auch mit erfundenen Alter Egos, Doppelgängern, Avataren oder verloren gegangenen Ichs kommunizieren lässt. So entstehen verschiedenste Beobachterstandpunkte, die in ihrem Zusammenwirken eine hohe kreative Chance auf neue Musterbildungen ermöglichen. Angelehnt an Siegfried Schmidts nach-konstruktivistische Beobachtertheorie wird dies auf die Musterbildungen an Widerstandsidentitäten (Erfinden eines Alter Ego) exemplarisch beschrieben (siehe nebenstehende Tabelle).

Der anfänglich intensive Wunsch in die Rolle eines Anderen schlüpfen zu dürfen, wird für viele Erstsemestler im Laufe des Seminars eher zu einer Last, weil sie spüren, wie sehr ihr alltagsästhetisches Empfinden in kulturelle Muster eingebunden ist und wie schwierig es ist, diese zu öffnen oder zu transformieren. Sie stellen fest, dass ihr autobiografisches Gedächtnis Erinnerungen verzerrt, verdichtet, verkürzt, rationalisiert und in hohem Maß konstruktiv ist. Die Illusion, dass wir autonome Schöpfer unserer Identität oder die eines Alter Egos sind, wird an den bewusst eingefädelten Widerstandsidentitäten schnell deutlich (vgl. Kolhoff-Kahl 2007b, 182). Damit steigt aber auch die pädagogische Verantwortung, wenn man Kinder und Jugendliche in ästhetische Erfahrungen und Forschungen verwickeln und sie in ihren kreativen Musterbildungen fördern möchte.

Um Widerstandsmuster aufzubauen und das Ich für andere Möglichkeiten des Seins zu öffnen, bedarf es der Bereitschaft, die Rückmeldungen der Umwelt wahrzunehmen und eine hohe Selbstreflexivität zu entwickeln, bei der gerade die ästhetischen Widerstandsmuster der Kunst, der Literatur, des Films oder der avantgardistischen Mode Wirklichkeitskonstruktionen anbieten, mit denen die eigene Existenz neu ausgelotet werden kann. »Es klingt natürlich für Subjekte verheißungsvoll, wenn ihnen vermittelt wird, dass sie ihre Drehbücher selbst schreiben dürfen«, gibt der Münchener Sozialpsychologe Heiner Keupp zu bedenken. Aber die »erforderlichen materiellen, sozialen und psychischen Ressourcen sind oft nicht vorhanden, und dann wird die gesellschaftliche Notwendigkeit und Norm der Selbstgestaltung zu einer schwer erträglichen Aufgabe.« (Siefer/Weber 2008, 96).

Um dies am Beispiel von Körpermustern zu verdeutlichen: Bewegungsmuster unseres Körpers sind geprägt durch Kultureinflüsse, wie wir z.B. gehen und stehen oder dass wir sagen: »Mir drückt der Schuh.« statt »Mein Fuß schmerzt.« Das Ersetzen des eigenen Willens durch einen fremden Willen und umgekehrt ist möglich. Das Schuhe-Tragen-Müssen in unserer Kultur entfremdet uns für das eigene Fußgefühl. »Durch den Sozialisierungsprozess vermittelt, basieren die Denkmuster über unseren Körper auf Anpassung, denn diese verspricht soziale und damit affektive Sicherheit. Diese Art des Denkens führt unvermeidlich zu Phänomenen der Abspaltung von unseren Körperempfindungen. Und diese Art der Trennung, die eine Spal-

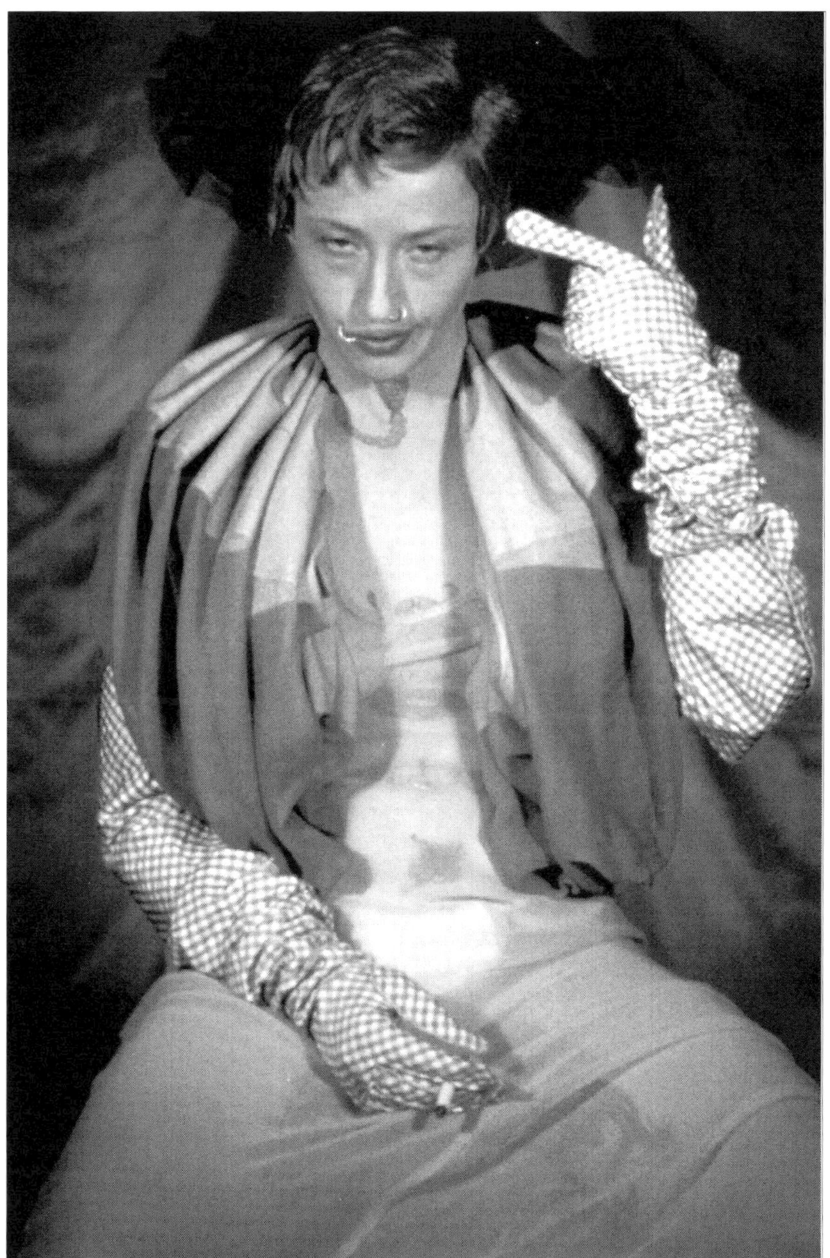

Abb. 9: Cindy Sherman: Untitled #298, (1994)

Geschichten & Diskurse (Schmidt 2003, 33)	Eingefädelte »Widerstands-Identitäten« (Bianchi 2006b, 146)
»Beobachter 1. Ordnung (alltagshandelnde Aktaten) vollziehen Setzungen ohne bewusste Bezugnahme auf deren Voraussetzungen.«	Studierende erfinden ein Alter Ego, das sie im Seminar durchleben. Personalausweis, Körper und Outfit, Familiengeschichte, Kindheitsobjekte, Haus, Essensgewohnheiten, Urlaubsreisen, Hobbies... alltagsästhetische Muster-Klischees werden im Alter Ego zunächst unreflektiert, intuitiv zusammengestellt.
»Beobachter 2. Ordnung setzen Beobachtungsprozesse in Gang, um die Voraussetzungen der Setzungen des Beobachters 1. Ordnung zu beobachten, weil ihre eigenen Voraussetzungen als blinder Fleck wirken.«	Die Seminarteilnehmer in der Rolle ihres Alter Egos beobachten die anderen entstehenden Alter Egos, interagieren mit ihnen, decken Muster-Klischees auf, reagieren auf sie, brechen sie womöglich oder treiben sie auf die Spitze.
»Beobachter 3. Ordnung beobachten die Voraussetzung des Beobachters 2. Ordnung mit Hilfe ihrer blinden Flecken usw..«	Die Studierenden in ihrer Rolle als Studierende diskutieren die Alter Egos und bringen ihre ästhetisch blinden Flecke oder Mustersetzungen ein. Das alltagsästhetische Musterkorsett wird zunehmend bewusster, in neue Kontexte gesetzt und auch schon verändert.
»Dabei stellt die Hierarchisierung nicht etwa eine Qualitätssteigerung dar, sondern benennt Beobachtungsrichtungen, wie sie im Alltag, in der Wissenschaft oder in der Wissenschaftstheorie praktiziert werden.«	Die Muster, die von Studierenden in der ästhetischen Ausgestaltung ihrer Alter Egos herangezogen werden, reiben sich aneinander, die Möglichkeiten des Andersseins, die eigenen blinden Flecken werden reflektiert und transformiert. Bezüge zum Alltag, Wissenschaft und Kunst werden integrativ in den Musterbildungen der Widerstandsidentität verarbeitet. So bilden sich zwischen dem Ich und den Anderen Muster an Muster an Muster. Es gibt keinen Anfang und kein Ende, kein Richtig und kein Falsch, sondern nur im jeweiligen Kontext passungsfähige Musterbildungen.

tung der Gefühle mit sich bringt, erschwert es uns ungemein, unser Selbst auf eigenen Erfahrungen aufzubauen.« (Gruen 2008, 37).

Bei den eingefädelten Widerstandsidentitäten werden die ästhetischen Musterkorsetts am deutlichsten, wenn im Vergleich zu künstlerischen Selbstdarstellungen plötzlich bewusst wird, welche Möglichkeiten nicht gewählt werden. In einem Seminar wählten fast 50% aller Studierenden weibliche Alter Egos zwischen 20 und 40 Jahren alt, europäischer Abstammung, ca. 1,70 cm groß mit schlanker Statur, ein Körperideal des 21. Jahrhunderts. Erst als sie sich beobachteten, fiel ihnen dieses ästhetisch bevorzugte Muster auf und sie stellten Fragen zu Schönheitsidealen und kulturellen Kontexten. Sie mussten das Muster, das ihr Handeln und Denken leitet, erst noch einmal künstlich kreieren, um sich dann daran abzuarbeiten und kreative Veränderungen oder Musterbildungen zu ermöglichen. Eine Studierende äußerte am Ende des Seminars, sie habe sich noch nie so viele Gedanken über das gemacht, was sie für »normal« und »schön« halte und wie ihr Handeln von diesen kulturellen Mustern, die sie verinnerlicht habe, geleitet werde. Sie hätte jetzt auch ein völlig anderes Lehrerbild von sich bzw. würde anfangen, sich wirklich zu fragen, was sie als Kunstlehrerin erreichen wolle. Andere Studierende taten sich sehr schwer das Alter Ego als Mustererreger anzunehmen, sondern schlüpften lediglich in dessen Pose, spielten etwas Theater, aber drangen nicht zu den Mustern vor, weil sie sich selbst nicht in Frage stellen wollten. Ihre Muster von Identität waren schon so festgezurrt, dass ihnen Identitäten im Übergang mit Unbekannten oder Abweichendem im Alter von gerade mal 20 Jahren unmöglich erschienen. Vielleicht braucht es auch nur Zeit, bis die Reflexion über Musterbildungen tiefer ins autobiografische Episodengedächtnis gesackt ist. Vielleicht aber sollten solche Menschen keine Lehrer werden, sondern sich andere Berufe suchen, in denen die Selbstreflexivität des Verantwortlichen keine so große Rolle für die Zielgruppe spielt? Denn was ist gefährlicher als ein ästhetisch bildender Lehrer, der meint, dass für Bildungsprozesse sein eigener Standpunkt und seine ästhetischen Muster schon die richtigen seien. Nichts stelle ich mir versklavender vor, als dem ästhetischen Geschmack eines Lehrers folgen zu müssen und so sich selbst zu entfremden und sich womöglich auch noch daran zu gewöhnen, dass dies normal sei. Die junge Frau im obigen Beispiel, die ihr Abi-Kleid analysierte (vgl. Kap. 3.1.), reflektierte in ihrem Forschungsprozess, wie sie selbst eine Pose, eine Rolle ohne Mustervariationen nachgespielt hat, ähnlich wie Madonna auf der Bühne ihre leeren Rollen wechselt. Die Künstlerin Cindy Sherman machte ihr diese Pose, ihre blinden ästhetischen Flecken bewusst, indem sie mit Absenz und Präsenz von Mustern spielte. »Madonna bestätigt und betäubt, Sherman irritiert und weckt.« (Welsch 2006, 183).

Künstlerische Strategien unterstützen die Suche nach ästhetischen Mustern in flexibler Weise und machen es auch möglich, dass die Arbeit an Widerstandsidentitäten nicht in eine Ich-bezogene Selbstsuche abrutscht, sondern sich immer wieder an sachorientierten, kulturellen Mustern abarbeitet, dass ein Spiel zwischen Fiktion und Authentizität entsteht. Transformierende Strategien werden ausprobiert, die aus den zur Verfügung stehenden Alltagsmustern Alternativen, neue Optionen und Muster entwerfen. Widerstandsidentitäten sind in einem ständigen Zustand des Austarierens. Es sind Prozesszustände oder Provisorien, die mehr oder weniger gut und lange taugen (vgl. Keupp 2006, 85). Jugendliche arbeiten sich Tag für Tag durch solche Identitätsfragmente, ringen um eine Ich-Kohärenz oder ein »I«, wie G.H. Mead formulierte, um auf die von den anderen übernommenen Einstellungen (= das »me«) zu reagieren (vgl. Mead 1968). Dabei greifen sie auf massenhaft angenommene Konsumprodukte zurück und bricolieren sie zu neuen »I«-Outfits. Stünden ihnen z.B. auch künstlerische Bildarchive, Mode- und Körpertheorien, Werkstätten und Materialien zur Verfügung, wer weiß, wie kreativ junge Menschen neue Modemuster im Kontext von Alltag, Kunst und Wissenschaft erfinden würden.

Widerstandsmuster innerhalb ästhetischer Biografiearbeit zielen darauf ab, »kulturelle Normalbiografien«, die zwar Verhaltenssicherheit bieten, nicht als bloßes Abziehbild zu leben, sondern Möglichkeiten des Andersseins auszuprobieren und ästhetisch fremde Muster zu entdecken und mit dem eigenen zu verstricken.

»Dadurch, dass wir ›uns selbst‹ in diesen kulturellen Identitäten entwerfen, während wir gleichzeitig ihre Bedeutungen und Werte internalisieren, sie zum ›Teil von uns‹ machen, schließen wir unsere subjektiven Gefühle mit den objektiven Stellen, die wir in der sozialen und kulturellen Welt besetzen, zusammen. Identität vernäht oder - um eine zeitgemäßere medizinische Metapher zu benutzen – verklammert das Subjekt mit der Struktur. Sie stabilisiert sowohl die Subjekte als auch die kulturellen Welten, die sie bewohnen, und macht sie beide auf reziproke Weise einheitlicher und vorhersehbarer.« (Hall 1994, 182). In den Widerstandsmustern ist es möglich, mit der Distanz des Beobachters die impliziten kulturellen Muster zu leben, zu reflektieren und zu verändern, aber dazu müssen die kulturellen Archive und die kulturellen Muster zugänglich und bewusst gemacht werden.

Die Künstlerin Lynn Hershmann hat in den 70er Jahren sich eine Doppelgängerin namens Roberta Breitmore erschaffen. Roberta Breitmore (vgl. Abb. Werkstätten 7.1.2) existierte zehn Jahre und nach fünf Jahren wurden Robertas Abenteuer für Hershman so quälend, dass sie sich als Person Roberta vervierfachen musste, um noch alle Rollenspiele übernehmen zu können. Roberta war künstlich erfunden und wirklich zugleich, mit Dokumenten wie Führerschein, Personalausweis und Bankkonto. Sie interagierte mit der Wirklichkeit, indem sie an Weight Watchers Programmen teilnahm, einen Psychiater besuchte, über Kleider und eine Wohnung verfügte, Briefe von Menschen sammelte etc. Roberta war ein interaktives Mittel, mit dem Hershman die weiblichen Archetypen in einer westlichen geprägten Gegenwart analysieren konnte (vgl. Dinkla 2000, 112ff). 1979 wurde Roberta schließlich in einem exorzistischen Ritual in Ferrara aufgelöst. Sie stellt »ein soziopsychologisches Portrait der Kultur aus der Perspektive einer individuellen Frau, die metaphorisch zu ›jederfrau‹ wurde« dar (Hershman 1995, 163).

In Roberta Breitmore mischten sich soziokulturell geschaffene Handlungsmuster mit individuellen Erfahrungen der Künstlerin, wie auch denen der erfundenen Roberta, denn Robertas Wahrnehmen und Handeln hat sich rückwirkend auf Lynn Hershman ausgewirkt. Die kollektiv gespeicherten weiblichen ästhetischen Muster, bezogen auf Schminken, Kleidung, Wohnen, Schönheitsvorstellungen, thematisieren sich in Roberta. In jeder der Roberta-Maskierungen ist zunächst die Freiheit zum selbst bestimmten Handeln angelegt. Es handelt sich um identitätsstiftende Strategien, die sich dann aber notwendigerweise kollektiver Muster bedienen. Diese Muster werden reflektiert und mit ästhetisch-künstlerischen Eingriffen verändert und in neue Kontexte gesetzt, damit sie sich nicht verfestigen und ideologisch werden, sondern im Wechselspiel mit kulturellen Mustern dynamisch neue ästhetische Wahrnehmungs-, Denk- und Handlungsmuster entwerfen.[7]

Es macht keinen Sinn, ästhetische Biografiearbeit in der Selbstbespiegelung aufgehen zu lassen. Erst in der Auseinandersetzung der enkulturierten biografischen Muster, indem man sie lebendig werden und sie von außen bewusst beobachten lässt, sie verändert und mit ihnen spielt, entsteht ein verantwortliches, pädagogisch orientiertes Handeln mit Musterbildungen, das nicht unbedingt nur nach dem »Wer bin ich?« fragt, sondern nach »Welche Lebensweise bekommt mir, bzw. uns?«.

Nur »I« zu sagen, macht für die Gemeinschaft wenig Sinn, es ist eine Perversion, ein sich selbst auflösender Akt. »Das Ich ist nur denkbar im Wir.« (Siefer/Weber 2008, 296) und dieses Wir macht sich fest im kollektiven kulturellen Gedächtnis, in kulturell vereinbarten Handlungen, in kulturellen Archiven sowie im alltäglichen kommunikativen Gedächtnis. Es ist das Wissen um kulturelle Muster, das in uns verankert ist und das wir ebenso lebendig werden lassen müssen.

Ästhetische Werkstätten für die Unterrichtspraxis finden sich in Kapitel 7.1.2: »Eingefädelte Widerstandsidentitäten«.

7 vgl. Kolhoff-Kahl, I.: Ästhetische Mustererkennung als Motor für kunstpädagogisches Handeln, in: Büchler, A.; Jaberg, J.; Karrer, E.: Schule muss schön sein, Facetten des ästhetischen Bildungsauftrags, München 2007c, 105-110

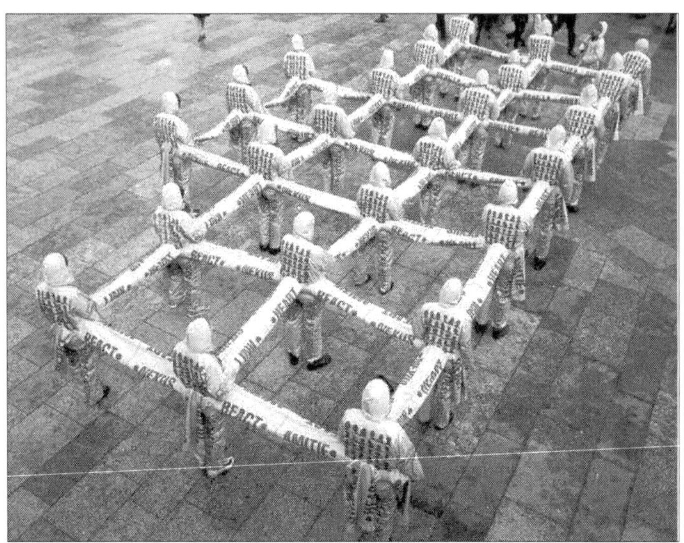

Abb. 10: Lucy Orta: Nexus type Operation Life Nexus (2000)

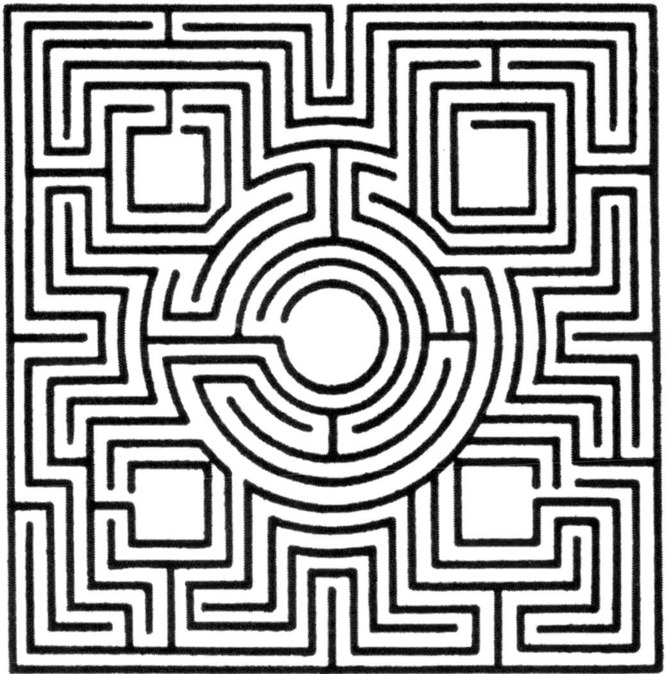

Abb. 11: G.A. Boekler: Labyrinth (1964)

4 Kulturwissenschaftlich-rationale Muster-Bildungen

»Das logische Denken ist das Muster einer vollständigen Fiktion.«
Friedrich Wilhelm Nietzsche, (1844 - 1900)

In Kapitel 3 habe ich das alltagästhetisch-biografische Musterbilden des Subjekts fokussiert und an mehreren Stellen ist angeklungen, dass sich subjektorientiertes ästhetisches Forschen nicht ohne kulturelles Umfeld oder Sachorientierung denken lässt. Kulturwissenschaftliche Muster-Bildungen sind unabdingbar, wenn ästhetische Musterbildungen nicht in Alltagsmustern verharren, sondern sich an der Differenz, dem Anderen, der vielen Perspektiven auf eine Sache, ein Ding, eine Idee oder ein Problem weiterentwickeln sollen. Leitend sind hierbei die kulturwissenschaftlichen Theorien oder die Kopfarbeit, das Suchen nach rationalen oder logischen Mustern, die nicht unbedingt objektiv gültig sein müssen (vgl. Kap. 2), die aber kulturell vereinbart sind und somit in ihrer jeweiligen Passungsfähigkeit als sozial anerkannte Muster gelten. Wenn junge Menschen hier befähigt werden, die eigenen kulturellen, historisch gewachsenen Muster zu hinterfragen und zu vergleichen, bzw. ihre eigene gestalterische Partizipation in der Bildung kultureller Muster zu spüren, so wirkt sich dies äußerst bildend auf ihre Persönlichkeit und ihr Handeln aus.

Als meine damals dreizehnjährige Stieftochter und ihre Freundin mit unserer Familie eine Individualreise durch Bali machten, wollten die beiden Teenies mir nicht glauben, dass sie sich bitte die Schultern und Beine mit Stoff bedecken sollten, wenn wir außerhalb der Touristenzentren durchs Land reisten. All mein Gerede drang nicht durch ihr autobiografisches Gedächtnis, bzw. durch ihr modisches westlich-weibliches Körperbild durch, welches sie bis dato für das einzig Wahre hielten. Sie mussten erst am eigenen Körper erfahren, wie balinesich-männliche Reisbauern reagierten, wenn eine blasshäutige Rothaarige und eine dunkelhäutigere Schwarzhaarige halbnackt, bekleidet mit Hotpants, Bikini-Top und Flip-Flops, an ihnen vorüberstolzierten. Es dauerte keine zehn Minuten, da waren es die beiden Mädchen leid, teilweise erstaunt, aber auch wütend angestarrt zu werden, so dass sie schleunigst zum Haus zurückliefen, um ihren Körper trotz der schwülen Hitze in ein langärmeliges T-Shirt und einen langen Wickelrock zu hüllen. Dies zum ästhetisch-biografischen Erfahren. Die Episode hat sich tief in ihr autobiografisches Gedächtnis eingeschrieben. Aber die beiden blieben hier nicht stehen, sondern begannen auf einmal, die mitgenommenen Reiseführer zu studieren, die ihnen zuvor als viel zu langweilig erschienen. Sie wollten etwas über die Kleiderordnung auf Bali erfahren, zum vestimentären Verhalten von Männern und Frauen. Der anfänglich exotische Badeurlaub verwandelte sich in eine kleine kulturwissenschaftliche Reise, die sich von selbst aufgrund des biografischen Erlebnisses infiziert hatte. Ihre westlichen Kleidungsmuster gerieten durch die Differenz des Anderen als die »normalen und wahren« ins Wanken. Wie viel Haut darf eine Frau wann und wo zeigen? Wer schreibt diese Regeln vor, wie sind sie entstanden? Wieso gelten bei Männern je nach Kultur andere Regeln und warum tragen Männer in Deutschland nicht auch Wickelröcke? Warum genießen die Balinesen nicht ihre Strände und legen sich im Bikini in die Sonne? Was ist überhaupt Kultur? Und gibt es »**den** männlichen Balinesenblick«? Die Reisbauern im Inland verhielten sich gegenüber westlich gekleideten Frauen anders als die Ananasverkäufer am Strand der Hauptstadt Kuta.

Die Kulturwissenschaften liefern Menschen, die sich solche Fragen nach dem bislang noch nicht Wahrgenommenen stellen, wenn sie z.B. andersartige Körper- oder Kleidungsmuster beobachten oder wenn ihr eigenes Verhalten aus der Musterspur rausgesprungen ist, eine Möglichkeit, sich rational den ungewohnt erlebten Phänomenen zu nähern.

Im Laufe des 20. Jahrhunderts haben sich in den Kulturwissenschaften verschiedene Erkenntnismuster oder »cultural turns« herausgebildet, die sich ständig weiterentwickeln. Es ist bei Musterbildungsprozessen sehr hilfreich, sich als Lehrperson seines eigenen biografischen Kulturbegriffs bewusst zu sein und die unterschiedlichen Fragestellungen oder Methoden, die die Kulturwissenschaften entwickeln, heranziehen zu können. Mit diesen theoretischen Zugängen kann man die Perturbationen und Kontingenzen reflektieren, die eigenen Muster abgleichen, erweitern oder differenzieren, aber auch kreative Impulse geben, um besser und angenehmer miteinander überleben zu können. Die Kulturwissenschaften richten ihr Augenmerk auf Materialität, Medialität und Tätigkeitsformen des Kulturellen in seinen je eigenen kulturspezifischen Ausrichtungen, die aus einem Wechselspiel von Menschen und Objekten in einer bestimmten Zeit und einem begrenzten Raum entstehen, aber keinesfalls statisch oder begrenzt sind.

Kulturen entstehen über das Schaffen von Mustern, Ordnungen oder Kontrollmechanismen (vgl. Geertz 1992, 70), um das Zusammenleben der Menschen in ihrer Umwelt zu ermöglichen, um einen Konsens zu schaffen, damit nicht jeden Tag von neuem zwischenmenschliches Verhalten in jedem Detail verhandelt werden muss. Einerseits wird der Mensch durch die Kultur, in der er lebt, »versklavt«. Er muss sich den Werten, Normen und Symbolen seiner Kultur anpassen, um dazugehören und sich ohne zu großen sozialen Stress verhalten zu können. Kultur ist ein von Menschen »selbstgesponnenes Bedeutungsgewebe«, in das diese zugleich »verstrickt« sind (vgl. Geertz 1983, 9). Andererseits ist Kultur ein dynamisches und prozesshaftes System, das der Mensch selbstständig verändert. Nichts muss so sein wie es ist, jederzeit kann man eine andere Position oder Perspektive einnehmen, sich verändern, seine Umwelt mitverändern, anders kommunizieren, sich anders kleiden etc.. Jeder Mensch hat mit seiner Geburt die Disposition, in jede Kultur hineinwachsen zu können. Zeitlebens behält er allerdings seine »kulturelle Brille« auf, und zwar aus dem kulturellen Umfeld, in dem er aufwächst. Wie unterschiedlich diese kulturellen Brillen sind, zeigt sich schon innerhalb Deutschlands, wenn man als Hamburger nach München ziehen muss oder als Kölner nach Flensburg – wie anders verhalten sich die Menschen, je nachdem, ob sie Rheinländer, Bayer oder Friesländer sind. Sprachlich zeigt sich dies an Vorurteilen, wie die Jecken, die Weißwurstesser oder die Fischköppe, mit denen versucht wird, das Andersartige auszugrenzen und das Eigene zu stärken (vgl. Kolhoff-Kahl 2005, 52).

Kultur ist ein Phänomen, in dem Handlungen permanent in Zeichen und Symbole übersetzt werden, die sich immer dann zu kulturellen Mustern ausbilden, wenn sie als relevant, ähnlich und wiederholbar von vielen Menschen erkannt und anerkannt werden. Daher befasst sich die Kulturanalyse mit Zeichen und Symbolen, wenn diese fremd im eigenen Kontext sind oder wenn sie aus unterschiedlichen Repräsentationssystemen stammen. Dahinter steht ein konstruktivistisches Verständnis von Realität, nämlich dass sie eine gemachte ist (vgl. Kap. 2.2), »in Symbolen verarbeitet und durch Symbole hergestellt wird, dass mit der kulturellen Konstruktion von Wirklichkeit immer auch ein potenzieller Kampf um die Durchsetzung von Bedeutungssystemen einhergeht. Repräsentationen können also Realität schaffen.« (Bachmann-Medick 2007, 36).

Kulturelle Wirklichkeiten beinhalten ein Netz von symbolischen Formen. Ernst Cassirer stellte schon 1944 heraus: »Er [der Mensch] lebt so sehr in sprachlichen Formen, in Kunstwerken, in mythischen Symbolen oder religiösen Riten, dass er nichts erfahren oder erblicken kann, außer durch Zwischenschalten dieser künstlichen Medien.« (Cassirer 1960, 39). Cassirer unterteilte Symbole in diskursive und präsentative. Erstere sind sprachliche Worte und Sätze mit grammatikalischen Strukturen und Zeichen, letztere eher Bilder, Musik oder Metaphern, die sich nur als Ganzes erschließen lassen und gerade im Bereich des ästhetischen Wahrnehmens eine wichtige Rolle spielen (vgl. Kap. 2.1). Um die Wirkung von kulturellen präsentativen Symbolen hinterfragen zu können und sie nicht einfach nur als »Normalität und Wahrheit« hinzunehmen, schlimmstenfalls als Klischee und Korsett zu erleben und sich nicht befreien zu können, muss sich die ästhetische Bildung der Aufgabe stellen, den Symbolbegriff pädagogisch in den Muster-Bildungsprozess zu integrieren. Symbole sind mehrdeutig, sind bedeutungsgeladen und spielen mit der Differenz von Begrifflichkeit und Unbegrifflichkeit (vgl. Mollenhauer 1991). Symbolisierungsprozesse sind in gewisser Weise Motoren für Musterbildungsprozesse, weil sie Dinge in neue ungewohnte Kontexte setzen und mit dieser Umwandlung Prozesse des Assoziierens und Denkens in Gang setzen. So wie die beiden Mädchen auf Bali durch eigenes Handeln erfuhren, wie unterschiedlich westliche Kleidung wirken kann oder mit kulturellen Bedeutungskontexten aufgeladen wird. In dem einen Kontext sind bauchfreie Tops aktuell und modisch, in einem anderen Kontext lösen sie Assoziationen von Prostitution aus. Jede Symbol- oder Musterbildung ist also kein direktes Abbild der Wirklichkeit, sondern ein kreativer Akt (vgl. Duncker 1999). Das Konzept der »Muster-Bildungen« setzt sich das Ziel, jungen Menschen Orientierung in kulturellen Kontexten zu geben, ihnen kulturelle Kompetenzen zu vermitteln, damit sie Kultur nicht als etwas Statisches, nicht Veränderbares ansehen, sondern als fortlaufende Transformation und Umwandlung, die immer neue Muster von Lebenskontexten hervorbringt, ein Gewebe von Bedeutungen und Symbolen.

Die Kulturwissenschaften beschäftigen sich mit der Welt symbolischer Formen und Handlungen, mit ihrem Wandel und ihrer Selbstorganisation. Und wie jedes kulturelle Muster mit seinen Symbolen einerseits ordnet, andererseits aber auch Konformitätsdruck erzeugt, sobald weitere Musterbildungen aus den verschiedensten Gründen, seien sie z.B. politisch, ökonomisch, religiös oder sozial motiviert, verhindert werden, so verhalten sich auch die Fragestellungen in den sich ablösenden »cultural turns«. Pierre Bourdieu hat eine passende Analogie zwischen kulturwissenschaftlichen Moden und Kleidermoden gezogen, indem er »Haute couture« mit »Haute culture« im Feld der kulturwissenschaftlichen Analysemethoden vergleicht. In dieser von Bourdieu herangezogenen Vorstellung von Modetheorie wird die Haute couture als tonangebendes Muster mit »Konservierungsstrategien« angesehen, die von den Nachrückern mit »Subversivstrategien« angegriffen werden. »Wenn der Minirock in Hintertupfingen angekommen ist, fängt alles wieder von vorne an.« (Bourdieu 1993, 191). Auch kulturwissenschaftliche Methoden- und Analysemuster können einen so starken Mainstream auslösen, dass lange Zeit bestimmte Fragestellungen das Forschen und Denken wie ein Musterkorsett einengen. Im Hinblick auf ästhetisch musterbildenden Unterricht möchte ich möglichst viele »cultural turns« fruchtbar werden lassen, um jungen Menschen die verschiedenen Analysezugänge aufzuzeigen und die jeweiligen Fähigkeiten, im Fachjargon wird von »literacy« oder Kompetenz gesprochen, zu vermitteln. Nur so kann eine fruchtbare Perspektivenunsicherheit erhalten bleiben, die auch blinde Flecke der Forschung oder traditionsbedingte Setzungen immer wieder aufdeckt.

Da es den Rahmen dieses Buches sprengen würde, die »cultural turns« ausführlich zu erläutern, werde ich versuchen, in einer Tabelle die Hauptmerkmale der »turns« herauszustellen. Dies ist eine reduzierende Musterordnung, die lediglich einen Einstieg in die Vielfalt der Zugänge bietet, aber vielleicht dennoch hilfreich ist, sich im Dickicht der kulturwissenschaftlichen Schulen so zurechtzufinden, dass die Leitfragen immer neue Perspektivenwechsel auf kulturelle Muster werfen. Beim Erstellen der Tabelle habe ich mich in erster Linie auf das gut lesbare und vorzüglich zusammengestellte Buch von Doris Bachmann-Medick »Cultural Turns, Neuorientierungen in der Kulturwissenschaft« (2007) bezogen. Die Neuorientierungen in der Kulturwissenschaft machen sich vor allem an Begriffen wie »Diskontinuität, Bruch, Schwelle, Grenze, Differenz...« fest, im Gegensatz zu traditionellen Kohärenzbegriffen wie »Autor, Werk, Einfluss, Tradition, Entwicklung, Identität, Mentalität, Geist« (Bachmann-Medick 2007, 19). Derart bieten die »cultural turns«, die sich nicht an Denktraditionen festklammern, sondern an systematischen, transformativen Leitvorstellungen orientieren, einen großen Fragenfundus für ästhetische Musterbildungen, die vor allem auch für nichteuropäische Theorie- und Kritikansätze anschlussfähig sind. Die jeweiligen Neuorientierungen, wenn sich ein »turn« ausbildet, entstehen durch eine gesteigerte Aufmerksamkeit für bisher unbemerkte, fremde kulturelle Muster, die verbinden, um noch einmal an Gregory Bateson zu erinnern (vgl. Kap. 2.1) und sie werden wirksam, wenn sie die Wahrnehmung von Wirklichkeiten verändern und damit operativ oder performativ werden. Die Kulturwissenschaften geben uns Werkzeuge und Methoden an die Hand, wirksam kulturelle Muster zu erforschen und zu analysieren, auch um ästhetisch-biografisch komplexer agieren zu können. Sie beeinflussen unsere Kultur- und Menschenbilder.

cultural turn **Kultur als…**	**Blinde Flecke** **»Was nicht gefragt wird…«**	**Leitwissenschaft** **Leitfragen**	**Körper-Kleid-Muster** **Beispiele**
Linguistic turn Kultur als Sprache Ziel: Linguistic literacy	Historische Akteure Konflikte Transgressionen Kulturelle Subversion Praxiszusammenhänge	Sprachphilosophie und Semiotik (Ferdinand de Saussure); das Bezeichnende, das Bezeichnete und das Zeichen machen Kultur aus. Kultur geht durch den Filter der Sprachlichkeit: »Mit Sprache werde keine von ihr unabhängige, darunter liegende Wirklichkeit beschrieben. Statt eines Instruments zur Beschreibung von Wirklichkeit sei Sprache vielmehr ein Instrument zur Konstitution von Wirklichkeit: Alle Erkenntnis des Realen ist in sprachlichen Aussagen formuliert; es gibt keine Realität, die nicht von Sprache durchzogen und die nicht schon sprachlich geprägt wäre.« (35) Sprachliche Codierungen sind immer schon den Absichten und Gefühlen der Handelnden vorgeordnet. Von der Sprache aus wird die Wirklichkeit strukturiert und Sprache selbst ist ebenfalls ein Zeichensystem von Repräsentationen und Differenzen. »Linguistic turn bedeutet: Einsicht in den sprachbegründeten Konstruktivismus von Realität.« (36)	Die Sprache der Mode (z.B. in Werbetexten zu Modefotografien) oder die Sprache des Körpers sind verankert in einem Zeichensystem. Es sind rhetorische Mittel innerhalb eines Zeichensystems, die einem strukturellen Zwang oder Muster unterworfen sind. »Wollen Sie andeuten, dass Sie dies tun, so tragen Sie jenes; Haben Sie dieses Jahr den modegerechten Kopf? Ja, wenn Sie ein kleines Gesicht mit feinen, ausgeprägten Zügen haben und ihre Kopfumfang nicht größer als 55 cm ist?« (vgl.: Roland Barthes: Die Sprache der Mode, 1985) Es geht um die Übernahme des Körpers in ein intelligibles Zeichensystem, das Aufgehen des Sinnlichen im Signifikanten. Die Sprache der Mode und des Körpers werden fokussiert auf Strukturen oder auf Zeichensysteme (langue), außen vor bleibt das Handeln, bzw. die Performanz (parole).

Interpretive turn Kultur als Text Ziel: Symbolic literacy Deutungsfähigkeit von Symbolen und Zeichen im kulturellen Kontext	Lesen der Kultur als Text statt in einen Dialog zu treten; Gefahr der Interpretationslyrik des Forschenden; Holistisches Kulturkonzept, welches ein Kultur- und Bedeutungsganzes unterstellt; Materielle Anteile von Kultur wie Geräusche, Gerüche, Stimmen etc. werden durch die Textmetapher ausgeblendet.	Amerikanische Kulturanthropologie (Clifford Geertz), basierend auf: Hermeneutik (Georg Gadamer), französischer Strukturalismus (Claude Lévi-Strauss), kultureller Relativismus (Franz Boas) Jede Gesellschaft bildet bestimmte Ausdrucksformen, mit denen sie sich selbst interpretiert, mit der aber auch ihre kulturellen Bedeutungsmuster interpretiert werden können. Der interpretive turn öffnet ein Fenster für das fremdkulturelle Verstehen: »Was wird aus dem Verstehen, wenn das Einfühlen entfällt?« (37) Wenn das Nachempfinden entfällt, weil man selbst nicht in die kulturellen Muster hineinsozialisiert wurde, dann können nur die sichtbaren kulturellen Zeichen, Symbole und Handlungen auf ihre Bedeutungen hin interpretiert werden. Praxiszusammenhänge und nicht Sprache-Wirklichkeitszusammenhänge wie beim linguistic turn stehen im Mittelpunkt. Es geht um Wissens- und Deutungssysteme, die kulturell kontextualisiert sind, um »Dichte Beschreibungen« (Clifford Geertz), die Beobachtungen zweiter Ordnung sind. Sie sind die Interpretationen der Interpretation.	Eine »dichte Beschreibung« von Körper-Kleid-Mustern bleibt nicht an der Oberfläche, sondern legt vielmehr durch eine Art Tiefenbohrung den verborgenen kulturellen Text frei. »Beschrieben wird also nicht das Ereignis als solches, sondern das in ihm Gesagte, sein Inhalt, seine in ihn eingeschriebenen Bedeutungen.« (69) Ökonomische, psychologische, soziale, ästhetische u.a. Interpretationsperspektiven werden herangezogen. Der Textbegriff als Metapher wird auf das hermeneutische Lesen von Ritualen, Kleidung, Festen oder Kunstwerken übertragen. So führte Joschka Fischer bei seiner Vereidigung als hessischer Minister mit seinem Kleidungsoutfit (= weiße Turnschuhe, Jeans und Jacket) für die 80er Jahre einen Aufsehen erregenden Bruch mit dem männlichen Politiker Kleidmuster (= dunkler Herrenanzug) einen neuen Bedeutungskontext ein. Er nutzt eben nicht nur ein anderes Zeichensystem, sondern interpretierte über die von ihm bewusst gewählte Körperlichkeit auch einen neuen Politikertyp. Objekte wie Kleidung werden hier zu Orten des historischen Gedächtnisses und wie Texte gelesen.

Performative turn Kultur als Darstellung/ Inszenierung Ziel: performative literacy	Zunehmende Auflösung von verlässlichen ritualen Prozessen, bedingt durch die Globalisierung Migrationskulturen, die sich im ständigen Verwerfen von kulturellen Mustern einrichten müssen	Sprechakttheorie (John L. Austin), Genderstudies, Medienwissenschaft, Ethnologie, Theaterwissenschaft Fokus ist nicht mehr der kulturelle Text, sondern die kulturelle Performanz: das Ritual, die Inszenierung, der Aufführungscharakter von Kultur – der Handlungs- und Ereignisbezug. Der interpretive und performative turn überschneiden sich an vielen Stellen und bringen interessante Mischformen an Fragestellungen hervor. Der Forscherblick wendet sich Alltagsritualen (Erving Goffman) und Ritualen als transformative Performanzen zu (Victor Turner), die vielfach das 3-Phasenschema von Trennungsriten, Schwellen- und Umwandlungsriten und (Wieder-)Angliederungsriten durchlaufen (Pubertät, Statusänderung, Stellenwechsel, Hochzeit, Schwangerschaft.) Es sind Grenz- oder Zwischenzustände, an denen sich neue Musterbildungen entzünden. »Kurzzeitig ergibt sich also in der Phase der Liminalität ein fruchtbarer Spielraum für eine ›analytische Zerlegung der Kultur in Faktoren‹, für eine kreative symbolische Umkehrung sozialer Eigenschaften oder gar für eine Dekonstruktion symbolischer Zuordnungen.« (117). Victor Turner versuchte, die Liminalität von Ritualen im Zeitalter der Globalisierung und Neurobiologie weiterzuentwickeln, um die blinden Flecke der eng gefassten ritualbezogenen Performanz zu bearbeiten.	Wie kann man mit Körper und Kleid Wirklichkeit in Szene setzen oder konstruieren? Wie führen wir Dialoge über Körperinszenierungen? Wie handeln wir mit kulturellen Widerstandsäußerungen? Die Body Art der 60er und 70er Jahre öffnet mit einem erweiterten Kunstbegriff ein Tor für die performative Wende. Die Jugendkulturen inszenieren ihre Körper als performativen Street Style und transformieren damit wiederum Moden. Der Streit um das Tragen von religiös motivierten Kopftüchern symbolisiert eine performative Auseinandersetzung zweier verschiedener kultureller Vorstellungen, die sich um die Veränderung von politisch und religiös anerkannten Mustern dreht. Dieser Transformationsprozess ist noch lange nicht durchgestanden, weder in der Türkei noch in Deutschland, sondern wird noch viele Zwischenräume durchlaufen. Theater, Kunst, Literatur oder Musik sind Bereiche, in denen sich die Zwischenräume der anti-strukturellen Handlungsfreiheit, der kreativen Musterbildungen und kulturellen Selbstinterpretationen leicht öffnen lassen. Auf der Ebene der Wahrnehmungs-, Beschreibungs- und Verstehensmuster findet eine Transgression statt: subversiv werden Muster oder herrschende Codes durchbrochen. (Beispiel Metrosexuelle, Transsexualität etc.)

Postcolonial turn Kultur als Machtdiskurs Ziel: transdifferent literacy	Widerstand und Unterdrückung werden nur auf diskursiver Ebene wahrgenommen; Hybridkonzept tendiert zur Romantisierung und könnte in großen Teilen der Wirklichkeit ein Utopiekonzept bleiben; Hybridkonzept muss weiter ausgearbeitet werden, um Globalisierungsprozesse und transkulturelle, mediale Beziehungen zu integrieren	Literaturwissenschaft, (Edward W. Said, Gayatri Chakravorty Spivak, Homi K. Bhabba), Dekonstruktivismus (Jacques Derrida) Der postcolonial turn ist seit den 80er Jahren eine diskurskritische Kulturtheorie, die eurozentrische Wissensordnungen/-muster und Repräsentationssysteme ins Visier nimmt. Sie betrachtet umfassend koloniale Strukturen, auch solche, die z.B. im kulturellen oder ökonomischen Gewand daher kommen. Es geht um die diskursprägende Gewalt hegemonialer Kulturen in Verbindung mit Ethnizität, Klasse und Geschlecht (aktiv/passiv; Kultur/Natur, männlich/weiblich). Es ist auch der Versuch, die zunehmende multikulturelle Durchdringung der westlichen Gesellschaften auf ihr Differenz- und Partizipationspotenzial zu überdenken. Systeme bestehen nur aus Differenzen. Es gibt keinen Ursprung, keine Wahrheiten von polaren Entgegensetzungen, sondern nur Wesensunterschiede - ein unendliches Spiel von Differenzen und Widersprüchen. Es geht um das »Re-Writing, Re-Mapping« von eurozentrischen Kanonmustern durch postkoloniale subalterne Subjekte, die so wieder sprach- und handlungsmächtig werden. Dezentrierte, transkulturelle, hybride Mischformen entstehen, nicht nur in der Literatur, sondern auch in anderen ästhetisch musterbildenden Bereichen (Kunst, Musik, Mode...). Allerdings werden die hybriden ästhetischen Mischformen von Migranten häufig durch Nationalismus, religiösen Fundamentalismus oder politische Feindbildkonstruktionen bedroht (Kulturen werden hier als abgeschottete Käfige oder Musterkorsetts verstanden). So musste der niederländische Filmregisseur Theo van Gogh sterben, weil er einen nackten Frauenkörper mit Koranzitaten filmisch inszenierte und damit die Gemüter religiöser Fundamentalisten erzürnte.	Wie artikulierten sich Menschen, die durch ökonomische, religiöse, militärische Übergriffe von eurozentrischen Mustern und Wissenssystemen kolonalisiert wurden? Europäische ästhetische Maßstäbe und Muster in Bezug auf Körper und Kleid werden fragwürdig angesichts außereuropäischer Allegorien, Formen von Ironie und Diskontinuitäten. Wenn eine gläubige, junge, gut ausgebildete Muslima, modebewusst ihr religiöses Kopftuch mit eng anliegender Kleidung kombiniert, wo verortet sie ihr Selbst? Oder wenn indische Migrantinnen sich in der neuen Heimat im Sari kleiden, um noch ein Rest Heimat auf dem Leib zu tragen und auf diese Weise kulturelle Identität und auch inneres Wohlbefinden wahren? Eurozentrische Kanonorientierung von Körperidealen und Moden werden in Frage gestellt und in der Differenz zur Selbstverortung postkolonialer Körpermuster neu austariert, wie z.B. beim Thema Nacktheit: Seit Jahrhunderten versuchten christliche Missionare, die »nackten Wilden« dazu zu bringen, sich zu bekleiden, weil Nacktheit nicht dem christlichen Schamgefühl entsprach. Unser heutiges Schamgefühl westlich modern gekleideter Frauen, wird nun in vielen Teilen der Welt als schamlos empfunden. Es ist ein kultureller Selbstbehauptungs- und Musterbildungsprozess, der unabgeschlossen in seinem Aushandeln oft widersprüchlicher Diskurse in einem Schwellenraum schwebt (»Third Space«) und ständig neu geschrieben und verortet werden muss.

Trans-lational turn Kultur als Übersetzung Kultur als Reise Ziel: Translative literacy	Übersetzung kann zur inflationären Metapher missbraucht werden und dann als Analysemethode sich selbst nutzlos machen. Der Erkenntnisgewinn in Bezug auf Kultur- und Menschenbilder muss bei der Übersetzungskategorie im Auge behalten werden.	Übersetzungswissenschaft, Literaturwissenschaft, Ethnographie, Kulturelle Zwischenräume, lebensweltliche Rückbindung (Anselm Haverkamp, James Clifford) »Übersetzung expandiert zu einer Leitperspektive für das Handeln in einer komplexen Lebenswelt, für jegliche Formen interkulturellen Kontakts, für Disziplinenverknüpfung und für eine methodisch geschärfte Komparatistik im Zeichen einer Neusicht des Kulturenvergleichs.« (239). Es geht nicht mehr um Texttreue, sondern um kulturelle Repräsentation, Transformation, Fremdheit, Alterität, Deplatzierung, kulturelle Differenz und Macht. »Übersetzung bedeutet damit umfassendere Übertragung fremder Denkweisen, Weltbilder und differenter Praktiken.« (243). Welche Rolle spielen Übersetzungserwartungen in Form von Fremdheitsentwürfen, Stereotypisierungen und Exotisierungen? »Übersetzung (…) ist die Agentur der Differenz.« (Haverkamp) und ohne zu übersetzen, können wir nicht überleben. Es geht nicht um die Polarisierung von Fremdem und Eigenem, sondern um die Zwischenräume, um die Grenzphänomene, um die Fruchtbarkeit der Außensicht und um die Veränderung eingefahrener Übersetzungsmuster, um ein dezentriertes Kulturverständnis (Binaritätskritik). Übersetzung im Sinne von Fremdrepräsentation kann immer nur Teilwahrheiten liefern. Wir befinden uns in der kulturellen Selbstauslegung in einem ständigen Übersetzungsprozess, der konstruktivistisch ist und in der Hirnforschung als »Autopoiese« bezeichnet wird.	Wenn wir versuchen, den Kimono mit unseren Worten zu beschreiben, dann gelingt uns das relativ leicht auf der Gestaltebene von Form, Farbe und Material. Versuchen wir aber die Bedeutung des Kimonos in seiner Vielfältigkeit in unser westliches Kleidverständnis zu übersetzen, dann geht es um das Transferieren von kulturellen Kontexten und Bedeutungszuschreibungen (Praxis, Interaktion, kulturelle Repräsentation), die eine ganz andere Übersetzungsfähigkeit erfordern als die auf der gestalterischen Ebene. Dann kann es **den** japanischen Kimono oder **die** Geisha gar nicht mehr geben, sondern nur die Bemühung uns fremde Kleidung zu übersetzen und die Differenzen hervorzuheben. Auch wenn durch »global icons« oder »labels« sich die Modemärkte auf der Welt angleichen, heißt das noch lange nicht, dass damit Übersetzungsleistungen überflüssig geworden wären. Im Gegenteil, es scheint sehr wichtig zu werden, hinsehen und analysieren zu können, wie eurozentrisch oder westlich geprägte Modemarken von anderen Kulturen übersetzt und bewertet werden. Dabei geht es nicht nur um das positiv besetzte Brückenbauen zwischen den Kulturen, sonders es geht auch darum, Brüche, Fehlübersetzungen, misslungene Übersetzungsversuche zu beleuchten. Übersetzung ist kein bloßer Transfer, sondern eine Überwindung von Widerständen und fortlaufende Verwandlung durch Überlagerung, die besonders für Migration kennzeichnend ist.

Spatial turn Topographical turn Material turn Kultur als geographische Wende, als Mapping Ziel: Spatial und material - mapping literacy	Im deutschen Forschungsraum existieren Vorbehalte gegenüber dem spatial turn, aufgrund der geopolitischen Politik des Nationalsozialismus. Die Gefahr besteht, dass die Hinwendung zur Materialität wieder einem festen territorialen Raumverständnis Vorschub leistet.	Kulturgeographie, Verortung von Kultur; Third space (= ein Raum mit außergewöhnlicher konzeptueller Offenheit, symbolisch, imaginierte Räume, Homi Bhabba). Anstelle von Zeit wird Raum zur zentralen Analysekategorie, zum Konstruktionsprinzip sozialen Verhaltens. »Nicht alles ist mehr Zeichen, Symbol oder Text, sondern eben auch Materie und Stoff.« (42). Grund hierfür ist die Aufhebung der Blockbildung (»Kalter Krieg«) in den 80er Jahren. Gleichzeitig findet durch die zunehmende Telekommunikation, die Informationsströme und die Transnationalisierung eine globale Enträumlichung und Entortung statt, bis hin zum global village. In »www« kann man sich von überall einloggen. Diese medialen Entortungsmuster geschehen parallel zu einem Wiedererstarken von Heimat, von Lokalität und Separatismus von Kulturen bis hin zu regionalen Konfliktprozessen durch Ghettoing oder Abschottung. Der spatial turn versteht Raum aber nicht als Heimat- und Traditionscontainer, sondern als kritisches Raumverständnis: Wie wird Raum sozial performiert? Wie können wir die eurozentrische binäre Kartierung von Welt in Zentrum und Peripherie kritisch hinterfragen? Es geht um die Aufladung von Räumen mit Einschreibungen, versteckten Hierarchien, deplatzierten Erfahrungen, Kontinuitätsbrüchen, die auf der bloßen Landkarte nicht zu sehen sind. Mit dem Verfahren des »Mapping«, werden physische Karten mit mentalen Karten des Wissens, kulturellen Repräsentationen symbolisch und subjektiv aufgeladen, um zu zeigen, dass Karten keine objektiven natürlichen Verhältnisse darstellen, sondern selbst schon symbolische Codierungen zum Ausdruck bringen.	Richard Sennett (1996) hat in einer Studie bei nordamerikanischen Jugendlichen in Innenstädten festgestellt, dass sie sich ein eingeengtes Lebensmuster selbst vorschreiben, um die mangelnden Chancen in einer angeblich so pluralen und viele Chancen versprechenden Lebenswelt des »American way of life« in einem »global village« aushalten zu können. Im Sinne des spatial turns gilt es, die Mikroperspektive der Raumwirkung, die die Jugendlichen über ihre Körper, Uniformierungen, Interaktionen, sozialen Beziehungen inszenieren, auf Machtverhaltnisse, Ghettos, Raum- und Menschenbild hin zu reflektieren. Solche Fähigkeiten der methodischen Analyse von Raumreflexion verhelfen Spannungsräume zu erkennen, Hegemonieansprüche herauszulösen, fundamentalistischen Strömungen frühzeitig zu begegnen. Ein Beispiel sind auch die rechtsorientierten Jugendgruppen Ostdeutschlands, die durch räumliche Besetzungen in manchen Dörfern sowie durch uniformiertes Gruppenauftreten ganze Straßenzüge und Plätze für ihre Machtansprüche besetzen. Ganz anders agieren die über die Welt verstreuten Migranten- oder Exilgruppen: »Displacement« ist hier die leitende Kategoriebeschreibung für ihr Verhalten. Das neue kulturanalytische Vokabular des spatial turn umfasst Begriffe wie: Marginalität, Ränder, Grenze, »Location«, Deterritorialisierung, Zentrum-Peripherie, »Mapping«, »Displacement«.

<table>
<tr>
<td>Iconic/ pictorial turn

Visual turn

Kultur als Bild

Ziel:
Visual literacy
Media(l) literacy</td>
<td>Bilderstreits - Bildverbote - Bilderkriege - sind zur Zeit noch nicht zu einer kritischen Bildpolitik ausgereift.

Ausblendung des Akustischen, Anstoß zu einem audio-visual turn oder »Hearing cultures«

Ausblendung des Tastsinns, Überbewertung des Sehsinns</td>
<td>Kunstgeschichte, Medientheorie, Bildwissenschaft, pictorial turn (J.T. Mitchell 1992); iconic turn (Gottfried Boehm 1994) - Allgemeine Bildwissenschaft, die sich vom linguistic turn abheben will.
Kritik an der Bildgläubigkeit, Zweifel an authentischen Abbildern: Welche Fähigkeit haben Bilder und andere visuelle Erfahrungen, um Wissen und Erkenntnis überhaupt erst zu formen? Die problematische Medienpräsenz des Golfkrieges (1990-91) mit seiner Bildpolitik, Bildinszenierung und Bildzensur hat nicht unerheblich diesen turn angestoßen. »Statt um Erkennen von Bildern geht es immer mehr um Erkennen durch Bilder und Visualität; statt darum, Bilder zu verstehen, geht es eher darum, die Welt in Bildern sowie durch spezifische Kulturen des Sehens und des Blicks zu verstehen?« (42) Pictorial und iconic turn bereiten den Boden für den umfassenden visual turn, »der sich auf visuelle Praktiken und Medien der Wahrnehmung wie Aufmerksamkeit, Erinnerung, Sehen, Beobachtung ebenso ausdehnt wie auf Kulturen des Blicks.« (330). Es ist das Bestreben, die zunehmende Flut der Bilder durch kritische Bildanalysen in den Griff zu bekommen. »Ein ›Bild‹ ist mehr als ein Produkt von Wahrnehmung. Es entsteht als das Resultat einer persönlichen und kollektiven Symbolisierung. Alles, was in den Blick vor das innere Auge tritt, lässt sich auf diese Weise zu einem Bild klären oder in ein Bild verwandeln.« (Belting 335). Eine komplexe Bildanalyse umfasst, die Bilderzeugung im sozialen Raum - Medien verkörpern Bilder, die Aktivität der sinnlichen Wahrnehmung, die Produktion der inneren Bilder.</td>
<td>»Wie sieht ein Taliban aus?« Stellt man diese Frage einem »normalen« westliche Nachrichten sehenden Menschen, so wird man vermutlich folgende Antwort erhalten: »Turban, Vollbart, Hemd, weite Hose und Kalaschnikow in der Hand.« Ein durch Medien erzeugtes musterndes Bild, das sich in unsere Körper und unser Denken einschreibt, genauso wie die Bilder des scheinbar einem Feuerwerk gleichenden, unblutigen Golfkrieges. Mit Hilfe dieser Bilder denken und fühlen wir, genauso wie wir dies mit Texten tun.
Es macht einen großen Unterschied, welche Art von Bildern durch die Medien an uns gelangen, oder welche kulturellen Muster über Bilder transportiert werden und sich in uns einschreiben. Ein großes Repertoire von Bildern aus unterschiedlichsten Kontexten lädt zum Vergleichen und in Frage stellen von impliziten Bildmustern ein und erhöht die visual und medial literacy.
Leitfragen einer visuellen Rhetorik lassen sich folgendermaßen formulieren: »Welche Wirkungsmacht geht von Bildern aus? Welche Überzeugungskraft haben Bilder in einer durch Medien bestimmten Wirklichkeit? Reproduziert sich kulturelles Wissen in Bildern? Mit welchen Gender- und Machthierarchien sind Bilder verknüpft? Existiert ein globales Bilderwissen?« (354) und weiter »Welche Rolle spielen Bilder für die Inszenierung und Aufführung menschlichen Handelns (…)?« (358) Hier bahnt sich eine Verknüpfung von visual und performative turn an.</td>
</tr>
</table>

<table>
<tr><td></td><td></td><td>Weil der visual turn die Fragen an ästhetische Musterbildungen (Blickmuster oder Methoden der Bildanalysen) erheblich bereichern kann, wird in Kapitel 4.3. noch einmal dezidiert auf die unterschiedlichen Zugangsweisen der Kunstgeschichte, Medienwissenschaft und Bildwissenschaft in tabellarischer Form eingegangen.</td><td>Der visual turn fokussiert visuelle Wahrnehmungskategorien und -prozesse wie Aufmerksamkeit, Beobachtung und Blick.</td></tr>
<tr><td colspan="4">Neben diesen hier vorgestellten turns entwickeln sich zur Zeit weitere Forschungsperspektiven, die jeweils andere Aspekte von kulturellen Phänomenen »mustern« und damit zu neuen Blicken und Denkweisen anregen: neuronal turn (Kultur als innere Kopfbilder), social turn (Kultur als soziale Praxis), biographical turn (Kultur als Biografie), gender turn (Kultur als Geschlechterdifferenz), emotional turn (Kultur als Gefühl), economical turn (Kultur als Wirtschaft)... Durchgängig ist bei den cultural turns festzustellen, dass sich die Forschungsmethoden rund um den Kulturbegriff von Seinsbehauptungen zu prozessbetonten Sichtweisen gewandelt haben. »Grundlegend ist ebenfalls die Hinwendung zu sozialen Handlungs- und Wirklichkeitsbezügen sowie zu interkulturellen Grenzüberschreitungen, welche die Kulturwissenschaft nach dem linguistic turn bewegt. (...) Diese Ablehnung von Polarisierungen zugunsten von Überlappungs- und Übersetzungsverhältnissen zieht sich quer durch alle turns und Disziplinen.« (383).</td></tr>
</table>

Bis auf Spalte vier: alle Zitate aus Bachmann-Medik 2007

Die vorgestellten »turns« sind nicht jeweils völlig neu, sondern anschlussfähig an vorangegangene Forschungsmuster. Auch in der Kulturwissenschaft formen sich wissenschaftliche Leitfragen wie Muster an Muster, basieren aufeinander und ergänzen sich. Durch Wiederbelebung ergeben sich neue Wendungen und Denkweisen.

Für Musterbildungen sind die jeweiligen Blickwinkel und Ausdifferenzierungen der »cultural turns«, bei der Reflexion, Übersetzungsarbeit und Gestaltung von kulturellen Mustern ein kritischer wissenschaftlicher Denkanstoß, um sich der blinden Flecke und vor allem der eigenen kulturellen Brille beim Wahrnehmen von Mustern bewusst zu sein. Wie häufig verstricken wir uns, wenn ungewohnte kulturelle Bilder oder Handlungen, soziale Praktiken oder Rituale herangezogen werden, um das »normale« Muster zu vergleichen und zu lockern. Dann »googlen« Studierende beim Thema Haut ungewöhnliche Bilder von Hautveränderungen aus für uns exotischen Kulturgruppen und nach ein paar kurzen, meist oberflächlichen Bildperzepten geraten die Seminarteilnehmer an ihre Grenzen, bleiben in vorurteilenden Alltagsmustern von Menschenbildern stecken und spüren, dass dies wohl kaum ein kulturwissenschaftliches Herangehen ist, welches sie pädagogisch sinnvoll im Unterricht einsetzen können. Es fehlen die begründeten Forschungsperspektiven, -methoden und Kompetenzen aus den Kulturwissenschaften, die ein unverzichtbarer Baustein eines jeden ästhetisch musterbildenden Unterrichts sind. Sie sollten Teil jeder Lehrerausbildung für ästhetische Bildung sein, um an der kulturellen Differenz und den Überlappungen geschulte, sich wandelnde Menschenbilder und Kulturbilder denken und performativ in ihnen handeln zu können.

In den folgenden Kapiteln greife ich einige der in den »cultural turns« formulierten Fragestellungen heraus, die ich für ergiebig für ästhetische Musterbildungen halte und ergänze sie um Aspekte, die in der Tabelle zur kurz gekommen sind.

4.1 Kulturelles Gedächtnis

»Geschichte ist das Muster, das man hinterher in das Chaos webt.«
(Carlo Levi)

»Wer alle Dinge erinnert, vergisst die Ordnung der Welt.« (Lachmann 1991, 122), weil er wie eine Maschine sämtliche Daten, Ereignisse und Dinge speichern würde, ohne ihnen Bedeutung zu verleihen, ohne auszuwählen, ohne Muster zu bilden. Es wäre ein unbewohntes Gedächtnis oder ein sich immer weiter schichtendes Lager, ohne Ordnung und Orientierung. Erst wenn der Mensch selbst erinnert, schafft er innere Muster, die gleichzeitig kulturell geprägt sind.

Seitdem sich unsere technischen Möglichkeiten der kulturellen Speicherung einerseits immens erweitert haben, andererseits aber auch unter dem Problem leiden, immer schwieriger konservierbar zu sein, leben wir in einer Welt, wo wir unser kollektives Sprach-, Bild- und Körpergedächtnis in der Euphorie der digitalen Speichermedien kaum noch zu bewältigen vermögen (Reck 1999, 46ff). Am Beispiel der Veränderung von der analogen zur digitalen Fotografie ist zu erkennen, wie wir auf einmal in der Lage sind, beliebig viele Fotos auf unseren Computern zu speichern oder im Internet mit allen positiven und negativen Konsequenzen frei verfügbar zu machen. Im Vergleich zu früher haben viele Familien riesige digitale Bildarchive, die aber nur selten gemeinsam angeschaut werden, um eine kollektive Familiengeschichte zu erzählen. »Dia«-Abende finden seltener statt, denn kaum jemand hält es aus, wenn 200-300 digital »geschossene« Fotos hintereinander an die Wand gebeamt werden und dafür Aufmerksamkeit aufgebracht werden muss. Die Masse der digitalen Familienfotos erschweren das Auswählen, welches eigentlich so bedeutsam für Musterbildungen oder ein verbindendes kollektives Gedächtnis ist. Wenn wir unsere mentalen Repräsentationen ordnen wollen, sind wir gezwungen auszuwählen. Mit jedem Erinnern ist auch Vergessen verbunden. Alles zu bewahren, führt ins Chaos, es sind die gelungenen, sich langsam verändernden Muster, die uns Menschen eine kulturelle und individuelle Kohärenz geben. Die Fotoalben, die man in die Hand nehmen kann und in denen man blättert, sind erstarrte Muster von Wirklichkeitserinnerungen, die erst beim Betrachten und gemeinsamen Erzählen wieder lebendig werden und damit auch das kollektive Gedächtnis weitererzählen, bilden oder verkörpern.

In den Kapiteln 2.3 und 3 wurde schon mehrfach auf das autobiografische Episodengedächtnis des Einzelnen verwiesen, wie Wahrnehmung verarbeitet wird und das Erinnern ein ständiges Neuinterpretieren von vorangegangen ästhetischen Mustern ist. Diese ästhetischen Muster sind die Aufmerksamkeit auf das, was ein Mensch in seinem Leben für relevant, passungsfähig und sinnvoll hält.

Nun soll in Kapitel 4 die Verbindung hergestellt werden zwischen den individuellen Gedächtnismustern und der Verflochtenheit mit dem kollektiven oder sozialen Gedächtnis, insbesondere dem kulturellen Gedächtnis, weil dieses für die ästhetische Bildung eine große Bedeutung spielt. Es umfasst unsere Museen, Archive, Bibliotheken, Internet, kurzum alles, wo wir Sprache, Bilder, Dinge, Filme etc., alle kulturellen Repräsentationen speichern und aufbewahren, die von uns als bedeutungsvoll für die Erinnerung gehalten werden. Es ist ein Teil unserer Geschichte, welchen wir durch wiederholtes Hinsehen und Handeln lebendig halten. Im Konzept der Muster-Bildungen spielt dieses kulturelle Gedächtnis einen wichtigen Motor um zu vergleichen, sich neu zu verorten, um subversiv Ideologien aufzuspüren oder kreativ zu werden, um nicht in festgefahrenen Musterspuren zu verhaften.

Demokratisch orientierte Regierungen öffnen ihre kulturellen Speicher, seien es Museen, Internet oder Bibliotheken, als öffentlichen Gemeinbesitz, der individuell genutzt und gedeutet werden kann, wohingegen antiliberale und totalitär orientierte Regierungen mit hohem Aufwand die Erinnerungsmöglichkeiten zensieren und nur bestimmte, ihnen gemäße Denk- und Handlungsmuster zulassen.

Archiv kommt vom griechischen Wort »arché«, was nicht nur »Anfang, Ursprung«, sondern auch »Herrschaft, Behörde und Amtsstelle« bedeutet (vgl. Assmann 1999, 343). Über die Konservierung, Aufnahme und Zugänglichkeit von kulturellen Archiven können Staaten ein erhebliches Maß an Macht und Kontrolle ausüben, wenn nur bestimmte Geschichtsbilder vermittelt oder nur ein Kunststil, Kleidungsstil oder Lebensstil zugelassen werden. Den Menschen in solchen Staaten oder Gemeinschaften ist es verwehrt, sich eigenständig im kollektiven Gedächtnis zu bewegen und anregen zu lassen. Kreative neue Musterbildungen oder Witz und Humor gelten in totalitären Regimen als Bedrohung, deswegen werden auch Erinnerungsräume, aus Zeichen und Symbolen bestehende Bedeutungsgewebe, aus der eigenen Geschichte und denen anderer Kulturen strengstens auf ihre Tauglichkeit für die eigenen Interessen gemustert. Den Menschen selbst wird nur die Illusion von Alternativen angeboten. Watzlawick (2007, 84-85) gibt ein eindrückliches Beispiel für enge ideologische Denk- und Handlungsmuster im Bereich von politischen Slogans. »Nationalsozialismus oder bolschewistisches Chaos?« scheint zunächst eine Alternative gewesen zu sein, als ob man sich für den guten Nationalsozialismus entscheiden könne, doch beide zählen zu diktatorischen, totalitären Systemen. Es ist als hätte man die Alternative zwischen Kartoffeln und Erdäpfeln, womit ein mutiger Mensch diesen Slogan witzig kommentierte und zeigte, dass die wirkliche Alterna-

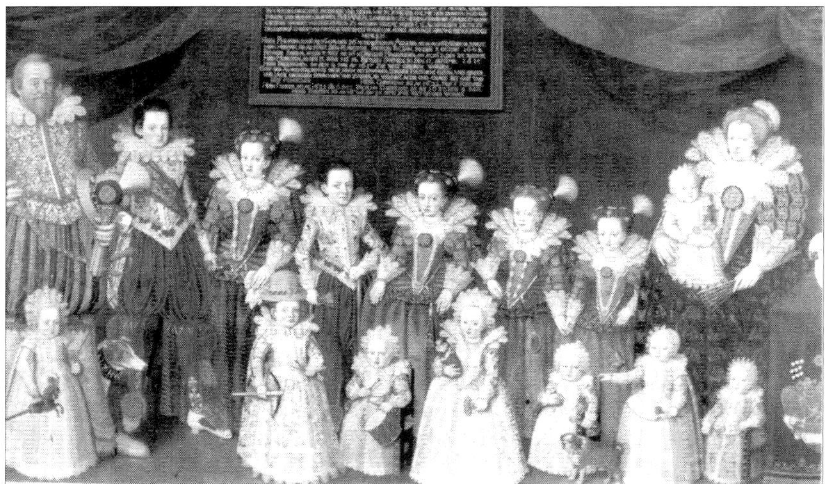

Abb. 12: Erich August: Landgraf Moritz von Hessen und seine 2. Gemahlin Juliane von Nassau und seine 14 Kinder (1618)

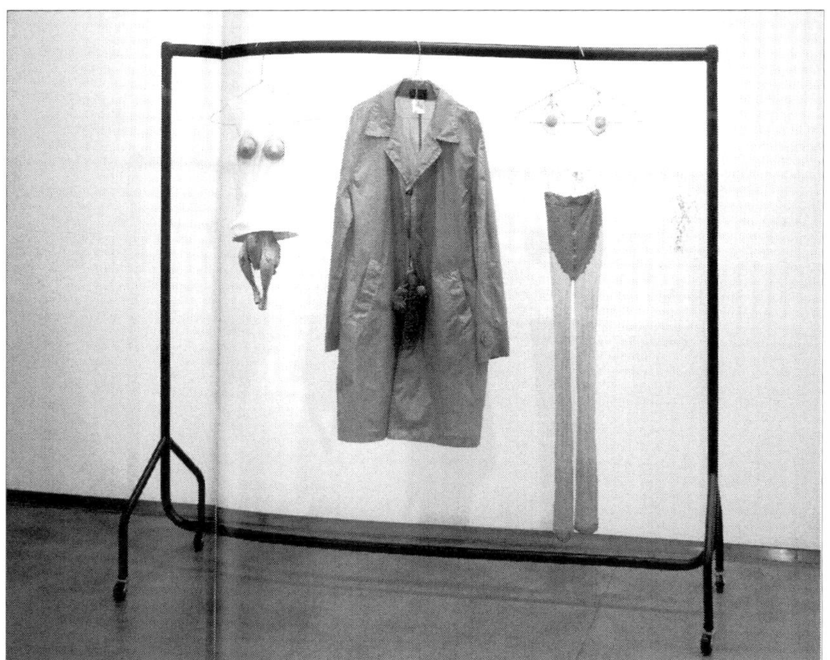

Abb. 13: Sarah Lucas: Happy Families (1999)

tive Demokratie bedeuten könne oder auch Denkfreiheit statt Gängelung auf bestimmte politische Muster. An der Reaktion der Gestapo, die diesen Menschen verfolgte, zeigt sich, wie Musterbildungen, die sich auf Alternativen und übergeordneten Gegensätzen berufen, dynamisch wirken und Veränderung hervorrufen, die nicht immer von allen gewünscht werden.

Musterbildungen im kollektiven Gedächtnis sind ein fortwährendes Erinnern und Vergessen oder Aufmerksamkeit erzeugen, für das ästhetisch, politisch, ökonomisch oder auch sozial Verbindende und gleichzeitig der sich daraus ergebenden blinden Flecken. Um im ästhetisch bildenden Unterricht rege Musterbildungen auszulösen, ist ein Wissen um kollektive bzw. kulturelle Gedächtnisspeicher geradezu eine notwendige Voraussetzung, nicht nur um Ideologien achtsam wahrzunehmen, sondern auch um Welt- und Menschenbilder, Bildwelten, kurzum unsere Bilder- und Wissensflut so mustern und vergleichen zu können, dass wir menschenwürdig miteinander leben. Wir müssen uns davor hüten, universalistische und rigide Musternormen zu entwickeln und lernen, uns ständig in verändernden Mustern einzurichten, diese mitzugestalten und zu reflektieren (vgl. »interpretive turn«, »reflexive turn« Kap. 4).

Den Begriff des »kollektiven Gedächtnisses« (1925) hat Maurice Halbwachs in den zwanziger Jahren des letzten Jahrhunderts eingeführt, als er versuchte herauszufinden, wie Vergangenheit in Kulturen entsteht, wie wir an der Geschichtsbildung beteiligt sind und wie Kulturen einen »Wir-Begriff« entwickeln (vgl. Welzer 2001, 14). Dabei grenzt Maurice Halbwachs das kollektive Gedächtnis der Erinnerung von der Geschichtswissenschaft ab. Gedächtnistheorien wie die von Halbwachs, Nietzsche oder auch Markowitsch/Welzer haben gemeinsam, dass sie den konstruktivistischen, identitätssichernden Charakter der Erinnerung betonen, und affirmieren deren Recht gegenüber einer objektiven und neutralen historischen Geschichtswissenschaft (vgl. Assmann 2006, 133).

Das kollektive Gedächtnis ist niemals universal, sondern immer zeitlich und räumlich begrenzt und die historische Welt ist nach Halbwachs ein Meer, in das all die kollektiven Erinnerungen münden (vgl. Halbwachs 1985, 72). »Es gibt heute viele Studien darüber, wie sich Gruppen von Menschen an ein vergangenes Ereignis erinnern, das entweder im Laufe ihres Lebens geschehen oder in lokalen oder nationalen Traditionen verkörpert ist – und oft genug manipuliert oder erfunden ist.« (Jahoda 2001, 260). Außerdem gibt es viele Phänomene kollektiver Erinnerung, die uns kulturell eingeschrieben sind und über lange Zeiträume erhalten bleiben, wofür sich schon Aby Warburg (vgl. Kap. 4.3), ein Zeitgenosse Halbwachs, interessierte, als er versuchte mit dem Begriff des »sozialen Gedächtnisses« eine interdisziplinäre Kunstwissenschaft zu begründen (vgl. Koos 1994). Auch Warburg ging es darum herauszufinden, wie menschliche Erzeugnisse, seien es Wandteppiche, Historienmalereien oder Briefmarken, ein Ausdruck von Erinnerung sind, die Symbole aus der Vergangenheit in die Gegenwart transportieren. Diese kulturell aufbewahrten Zeugnisse speichern kollektive Muster oder soziale Bedeutungsschichten, die wir immer wieder neu interpretieren und uns somit im kollektiven oder sozialen Gedächtnis einklinken und es weiter tragen. Es ist erstaunlich, wie manche Bilder so tief in uns verankert sind, dass sie sich über Jahrhunderte im kollektiven Gedächtnis halten, vor allem die Bilder vom »Anderen«, wie z.B. des »Schwarzen«, »Negers« sind sehr resistent für Veränderungen (vgl. Kap. 4.2). Trotz aller politischen und sozialen Bemühungen um Antidiskriminierung sind sie immer noch jederzeit in unseren Köpfen abrufbar.

Jan und Aleida Assmann haben das Konzept des kollektiven Gedächtnisses ausdifferenziert, um aufzuzeigen, wie unsere sich wandelnden Erinnerungsräume oder mit den Worten dieses Buches unsere Musterbildungsprozesse im Gedächtnis ablaufen und sich kollektiven Bildern nicht entziehen können und wo Chancen für Differenzen, Veränderungen und Kreativität bestehen (vgl. Tabelle).

Jan Assmann (1988) unterscheidet zwischen einem kulturellen und einem kommunikativen Gedächtnis, deren Unterscheidungen in der Tabelle aufgelistet sind. Aleida Assmann liefert mit der Unterscheidung eines entkörperten unbewohnten Speichergedächtnisses und eines verkörperten bewohnten Funktionsgedächtnisses (1999, 133ff) gerade für den ästhetisch bildenden Unterricht ein Theoriekonzept des kollektiven Gedächtnisses, welches ästhetische Musterbildungen sinnvoll um kulturwissenschaftliche Perspektiven erweitert (siehe nebenstehende Tabelle).

Das Speichergedächtnis fungiert demnach wie eine amorphe Masse all der Erinnerungen, die das Funktionsgedächtnis umgeben und die gerade als nicht sinnstiftend von den Individuen einer Gruppe aufgerufen werden. Aleida Assmann vergleicht auch Speicher- und Funktionsgedächtnis mit Vorder- und Hintergrund. Vorne, da wo wir gerade unsere Lebensgeschichte gestalten, beziehen wir uns immer auf die Symbole, Bedeutungen und Dinge aus unserem kulturellen Gedächtnis, die gerade passungsfähig für unseren Handlungskontext sind. Das Funktionsgedächtnis »legitimiert« z.B. Herrschaftsmuster oder Familienmuster, Wohnmuster oder Körpermuster und schreibt sie solange fest, bis subversive inoffizielle Gegengedächtnisse hervorgetrieben werden, die mächtige Musterfestschreibungen »delegitimieren« und so wieder neue andere Muster kreieren, denn im Alltag ist es nie möglich, alle Alternativen gleichzeitig zu leben. Wir müssen uns entscheiden, welche Optionen wir wählen und mit dieser Selektion vergessen wir die anderen Möglichkeiten, die aber, nichtsdestotrotz, größtenteils irgendwo in unseren kulturellen Archiven schlummern. Und

<table>
<tr><td>Maurice Halbwachs (1925)

Aby Warburg 1924-1929</td><td colspan="2">Kollektives Gedächtnis:
Wie entsteht Vergangenheit? Erinnern und Vergessen bilden Vergangenheitsmuster.

Soziales Gedächtnis: interdisziplinäre Fragestellung, wie Künstler und Handwerker Zeichen und Symbole aus der Vergangenheit in die Gegenwart tragen (Mnemosyne-Atlas – Erinnerungs-Atlas)</td></tr>
<tr><td>Jan Assmann 1988</td><td>Kulturelles Gedächtnis
alltagsfern, transzendiert unseren Alltag;
geformt durch Schrift, Bilder und Riten;
organisiert durch Zeremonien und Spezialisierung von Erinnerungsexperten;
verbindlich als normativer Anspruch;
kultureller Wissensvorrat und Symbolhaushalt;
Wir-Identität</td><td>Kommunikatives Gedächtnis
unspezialisiert, unorganisiert, thematisch nicht festgelegt, Alltagsnähe;
interaktiv wird das Vergangene von den Individuen in einer Gruppe thematisiert;
Kurzzeitgedächtnis der Gesellschaft, umfasst ungefähr 80 Jahre und ist abhängig von den Menschen, die ihre Erfahrung kommunizieren.</td></tr>
<tr><td>Aleida Assmann 1999, 133</td><td>Speichergedächtnis
Entkörpertes oder unbewohntes Gedächtnis

»- ist losgelöst von einem spezifischen Träger
- trennt radikal Vergangenheit von Gegenwart ab
- interessiert sich für alles; alles ist gleich wichtig
- ermittelt Wahrheit und suspendiert dabei Werte und Normen.«

Historische Wissenschaften, Gedächtnis der Gedächtnisse, vitaler Bezug zur Gegenwart existiert nicht, amorphe Masse

Kulturelle Archive: Museen, Bibliotheken, Internet, Archive, Filme, Videos, etc.</td><td>Funktionsgedächtnis
Verkörpertes oder bewohntes Gedächtnis

»- ist verbunden mit einem Träger, der eine Gruppe, eine Institution oder ein Individuum sein kann
- schlägt eine Brücke über Vergangenheit, Gegenwart und Zukunft,
- verfährt selektiv, indem es dieses erinnert und jenes vergißt,
- vermittelt Werte, aus denen sich ein Identitätsprofil und Handlungsnormen ergeben.«

Gruppenbezug, Selektivität, Wertbindung und Zukunftsorientierung

Sprachliches Funktionsgedächtnis
Körperliches Funktionsgedächtnis</td></tr>
</table>

nicht zuletzt sorgt das Funktionsgedächtnis für die Distinktion oder die Profilierung einer kollektiven Identität über ihre symbolischen Äußerungen, hierzu zählen z.B. auch Feste, Feiern und Rituale, Trachten oder Uniformen. Man kann hier auch Parallelen zu Pierre Bourdieus »Habitus« ziehen. In seinem Buch »Die feinen Unterschiede« (1985) umschreibt er mit Habitus den Lebensstil, den Menschen pflegen, je nachdem, in welcher sozialen Klasse sie groß geworden sind. »Der Habitus ist ein System von Grenzen.« (Bourdieu 2005, 33) oder anders formuliert, innerhalb der Grenzen des Funktionsgedächtnisses kann ein Mensch durchaus erfinderisch werden, aber er wird sich doch immer innerhalb des kollektiven Gedächtnisses seines klassenspezifischen Umgangs bewegen. Der Mini-Rock ist eine Erfindung der »Swinging Sixties«, ein barocker Reifrock wäre in dieser Zeit einfach nicht entstanden. Oder mit Bourdieu gesprochen: »Wer z.B. über einen kleinbürgerlichen Habitus verfügt, der hat eben auch, wie Marx einmal sagte, Grenzen seines Hirns, die er nicht überschreiten kann. Deshalb sind für ihn bestimmte Dinge einfach undenkbar, unmöglich; es gibt Sachen, die ihn aufbringen oder schockieren. Aber innerhalb dieser seiner Grenzen ist er durchaus erfinderisch, sind seine Reaktionen keineswegs immer schon im voraus bekannt.« (Bourdieu 2005, 33). So können sich Menschen dem Funktionsgedächtnis ihrer Kultur nicht entziehen, sondern entwickeln Habitusmuster gerade in der Distinktion aus, wobei sich ständig neue Muster herausbilden. »Dem Spiel der Kultur und Bildung entrinnt keiner.« (Bourdieu 1985, 32). Der Habitus, je festgezurrter er ist, macht es oft auch so schwer möglich, dass Menschen, falls sie über ökonomisches Kapital verfügen, es in soziales oder kulturelles Kapital umwandeln können. Auch wenn ich plötzlich Millionär würde, könnte ich mir damit noch lange keine Bildung kaufen oder meine ästhetischen Alltagsmuster verlassen. Ziel von Musterbildungen ist, Habitus oder Werte und Normen der kulturellen Funktionsgedächtnisse bewusst zu machen, zu zeigen, dass habituelle Muster des Agierens zwischen Individualismus und Determinismus liegen.

Je weniger Zugang die Menschen zu ihrem kollektiven Speichergedächtnis haben, man könnte auch sagen, je weniger Musterbildungen in ihrer Sozialisation möglich waren, desto geringer sind auch die Möglichkeiten von individuellen Handlungs-, Denk- und Gefühlsmustern der Gegenwart. Je dicker die Mauer gezogen oder je enger die Filter auf unsere kulturellen Hintergrundarchive sind, desto eingeschränkter und beengender werden die Funktionsgedächtnisse oder leiden an »Gedächtniserstarrung«.

> »Das kulturelle Funktionsgedächtnis ist an ein Subjekt gebunden, das sich als dessen Träger oder Zurechnungssubjekt versteht. Kollektive Handlungssubjekte wie Staaten oder Nationen konstituieren sich über ein Funktions-Gedächtnis, in dem sie sich eine bestimmte Vergangenheitskonstruktion

zurechtlegen. Das Speichergedächtnis dagegen fundiert keine Identität. Seine nicht minder wesentliche Funktion besteht darin, mehr und anderes zu enthalten, als es das Funktionsgedächtnis zulässt. Für dieses nicht begrenzbare Archiv mit seiner ständig sich vermehrenden Masse von Daten, Informationen, Dokumenten, Erinnerungen gibt es kein Subjekt mehr, dem sie sich noch zuordnen ließe, allenfalls könnte man hier noch von einem gänzlich abstrakten ›Menschheitsgedächtnis‹ sprechen.« (Assmann 1999, 137).

Das Speichergedächtnis ist ein latentes Reservoir an ungebrauchten Möglichkeiten, Alternativen, Widersprüchen, Relativierungen und kritischen Einsprüchen und findet sich in der Kunst, Literatur, der Wissenschaft, dem Archiv oder in Museen. Dabei ist die »Tradition« einer Kultur schon als ein bewusstes und willentliches Gedächtnismuster angelegt und sortiert. Jedes Museum enthält eine Auswahl an Zeugnissen einer Kultur, ist ein fokussierendes und konzentrierendes Erinnern und somit eine soziale Sinnkonstruktion. Innerhalb des Speichergedächtnisses ist eine Art Funktionsgedächtnis eingelagert, welches mit dem Namen »kulturelles Erbe« bezeichnet wird und versucht, wichtige materielle und immaterielle Kulturrepräsentationen vor Natur- oder Kulturkatastrophen zu schützen, damit sie nicht dem Vergessen preisgegeben werden. Zuletzt gibt es noch die »Überreste« in der Gedächtnisschicht, die nicht archiviert oder sortiert sind, und die dennoch Spuren hinterlassen, die besonders von den »oral history«-Forschern fokussiert werden (vgl. Niethammer in Assmann 1999, 141). Es sind keine Auslagerungen, sondern Ablagerungen von unbrauchbar Gewordenem, achtlos Aufgegebenem. Aleida Assmann bezeichnet sie auch als Kulturschutt und Abfall, der in der Kunst in der Strategie der Spurensuche seinen Niederschlag gefunden hat. »Die erinnernde Hinwendung zum Abfall und Vergessen ist nicht unplausibel in einer Kultur, die seit der Neuzeit programmatisch auf Innovation gesetzt und damit die Mülleimer der Geschichte bis an den Rand gefüllt hat.« (Assmann 1999, 411).

Seitdem Menschen Schrift und Bild als körperexterne Speichermedien erfunden haben, besteht eine tendenziell unbeschränkte Akkumulation von Informationen in unseren kulturellen Archiven. »Die Möglichkeit, mehr niederzuschreiben, als das menschliche Gedächtnis behalten kann, hat zu einer Durchbrechung des Gleichgewichts im Haushalt des kulturellen Gedächtnisses geführt.« (Assmann 1999, 408). Die Diskrepanz zwischen verkörpertem-bewohnten Funktionsgedächtnis sowie unbewohntem Speichergedächtnis wird immer größer. So werden unsere kulturellen Speicherarchive heute eine nie endende Rotation von Dingen, Texten, Bildern und Dokumenten beinhalten, die Muster an Muster bilden und immer wenn wir uns an etwas aus dem Archiv erinnern, dann schöpfen wir erinnernd etwas Neues. Dabei können wir auf eher normative Archive des Funktionsgedächtnisses wie auf die Wissensarchive des Speichergedächtnisses zurückgreifen. Letztere sind heute in die Hände von Spezialisten übergegangen und je nachdem kann man diesen »Wissensspeicher als Datenfriedhof oder als Beweismaterial für eine andere Wirklichkeit sehen« (Assmann 1999, 409). Im Konzept der Muster-Bildungen wird die letztere Möglichkeit favorisiert (vgl. Kap. 2.2) und eine dichte Vernetzung von Funktions- und Speichergedächtnis angestrebt.

Unser kulturelles Gedächtnis ist wesentlich von der Materialität des Gedächtnis-Mediums bestimmt und hier streben die Muster-Bildungen einen vielschichtigen Zugang an, der möglichst verschiedene Materialitäten der kulturellen Erinnerungsräume für die Kinder und Jugendlichen eröffnet:

Schrift	Textgedächtnis, Textschichten, Spuren. Im digitalen Medienzeitalter scheinen Erinnern und Vergessen ihre Trennschärfe zu verlieren und die Struktur des kulturellen Gedächtnisses nähert sich womöglich immer mehr dem Unbewussten.
Bild	Bildgedächtnis, Symbole und Archetypen (transsubjektiv vorgeprägte Bilder, die mit zur Erbausstattung des Menschen gehören); Bilder haben eine andere Übertragungsdynamik als Texte. Die Macht der Bilder sucht sich ihre eigenen Vermittlungswege. Aleida Assmann erwähnt hier den tiefen Eindruck, den Bilder auf die Phantasie von Kindern hinterlassen.
Körper	Friedrich Nietzsche: »Man brennt etwas ein, damit es im Gedächtnis bleibt: nur was nicht aufhört, weh zu thun, bleibt im Gedächtnis.« (in Assmann 1999, 245). Körpergedächtnis der Wunden und Narben. Diese Zeichen verhindern das Vergessen, weil der Körper selbst die Spuren der Erinnerung trägt, in Form von Körperschriften. Affekt, Symbol, Trauma (vergessene Erinnerungen) und die Wahrheit falscher Erinnerungen prägen zutiefst das Körpergedächtnis.
Ort	Gedächtnis der Orte: Im Gegensatz zu Schrift und Bild zeichnen sich Orte durch unverrückbare Festigkeit aus. Sie bleiben und sind beständiger Halt für Erinnerungen. Dazu zählen Generationenorte, Heilige Orte und mythische Landschaften, Gedenkorte, Ruinen und Geisterbeschwörung, Gräber und Grabsteine, traumatische Orte.
Vollautomatische Computerspeicherung von Bildern, Tönen und Texten	Der kulturelle Erinnerungsraum als vollautomatisches Computer-Gehirn, das seine Daten nach bestimmten Programmen selbstständig verwaltet und erneuert. Damit wird die Vorstellung von menschlichem Erinnern und Vergessen als kulturelle Musterbildungen immer unangemessener. »Die so alte wie zentrale Metaphorik von der Schrift [dem Bild] als Spur, als Index einer verlorenen Präsenz, die zur Entzifferung ansteht, als Einschreibung im Sinne einer Gravur und dauerhaften Prägung, wird sich im Zeichen der Digitalschrift [des Digitalbildes] unmerklich auflösen.« (Assmann 1999, 411)

Inhalte der Tabelle entnommen aus: Assmann, Aleida (1999)

Wir können in unserer Wissensgesellschaft und Datenflut nicht mehr davon ausgehen, dass Kinder und Jugendliche, bezogen auf unser kulturelles Gedächtnis, ein homogenes Wissen mitbringen. Ludwig Duncker spricht vom Bedeutungsverlust kultureller Erinnerung für Grundschulkinder und fordert ein, dass gerade in Zeiten schnellen kulturellen Wandels, Schule darauf reagieren muss, dass junge Menschen sich nicht nur horizontal gegenwartsorientiert bilden, sondern auch vertikal ein kulturhistorisches Bewusstsein entwickeln, in dem sie ihre kulturelle Identität bewusst und reflektiert interpretieren und einordnen können (vgl. Duncker 2007, 91ff).

Um ein kurzes Beispiel aus einem Seminar zur ästhetischen Biografiearbeit zu geben: Die Studierenden versuchten, ihr Alter Ego familiär einzubinden. Sie griffen auf ihr kulturelles Funktionsgedächtnis zurück oder auf ihre habituellen Muster, die sie aus ihrem bisherigen Familienleben kannten. Kleinfamilien entstanden, das Alter Ego hatte meist ein bis zwei Geschwister, Vater und Mutter, Großeltern. Die Studierenden hielten diese Standbilder, die sie fiktiv erstellten, in traditionellen Familienmustern fest, die dem Milieu der bürgerlichen Mittelschicht, aus dem die meisten Lehramtsstudierenden stammten, weitgehend entsprachen.

Dieser zunächst alltagsästhetische Zugang spiegelte ihre Familienmuster, ihren Habitus, ihre kulturell geprägten Vorstellungen von einer »normalen« idealen Familie. Es gab nur wenige Familienbilder, in denen ein Vater abwesend war oder die in irgendeiner Weise anders waren, einen ungewohnten Blick zeigten.

In einem zweiten Schritt recherchierten die Studierenden nun historisch Familienbilder und –vorstellungen in der eigenen und in anderen Kulturen und stellten diese zusammen (Heilige Familie, Adels-, Bürger-, Handwerker-, Proletarierfamilien, Patchworkfamilie, Alleinerziehende, Groß-, Kleinfamilie, Kernfamilie, kinderlose Ehe, Wohngemeinschaft, Fernbeziehung, Pendlerfamilie, Pflegefamilie, Menschheitsfamilie…). Sie suchten nach Alternativen, nach Destabilisierungen ihrer Familienmuster. Sie erkannten, dass sie selbst in einer langen kollektiven Tradition von ästhetischen Familienmustern und Familienerinnerungen stehen und damit die Mannigfaltigkeit von Beziehungen und Familiennetzen notwendigerweise reduziert hatten. Ihnen wurde deutlich, dass sie auch von medialen Familienbildern in der Werbung stark beeinflusst sind: Mutter, Vater, zwei Kinder, Hund, Haus, Auto… und erst wenn man innehält, die Bilderströme stoppt, dann entsteht erinnernde Besonnenheit. »Die Bildkaskaden der audiovisuellen Medien erheben kaum (noch) Anspruch auf aktives Erinnern. Zur Gedächtnispolitik kommerzialisierter Kommunikation gehört es, dass die Bilder auf vergessensintensive Serialität hin angelegt sind, nicht auf bewertendes Erinnern.« (Assmann 1999, 412). Den Studierenden wurde ihr eigenes ästhetisches Familienmuster bewusst, sie fingen an, ihr Funktionsgedächtnis mit den kulturellen Archiven unseres Speichergedächtnisses zu vermischen. Aktuelle Künstler und Künstlerinnen, wie Corinna Schnitt, Thomas Struth, Sara Lucas, Louise Bourgeois, Annette Messager oder Edward Streichen, die das Thema Familienleben oder Familienportraits mit ungewohnten Strategien transformiert oder in neue Kontexte gesetzt haben, inspirierten die Studierenden ihre kulturell gemusterten Familienbilder zu differenzieren. Ein Musterbildungsprozess setzte sich zum Thema »Familienbilder-Familienkörper« in Gang, der, so meine Hoffnung, nie abgeschlossen sein wird. Wenn sich einmal ein neuer ästhetischer Blick in der Wahrnehmung festgesetzt hat, wird er wohl zeitlebens als kultureller Motor für weitere Veränderungen geöffnet bleiben, auch wenn zwischenzeitlich wieder Musterschemata aufgrund der lebensnotwendigen Selektion der Wahrnehmung vorherrschen müssen, die dann durch bewusstes Hinsehen weitergebildet werden.

Wir können die Kerze der Wahrnehmung oder Erkenntnis nicht zur gleichen Zeit überall in unserem kulturellen Gedächtnis angezündet haben, sondern tragen sie mit uns herum und notwendigerweise fallen all die Bereiche wieder in einen Schatten oder ins Vergessen, wo wir gerade nicht sind. Aber es ist schon viel erreicht in der ästhetischen Bildung von Menschen, wenn sie sich darüber bewusst sind, dass ihre Wahrnehmungs-, Denk- und Handlungsmuster eingebunden sind in kulturelle Funktionsgedächtnisse, die determinieren, aber auch Orientierung geben. Es liegt an uns selbst, inwieweit wir die Speichergedächtnisse, unsere kulturellen Archive und Überreste von Symbolen und Zeichen nutzen, um neue Optionen zum ästhetischen Handeln zu öffnen. Peter Bieri hat dies im folgenden Zitat für das Feld der Bildung prägnant auf den Punkt gebracht:

»Der Bildungsprozess besteht darin, zur Kenntnis zu nehmen, dass man in anderen Teilen der Erde und in anderen Gesellschaften über Gut und Böse anders denkt und empfindet; dass auch unserer moralischen Identität historische Zufälligkeiten anhaften. Bildung bricht mit der Vorstellung der Absolutheit und ist deshalb subversiv und gefährlich, was Weltanschauung und Ideologie angeht. Man könnte vielleicht sagen: Nur wer die historische Zufälligkeit seiner kulturellen und moralischen Identität kennt und anerkennt, ist richtig erwachsen geworden.« (Bieri 2007, 27).

Und damit möchte ich überleiten zum Kapitel des Fremden und Eigenen, und zwar nicht gedacht als sich ausschließende Polaritäten, sondern zwei ineinander verstrickte Phänomene, wie sie Martin Buber im dialogischen Prinzip (1954) des »Ich und Du« (1923) oder des am Anderen »Werdens« formuliert hat, die sich im Prozess von kulturellen und individuellen Musterbildungen äußerst kreativ befruchten können.

Ästhetische Werkstätten für die Unterrichtspraxis finden sich in Kapitel 7.2.1: »Uniformität und Einzigartigkeit«.

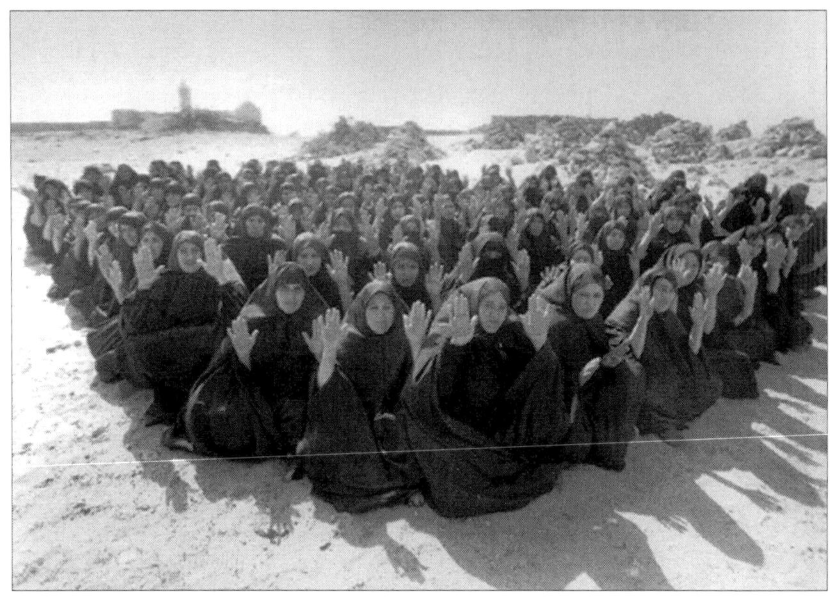

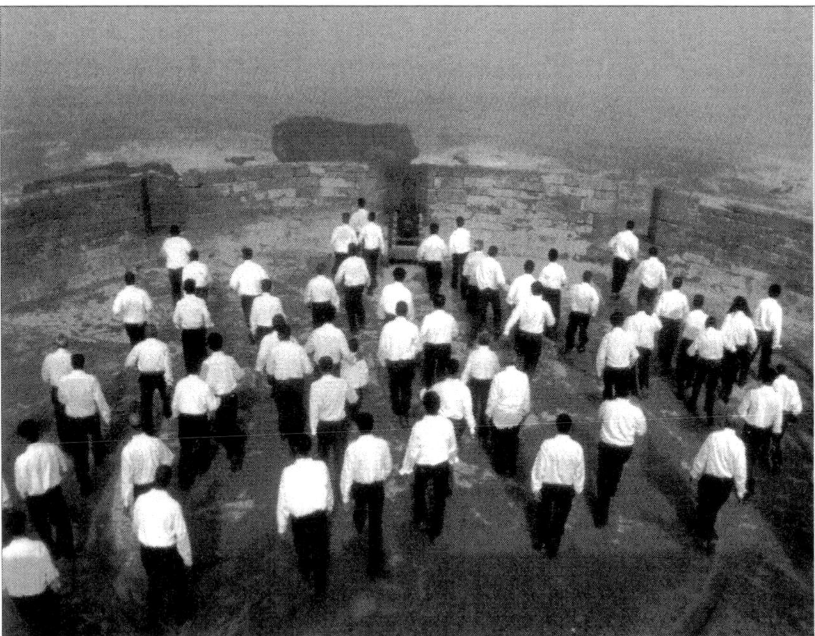

Abb. 14: Shirin Neshat: Rapture (1999)

4.2 Fremdes und Eigenes

> »Wir sind alle aus lauter Flicken und Fetzen und so kunterbunt unförmlich zusammengestückt, daß jeder Lappen jeden Augenblick sein eigenes Spiel treibt. Und es findet sich ebensoviel Verschiedenheit zwischen uns und uns selber wie zwischen uns und anderen.«
> Michel de Montaigne (in Kristeva 1990, 131)

Auf der Suche nach kulturellen Mustern bilden die Zwischenräume und Übersetzungsräume zwischen Fremdem und Eigenem ein kreatives Feld für neue Musterbildungen, wie schon im »reflexive, postcolonial turn, translational turn« und »spatial turn« zu Beginn des Kapitels 4 deutlich wurde (Bachmann-Mednik 2007, 37ff). Voraussetzung für kreative Musterbildungen im Dazwischen ist, dass das Fremde und Eigene, das Ich und Du oder Wir und die Anderen nicht als bipolare Systeme gelten, sondern dass sie dialektisch miteinander verknüpft sind, ineinander übergehen und kulturelle Muster dynamisch verstanden werden. Es bedarf des anderen Beobachters im eigenen Ich und umgekehrt, es handelt sich um Interpretation der Interpretationen oder Orientierung an Orientierungen oder Muster- an Musterknüpfung. Clifford Geertz spricht von »dichten Beschreibungen« (1983) kultureller Phänomene, die auf der Beobachtung zweiter Ordnung beruhen. Um beim Beispiel der Familienbildnisse zu bleiben, so können wir das Familienbildnis des Landgrafen Moritz von Hessen auf formaler Ebene beschreiben (vgl. Abb. Kap. 4.1 oben): Anzahl der Kinder, Kleidungsstil und Accessoires, Aufstellung und Malweise. Eine eher dünne Beschreibung der ästhetischen Erscheinungen, die in eine dichte Beschreibung mündet, wenn nun die kulturellen Zeichen auf dem Bild nach ihren Bedeutungen, Kontexten und Dynamiken hinterfragt werden. Welche Symbole stehen für Mädchen, welche für Jungen? Welche Familienvorstellungen herrschen im 17. Jahrhundert vor? Wo hat das Bild gehangen? Welche Wirkung hatte es auf die Betrachter damals und welche auf uns heute? Welche anderen Gemälde sind zu derselben Zeit entstanden? Wie wurden Handwerkerfamilien oder Tagelöhnerfamilien portraitiert und wurden sie überhaupt gemalt oder gezeichnet? Seit wann gibt es Familienportraits in Europa? Und nun wird es spannend, auch für die ästhetische Musterbildung, denn es gilt, den jungen Menschen bewusst zu machen, dass die Quellen, auf die wir zurückgreifen, um das Bild zu deuten, wiederum selektiv und Interpretationen sind und dass auch wir sie mit unserer heutigen kulturellen Brille oder unserem kulturellen Gedächtnis mustern. »Was wird aus dem Verstehen, wenn das Einfühlen entfällt?« formuliert es Clifford Geertz (in Bachmann-Mednik 2007, 37), weil wir nicht dabei gewesen sind oder einem anderen Kulturfeld angehören. Wir müssen auf die kulturellen Symbole und Zeichen zurückgreifen und uns dabei bewusst sein, wie sehr wir unseren eigenen Beobachterstandpunkt mit in den Anderen hineintragen und dass dieser Andere auch wiederum uns selbst verändert, indem wir durch ihn unsere blinden Flecke entdecken. In dem, was wir im Fremden begegnen, gibt es immer einen »unheimlichen« Überrest, etwas was nicht in eine eindeutige kulturelle Verortung passt (vgl. Bhabba 2000) oder was nicht gelingt, mit dem eigenen kulturellen Gedächtnis zu fassen. Es bleiben interpretative Leerstellen oder auszuhaltende Alteritäten, die nicht zu klären sind. Bei dem Familienbildnis des Landgrafen Moritz von Hessen, wo wir uns wenigstens noch auf das kulturelle Speichergedächtnis des eigenen westlichen Kulturkreises beziehen können, laufen die Musterbildungen zum Beispiel bei der kontextuellen Deutung der Jungenkleider in differente Interpretationen, und zwar je nach wissenschaftlicher Beobachterperspektive: Die Söhne im Kleinkindalter des Landgrafen, am Jungenspielzeug wie Steckenpferd oder Armbrust erkennbar, seien am Hofe mit Mädchenkleidern ausgestattet worden,

- um sie bei kriegerischen Angriffen als Grafennachfolge zu schützen;
- weil zu dieser Zeit im Kleinkindalter keine Geschlechtsunterschiede zwischen Jungen und Mädchen gemacht wurden;
- weil es leichter war, die Kinder in Kleidern sauber zu halten als in Hosen;
- weil es eine modische Vorliebe in Adelshäusern war.

Das kulturelle Gedächtnis von jungen Menschen, die sich gerade mit Familienvorstellungen, Körperbildern und Kleidstilen auseinandersetzen, reibt sich in solchen Momenten am Speichergedächtnis. Alltägliche Verhaltensmuster von Familienbildern werden hinterfragt und plötzlich überhaupt erst bewusst. Warum tragen Jungen heute in unserem Kulturkreis keine Röcke? Wer legt diese Muster fest? Wie sieht es in anderen Kulturkreisen aus? Wie positionieren sich dort Familien, wenn sie sich für ein Familienportrait aufstellen sollen? Hier wird kulturelle Identität durch einen Prozess der Alterisierung herausgebildet, »durch Einschalten der Alteritätsperspektive, die das Selbst verfremdet und als Anderes anerkennt.« (Bachmann-Mednik 2007, 206 und vgl. Kap. 3.2).

Im Zeitalter der Globalisierung, Massenmigration und des Billigtourismus wandern die kulturellen Symbole und Zeichen immer schneller um die Welt und die Dichotomien von Europa und Außereuropa sind kaum noch haltbar. Was wir vor noch nicht allzu langer Zeit von einem eurozentrischen, hegemonialen Standpunkt aus als die kulturellen Symbole und Zeichen einer »exotischen Dritten Welt« gedeutet, weit entfernt lokalisiert, ausgegrenzt oder verdrängt haben, findet sich plötzlich im eigenen Alltag wieder und durchsetzt die kulturelle Identität.

Die stark emotional geprägten Reaktionen des Publizisten Ralph Giordano auf den in Köln-Ehrenfeld geplanten Moschee-Bau, zeigen wie für ihn »unheimlich« aufgeladene muslimische Frauen in schwarzen Tschadors auf Kölner Einkaufsstraßen eine solche Bedrohung seiner kulturellen Identität darstellen. Er bezeichnete sie umstrittener Maßen als »wandelnde Pinguine«, die für ihn die westlich fortschrittlichen kulturellen Weiblichkeitsvorstellungen in Frage stellen. Ich möchte an dieser Stelle nicht den Diskurs um religiöse Identitäten und ihre Symbole diskutieren, sondern möchte dieses Aufeinanderprallen verschiedener kultureller Gedächtnismuster als Zwischenraum für neue Musterbildungen sehen. Es geht hier nicht um die Verteidigung eigener Muster gegen fremde Muster, sondern darum, junge Menschen im 21. Jahrhundert so ästhetisch zu bilden, dass sie sich als Knoten- und Kreuzungspunkte der Sprachen, Ordnungen, Diskurse sowie der ästhetische Wahrnehmungen, Begehren, Emotionen und Bewusstseinsprozesse verstehen (vgl. Bachmann-Mednik 2007, 206) und keine Mauern und Grenzen ziehen. Sie sollen in der Lage sein, kulturelle Kontexte von ästhetischen Mustern interpretieren zu können, dabei kulturelle Archive nutzen und sich auch in ihnen fremden Archiven kundig machen, ohne vorschnell auf vorgefertigte Urteile zurückzugreifen. Manchmal sind solche kulturellen Musterbildungsprozesse kaum auszuhalten, wie es vielleicht auch biografisch bedingt im Falle Giordanos erscheint, manchmal finden Menschen auch kreative Zwischenräume, um sinnstiftende und gemeinsame neue Muster der Wahrnehmung und des Zusammenlebens zu finden. Im Kölner Karneval 2008 reagierten die Gestalter eines Karnevalswagens auf die Auseinandersetzungen um den Moscheebau mit einer humorvollen architektonischen Umdeutung oder einem konstruktivistischen »Reframen«: Die konstruierte Moschee auf dem Karnevalswagen besaß einen Turm des Kölner Doms und ein Minarett. Der Kontext der Konfrontation wurde verändert in ein Muster des Nebeneinanders, der Mischung oder des ästhetisch Transkulturellen, eines Hybriden.

Den Begriff der Transkulturalität hat der Philosoph Wolfgang Welsch in den 90er Jahren geprägt, um die zunehmende Globalisierung zu beschreiben, die dazu führe, dass keine Kultur mehr statische Grenzen aufweise, sondern wir schon längst in einer multikulturellen Gesellschaft leben, in der wir verschiedenste kulturelle Erscheinungen mischen und daher auch wechselnde kulturelle Identitäten annehmen. Kulturelle Mischphänomene sind nach Welsch hybrid, vielmaschig, inklusiv statt separatistisch. Der Mensch sei ein Fragmentierter geworden und es gebe keine kulturelle Homogenitätsfiktion (vgl. Welsch 1996, 276ff) mehr. Wie viel Offenheit für neue Muster im Zwischenraum von Fremden und Eigenem entstehen, hat damit zu tun, wie eng oder weitmaschig Funktionsgedächtnisse und Speichergedächtnisse von Gesellschaften oder Gemeinschaften gewebt sind.

Wenn wir uns in der ästhetischen Bildung mit ungewöhnlichen, unheimlichen oder anderen Erscheinungsmustern auseinandersetzen, müssen wir notgedrungen das zunächst auf uns fremd Wirkende ein Stück weit assimilieren. Der »postcolonial turn« weist immer wieder auf die Machtprobleme hin, die beim Deuten und Erklären von fremden Mustern entstehen, denn der, der interpretiert, hat die Deutungshoheit. Je bewusster und reflektierter wir uns des eigenen Interpretationsstandpunktes sind, je weniger eurozentriert oder ethnozentriert wir gelernt haben wahrzunehmen und zu handeln, je eher wir spüren, dass das Andere oder Fremde in uns konstruktive Perturbationen auslösen kann, um selbst neue ästhetische Muster zu bilden, um so menschenwürdiger wird das Zusammenleben. Selbstbeobachtung und Fremdbeobachtung müssen von jungen Menschen im ästhetischen Unterricht so erfolgreich gelernt werden, dass sie bewusst Selbstorganisationsprozesse zur Problemlösung einsetzen. Voraussetzung dafür aber ist, dass es infizierende Motive zur Selbstveränderung und Musterbildung innerhalb von Bildungsinstitutionen gibt und dass hierarchische Machtkonstellationen in Win-Win-Situationen aufgelöst werden (vgl. Schmidt 2008, 53).

Leider ist dies im Zusammenprall der internationalen kulturellen Muster derzeit nicht immer möglich und auch in manchen Schulklassen mit heterogenen Migrationshintergründen bilden sich statt Hybridmuster eher abschottende Rüstungsmuster. Vielleicht liegt hier eine Überforderung der kulturwissenschaftlichen Theoriekonzepte im pädagogischen Handlungsraum. Die jungen Menschen sind nicht so fragmentiert und hybride, wie es die Theoretiker gerne hätten. Daher geben sich die Theoretiker immer äußerst entrüstet, wenn das Fremde im Unterricht auf einmal doch wieder stereotyp assimiliert worden ist (z.B. Kleidung und Lebensweise der Indianer), anstatt in einen inneren Dialog über das Eigene und Fremde überzuleiten. Manche Jugendliche verteidigen nämlich ihre kollektive Heimat, reagieren mit Angst und empfinden das Fremde als unheimlich, assimilieren das Fremde romantisierend-exotisch oder verkitscht in den eigenen Alltag. Ich halte diese Reaktionen für Übergangsphasen, die es als Pädagoge auszuhalten gilt. Mir scheint, als wäre es in Bezug auf heterogene Schulklassen geradezu dringendst notwendig, die jeweiligen ästhetischen kulturellen Brillen, mit denen die Anderen gemustert werden, in konstruktiven Zwischenräumen und mit kreativen Musterbildungen bewusst zu machen, um menschlich und friedlich miteinander leben zu können.

Franz Billmayer bietet auf seiner Homepage zum Umgang mit Alltagsbildern im Fach Bildende Kunst äußerst interessante Zugänge an, sich mit dem Fremden im eigenen Alltag auseinanderzusetzen und Vorurteile aufzudecken, bzw. auch mal den Blick umzukehren, wie Fremde uns womöglich sehen, indem man Ansichtskarten sammelt oder Dinge aus fremden Kulturen in der eigenen Wohnung fotografisch festhält, das Essengehen beim Ausländer dokumentiert usw..

Gleichzeitig ist zu bedenken, dass das, was wir im Alltag intuitiv assimilieren, um unser eigenes kulturelles Muster zu stärken, auch evolutionsbedingt verankert ist, weil es die eigene Gruppenidentität vor Gefahren von außen stärkt. Gustav Jahoda macht dies am Beispiel der Imagines vom Anderen, seien es die im Zoo ausgestellten »Wilden« im Kolonialismus des 19. Jahrhunderts, sei es das Bild des Kannibalen von christlichen Missionaren in die westliche Kultur transportiert oder die Persistenz des bösen »schwarzen« Mannes, die trotz aller Anti-Diskriminierungs- und »political correctness«-Versuche in unserem kollektiven Gedächtnis weiterhin mal stärker, mal schwächer verankert sind und zum Vorschein kommen. »Vor dem Hintergrund des evolutionstheoretischen Arguments würde das bedeuten, dass das kollektive Gedächtnis einer Wir-Gruppe auch durch Motive geformt ist, die den Gruppenmitgliedern unbewusst sind. Diese Annahme könnte helfen, die Persistenz der immer gleichen Bilder über viele Jahrhunderte hinweg zu erklären und auch Hinweise auf die Gründe liefern, dass es so schwierig ist, sie zu beseitigen.« (Jahoda 2001, 275). Aber wie Jahoda weiter schreibt, ist Biologie kein Schicksal und wir haben ja auch schon viele Verhaltensmuster, die einmal als »natürlich« und »normal« galten, ausgewechselt. In vielen Teilen der Erde wird heute der Andere willkommen geheißen und in seiner Menschenwürde respektiert.

Der Psychoanalytiker Arno Gruen erklärt die negativen Reaktionen vieler Menschen auf das Fremde damit, dass der Fremde all das darstellt an Unsauberkeit, Unheimlichkeit und Unreinheit, was uns selbst zersetzen könnte. Es ist »Der Fremde in uns« (2002), den wir mit Ausgrenzung bis hin zur Gewalt bekämpfen. Es sind all die Gefühle und Wahrnehmungen, denen wir in der Kindheit durch Macht und Gehorsam entfremdet wurden, damit wir in bestimmte kulturelle Muster passen. Kommen uns diese entfremdeten Seiten unseres Selbst im Anderen entgegen, so machen sie uns Angst. Es lohnt sich, in einer demokratischen Gesellschaft die Kinder und Jugendlichen so zu bilden, dass sie ihrer selbst nicht entfremdet werden. Es sollte ihnen ermöglicht werden, trotz der alltäglich vereinbarten zwischenmenschlichen Handlungs- und Kommunikationsmuster, -normen und Ordnungen, ungewöhnliche Wahrnehmungen und Muster erzeugen zu dürfen. Denn nur dann, so meint Arno Gruen, würden Selbst- und Fremdhass in der Welt abnehmen und vielfältige Persönlichkeitsbilder entstehen. Und hier schließt sich der Gedankengang auch wieder zum kulturellen Gedächtnis. Menschen, die in ein rigides Funktionsgedächtnis, in enge Verhaltensmuster eingeengt werden, die, wenn sie sie übertreten, auch noch geächtet und bestraft werden, erstarren und machen das Fremde tatsächlich zum Feindbild, grenzen es aus und bekämpfen es.

Erst Fähigkeiten, wie über den eigenen Beobachterstandpunkt reflektieren zu können, eigenständig über kollektive Gedächtnismuster recherchieren und diese immer weiter zu interpretieren, das Fremde immer als Teil der eigenen blinden Flecken zu begreifen, ermöglichen kreative Musterbildungen im Dazwischen von Ich und dem Anderen.

In den Musterbildungen zwischen Fremden und Eigenem müssen wir uns darüber klar sein, dass andere Kulturen nicht einfach für uns stillhalten, damit wir sie interpretieren oder portraitieren können (Geertz), so wie es uns gerade gefällt. Dies hält man ja in der eigenen Kultur schon nicht aus, wenn andere versuchen einen auf ein bestimmtes Fremdbild festzulegen. Im Gegenteil, auch die Anderen reagieren auf den fremden Blick und bilden im Dialog der Blicke und Interpretationen ihre kulturellen Muster weiter. Posttraditionale Gesellschaften leben von der inneren Konfliktfähigkeit und streben keine Harmonieillusion an, die als Sündenbock eine projektive Feindprojektion benötigt. »Der Schauplatz des Konflikts wird in diesem Sinne zu einer Gemeinschaft, als die Beteiligten es lernen, einander zuzuhören und aufeinander einzugehen, obwohl sie ihre Differenzen sogar noch deutlicher empfinden.« (Sennett 1998, 197).

Das Konzept der Muster-Bildungen strebt an, ästhetische Wahrnehmung an der Differenz zu bilden, um die vielen Ausdrucksmöglichkeiten eines Menschen lebendig zu halten. Heterogenität und gleichzeitige Musterbildung für das, was Menschen gerade an Aufmerksamkeit auf das Verbindende fokussieren, schließen sich nicht aus, sondern sind dialektisch aufeinander bezogen. Das Fremde in uns ist geradezu ein Schlüssel für konstruktive Veränderungen. Was uns emotional bewegt, was nicht ins Muster passt, gibt uns zu denken und eröffnet die Chance für Veränderungen.

»Gender turn«

Eine seit über zweihundert Jahren unseren westlichen Kulturkreis dominierende Dichotomie besteht zwischen männlichen und weiblichen Mustern, die auch die ästhetische Bildung beeinflusst. Schon Grundschüler und -schülerinnen in unserem Kulturkreis wissen genau, was typisch männlich (stark, laut, Tarnfarben, kurze Haare, Fußball, raufen und schlagen sich) und typisch weiblich (schwach, leise, rosa-lila Farbtöne, lange Haare, Ballett und Barbie, zicken und streiten) ist und performieren diese Geschlechtsmuster in ihren Körpergestaltungen. Im Lebensverlauf verfestigen sich diese binären Codierungen durch eine kollektive Sozialisationsarbeit zu einer dauerhaften Transformation des Körpers, um mit Pierre Bourdieu zu sprechen in eine symbolische Macht des Körperhabitus, wobei der männliche Körperhabitus immer noch als der stärkere und tonangebendere gilt, trotz aller Emanzipationsbestrebungen (vgl. Bourdieu 2005b). Aus kulturanthropologischer Sicht werden Geschlechteridentitäten in erster Linie in ihren spezifischen kulturellen und zeitlichen Kontexten thematisiert. Dies beinhaltet den reflexiven Vergleich mit Geschlechteridentitätskonstruktionen in fremden Kulturen, die als andere Möglichkeiten begriffen werden. Viele Versuche, den Frauen die gleichen gesellschaftlichen Rechte einzuräumen wie den Männern, gingen aber alle von scheinbar klaren biologischen Voraussetzungen aus, nämlich, dass wer mit weiblichen Geschlechtsmerkmalen ausgestattet sei, mit gesellschaftlichen Nachteilen rechnen müsse, gegen die es anzukämpfen gelte. Auch Simone de Bouvoirs »Das andere Geschlecht« von 1949 stellt die biologische Dichotomie nicht in Frage, sondern schon im Titel zeigt sich, dass von einer Normalität ausgegangen wird, von der das Weibliche abweicht und die weiterhin auf der Ungleichheit des Sexes aufbaut.

Binäre körperliche Muster werden hier mit Macht aufgeladen und hierarchisch gewertet. Der weibliche Körper wird traditionell in der binären westlichen Codierung mit der Mutter Natur verbunden, repräsentiert das Unbewusste der Gesellschaft und Kultur. »Weshalb heißt die Universität ›Alma Mater‹? Was ist das für eine imaginierte ›Mutter‹, in der sich ihre Söhne tummelten? Was bedeutet es, dass ein Seminar nach ›semen‹, dem männlichen Samen benannt ist?« (von Braun 2008, 77). Solche Fragen durchsetzen unsere Wissenschaftsgeschichte, aber auch unsere Alltagsmuster geschlechtspezifischen Handelns. Es gibt kaum etwas Gegensätzlicheres als männliche und weibliche ästhetische Muster. Ein Besuch bei H&M, ob Kinder-, Männer- oder Frauenabteilung, führt einem dies in wenigen Minuten einprägsam vor Augen. Weibliche Körper sind in unserem gesellschaftlichen Kontext sehr viel entblößter als männliche Körper. Dies wird oft als Freiheit verkauft, weil Frauen mehr Möglichkeiten hätten, sich zu kleiden als Männer. Aber unter welchen Bedingungen? Ihr entblößter Körper ist ein sehr fragiler Körper geworden. »... er muss sich zudem auch schmücken, muss sich bestimmten Disziplinierungsgesetzen unterwerfen, an sich herumschnippeln lassen, damit er sich überhaupt in dieser entblößten Form im öffentlichen Raum präsentieren kann. Das sind neue Zwänge, unter denen der Körper steht, die man eben nicht als Freiheit verkaufen kann.« (von Braun 2008, 79). Schon Grundschulmädchen wissen, wie sie sich nach den Schönheitsidealen zu stylen haben und spätestens in der vierten Klasse beginnen die Gewichtsvergleiche und die ästhetischen Musternormen werden dem eigenen Körper eingeschrieben. Christina von Braun hat Anorektikerinnen interviewt, was sie beabsichtigten. Sie antworteten nicht mit dem Schönheitsideal, das sie zu erhungern anstrebten, sondern sie wollten körperlich schwerelos, leicht werden, sich dem gnadenlos männlich oder gesellschaftlich musternden

Blick entziehen. »Sie wollen ihre Körper nicht für eine moderne Inkarnationsphantasie hergeben. (...) und eine der jungen Frauen formulierte es so: ›Ich möchte nicht, dass sich irgendjemand ein Bild von mir macht.‹« (von Braun 2008, 80). Es sind die musternden Blicke, die festschreiben, die keine Option mehr zur eigenen Musterbildung lassen, die den Anderen festlegen auf ein bestimmtes Bild.

Der weibliche Körper in westlichen Gesellschaften ist so viel gemustert worden, ob als Tombraider Figur Lara Croft, Mutter, Babydoll, Hysterikerin, Vamp, Verräterin, Heilige, Hure, Hexe, aber immer als das »andere Geschlecht«, dass es kaum noch möglich erscheint, etwas spezifisch Weibliches auszumachen. Wohingegen das männliche Muster immer noch auf den »lone wolf« in den Massenmedien reduziert ist.

Allerdings tun sich seit ca. zwei Jahrzehnten neue Gender-Fragen und Positionen auf, die vor allem durch Judith Butlers »Queer Studies« (1995) ausgelöst wurden. Sie stellte die These auf, dass es gar kein natürliches biologisches Geschlecht gebe, sondern dass erst durch unsere Wahrnehmung und kulturelle Zuschreibung daraus ein »Gender« werde. Biologischer Sex und gesellschaftlich gemachter Gender (»doing-gender« vgl. West/Zimmermann 1991) könne man gar nicht so voneinander trennen. Wir lernen erst durch ästhetische Wahrnehmung und kulturelle Bedeutungszuweisungen, dass Brüste ein Zeichen für Frau-Sein sind. Thomas Laqueur hat zum Beispiel nachgewiesen, dass unser Muster von zwei biologisch unterschiedlichen Körpern sich erst zu Beginn des 19. Jahrhunderts herausgebildet hat. Zuvor gingen die Wissenschaftler von einem »Ein-Geschlechter-Modell« aus, in dem der männliche und der weibliche Körper zwei verschiedene Varianten ein und desselben Körpers seien (vgl. Laqueur 1990). Auch die ethnologischen Gender studies eröffnen den Blick für ungewohnte Gender-Muster in fremden kulturellen Kontexten, die im Dazwischen der binären Codierung liegen oder im »Gender Crossing«, die mehr als nur zwei soziale Geschlechter kennen. Die Xanith im Oman, homosexuelle Männer, die sich stark parfümieren und schminken, sich grazil bewegen, dürfen als einzige Gruppe in diesem arabischen Land sowohl die geschlossenen Frauengemächer als auch die öffentlichen Felder der Männer besuchen (vgl. Schröter 2002). Sie bewegen sich zwischen den Körperwelten. Sue-Ellen Jacobs und Jason Cromwell konstatieren eine Fülle von Geschlechtervarianzen (1992) in anderen Kulturen, die weitaus differenziertere und vielfältigere Gendermuster ermöglichen als die Polarität von »Typisch männlich – typisch weiblich« oder von »Mars meets Venus«. In unserer Kultur strömen ebenfalls immer neue transsexuelle Verhaltensmuster als Gender-Swapping an die Oberfläche. Wer sich hier kundig machen will, gerät schnell in ein Netz von Körpertransformationen und Bezeichnungen, wie Drag Queen, Drag King, Bi, Butch, Femme, Transvestit, Schwule, Lesben, Hermaphrodit, Transsexuelle etc.

Mit Butlers Begriff des »Queer«, und damit meint sie, quer, schräg denken und handeln, etwas durchkreuzen, können wir die »Normalitätsmuster« unseres Geschlechterbegriffs gegen den Strich bürsten, die anästhetischen Flecke in unseren binären Codierungen von Geschlecht bewusst machen. »Wenn der Begriff Queer ein Ort kollektiver Auseinandersetzung sein soll, Ausgangspunkt für eine Reihe historischer Überlegungen und Zukunftsvorstellungen, wird er das bleiben müssen, was in der Gegenwart niemals vollständig in Besitz ist, sondern immer nur neu eingesetzt wird, umgedreht wird, durchkreuzt wird (queered) von einem früheren Gebrauch her und in die Richtung dringlicher und erweiterungsfähiger politischer Zwecke.« (Butler 1995, 301).

Muster zu durchkreuzen, Normalität als etwas zu verstehen, was kulturell ausgehandelt und nicht präskriptiv normiert wird, befähigt Menschen, Geschlechtsrollen für sich als eigene zu konstruieren. Wenn der gesellschaftliche Konsensvorrat über die binären Geschlechterrollen schwindet, wenn nicht einmal mehr die Haut als klare Grenze zur Außenwelt taugt (vgl. Anzieu 1991), dann ist unsere Geschlechtsidentität ein ewiges »Work in Progress« (vgl. Keupp 2006, 88). Das bedeutet nicht, dass binäre Körperhabitus-Modelle von einem auf den anderen Tag verschwinden. Es scheint im Gegenteil, genau wie beim Fremden und Eigenen zu sein, binäre Codierung und gleichzeitige Auflösung und Verschiebung sind möglich.

An diesem Punkt setzt das Muster-Bildungskonzept an. Junge Menschen, die sich in diesem Sinne bilden, kommen nicht nur mit zwei getrennten ästhetischen Sozialisationsmustern in den Unterricht, sondern treten ihr Leben an, um viele verschiedene Rollen und Identitäten zu füllen. Lehrpersonen müssen sich bewusst sein, dass binäre Geschlechtskodierungen gesellschaftlich gemacht sind, dass Menschen auch transsexuelle Optionen fühlen, denken und handeln können und junge Menschen darum Angebote für differente Geschlechtsidentitäten brauchen. Im Muster-Bildungskonzept gibt es keine Ausgrenzung von Andersartigkeit, sondern das sich Reiben am Unbekannten, das Kreieren von Mischformen bei gleichzeitig erlerntem Körperhabitus. Pierre Bourdieus Habituskonzept ist wahrnehmungstheoretisch in sich schlüssig, und gleichzeitig kompatibel mit den »Queer«-Bestrebungen, den Habitus zu reflektieren und neue Optionen zu entwickeln. Kleidung und Körper spielen hier eine wichtige Rolle, weil sie sich gerade bei der Bildung der Geschlechtsidentität direkt in die jungen Menschen einschreiben: Wie machen Kleider z.B. junge Menschen zu Jungen oder zu Mädchen? Welche Körperhaltungen ermöglichen bestimmte Kleidungsstile? Was machen Schönheitsideale mit den Geschlechterkonstruktionen und mit mir? Wie beeinflussen die Blicke des anderen Geschlechts mein ästhetisches Selbstempfinden? Ein Gendermuster, das darauf angelegt ist, geschlechterreflexiv zu sein, Andersartigkeiten nicht zu sanktionieren, sondern die »unheimlichen« Gefühle, die sie auslösen, zu thematisieren, eröffnet Chancen für kreative Musterbildungen im Bereich der Geschlechtsidentität, bzw. das soziale Selbst an sich bewusst zu konstituieren.

Gerade bei Jugendlichen besteht hier ein großer ästhetischer Wahrnehmungsbedarf, um tatsächlich an der eigenen Genderkategorie kreativ musterbildend zu arbeiten und nicht nur auf vorgefertigte Klischees und Stereotype zurückgreifen zu müssen. Und hier ist wieder zu bedenken, dass das Heterogene und Plurale der postmodernen Alltagspraxis für einen Großteil der Jugendlichen weitaus anstrengender und unbequemer sind als scheinbare Einheitlichkeit (vgl. Reiss 2003). Ein Teil der Jugendlichen lehnt es, nach den Forschungsergebnissen von Kristina Reiss, ab, Verschiedenartiges und Widersprüchliches gleichwertig nebeneinander zu akzeptieren, weil sie Eindeutigkeiten und Gewissheiten zugunsten pluralisierter Bewusstseins- und Einstellungsmuster aufgeben müssten. Und damit ließe sich der Andere oder das Fremde auch nicht mehr so leicht als Feindbild oder das Ausgegrenzte vom Eigenen fern halten. Andere Jugendliche inszenieren ihr Geschlecht mit exzentrischen Ausdrucksmitteln und Bricolage-Techniken oder des Samplings, um Regeln und Muster zu verletzen, bleiben aber häufig in Cliquen intern abgeschlossen und relativ unerkannt.

»Postmoderne Gesellschaften produzieren offensichtlich neben soziokultureller Pluralität zugleich interne Abgeschlossenheit und Anonymität.« (Reiss 2003, 31).

Um so wichtiger wird hier ein ästhetisch »intersektionell« (vgl. Mörsch 2007, 142) musterbildender Unterricht, der Einheit und Differenz gleichermaßen berücksichtigt: Sicherheitsgebende, normative Alltagsmuster und kreative, perturbierende Alteritätsmuster stehen nebeneinander, besser noch kreuzen sich, so dass in den Zwischenräumen wieder neue Muster entstehen, immer mit dem Ziel eines die Mitmenschlichkeit achtenden Bildungsauftrages und des Bewusstseins, dass es heutzutage keine homogenen Gesellschaftsbilder oder -muster gibt, auf die hin sich Menschen eindeutig einordnen lassen, weder nach Kulturmustern, Geschlechtsmustern, Eigenem oder Fremden.

Um solche Lehrkompetenzen zu erwerben, möchte ich im nächsten Kapitel noch einmal den »visual turn« weiter ausführen, weil gerade der Blick oder das Sehen von Bildern unsere Wahrnehmungsfähigkeiten beeinflussen. Bilder mustern uns, aber wir mustern auch sie und um die Vielfalt dieses Wechselspiels geht es nun.

Ästhetische Werkstätten für die Unterrichtspraxis finden sich in Kapitel 7.2.2: »Fremdes und Eigenes«.

4.3 Bilder mustern

> »Alles in allem wird der kreative Akt nicht vom Künstler allein vollzogen; der Zuschauer bringt das Werk in Kontakt mit der äußeren Welt, indem er dessen innere Qualifikation entziffert und interpretiert und damit seinen Beitrag zum kreativen Akt hinzufügt.« (Marcel Duchamp)

Wir mustern tagtäglich äußere Bilder, aber Bilder mustern auch unsere inneren Vorstellungen, denn Bilder zeigen etwas und damit mustern sie auch oder wie Hans Belting es formuliert, indem sie etwas symbolisieren, verdichten sie unsere Wahrnehmung.

In der Bildung von jungen Menschen kann man, solange es einfache, stabile und übersichtliche Lebensmuster gibt, diese direkt mit den Dingen, Beziehungen und Handlungsformen konfrontieren, sei es in der Werkstatt, auf dem Feld oder am Schreibtisch. »Je komplexer aber die Welt und je differenzierter die den Kindern zu vermittelnden Gehalte werden, desto mehr wird es nötig, ihnen diese Welt stellvertretend vorzuführen: In Naturalienkabinetten und Büchern, in präparierten Musterexemplaren und allem, was lebendig ist – und auf Bildern.« (Bilstein 2007, 191). Dabei sind Bilder in ihrem Zeigen höchst eigenwillig gegenüber der Wirklichkeit, seien es die eigenen inneren Bilder wie auch die äußeren. Sie sind, wie schon weiter oben diskutiert wurde, keine Abbildungen von dem, was man für Realität hält. Schon Kindern sollte man nahe bringen, dass man Bildern misstrauen muss, bzw. sie so betrachtet, dass man nicht alles für wahr hält, was man wahrnimmt, sondern verschiedene Bildzugänge zur Qualität und Charakter von Bildern erlernt. »Ihr zuspitzender wie ihr unscharfer Charakter erfordert vom Betrachter eine spezifische Leistung der Abstraktion: Das Bild muss als Bild erkannt werden, die Zuspitzungen müssen gemildert, die Unschärfen scharf gemacht werden – und das ist gar nicht so einfach.« (Bilstein 2007, 196), denn Bilder werden von den Menschen aus unterschiedlichen Beweggründen genutzt: um sich zu bilden, sich einzufühlen, sie in sich einzubilden, sich selbst ein Bild zu entwerfen und diesem Bild Leben zu verleihen. Bilder sind Teil des vielfältigen Gewebes aus Menschen, Dingen, Symbolen und Ordnungen, die diese Welt ausmachen, in der es nur noch wenige Gewissheiten gibt, und die sich durch unablässige Veränderungen oder Musterbildungen definiert bzw. versucht, Lebensgesetze zu entwickeln. Dabei verweben sich über die Bilder auch die individuellen und kollektiven Bildgedächtnisse (vgl. Kap. 4.1).

Die Bildwissenschaft hat verschiedene Blickmuster, Zugangsmuster oder Erklärungsmuster der visuellen Wahrnehmung von inneren und äußeren Bildern hervorgebracht, die helfen, die kulturellen Archive von Bildern zu lesen und zu reflektieren und damit wiederum die individuellen Bildgedächtnisse zu differenzieren. Da sich die Bilderflut in einer medialen von kommunikations- und informationstechnischen Weiterentwicklungen geprägten Gesellschaft Tag für Tag vervielfacht und vor allem den jungen Menschen jederzeit zur Verfügung steht, scheint es sinnvoll, wenn kreative Musterbildungen in Bezug auf das Bilderlesen und Bilderfühlen anästhetische Flecken bewusst machen.

Der »visual« oder »iconic turn« in der Bild-Medienwissenschaft hat einen Anstoß über das Nachdenken, was ein Bild sei, gebracht und damit die Fixierung auf den Kunstbegriff oder das Kunstwerk gelockert. Dieser erweiterte Bildbegriff, aber auch die traditionelleren kunstmethodischen Zugänge zu Werken der kulturellen Archive, sind für das Modell eines sich der Musterbildungen verpflichtenden ästhetischen Unterrichts sehr anregend (vgl. Kap. 2). Bilder haben implizit immer auch mit Bildung zu tun, ob als Abbildungen, Einbildungen, Weiterbildungen oder Musterbildungen. Erst mit der Hinwendung der Kunstgeschichte zur Bildwissenschaft öffnen sich die bisher eher am »gerahmten Bild« methodisch arbeitenden Wissenschaftler zu einem fächerübergreifenden »visual turn«, wo vor allem auch Überschneidungen mit dem »spatial«, »interpretive« oder »performative turn« möglich sind, solange der Bildbegriff weit gefasst ist. Es entwickelte sich eine interdisziplinäre, allgemeine Bildwissenschaft, in der es auch zu Grenzverwischungen zwischen künstlerischer und technisch-wissenschaftlicher Bildlichkeit kommt und in die sich die Medienwissenschaft der technisch-digitalen Bilderwelten integriert. In dem erweiterten Bildbegriff der allgemeinen, interdisziplinären Bildwissenschaften liegt auch die Chance für kreative neue Musterbildungen, unsere Bildkultur zu befragen und vor allem zu verändern.

Was ist ein Bild? lautet also die Leitfrage in der erweiterten Bildwissenschaft und dann weiter »Wie nähert man sich ihm?«.

Horst Bredekamp antwortet auf diese Frage: »Eine visuelle Konstitution, die sich mit einem Sinn verbindet, und sei dieser sinnlos, ist für mich ein Bild.« (1998, 82). Bilder, ganz gleich welcher Art und Weise sie uns erscheinen, sind demnach auf ihre Vorgeschichte, auf ihre Relation zum Abgebildeten, auf ihren Sinn oder ihr verbindendes Muster, auf ihre Medialität und auch auf ihre vielschichtige Wahrnehmung und Perzeption hin zu befragen. Dieser Konzeption fügt, wie schon in Kapitel 4 in der Tabelle der »cultural turns« zitiert, Hans Belting noch eine Erweiterung hinzu: »Ein ›Bild‹ ist mehr als ein Produkt von Wahrnehmung. Es entsteht als das Resultat einer persönlichen und kollektiven Symbolisierung. Alles, was in den Blick vor das innere Auge tritt, lässt sich auf diese Weise zu einem Bild klären oder in ein Bild verwandeln.« (2001, 11). Hans Belting anthropologisiert das Bild. Nicht mehr nur Bilder vom Körper oder von Kleidern, die wir in Zeitschriften, Kunstwerken/

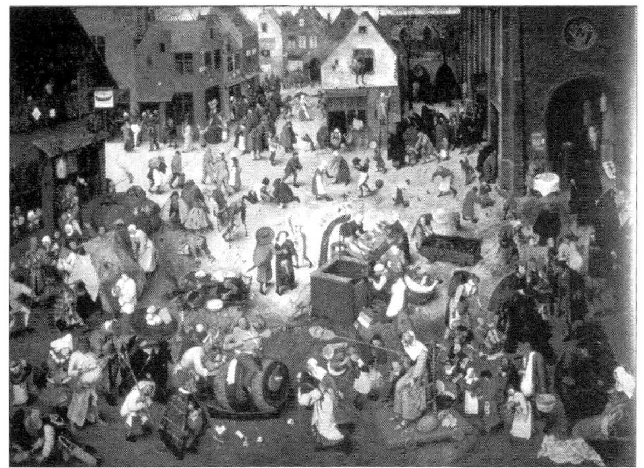

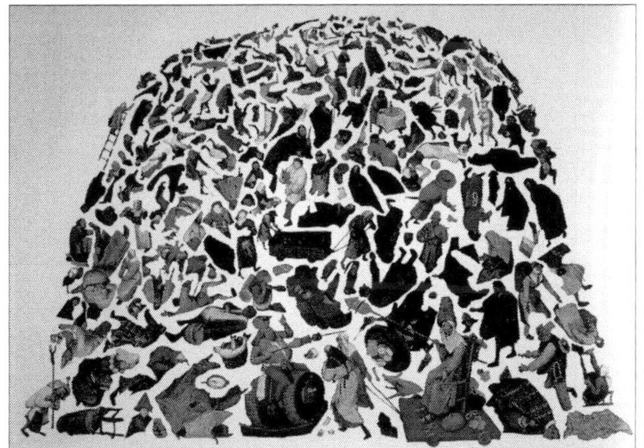

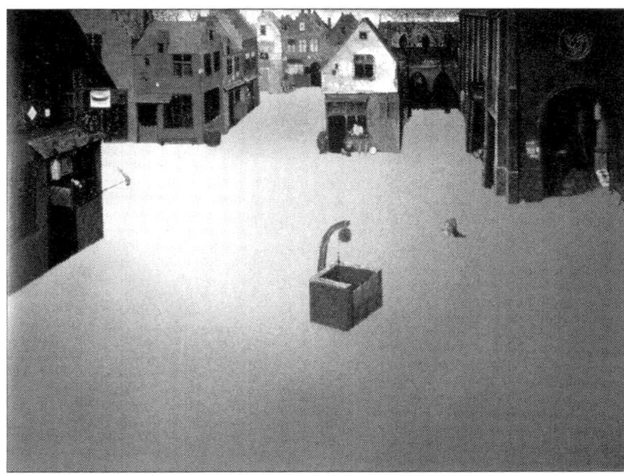

Abb. 15, 16, 17: Ursus Wehrli: Bruegels Dorfplatz aufräumen (2004)

Gemälden, Filmen oder Vorstellungsbildern/Traumbilder sehen, zählen zum Bildbegriff als Objektstatus, sondern auch der subjektive Blick oder das innere Auge wird zum zentralen Bildkriterium erklärt. Hier stoßen bildphilosophische Argumentationen fast an ihre Belastbarkeitsgrenze, in Folge ist die Bildanthropologie nicht ganz unumstritten in der Bildwissenschaft.

Grundsätzlich bemüht sich die Bildwissenschaft, all die Bilder, die uns im Alltag sowie in unseren kulturellen Archiven und Gedächtnissen begleiten, zu reflektieren und in jeweils neue, sinnvolle Kontexte zu stellen. Die Fragen an Bilder verändern sich mit den kulturellen Mustern. Unsere Aufmerksamkeit bezüglich der Bilder, ob Körper-, Menschen- oder Medienbilder, bleibt nie die gleiche, sondern wechselt durch kulturelle Konventionen der Bildwahrnehmung sowie affektive Zuschreibungen. Und im Zeitalter der nachindustriellen Gesellschaft, wo physische Ressourcen nur noch selten gefragt sind, sondern Wissen und intellektuelle Kompetenzen die eigentliche Produktivkraft sind, übernehmen Bilder eine wichtige Funktion als Träger der Wissensgesellschaft. Siegfried Schmidt beschreibt, wie in Mediengesellschaften die telematischen Maschinen unsere Wahrnehmungen und Gefühle, Wissen und Kommunikation, Gedächtnis- und Informationsverarbeitung, aber auch Politik und Wirtschaft beeinflussen, ja sogar dominieren (vgl. Schmidt 1998, 349). Die Macht und Flut der Medienbilder verlangt eine Kompetenz der Selektion oder der sinnstiftenden Musterung, damit sich die ästhetische Aufmerksamkeit nicht im Chaos auflöst. Hierzu ist eine Fähigkeit, die ich »Bilder mustern« nenne, unabdingbar, nämlich handlungs- und problemorientiert, individuell und kollektiv verortet, sich in der Fülle der »echten«, »gefälschten«, »normalen«, »verfremdeten«, »historischen«, »künstlerischen« Bilderwelten so zu bewegen, dass selbstbestimmtes, verantwortliches ästhetisches Handeln, womit die Aufgabe menschlicher Weltbewältigung verbunden ist, möglich wird. Muster-**Bild**-ungen bedürfen komplexer methodischer Zugangsweisen, die sich zwischen den drei Eckpolen Bild-Objekt, Bild-Betrachter und Bild-Macher bewegen.

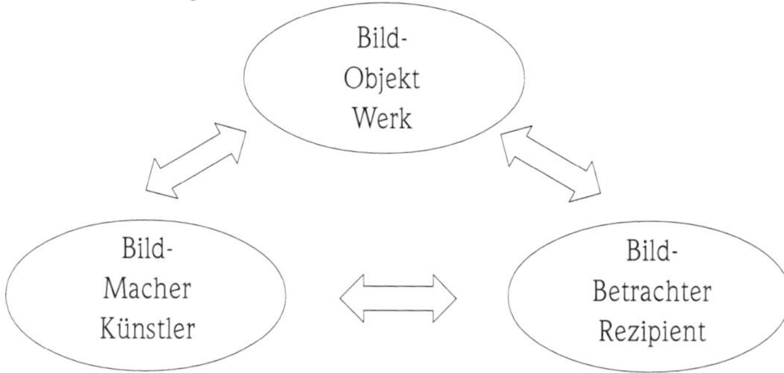

Im Konzept der Muster-Bildungen zählen zu den Bildobjekten alle »Muster«, die sich durch ästhetische Aufmerksamkeit verbinden: sämtliche alltagsästhetischen zwei- und dreidimensionalen Bilder in allen erdenklichen Medien und kulturellen Archiven der eigenen sowie fremden Kulturen. Nicht nur aus der Kunst, sondern auch aus der Technik, Medizin, Werbung… etc., eine grenzenlose Vielfalt und Komplexität, »in der alles zusammenströmt und einander bedingt: genetisch vererbte Bilder, Traumbilder, Erinnerungen, wahrgenommene Bilder, Wünsche, Sehnsüchte, Ängste und Vorstellungen kollektiver wie auch individueller und rein subjektiver Qualität.« (Schulz 2005, 145). Die Unterscheidung zwischen wahrer, richtiger und guter Kunst und schlechten, trashigen, falschen Alltagsbildern zählt in dieser Konzeption nicht mehr: Zu Bildern/Objekten/Werken zählen: Gemälde, Fotografien, Zeitschriftenabbildungen, Werbung, Kinderzeichnungen, Comics, Filme, Videos, virtuelle Bilder, Bilder aus der Naturwissenschaft, Medizin, Technik, »gefälschte« oder verfremdete Fotografien, Collagen, Skulpturen, Modefotografien, Kleidung, Möbel, Musikbilder, Körperbilder, Menschenbilder, Bilder in webblogs, Fotoalben, »stock photography – Bilder für alles« etc.. Kurzum, alles was wir ästhetisch wahrnehmen und zu Mustern zusammenfügen, dem wir Aufmerksamkeit schenken, weil wir es für passungsfähig, sinnvoll und relevant in unserem Leben halten. Um mit Franz Billmayer zu sprechen, werden in diesem Zusammenhang alle »Bilder« zu Werkzeugen unserer Suche nach Lebenssinn (Billmayer – Homepage – Theoretisches) und je nach Trägermaterial erzielen sie andere Wirkungen und Aufmerksamkeiten.

Bildbetrachter umfassen alle Menschen, mit ihren unterschiedlichen Wahrnehmungsperzepten und intellektuellen Voraussetzungen. Hier gibt es lediglich verschiedene Zugangsmethoden, sich den Bildern zu nähern. Und je mehr Blick- und Perspektivenmuster ein Mensch erlernt hat, um so differenzierter vermag er mit Bildern zu handeln, den inneren wie auch den äußeren Bildern, kann festgefahrene Bildmuster durch Vergleiche wieder lebendig werden lassen, wird vorsichtiger mit Bild-Vorurteilen, verspürt die Chancen wie auch Gefahren, die im »Sich ein Bild von etwas machen« liegen.

Die Bildmacher umfassen nicht nur die Künstler, sondern auch Designer, Handwerker, Werbeleute und alle Menschen, die in ihrem alltäglichen Leben symbolische Repräsentationsformen erfinden, um ihre Wahrnehmung auszudrücken oder schlichtweg festzuhalten, dazu zählt auch die ständig wachsende Gruppe von Menschen, die auf virtuellen Plattformen eine Biografie »**bild«**-en oder auch die Kinder, die in ihren Kinderbildern versuchen, ihren Wahrnehmungen einen Ausdruck zu verleihen.

Kinder und Jugendliche sind Bildmacher, die sich leicht über Bilder infizieren lassen und für die es besonders wichtig ist, in einer Welt der Bilderflut, kritische Hilfestellungen bei der Bild-Musterung zu erhalten, um sich überhaupt darüber bewusst zu werden, was Bilder können oder wie wir Bilder mustern und Bilder uns mustern. Bildwahrnehmung erfolgt nach Art des Mediums und der Bildtechniken wie eine symbolische Handlung, die je nach kulturellem Gedächtnis unterschiedlich ausfallen kann (vgl. Belting 2001, 13). Es stellt sich die Frage, wie eine individuelle Bilderwelt in Auseinandersetzung mit der kulturellen Bilderwelt zustande kommt, wie wir über Bilder z.B. computeranimierte »Lara Crofts und Co« unseren Körperhabits prägen oder wie z.B. männliche Pathospositionen sich in unseren Körpern als »Grundbilder« (vgl. Rombach 1991, 125) eingeschrieben haben. »Grundbilder sind elementare Ausgestaltungen unserer Erfahrung von Wirklichkeit, die je nach Kultur verschieden ausgeprägt sein können.« (Stenger 2004, 120). Deshalb ist es so wichtig, etwas über die Ausformung dieser Grundbilder in unseren Kunstwerken und kulturellen Archiven zu erfahren und sie mit verschiedenen Methoden zu interpretieren, weil sie Zeugnis davon sind, wie wir unsere ästhetischen Lebensmuster bilden und wandeln. »Im Bild erscheint jeweils der ganze Hintergrund des Glaubens, der Lebensauffassung und der Gestaltung.« (Stenger 2004, 120).

Wenn wir nun Bilder mustern, sind wir einerseits den kulturellen Grundbildern, in denen wir aufwachsen, ausgeliefert, was aber nicht heißt, dass wir kritiklos in ihnen gefangen sind. In Kapitel 2 wurde dargestellt, dass der Mensch trotz kultureller Gebundenheit in der Lage ist, Wirklichkeit aktiv durch Kontextveränderung, Verschiebungen, Verdichtungen, Reflexion und Perturbationen konstruieren zu können. Das Gedächtnis mustert zwar, aber es wandelt sich gleichzeitig. Und bei dieser Entwicklung spielen Bilder eine nicht unerhebliche Rolle, weil sie Erfahrungen strukturieren und verdichten und in einer Sprache sprechen, die unsere lineare verbale Sprache erweitert. Bilder können Unsagbares sagbar machen, aber sie können auch täuschen, weglassen, den Blick irritieren. Sie sind ein zentrales Moment, ob als Vor-Bilder oder Ab-Bilder, als Stör-Bilder oder Tabu-Bilder, um sich in ihrer Anverwandlung, durch Hinsehen, Nachahmen oder Verändern, selbst weiterzuentwickeln. »Bilder wirken und verändern denjenigen, auf den sie wirken.« (Stenger 2004, 129). Oft bedeutet dies eine Zumutung, was mir immer wieder in Grundseminaren auffällt, wo Studierende zum ersten Mal mit Kunstwerken konfrontiert werden, die nicht den herkömmlichen Sehmustern entsprechen, seien es Performances von Gina Pane oder Abramovicz, Paul McCarthy oder auch Hans Bellmer.

Bilder entstehen in einem wechselseitigen Interpretationsprozess von kulturellem Gedächtnis und persönlicher Sinngebung oder Symbolbildung (Belting 2001).

Sie werden ständig neu generiert und sind ein wichtiges Element in Musterbildungsprozessen. Lehrende und Lernende in der ästhetischen Bildung müssen über ein sich ständig erweiterndes Reservoir an Methoden verfügen, Bilder zu lesen, zu fühlen und auch zu gestalten, damit der Bildhabitus nicht zu einem starren Muster einfriert, sondern in Bewegung bleibt.

Methodenmuster, um »Bilder« zu erforschen, bewusst zu sehen	»Blinde Flecke« »Was nicht gefragt wird...«	Leitthesen	Wirkungen auf Körper-Kleid-Muster
Kunsthistorisch-biografisches Muster Kunstwerk und Künstlerbiografie	Fehlen von wissenschaftlich vergleichbaren Kriterien Normative Vorstellungen bezüglich des Berufsstandes Künstler	Giorgio Vasari 1511-1574 (Kunstgeschichte) Vasari gilt als Vorreiter der europäischen Kunstgeschichte. Sein Anliegen war, den Berufsstand des Künstlers zu nobilitieren und daher hielt er in Künstlerviten z.B. Michelangelos, Leonardos oder Raffaels Leben biografisch-chronistisch fest. Seine Biografien sind oft anekdotisch-wertend und daher als wissenschaftliche Quellen umstritten. Die Methode biografisch-psychologische Angaben über den Künstler mit in die Interpretation von Bildern einzubeziehen, hat sich bis heute erhalten.	Es macht streckenweise Sinn, biografische Motivationen von Künstlern oder Künstlerinnen mit einzubeziehen, besonders dann, wenn sie ihren eigenen Körper als Material nutzen, wie z.B. Lee Wagstaff auf der Titelseite. Gefahren bestehen in einer Überinterpretation und pseudopsychologischen Reduzierung der Bildmotive auf die Künstlerbiografie.
Geschichte der Kunst des Altertums Griechisches Antiken-Muster Kunstwerk und historischer Wandel	Das Alltägliche, das Hässliche, das Abstrakte oder Gebrochene bleiben außen vor, weil die griechische Antike als Maßstab gesetzt wird.	Johann Joachim Winckelmann 1717-1768 (Kunstgeschichte) Winckelmann gilt als der Begründer der modernen Kunstgeschichte. Als Kind seiner Zeit, dem deutschen Idealismus verpflichtet, befasste er sich vornehmlich mit der griechischen Antike und führte vor, wie die Antike kein homogenes Gebilde gewesen ist, sondern vielfältigen kulturellen Wandlungsprozessen unterworfen war und sich verschiedene antike Stile herausgebildet haben. Bei Winckelmann wurde das Aufdecken des »Schönen« zum zentralen Anliegen und er forderte die Auseinandersetzung mit dem Original. »Die spannungsvolle Einheit von historischer Rekonstruktion und begeisterter ästhetischer Analyse, dieser Grundwiderspruch der Kunstgeschichte, prägt Winckelmanns Vorgehensweise.« (Brassat/Kohle 2003, 29).	Die Methode Winckelmanns macht sensibel für Stereotypisierungen, die wir gerne aus der Distanz zu einer Epoche und ihren Körperbildern vornehmen. Sätze wie: »Im Rokoko da trug man Justaucorps oder hohe ausladende Perücken.« werden als reduzierende Muster entlarvt und der Blick auf die Vielfalt innerhalb von Stilen und Epochen gerichtet.

Stilgeschichtliches Muster Kunstwerk und Stil	Kulturgeschichte, Deutung und Symbolik Problematik einer universalen linearen Stilentwicklung und eines physiognomischen Epochenmerkmals	Heinrich Wölfflin 1858-1905 (Kunstgeschichte) Jeder Kunst-Stil hat für Wölfflin ein unverwechselbares Grundmuster, das das Kunstschaffen von Völkern, historischen Zeitabschnitten, einzelnen Künstlern, Werktypen und einzelnen Kunstwerken kennzeichnet. Dies zeigt Wölfflin am Vergleich von Renaissance und Barock auf (linear vs. malerisch; Fläche vs. Tiefe, Klarheit vs. Unklarheit, geschlossen vs. offen etc.). Jeder Künstler folgt diesem herrschenden Stil seiner Zeit.	Bezogen auf das Körper-Kleid Thema hilft der Wölfflinsche Ansatz, die strukturierende Wahrnehmung zu schulen, wie sich Körperbilder über die Epochen hin verändern und kollektive Grundbilder prägen. Allerdings besteht die Gefahr eines einseitigen Musterdenkens, das rigide alle Erscheinungen in einen Stil zwängen will.
Kulturwissenschaftlich-ikonologisches Muster Bild und kulturelles Gedächtnis	Strukturierung und formale Ordnung	Aby Warburg 1866-1929 (Kulturwissenschaft, Vorläufer der Bildwissenschaft) Aby Warburg erforschte das Bildgedächtnis, indem er auch begrifflich das Wort »Kunst« durch »Bild« ersetzte. In seinem Mnemosyne-Atlas (Erinnerungs-Atlas) sind nicht nur Bilder der Kunst vertreten, sondern auch handwerkliche Produkte wie Wandteppiche oder Briefmarken, die für Warburg Bilder mit innewohnendem kulturellen Gedächtnis darstellten. Warburg suchte nach der Wirkungsmacht von Bildsymbolen, nach Mustern von Körperposen und Pathosformeln (z.B. aus der Antike) mit starker emotionaler Wirkungsmacht, die bis heute in unseren Bildern nachwirken. Er betonte ausdrücklich die körperbezogenen Bildwirkungen und die gebärdensprachliche Eloquenz. Kunsthistorie dient nicht alleinig der Erkenntnis der ästhetischen Valenzen, sondern der in ihnen aufbewahrten kulturellen Dynamiken und Semantiken. Symbole sind für Aby Warburg »Energiekonserven«.	Aby Warburgs Methode, das kulturelle Gedächtnis festzuhalten, seine zum Teil unbewusste emotionale Wirkungsmacht auf unser alltägliches Wahrnehmen und Handeln zu verdeutlichen und Erwin Panofskys Drei-Schritte-Methode der ikonografisch-ikonologischen Analyse solcher kollektiver Motive in Bildern und Werken, bewirken, dass wir uns der innewohnenden Motive unseres alltäglichen Körper- und Kleidungsverhaltens stärker bewusst werden und in kulturellen Archiven nach Wissen und Hintergründen forschen, um solchen Mustern nicht einfach ausgeliefert zu sein.

Geistesgeschichtlich-ikonologisches Muster Bild und Motiv	Die Eigengesetzlichkeit des Kunstwerkes werde nicht gebührend beachtet. Die nichtgegenständliche Kunst lässt sich kaum mit dem motivgeschichtlichen Ansatz Panofskys bewerkstelligen.	Erwin Panofsky (Kunstgeschichte, Vorläufer der Bildwissenschaft) Panofsky entfaltet Warburgs Ikonologie weiter, allerdings vornehmlich mit textorientierten kunsthistorischen Methoden, die erst später durch visuelle Methoden weiterentwickelt werden. Das Bild/Werk, unabhängig von seinem ästhetischen Wert, ist ein Konglomerat von Motiven, die analysiert und erklärt werden müssen. *Drei-Stufen-Modell Panofsky, aus: Brassat/Kohle, 2003, 76, kursiv didaktisch erweitert (auf der folgenden Seite).*	Am Beispiel des nun seit über zweihundert Jahren modischen Klassikers des Herrenanzuges, ließe sich eine motivgeschichtliche und das kollektive Gedächtnis bemühende Analyse bis weit in die Antike und deren Männlichkeitsbild zurückverfolgen. Der Herrenanzug ist eine »Energiekonserve« sondergleichen und es ist eine spannende Aufgabe, ihre Motivvariationen durch den Lauf der Geschichte zu verfolgen. Auch die semiotischen Methodenmuster helfen in diesem Zusammenhang weiter.

Drei-Stufen-Modell Panofsky, aus: Brassat/Kohle, 2003, 76, kursiv didaktisch erweitert.

Gegenstand der Interpretation	**Akt der Interpretation**	**Ausrüstung für die Interpretation**	**Korrektivprinzip der Interpretation**
I Primäres oder natürliches Sujet- (A) tatsachenhaft, *Mann/Frau* (B) ausdruckshaft, *lachend, weinend* das die Welt künstlerischer Motive bildet	Vorikonographische Beschreibung (und pseudo-formale Analyse) *Ein Mann zieht seinen Hut auf der Straße.* *beschreiben, erzählen*	Praktische Erfahrung (Vertrautheit mit Gegenständen und Ereignissen) Vitale Daseinserfahrung= allgemeine Umwelterfahrung mit einer bestimmten Kultur *Sinnliche und narrative Daten des Bildes*	Stil-Geschichte (Einsicht in die Art und Weise, wie unter wechselnden historischen Bedingungen Gegenstände und Ereignisse durch Formen ausgedrückt werden) *Wissen um Begrüßungsrituale in der europäischen Stilgeschichte und ihrer Darstellungskonventionen*
II Sekundäres oder konventionales Sujet, das die Welt von Bildern, Anekdoten und Allegorien bildet	Ikonographische Analyse *Das Hut Ziehen bedeutet Begrüßung.* *erklären, verstehen, analysieren*	Kenntnis literarischer Quellen (Vertrautheit mit bestimmten Themen und Vorstellungen) *Systemische Anlage und Organisation des Bildes, Kenntnis über Symbole und Allegorien des Kulturkreises*	Typen-Geschichte (Einsicht in die Art und Weise, wie unter wechselnden historischen Bedingungen bestimmte Themen oder Vorstellungen durch Gegenstände und Ereignisse ausgedrückt wurden) *Wenn der Hut aus dem Straßenbild verschwindet, erfinden die Menschen neue Begrüßungsrituale.*
III Eigentliche Bedeutung oder Gehalt, der die Welt ‚symbolischer' Werte bildet	Ikonologische Interpretation *Den Hut ziehen als Begrüßung mit anderen Begrüßungsritualen in Beziehung setzen.* *Deuten, Einordnung in einen gesamten Erfahrungskontext*	Synthetische Intuition (Vertrautheit mit den wesentlichen Tendenzen des menschlichen Geistes), geprägt durch persönliche Psychologie und ›Weltanschauung‹ *Interpretieren im Zusammenhang, existenzieller Rückbezug auf die eigene Lebensgeschichte*	Geschichte kultureller Symptome oder ›Symbole‹ allgemein (Einsicht in die Art und Weise wie unter wechselnden historischen Bedingungen wesentliche Tendenzen des menschlichen Geistes durch bestimmte Themen und Vorstellungen ausgedrückt wurden)

Hermeneutisches Muster Bild und Phänomen Kunstwerk und Wirkung	Bildungswissen, Funktionen und Bedeutungen, bzw. Historizität der Bilder treten zurück zugunsten der Intelligenz des Auges	Max Imdahl 1925-1968 (Kunstgeschichte), Oskar Bätschmann 1943 (Literaturwissenschaft) Der Akzent liegt auf der Sichtbarkeit, besonders bei abstrakten Kunstwerken. Als im Laufe des 20. Jahrhunderts die zeitgenössische Kunst sich hin zur Abstraktion bewegte, gerieten die bisherigen Interpretationsmethoden an ihre Grenzen, weil keine gegenständlichen Motive und Darstellungen mehr zu sehen waren. Hermeneutik kommt aus dem Griechischen »hermeneueia« = etwas aussagen, auslegen, übersetzen und ist eine methodische Grundlage der Geisteswissenschaften. Die Methode des »hermeneutischen Zirkels« besagt: »Um einen Text bzw. ein Bild zu verstehen, muss der Interpret auf das Ganze hinschauen, andererseits darf er zum Ganzen nur durch das Verstehen des Einzelnen gelangen.« (Kirschenmann/Schulz 2003, 34) Oder: das Ganze sagt mehr aus, als die Summe seiner Einzelteile. Es geht um die eigenständige Aussagekraft des Bildes und nicht so sehr um dessen Historizität. Der hermeneutische Ansatz stellt die ästhetische Erfahrung als primäre Begegnung in den Mittelpunkt, ist sehr subjektorientiert und sucht die Verbindung von Kunstwerk und Wirkung. Der Betrachter wird so zum Erfahrenden der künstlerischen Erfahrung, indem er das Werk beschreibt, ikonographisch analysiert, kreativ eine ikonologische Analyse abduziert und diese schließlich argumentativ in ihrer Bedeutung absichert. Dieses Verfahren wird hermeneutische Ikonik bezeichnet. Sie schließt an ikonographische und ikonologische Interpretationen an und integriert diese.	Bezogen auf Körper-Kleid-Bilder liefert die hermeneutische Methode eine Möglichkeit ganz nah an dem Phänomen selbst entlang zu interpretieren. Historische Dimensionen oder Funktionen von Kleidung bleiben eher außen vor. Es wird die Gestalt selbst in seiner Wirkung auf den Betrachter interpretiert, sehr subjektiv unter Heranziehung von ikonographischen und ikonologischen Kontexten, die dann eine eigene kreative Interpretation ergeben. Um z.B. die Modekreationen von Margiela, Beirendonk oder Kawakubo zu interpretieren, bietet sich die hermeneutische Methode gut an.

Rezeptions-ästhetisches Muster Betrachter im Bild		Wolfgang Kemp 1946 (Bildwissenschaft), angelehnt an die Literaturwissenschaft von Wolfgang Iser Die kunstwissenschaftliche Rezeptionsästhetik untersucht die innerbildlichen Mittel der Bildvermittlung. Dabei ist das Ziel, die Zeichen und Mittel des Künstlers zu lesen, mit denen das Bild in Kontakt zu uns tritt, seine sozialgeschichtlichen und ästhetischen Aussagen herauszulösen. Hierbei spielen die äußeren Zugangsbedingungen eine wichtige Rolle: In welchem architektonischen Kontext erscheint das Werk? Welche kunstsoziologischen Zugangsbedingungen beeinflussen die Bildrezeption? Hängt das Bild/Werk in einer Kirche, Palast, Museum oder Bank? Welche sozialen und individuellen Erfahrungshorizonte bringt der Betrachter mit? Aber auch das Bild/Werk selbst bestimmt die Rezeptionsvorgaben durch seinen inneren Aufbau: Welcher Bildausschnitt ist gewählt? Perspektivische Gestaltung des Raums und die Positionierung des Betrachters zum Bild? Welche Figuren spielen im Bild eine Rolle und wie kommunizieren diese? Wo sind Leerstellen/Unbestimmtheitsstellen im Bild, die der Betrachter imaginär und phantasievoll ergänzt?	Das rezeptionsästhetische Konzept verhilft bei der Analyse von Körper- und Kleidbildern, sich zum einen der äußeren Bedingungen bewusst zu werden, unter denen Körper in ihrer Verschiedenartigkeit auftreten. Bewegt sich ein Mensch auf dem Catwalk, der Straße, im Fernsehen oder im Second Life? Institutionelle Bedingungen verändern Körperverhalten genauso wie Kleidverhalten. Die Präsentationen von Körperbildern beeinflussen die Rezeption: Welche Perspektive wird gewählt? (vgl. z.B. Titelbild) Wo sind die Leerstellen?
Feministische- / Gender Muster Bild und Geschlecht	Gender besteht nicht nur aus feministischen Standpunkten.	Griselda Pollock 1949 (Bildwissenschaft) Die feministische Kunstgeschichte kritisiert am Beispiel der Stilkategorie, dass der iconic turn zwar einen erweiterten Bildbegriff einführe, aber geschlechtsblind in Bezug auf Form- und Bildkompetenz bleibe. Hier setzt die Geschlechterforschung ein und setzt das Geschlecht zur zentralen Körperkategorie und damit auch Bildkategorie. Verstärkt werden Wahrnehmungskategorien des Sehens analysiert, und zwar unter drei großen Themenbereichen: Darstellung der Frau in der bildenden Kunst, in der Regel von männlichen Künstlern (Blicken) geschaffen, Untersuchung von Biografien und Werken künstlerisch tätiger Frauen, Diskussion der Frage nach einer weiblichen Ästhetik.	Die genderspezifische Methode fokussiert den Blick auf eine binäre Polarisierung, die historisch gewachsene Hierarchisierungen zwischen männlichen und weiblichen Körperbildern verdeutlichen helfen, tendiert aber dazu, die Polarisierung festzuschreiben.

Semiotisches Muster Bild und Zeichen	Sie erfasst zu wenig das emotionale Wirkungspotential von Bildern. Der Körperbezug fehlt, bzw. das transgressive Vermögen von Bildern wie z.B. Bilderverbot, -konflikt, -verehrung.	Felix Thürlemann 1946 (Bildwissenschaft) Bilder werden als wahrnehmungsnahe Zeichen verstanden. Nach dem Vorbild der Allgemeinen Sprachwissenschaft vertraut die semiotische Bildwissenschaft der Dechiffrierung und Entschlüsselung von Zeichen (Semiotik, griech. = Lehre von den Zeichen, Zeichentheorie). Die Unberechenbarkeit der Bilder wird in ein semiotisches Methodenkorsett von Bezeichnendem und Bezeichnetem gezwängt. Dabei werden Zeichen unterschieden in: Icon bildet sein Objekt ab und hat zumindest ein Merkmal mit dem bezeichneten Objekt gemeinsam (z.B. die Darstellung eines Menschen). Index weist auf ein Objekt hin oder zeigt es durch reale Bezüge zum Bezeichneten an. Er ist orts- und zeitgebunden (WC-Herren- und Damenzeichen). Symbol beruht auf kultureller oder spezieller Vereinbarung und hat meist keine unmittelbare, abbildende Beziehung zu seinem Objekt (schwarze Kleidung als Trauerkleidung, rote Rose für Liebe, Apfel für Sünde oder in China für Frieden) (nach Max Bense 1969 in Kirschenmann/Schulz 2003, 36). Auf drei Ebenen haben die verschiedenen Zeichenformen Gemeinsamkeiten:Syntaktik: Sie sind formal in ihren Beziehungen zueinander organisiert. (Syntax)Semantik: Sie enthalten Informationen. (semantischer Gehalt, Bedeutung) Pragmatik: Sie sind zweckbestimmt.	Körper- oder Modebilder in der Kunst und in der Werbung greifen auf das Wissen ihrer Rezipienten im Sinne von Bedeutungsvereinbarungen von Icon, Index und Symbol zurück.Die semiotische Analyse verhilft, die Wirkung von Zeichen auf den Betrachter zu erklären und bewusst zu machen. In der syntaktischen Analyse werden die einzelnen Bildzeichen zunächst genau in ihrer kompositionellen Verschränkung beschrieben, dann in der semantischen Analyse auf die Bedeutungsvereinbarungen des Alltagswissen entschlüsselt und in einem strukturellen Zusammenhang gedeutet, um schließlich in der pragmatischen Analyse als suggestives, indikatives oder imperatives Zeichen ausgelegt zu werden. (vgl. Kirschenmann/ Schulz 2003, 36-37, Benetton Werbung)

Bild-Anthropologisches Muster Bild und Körper Körperbild und Menschenbild	Der Körper ist kein repräsentationsfreier Rückzugsort für Wahrnehmungsakte, sondern gefüllt mit geschlechtsbezogenen Körperdifferenzierungen, sozialen Handlungsmustern etc. Die Bildanthropologie beantwortet nicht, wie die Bilder im Menschen entstehen, denn er ist ja selbst Konstitut des Bildentstehungsprozesses.	Hans Belting 1935 (Bildwissenschaft) Ein Zentralargument der Bild-Anthropologie, die schon bei Aby Warburg angelegt war, lautet: Bilder haben Körperbezug. »Zentral ist dabei eine Art von Bildübersetzung, bei der äußere Bilder durch den Akt der Betrachtung im individuellen Bildspeicher zu inneren Bildern werden.« (340). Der Körper ist der »Ort der Bilder«. Betrachten wir Bilder, dann verändert sich gleichzeitig auch unser Körperbewusstsein. Unser Körper wird zum Trägermedium des Bildes. Belting verweist auch auf kollektiv-kulturelle und symbolische Bilder, die um die Welt reisen und die Körperbilder mit prägen und er regt damit eine kulturvergleichende Bildanalyse an. »Bilder kommen von weit her, wenn sie die elementaren Welt- und Selbsterfahrungen wie Zeit, Körper und Raum repräsentieren, die wir nicht anders als eben in Bildern verständlich machen können. Sie stehen deshalb in einer Geschichte des kollektiven Imaginären, die kulturellem Wandel unterliegt [...].« (Belting 2001, 8). »Bild-Anthropologie ist eine ergänzende Gegenrichtung gegen eine Verkürzung der Kunstwissenschaft auf eine technologisch orientierte Bild- und Medienwissenschaft. (...) Der Körperbezug des Bildes markiert einen entscheidenden Angelpunkt, der gegenüber der Zeichentheorie des Bildes überschüssig ist, denn er führt den wahrnehmenden Menschen ein und eben nicht nur den ikonischen Zeichenzusammenhang.« (Bachmann-Medick 342)	In unserem Kulturkreis hat so gut wie jeder Mensch ein Foto seiner Einschulung. Die Schultüte in der Hand, die Schultasche auf dem Rücken, positioniert vor der Haus- oder Schultüre markiert das Foto einen Initiationsritus in eine Schulwelt, die streng von außen geregelt und mit neuen Erwartungen gefüllt ist. Hier verdichten sich kollektive und persönliche Symbolisierungen. Alle Kinder tragen eine Schultasche und eine Einschulungstüte, aber die persönliche Wahl fällt auf unterschiedliche ästhetische Muster (mal rosa Einhörner oder blaue Rennautos, mal selbst gebastelt oder fertig gekauft). Im Einschulungsfoto wird nicht nur mimetisch auf ein kollektives Bild (Einschulung) Bezug genommen, sondern die betroffenen Erstklässler eignen sich das Bildmuster auch körperlich an. »Das Bild wird innerlich erfahren, zugleich wird es verkörpert und ist somit äußerlich sichtbar und sogar fotografierbar.« (Stenger 2004, 118)

Informationen in der Tabelle sind entnommen aus: Brassat, W.; Kohle, H. (2003); Bachmann-Medick, D. (2007, 329-380); Kirschenmann, J.; Schulz, F. (2003); Beder (2007)

Das Konzept der Muster-Bildungen sieht es als Bildungsauftrag, nicht nur alltagsästhetisch-biografisch sich ästhetischen Mustern zu nähern, sondern auch kulturwissenschaftlich-rational Beträge zur »ästhetischen Alphabetisierung« (Duncker 2007, 191) zu leisten, die Kinder und Jugendliche befähigen, ihre inneren und äußeren Bilderwelten kollektiv einordnen zu können, persönlich auszulegen und zu verändern. Sie sollen im Dazwischen von Fremdem und Eigenem neue ästhetische Muster bilden können und auch kulturwissenschaftliche Methoden- und Fragekompetenzen entwickeln, die verhelfen, innerhalb der eigenen Musterbildungen auch immer wieder die anästhetischen Flecken zu entdecken.

Fähigkeiten zu ordnen und zu mustern sind dabei genauso unabdinglich, wie die Fähigkeiten Unordnungen, Transformationen oder Verschiebungen zu kreieren, damit die Ordnungen nicht rigide und einengend werden.

Ernst Gombrich hat in seinem Buch »Ornament und Kunst« aus wahrnehmungspsychologischer Sicht argumentiert, wie wichtig dieser Ordnungssinn zum menschlichen Überleben ist. »[...] wir könnten gar nichts von der Welt wissen, wenn uns der Ordnungssinn fehlt, der uns erlaubt, unsere Umwelt nach Graden der Regelmäßigkeit zu ordnen.« (Gombrich 1982, 125). Wir müssen die Bilderflut ordnen, und wir unterscheiden dabei das Bekannte vom Fremden und das Einfache vom Komplizierten. So wird das Bekannte das Erwartete, außer wenn etwas Unerwartetes unsere ästhetische Aufmerksamkeit weckt. Ästhetische Bildung muss genau den Punkt erwischen, wo das Erwartete, seien es Schönheitsideale, Vorstellungen von dem, was Kunst sei, oder »alltagsästhetisch-normale« Wahrnehmungsmuster eine gewisse Eintönigkeit und Redundanz erlangt haben, um dann ästhetische Aufmerksamkeitsimpulse durch das Andere und das Widerspenstige, das Neue oder Unbekannte zu setzen, um Musterbildungen voranzutreiben. So werden Kinder und Jugendliche befähigt, ihren Vorrat an ästhetischen Kategorien, Ordnungsmustern und Begriffen zu prüfen und zu erweitern. Sie sind nicht mehr dem immer wieder Gleichen ausgeliefert, sie können hinterfragen, vergleichen und verändern. Gombrich hat dies sehr treffend formuliert: »Was wir als Kontinuität erleben und was als Wechsel, hängt unter anderem von unserer Fähigkeit ab, zu behalten und zu erinnern. Wir können lernen, mit dem fertig zu werden, was William Hogarth »Verwicklung« nannte, und uns sogar an ihr zu erfreuen, eben weil wir beweglich genug sind, einen weiteren Vorrat von Erwartungen auszubilden, die unser Kontinuitätsbewusstsein verändern und aufgliedern, wenn wir unsere Augen benutzen und unsere Umgebung aufnehmen.« (Gombrich 1982, 127).

Und dazu gehören in der ästhetischen Bildung alle Bildwelten, kollektive und persönliche Gedächtnisse und der Wille, sich beständig dem zu stellen, was man aufgrund eines musternden Blicks oder einer ordnenden Handlung gerade wieder als weitere Möglichkeit außer Acht gelassen hat. Neben den kulturwissenschaftlichen Kompetenzen und den alltagsästhetischen Reflexionen gehören auch eigenständige ästhetisch-pragmatische Auseinandersetzungen zu kreativen Musterbildungen.

Die künstlerisch geschaffenen Bildwelten sind diejenigen, vor allem seit dem 20. Jahrhundert, die auf alle Bereiche des Lebens und unsere kulturellen Archive zurückgreifen, sie transformieren und verändern. Sie treiben unsere kreativen Musterbildungen voran und haben geradezu die Aufgabe übernommen, Konventionen, Muster, Stereotype zu spiegeln und sich mit ihnen thematisch auseinanderzusetzen, wie im Kapitel 5 beispielhaft anhand von künstlerischen Eingriffen aufzeigt wird.

5 Künstlerisch-pragmatische Muster-Bildungen

»Kunst gibt nicht das Sichtbare wieder, sondern macht sichtbar.«
(Paul Klee 1920)

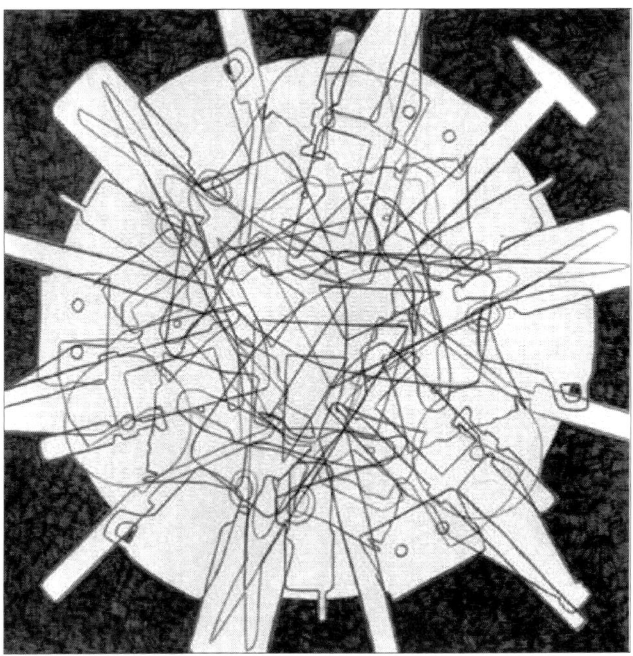

Abb. 18: Brigitte Rost: Zeichnungen 1, Schnittmuster 22 (2007)

»To cut is to think and to see.« (Celant 1996, 31) oder mit jedem gestalterischen Eingriff, ob ich einen Stoff zerschneide, den Auslöser einer Kamera drücke, den Bleistift über das Papier bewege, eine bestimmte Sammlung von Gegenständen anlege, erzeuge ich mit dieser Handlung bewusst oder unbewusst eine Darstellung, eine Repräsentation oder, um im Konzept der Muster-Bildungen zu sprechen, schaffe ich mit meinen Händen und meinem Körper ständig neue ästhetische Muster. Das Symbol des Schneidens entspricht dem roten Faden, der sich bisher durch das vorliegende Buch gezogen hat. In dem Moment, wo ich etwas schneide oder forme, sei es Stoff, Wolle, Bronze, Filmmaterial oder die Leinwand, beginne ich einer Idee Gestalt zu geben und ich entscheide mich für einen Ausdruck. Damit lege ich mich fest und andere Möglichkeiten bleiben außen vor oder werden im Sinne Wolfgang Welschs anästhetisch. Fokus der aktuellen Kunst sind diese anästhetisch gewordenen Felder, die Künstler sichtbar machen wollen und dennoch, auch hier bilden sich sofort wieder neue Muster, bzw. Ordnungen heraus. Fritz Kramer hat dies in seinem Aufsatz »Die Art, sich zu geben« beschrieben: »Wo Künstler indes ganz bei sich sind, bei ihrer Art, sich zu geben, kommt in den neuen Gewändern doch unversehens und hartnäckig ein Habitus zum Vorschein, der ihnen zu eigen ist, in Farbpräferenzen und Ordnungen, Darstellungs- und Malweisen und vor allem im Strich, der sich nicht nur als persönliche Handschrift zu erkennen gibt, sondern ebenso als kulturell geprägte Körpertechnik und Bildvorstellung.« (Kramer 2006, 337). Wechseln Künstler ihren Ort des künstlerischen Schaffens, verändern sich ihre Blickweisen für andere Darstellungsoptionen, dann entstehen, wie im Kapitel »Fremdes und Eigenes« beschrieben, Mischformen, die neue Musterbildungen ermöglichen. In der Malerei, spätestens seit den Kubisten, im Bereich von Kleidung und Mode seit den Futuristen, gibt es kein richtiges oder falsches Schneiden, sondern nur eine ständige Suche nach dem passenden Ausdruck für eine bestimmte Idee, die sich jederzeit wieder in neue Varianten verändern kann. Weil unsere Gesellschaft so reich an Variationen geworden ist und kulturelle Gewissheiten durchlässiger werden, schaffen Moden und Trends ästhetische Gewissheiten, die sich wie Stadionwellen über uns ergießen, und denen wir uns nur schwer entziehen können. Wie Zyklen ziehen sie über uns hinweg, fokussieren für eine gewisse Zeit bestimmte Farben und Formen, Muster oder Hosenbeinlängen. »Durch alle Marken hindurch werden derzeit die Brillen wuchtiger, die Bügel breiter und die Gläser größer oder bei den PKWs der Grill schnauzenartig tiefer gezogen. Vor den armen kleinen Peugeots muss man bald Angst haben, wie sie mit aufgerissener Haifischschnauze die Aquarien der Kleinstädte durchpflügen.« (Gross 2006, 39). Und es ist abzusehen, dass diese Muster oder Trends sich schon bald wieder verändern werden, weil wir uns langweilen und Neues ausprobieren. In jedem Kaufakt müssen wir uns entscheiden für einen Trend und damit andere Möglichkeiten scheiden lassen. »Man kann nicht alles haben und nicht alles prüfen. Würde der Konsument der paulinischen Forderung genügen wollen, alles zu prüfen und das Gute zu behalten (I. Thess 5.21), müsste er schon bei der Wahl einer Brillenfassung ein ganzes Leben benötigen.« (Gross 2006, 41). Deswegen liefern uns Life-Style-Berater Möglichkeiten, einen eigenen Stil zu entwickeln und errichten mehr oder weniger sicht- und spürbare ästhetische Käfige und Laufgänge, damit sich der Konsument zurechtfindet. In- und Out-Listen, Medien und Internet bieten Musterungen, um sich Szenen oder Milieus zuordnen zu können, an denen auch der Konsument aktiv mitwirkt.

Insofern gilt auch für die künstlerisch-pragmatischen Zugänge, dass Gestaltungsordnungen und -veränderungen oder, um im Bild der Muster zu bleiben – Mustererkennungen und Musterbildungen, dialektisch aufeinander bezogen sind und dass, je offener der Blick oder die Hände, bzw. unsere sinnliche Wahrnehmung sind, um so leichter können erkannte Muster verschoben, transformiert oder in neue Kontexte gesetzt werden, können Menschen mit kollektiven Musterbildungen im persönlichen Bereich autonomer, differenzierter und kreativer handeln.

Der chinesische Künstler Zhang Huan (vgl. Abb. vor Kap. 3.1) macht mit seiner fotografischen Abfolge zum Thema Familienstammbaum diese künstlerisch-pragmatischen Muster-Bildungen sichtbar. Zum einen erforscht Zhang Huan alltagsästhetisch-biografisch den Stammbaum eines Menschen, um anschließend mit schwarzen chinesischen Schriftzeichen die Namen der Familienmitglieder nach und nach auf das Gesicht des Menschen zu schreiben, bis es komplett schwarz ist. Kulturwissenschaftlich-rational könnte man interpretieren: Familie schreibt sich in unseren Körperhabitus ein, manchmal so intensiv, dass das Individuelle zurücktritt oder sich hinter einer schwarzen undurchdringlichen Mauer verbirgt, vielleicht auch den Schutz erhöht oder sich gefangen und gebrandmarkt anfühlt. Hier hat ein künstlerisch-pragmatischer Eingriff das Thema Familie artikuliert, und zwar auf eine Art und Weise, dass wir unsere eigenen Familienmuster plötzlich bewusster reflektieren.

Ein Betrachter, der keine chinesischen Schriftzeichen lesen kann, den Titel der Arbeit nicht kennt und auch nichts über Zhang Huans Strategien weiß, würde die einzelnen Gesichter des chinesischen Mannes eher der Mustergestaltung oder Schminktechnik zuordnen. Muster selbst sind Teil der Oberflächengestaltung, geben Ordnung und leiten den Blick. Es gibt thematische Muster, organische, geometrische, abstrakte Muster oder Retromuster, Muster treten im Rapport auf, wiederholen sich, können dekorativ eingesetzt werden oder ein Ornament bilden. Im Laufe der Geschichte haben Handwerker, Künstler, Designer oder Architekten häufig um die Stellung des Musters in der Alltagsästhetik gestritten. Schwelgte der Historismus in einer Kombination von Mustern und Ornamenten, so schrieb Alfons Loos zu Beginn des 20. Jahrhunderts, das Ornament sei ein Verbrechen und leitete damit eine Ästhetik der klaren, geometrischen Fassadengestaltung ein, in der jeder Schnörkel und jedes Ornament fehlten.

Musterungen in der Gestaltung sind wie alle Wahrnehmungen einem kollektiven Gedächtnis und Zeitgeistgefühl unterworfen und es ist sinnvoll, dafür den Blick zu öffnen, indem die Lernenden selbst sich in den Prozess der ästhetisch-pragmatischen Gestaltung hineinbegeben. Es wäre z.B. interessant, all die Muster, die Jugendliche während des Unterrichts auf Karopapier oder am Rand von Arbeitsblättern so nebenbei kritzeln, zusammenzutragen und mit ihnen gemeinsam danach zu forschen, woher ihre Musterbilder eigentlich herkommen, welche anderen Muster es in der Welt noch gibt, welche kulturelle oder symbolische Bedeutung sie tragen, den Unterschied von natürlichen und künstlichen Mustern herauszustellen, wozu Muster eigentlich da sind und wo wir überall auf sie stoßen, welche Variationen sie ermöglichen und wie sehr sie unsere Wahrnehmung strukturieren.

Musterungen selbst bilden aber nur einen kleinen Teil der gestalterischen oder künstlerisch-pragmatischen Eingriffe. Zu ihnen zählen alle Techniken, Medien und Materialien, die Menschen erfinden und nutzen, um Dinge zu gestalten, Ideen und Gefühle auszudrücken. An dieser Stelle möchte ich auf die Gestaltungspraxis und -theorien verweisen, die im Laufe der Menschheitsgeschichte entwickelt worden sind: Farben- und Formlehren, Kompositionslehren, Lehren von Techniken wie Malen, Zeichnen, Filmen, Fotografieren, Nähen, Stricken, Bildhauerei, Dichten, Drucken, Collagieren, digitale Medien etc.. Wie auch bei den kulturwissenschaftlichen Musterbildungen ist es hier sinnvoll, über möglichst viele künstlerische Strategien zu verfügen, damit es nicht zu Mustererstarrungen im Bereich der praktischen Gestaltung kommt. Oder wie es manchmal im Unterricht der ästhetischen Fächer geschieht, nur ganz bestimmte Techniken oder Farblehren vermittelt werden, einfach weil die Lehrenden selbst über nur ein geringes Repertoire an Gestaltungsmöglichkeiten verfügen oder subjektive Präferenzen zum allgemeinen Lehrplan erklären. Schwierig wird es auch, wenn die Technik um ihrer selbst willen im Mittelpunkt des ästhetischen Unterrichts steht, wie es mir in meiner Schulzeit passiert ist. Ich musste den Linolschnitt erlernen, weil er im Lehrplan stand. Ich habe nie etwas über den Linolschnitt in der Kunstgeschichte erfahren, auch nicht über verschiedene Druckverfahren, sondern es ging nur um die Wahl eines Motivs und über die exakte Ausführung. Das ganze Verfahren hatte nichts mit mir zu tun, ich habe es auch nie mehr wieder in meinem Leben genutzt. Ob es Freude gemacht hat, vermag ich kaum noch zu sagen. Ich kann mich erinnern, dass ich den Phantasievogel schon fertig bekommen wollte, aber aufbewahrt habe ich die Drucke nicht. Meinen ersten selbst entworfenen und gestrickten Pullover habe ich allerdings noch heute und über das Stricken habe ich mir inzwischen ein immenses kulturelles Wissen und geschickte kreative Fähigkeiten angeeignet. Ich habe Seminare zu textilen Techniken, alltagsästhetisch, kulturwissenschaftlich und künstlerisch ausgearbeitet und in einer Zeitschrift veröffentlicht, kurzum ein in meiner Familiengeschichte tief verankertes textiles Muster hat sich auch in mir festgesetzt und ich habe es weitergeführt. Aber während ich in diesem textilen Gestaltungsbereich zunächst meine Fähigkeiten vertieft habe, wurde mir mit der Zeit immer deutlicher, wie viele gestalterische Möglichkeiten der Fokus auf textile Musterbildungen außer Acht lässt, bzw. wie viele Optionen sich auftun, wenn die Grenzen zwischen Textil, Kunst, Alltagsästhetik, Design, Technik besonders in der Lehramtsausbildung gelockert werden, um interdisziplinäre Musterbildungen zu ermöglichen. Leider scheint dies in der Öffentlichkeit und auch in den wissenschaftlichen Disziplinen noch nicht überall durchgedrungen zu sein, da hier Textil immer noch auf Stricken, Sticken und traditionelle weibliche Handarbeiten reduziert wird und mit dem Fach Kunst verbinden die meisten Menschen bis heute Malen und Zeichnen. Kollektive Gedächtnisse mustern sehr tief greifend unsere Vorstellungen und es bedarf vieler Musterstörungen, die sich möglichst weit im Alltag verbreiten müssen, um neue Blicke und Perspektiven auch in den künstlerisch-gestalterischen Musterbildungen zu ermöglichen. Daher plädiere ich für eine breit angelegte ästhetische Musterbildung, die ästhetisches Forschen in den Mittelpunkt stellt und nicht so sehr einzelne gestalterische Disziplinen in den Lehrplänen fokussiert. Selbstverständlich gehören auch technische Lehrgänge in das Konzept der künstlerisch-pragmatischen Musterbildungen, aber nicht um ihrer selbst willen, oder um »nette« Endprodukte zu schaffen, sondern um die Ausdrucksfähigkeiten zu erweitern.

In den folgenden Kapiteln werde ich nicht die herkömmlichen künstlerischen Strategien wie Malen oder Zeichnen, Nähen oder Sticken, Holzbearbeitung oder Töpfern, Perspektive oder Abstraktion vorstellen, sondern ich habe Tätigkeiten gewählt, die sich auf alle Techniken, Medien oder Materialien anwenden lassen, und die sich aus den vorangegangenen Theoriebausteinen zum Konzept der Musterbildungen extrahieren lassen. Es handelt sich um künstlerisch-pragmatische Eingriffe, die hergebrachte Muster und Ordnungen ins Schwingen bringen und Muster an Muster bilden, um die Menschen in ihrer ästhetischen Perspektivenvielfalt zu fördern, sie selbst in ihrer Persönlichkeit zu bilden.

Parasitieren und Infizieren – passungsfähige(s) Störungen/Rauschen erfinden
Transformieren und Reframen – etwas in neue Kontexte setzen
Performieren und Inszenieren – Ideen in körperliche Handlung umsetzen
Bricolieren und Erfinden – wild denken, handeln, ungewohnt kombinieren

Diese künstlerisch-pragmatischen Muster-Bildungen werden beispielhaft zum Thema Kleid-Körper-Kunst vorgestellt, an Künstlerbeispielen diskutiert und können jederzeit um andere Strategien erweitert werden, die kreative ästhetische Musterbildungen ermöglichen. Um nur einige anzuführen: Sammeln, Ordnen, Archivieren, Verfremden, Ironisieren, Verwandeln, Verdichten, Übertreiben, Camouflage, subversive Affirmation, Überidentifizierung, Fake und Fälschung, Collage und Montage, Entwendung und Umdeutung etc.

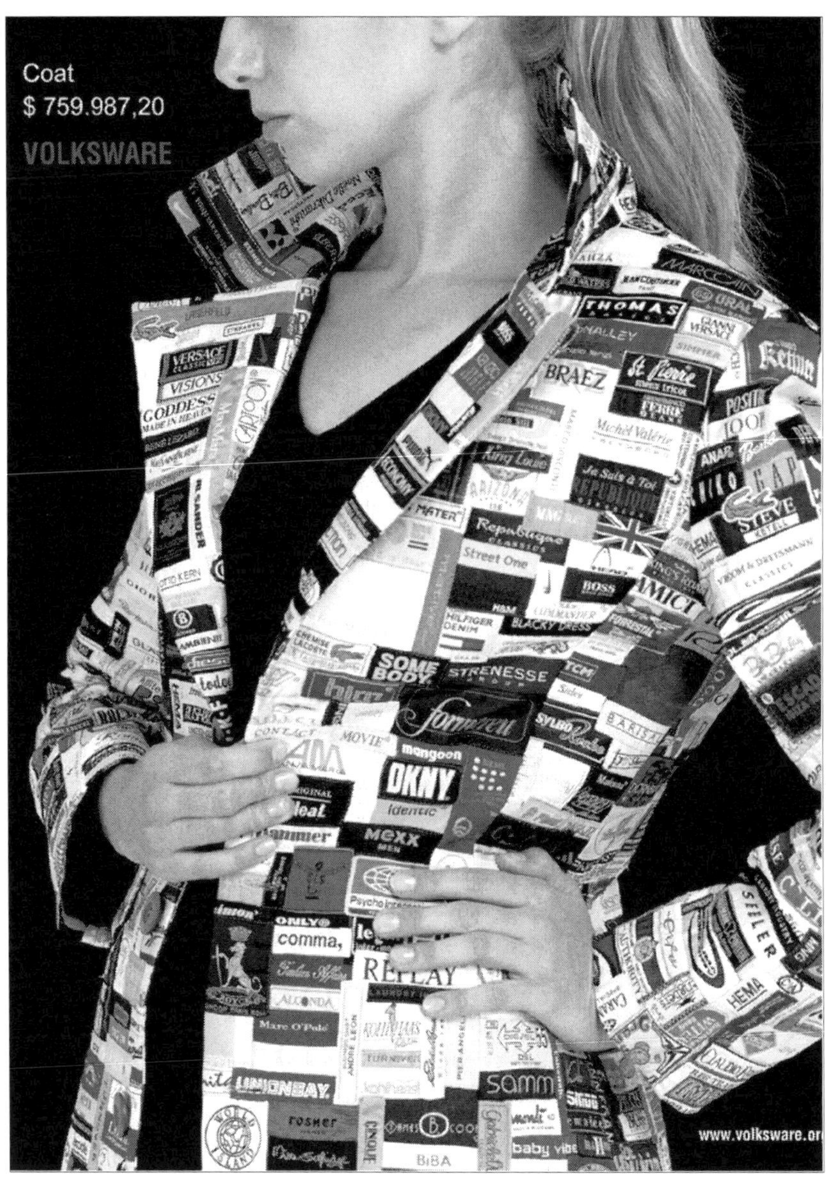

Abb. 19: Silke Wawro: Volksware-Mantel (2003)

5.1 Parasitieren und Infizieren

> »Rauschen im Sinn von Unordnung, also Zufall, aber im Sinne von Störung, einer Störung, welche die Ordnung verändert, und mithin den Sinn, wenn man von Sinn sprechen kann. In jedem Falle aber verändert diese Störung die Ordnung. Die Störung ist ein Parasit, man ahnte es bereits. Die neue Ordnung erscheint durch den Parasiten, der die Nachricht stört. Er verwirrt die alte Reihe, die Folge, die Botschaft, und er komponiert eine neue.« (Michael Serres 1980)

Parasitieren und Infizieren haben als künstlerisch pragmatische Strategie Gemeinsamkeiten in ihrer Analogie zu biologischen Parasiten- oder Virenmodellen. Das Einnisten des Parasiten, der in der griechischen Antike ein Tischgenosse oder Gast war (para=Mahlzeit, Nahrung; sitos=angesiedelt), wird zunächst vom Wirt geduldet. »Der menschliche Körper ist ein dicht bevölkerter, wimmelnder und hoch »infizierter« Lebensraum, der alles andere als keimfrei ist. An die 100 Billionen Mirkoorganismen leben auf und im menschlichen Körper, also hat jede menschliche Zelle etwa 10 Mitbewohner, die zwar meist ungefährlich sind oder die vom Immunsystem vernichtet werden, ohne die wir nicht leben könnten und die uns schon allein durch ihre Präsenz auch vor dem Eindringen von fremden Parasiten schützen.« (Rötzer 2007, 72). Forschungen haben z.B. gezeigt, dass Kinder, die auf einem traditionellen Bauernhof groß werden und sich mit vielfältigen Umwelterregern auseinandersetzen müssen, viel seltener an Asthma oder Allergien erkranken als Kinder, die einer übertriebenen Hygiene ausgesetzt sind. Ihr Immunsystem musste sich immer neuen Störungen oder kleinen Infektionen anpassen und wenn die Erreger, Parasiten oder Viren vom körpereigenen System integriert werden können, so steigt die Immunität des Organismus vor schädlichen Eindringlingen. Es ist komplexer geworden. Der Virus oder Parasit hat zunächst das Körpersystem destabilisiert. Die bestehenden Ordnungsmuster sind daraufhin vom Körper verändert worden, um überleben zu können.

Michael Serres hat 1980 in »Le Parasite« ein Kommunikationsmodell entworfen, wonach der Parasit im Hinblick auf sein Wirtssystem eine wichtige Funktion ausübt, denn er »zahlt mit Information, mit Energie in mikroskopischer Größenordnung. [...] Der Parasit erfindet etwas Neues.« (Serres 1987, 59-60). »Sein Besuch oder Eindringen führt langsam zu strukturellen Veränderungen im System, durch die Beunruhigung des Wirts entstehen Transformationen, welche die bestehende Ordnung in einen neue überführen können.« (Fabo 2007a, 49).

So gesehen wird die negative Konnotation des Parasiten als Schmarotzer in einen positiven Impuls überführt, der unseren Organismus am Leben erhält, weil er ständig dazu auffordert, neue Anpassungsleistungen zu erbringen und damit wie ein Katalysator die Entwicklung von Leben durch Innovationen vorantreibt. Lediglich dann, wenn der Parasit oder der Virus zur chronischen Erkrankung oder zum Tode führen, wird es problematisch. Medizinische, politische oder technische Eingriffe werden notwendig, je nachdem um was für Eindringlinge es sich handelt: Krebsviren, Guerillakämpfer oder Computerviren u.a..

Der Modedesigner Martin Margiela nahm die tödliche parasitäre Infektion in einer Ausstellung des Boiymans von Beuningen-Museums in Rotterdam 1997 wörtlich, indem er seine Kleidungsstücke mit Bakterien versah, die die gesamte immer morbider werdende Modepräsentation bis zum Ende der Ausstellung vollständig zersetzt hatten. Einerseits stellt dies einen Angriff auf das Modesystem als Ganzes dar, andererseits ist dem System Mode der Parasit oder das kontinuierliche Absterben per se als Systemcode eingeschrieben und die Mode inszeniert geradezu ihre eigenen Viren, um sich am Leben zu erhalten.

In der wissenschaftlichen Literatur wird der Parasit vom Virus unterschieden. Der Parasit ist körperlicher wohingegen der Virus stärker auf eine Wirtszelle angewiesen ist, um von dort aus seine Umkodierungen vornehmen zu können. Erst in der Wirtszelle kann der Virus seine Lebendigkeit entfalten, wo er fremde Systeme durch Einschleusen von Informationen verändert und Ordnungsverhältnisse verschiebt (vgl. Fabo 2007a, 52). Serres zufolge ›haben die Systeme sich immunisiert, indem sie komplexer wurden.‹ (S. 106).« (Fabo 2007a, 52).

Bei den künstlerisch-parasitären Strategien, die neue Musterbildungen ermöglichen sollen, indem sie sich auf herkömmliche Wahrnehmungsmuster andocken, einen ästhetischen Infekt hervorrufen und somit das körpereigene »ästhetische« Immunsystem dazu auffordern, sich zu verändern, besteht der Anspruch, weder tödlich noch chronisch zu enden. Die infizierenden ästhetischen Parasiten oder Viren müssen so gewählt sein, dass sie die jungen Menschen differenziert und komplex in ihrem ästhetischen Wahrnehmungsprozess zu neuen Musterbildungen anregen. Dass es dabei schon mal fiebrig zugehen kann oder dass sich nicht jeder Erreger bei jedem jungen Menschen gleichermaßen einnistet, ist offensichtlich.

Ästhetisch zu infizieren (vgl. Kolhoff-Kahl 2000 und 2002) und parasitäre künstlerische Strategien zu nutzen, um Wahrnehmungsmuster im positiven Sinn zu stören und zu irritieren, ist folglich eine wichtige Methode im Konzept der Muster-Bildungen. Bekannt sind die »ikealtypischen«, wie Kosselleck sie nennt, gerahmten Frauenbilder in Billy-Regalen, die ganze Kontinente mit einem klischeehaften Musterbild pflastern. Den Künstler Ruppe Koselleck hat dies zu »Parasitären Publikationen« unter dem Motto »ICH UND IKEA« herausgefordert. Bei einem Rundgang in der Bielefelder Ikea-Filiale 2006 positionierte er Fotorahmen mit seinem Konterfeit, Schnitzel auf Glatzkopf, inmitten der ikealtypischen Frauenbilder. (www.koselleck.de, 10.7.2008). Der kleine, prägnante Eindringling macht uns plötzlich bewusst, wie normierend unsere »stock photography« um den Globus wandert. Es sind die hellhäutigen, makellosen, langhaarigen, jungen Frauen, die in Regalen präsentiert werden, und keine glatzköpfigen mit Schnitzel versehenen Männerköpfe. Die parasitäre Botschaft Kosellecks fordert uns auf, wachen Geistes zu sein und die Artenvielfalt zu erhöhen. Auch der innewohnende Humor lässt uns die Störung leichter akzeptieren. Nicht jeder Besucher wird den Eingriff bemerken, und wenn, werden unterschiedliche Reaktionen und Musterveränderungen ausgelöst. Als Ruppe Kosellek in einem anderen parasitären Projekt, die Anzeigenblätter von Aldi und Lidl austauschte, führte dies zu folgenden Handlungsveränderungen. Kunden suchten verzweifelt nach den Sonderangeboten und verbrachten viel mehr Zeit als sonst in der Filiale oder wurden wütend und verließen das Geschäft. Filialenmanager rannten aufgeregt mit Stapeln fremder Anzeigenblätter zum Papiercontainer – der Parasit hatte das System durch veränderte Informationen gestört, die Wahrnehmung verschoben und unsere Discouter-Billig-Schnäppchen-Jagd subversiv irritiert.

Die Aktion der Barbie Liberation Organization, die in den 90er Jahren Barbies und G.I Joe-Puppen kaufte, anschließend ihre Stimmen vertauschte und sie wieder als männlich-markant grummelnde Barbies und shoppingsüchtige, piepsige Soldaten in die Läden schmuggelte, vollzieht sich wie bei Koselleck als leise »Kunst der (un)freundlichen Übernahme« (Fabo 2007b, 139). Bei Jugendlichen lösen solche künstlerischen Eingriffe hohe ästhetische Aufmerksamkeit aus. Teilweise sind sie so handlungsauffordernd, dass die jungen Menschen beginnen, selbst ästhetische Parasiten zu erfinden und damit aktiv ästhetische Musterbildungen voranzutreiben und sich gegen Klischees und Vorurteile zu immunisieren. Parasitäre Interventionen »verunsichern unsere Routinen und irritieren die Wahrnehmung, sie dekonstruieren mediale Festschreibungen und institutionelle Bildpolitik, sie bewegen sich in der Vermarktung aller Ideen und versuchen gleichzeitig, diesen Umarmungstendenzen noch eine Spur der Differenz, des Anders-Seins abzugewinnen.« (Fabo 2007b, 151).

Künstlerisch-parasitäre Strategien wirken wie Schutzimpfungen gegen Anästhetik oder ästhetische Musterkorsetts, die unser Leben einengen und kontrollieren. Ob allerdings immer eine Heilung oder Immunisierung eintritt, ist abhängig vom Wirt und vom parasitären Impuls. Eine Infizierung oder gelungene Entzündung tritt nur ein, wenn im System eine Möglichkeit des Andockens oder Einnistens besteht. Es hat keinen Sinn, alle Jugendlichen einer Klasse mit demselben künstlerisch-pragmatischen Virus infizieren zu wollen, weil ihre mitgebrachten ästhetischen Muster verschieden sind. Ästhetische bildende Lehrer müssen selbst über viele Infizierungsoptionen verfügen und vielleicht auch auf die »Hacker- oder Piraterie«-Fähigkeiten ihrer Schüler und Schülerinnen vertrauen, die durch Web-Blogs und Internet teilweise gut in Guerillatechniken oder parasitären Computertechniken (Viren, Würmer, Hoaxes etc.) geschult sind und diese für eigene künstlerisch-virale Strategien einsetzen können.

Im Alltag sind bei Kindern und Jugendlichen ästhetische Infizierungen oft zu beobachten. Jutta Ströter-Bender analysiert z.B. das ästhetische Verhalten der neunjährigen Mädchen Svenja, Ellen und Anna, die jeden Nachmittag die Fernsehserie »Sailor Moon« verfolgen. Von Barbie-Fans sind sie zu Sailor Moon Mädchen mutiert: Sie sammeln Zeitschriften, kleiden sich im an japanische Schulmädchenuniformen erinnernden Sailor Moon Kriegerinnenstil und malen ihre Heldinnen. Ströter-Bender scheint es, als hätten die jungen Rezipientinnen »ihre« Sailor Heldinnen visuell auswendig gelernt (vgl. Ströter-Bender 1999, 232). Die Mädchen sind von den Sailor Moon Figuren wie von Viren infiziert, die sie abarbeiten müssen, um ihre weiblich-ästhetische Sozialisation zu durchleben. Ein Jahr später ist auch diese Infektion vorbei und Pferdeposter aus der Zeitschrift Wendy haben den viralen Infekt übernommen. Allerdings bleiben diese medialen Parasiten oder Erreger alle auf der alltagsästhetischen-biografischen Muster-Bildung stehen. Es haben keine irritierenden Momente durch z.B. künstlerisch-infizierende Strategien stattgefunden, sondern die Mädchen bleiben im ästhetischen Muster von Weiblichkeit stehen, die ihnen Medien und kollektive Umwelt anbieten und zurückspiegeln.

Die Künstlerin Rosemarie Trockel hat 1993 in ihrer Arbeit »Paris blonde und B.B.-Buch«, die Brigitte Bardot Fan-Bilder-Sammlung ihrer Schwester in mehreren Vitrinen ausgestellt. Es sind einerseits persönliche ästhetische Musterungen ihrer Schwester aus den 60er Jahren – ähnlich wie die Sailor Moon Ästhetik aus den 90ern -, die ein kollektives weibliches Fanportrait einer vergangenen Zeit dokumentieren. Doch Rosemarie Trockel ließ es nicht bei dieser ästhetisch-biografischen Dokumentation, sondern schmuggelte einen anderen B.B. Eindringling in die Vitrinen: Zwischen Bunte-Zeitschriften mit Brigitte Bardot Portraits, »Die Sexbombe als Hütemädchen« und »Magen ausgepumpt« Titelüberschriften hat sich ein »B.B.-Buch« = Bertolt Brecht Buch eingeschlichen – ein Beobachter zweiter Ordnung. »B.B. trifft B.B.«. Er ermöglicht neue, ungewohnte Blicke und Interpretationen von weiblichen Medienbildern, Starklischees und Musterspuren, die sich ästhetisch verfangen haben. Welchen infizierenden Eindringling die Sailor-Moon-Fans wohl eingeschmuggelt hätten, um mit ihren Weiblichkeitsmustern zu spielen?

Gelungene parasitäre Strategien und ästhetische Infekte sind effiziente Katalysatoren für ästhetische Musterbildungen und außerdem handlungsmotivierend für eigene Gestaltungen, weil sie den Alltagsstrategien, ob in Werbung, Politik oder Internet unserer medialen Öffentlichkeit, sehr nahe stehen und somit leicht die ästhetisch-biografischen Alltagsmuster von Kindern und Jugendlichen kreuzen können. Die Infekte erzeugen eine Störung oder ein Rauschen in den bestehenden Ordnungen und wenn sie nicht zu schockierend und laut, aber auch nicht zu irrelevant und leise sind, bringen sie die Wahrnehmungsmuster ins Schwingen und lösen neue Musterbildungen aus oder vermögen wenigstens Aufmerksamkeit für das Muster, das verbindet, zu erregen und damit für ästhetische Wahrnehmung und ihren Einfluss auf unser Leben zu sensibilisieren.

Ästhetische Werkstätten für die Unterrichtspraxis finden sich in Kapitel 7.3.1: »Parasitieren und Infizieren«.

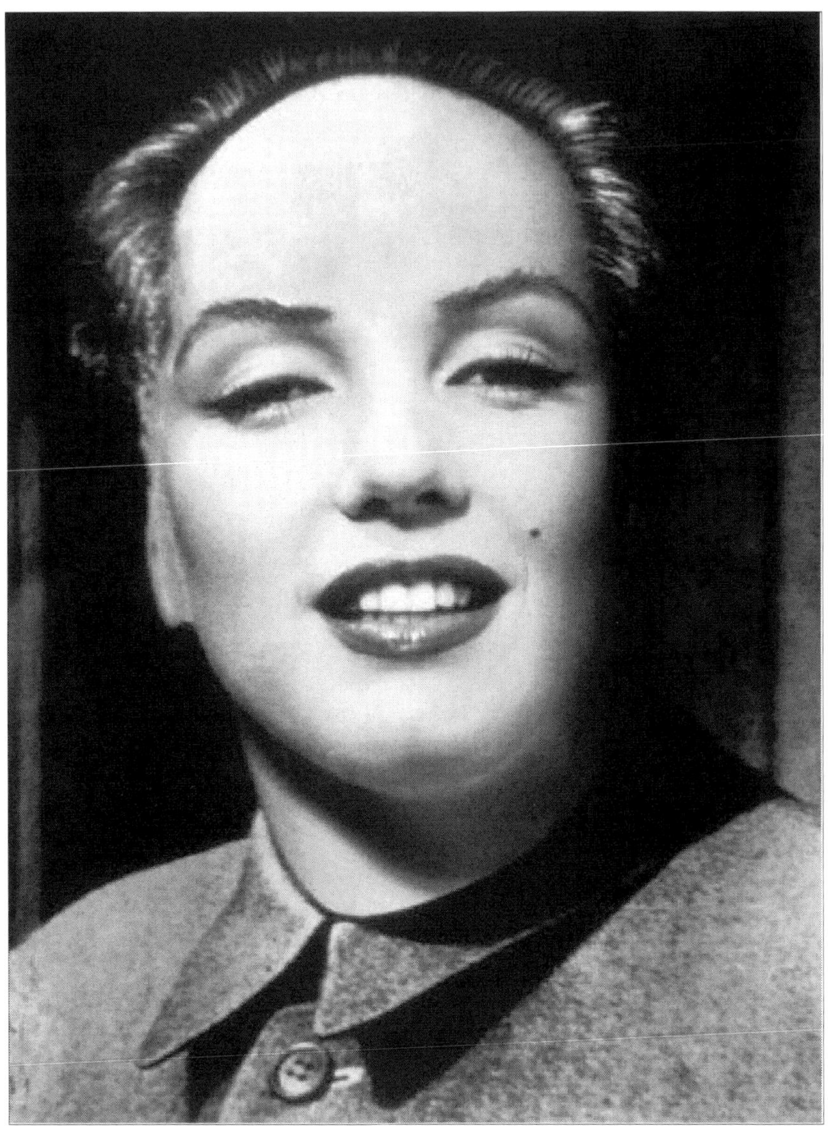

Abb. 20: Philippe Halsman: Mao-Marilyn, (1951/1982) Silverprint

5.2 Transformieren und Reframen

»Das Ehepaar X lebt auf ziemlich großem Fuße. Nach Ansicht der einen soll der Mann viel verdient und sich dabei etwas zurückgelegt haben, nach der andern wieder soll sich die Frau etwas zurückgelegt und dabei viel verdient haben.« (Daniel Spitzer 1912)

Mao meets Marilyn, kein Witz, sondern zwei Ikonen aus zwei Systemen mit verschiedenen Codes: Kapitalismus und Sozialismus (politische Logik), weiblich verführerisch und männlich staatsmännisch (emotionale Logik). Zunächst scheinen sich die beiden Kontexte, der chinesische Führer und die amerikanische Pop-Ikone, nicht vereinen zu lassen. Ihre kulturellen Deutungen und konstruierten ästhetischen Wirklichkeiten liegen so weit voneinander entfernt, dass sie sich auszuschließen scheinen. Aber dem Künstler Philippe Halsman ist es in seiner Fotografie gelungen (vgl. Abb. Kap. 5.2), die beiden Gesichter ineinander aufgehen zu lassen. Die Bilder von Wirklichkeit, die beide Menschen symbolisieren, werden aus ihren traditionell gemusterten Weltbildern herausgelöst und in unvermutete Sinnzusammenhänge »verrückt«. Marilyn im Mao-Anzug statt weißem Kleid und Mao mit verführerischen Katzenaugen und aufgeworfenen geschminkten Lippen statt männlicher Physiognomie. Die Umdeutung beinhaltet: »Die jedem Weltbild in verschiedenster Weise eigene Illusion eines allumfassenden, jede andere Möglichkeit ausschließenden Rahmens wird gesprengt, und es erweist sich damit die ›Möglichkeit des Andersseins‹ im Sinne Aristoteles. Dies geschieht durch das Sichtbarmachen übergeordneter Alternativen und Gegensatzpaare.« (Watzlawick 2007, 91). Paul Watzlawick führt weiter aus, was schon Wittgenstein am Beispiel des Spieles verdeutlicht habe: sobald uns jemand ein neues Spiel vorschlage, könne man das alte Spiel nicht mehr naiv weiterspielen, weil man jetzt etwas anderes sehe. Wer Mao als Marilyn wahrnimmt und Marilyn als Mao, dessen Weltbilder beginnen, zunächst auf ästhetisch-emotionaler, dann auf rationaler und vielleicht auch handelnder Ebene, sich neu zu mustern. Wie weit die Umdeutungen dabei im einzelnen Menschen Fuß fassen und es zu Musterbildungen kommt, ist wiederum wie beim Parasitieren und Infizieren von den Erfahrungs- und Wahrnehmungsmustern des Beobachters abhängig.

Was der Fotograf Philippe Halsman nutzt, ist das Unterlaufen unserer logisch-analytisch denkenden linken Hirnhemisphäre, die als Hüterin an der Schwelle für unlogische und unvernünftige Handlungen oder für ungewohnte, kreative, phantasievolle Musterverknüpfungen steht (vgl. Kap. 2.3). Ästhetisches Transformieren oder Reframen, verstanden als Bekanntes in einen neuen Rahmen bringen, basiert auf der Umdeutung von ästhetischen Kontexten. Sie ermöglichen, transversal zwischen Heterogenem zu denken und zu handeln und sich immer wieder dem Anders-Sein anzupassen, bzw. neue Kontexte zu bilden.

Man kann mit Watzlawicks therapeutischem Ansatz »Alles, nur das nicht.« die Bildungseffekte und -grenzen ästhetischer Transformationen erläutern. Dort, wo im Betrachter der heftigste Widerstand herrscht oder die größte Angst, sich auf ungewohnte Umdeutungen einzulassen, liegen die besten Chancen von Transformationen verborgen. Das bedeutet, auch die eigenen Wahrnehmungsbilder zu variieren, lieb gewonnene Gewohnheiten in neue Kontexte zu setzen und sie damit ihrer Musterspur zu entfremden und so neue ästhetische Handlungsweisen zu probieren.

Schwierig wird es, wenn die Umdeutung zwei völlig verschiedene Codes betrifft und von den Betrachtern auf Grund von Ideologien, Schwarz-Weiß-Denken oder Tabus nicht verstanden wird. Dann laufen die Transformationen ins Leere oder es müssen die Kontextualisierungen erläutert und aufbereitet werden. Derzeit finden solche Missverständnisse von Transformationen immer wieder bezogen auf religiöse Karikaturen des Islams statt, weil die »Alles, nur das nicht!« - Ästhetik so rigoros und eng gemustert ist, dass es keine Systemüberschreitungen geben darf, denn sie würden transversales Denken einleiten, was von einigen religiösen Betroffenen nicht erwünscht ist.

Aber im Bereich von Kunst, Mode oder Design gelingen im 20. und 21. Jahrhundert viele ästhetische Kontextüberschreitungen oder Transformationen, die unsere Wahrnehmungsmuster lockern und neue Körperbilder ermöglichen, indem unkonventionell quer durch die Disziplinen und Wissensbereiche hindurch gedacht und experimentiert wird (vgl. Kämpf-Jansen 2000, 147). Bekannte ästhetische Muster werden fragwürdig gemacht und gegen den Strich gebürstet. Ob es Marcel Duchamps Flaschentrockner im Museum ist, die Fake-Arbeiten des Künstlerduos Fischli/Weiß, die die Grenzziehungen von Lüge und Authentizität in Frage stellen oder ob Hussein Chalayan in seiner Kollektion »Afterwords« (2000/01) Möbel in tragbare Kleidung verwandelt, es geht immer um neue ästhetische Blicke, um Innovation, um Musterbildungen, die Reflexion und Analyse über bestehende kulturelle Muster einleiten und dabei alltagsästhetische, wissenschaftliche und künstlerische Ebenen vermengen.

Künstlerische Transformationen nutzen (vgl. Loschek 2007, 128 ff):

- das **Mehrwertige,** z.B. in Sprachbildern, wenn Timm Ulrichs in seiner Arbeit »Kopfsteinplaster«, mit hunderten von seinen eigenen Kopfabgüssen die Strasse pflastert und in uns ein Verwirrspiel von Gedanken und Assoziationen auslöst;

- den **Anachronismus,** wenn Versace Jeansjacke und Krinolinenrock aus Seide mit renaissanceartigem Muster kombiniert (vgl. Loschek 2007, 129).
- die **Paradoxie**, in der Widersprüche fusioniert werden. Konventionsmuster werden dabei gesprengt, indem z.B. die Selbstbezüglichkeit negiert wird. Zizi Raymond hat mit seiner Badeanzugkreation solch eine Paradoxie hergestellt. In »Undertow« ist ein Badeanzug von oben bis unten mit Kieselsteinen bestückt und paradoxiert so seine Funktion, die Selbstbezüglichkeit von Bademoden, bzw. es entsteht eine Kontextüberschreitung, indem das Unvereinbare zusammengeführt wird und sich so neue Sichtweisen ergeben. Einen Badeanzug für den Marathonschwimmer oder für einen Suizidgefährdeten – die Grenzen sind fließend. Auch in der Alltagsmode begegnen uns solche Paradoxien wie die schon einmal erwähnte neue Jeans, die dennoch löchrig ist.

Weiterhin werden Kontexte **verfremdet** mit dem Ziel, den anderen Blick als den bisher musternden zu evozieren.

»Im künstlerischen Akt, in dem Alltagsgegenstände [hier Kleidung] das Ausgangsmaterial sind, muss dieses ›Material‹ immer wieder neu und sehr genau befragt werden, um an routinierten Alltagswahrnehmungen und hinderlichen Klischees vorbei eine Irritation, einen anderen Blick zu ermöglichen.« (Kämpf-Jansen 2000, 111). Im Zusammenspiel von Kunst und Mode/Kleid, die sich am Ort des Körpers treffen, zeigt Ingrid Loschek unterschiedliche Transformationen auf, die ästhetische Musterbildungen in Gang zu setzen vermögen. Loschek spricht in diesem Zusammehang von »Crossings«, wo Grenzen zweier oder mehrerer Bedeutungssysteme überschritten und kombiniert werden und so neue, manchmal witzige, aber auch schockierende und irritierende ästhetische Wahrnehmungen ermöglichen.[8]

»Art crossing« nutzt die Grenzüberschreitungen zwischen den Systemen Kunst und Mode bzw. Kleidung, die seit Beginn der Industrialisierung und damit auch preiswerteren Massenproduktionen von Textilien ihren Anfang nimmt. Im 19. Jahrhundert entwickelt sich die Haute Couture mit ihren Kleidinnovationen und in der Kunst brechen die künstlerischen Strategien aus ihren bisher engen Mustern von Technik und Material aus. In der Bildhauerei werden die klassischen Materialien wie Stein, Bronze und Holz auch um weiche textile Materialien erweitert, z.B. in Edgar Degas vierzehnjähriger Tänzerin – die er zunächst in Wachs modellierte und mit Mieder, textilem Gazeröckchen, Schuhen und echtem Rosshaar ausstattete (vgl. Kolhoff-Kahl 2006).

8 Inhalte angelehnt an: Loschek, I.: Wann ist Mode?, Berlin 2007, 130ff.

So können im 20. Jahrhundert auch Kunstwerke zu Stoffmustern werden, wenn Elsa Schiaparelli die surreale Skulptur »Venus von Milo« von Salvador Dali zum Schreibtischkostüm transformiert. Kleidungsstücke werden in künstlerischen Strategien zum Gestaltungsmittel oder Werkzeug, wie bei Sarah Lucas, die in ihrer Installation »Happy Families« (1999, vgl. Kap. 4.1) unsere Vorstellung von Familie zu transformieren versucht, indem Seidenstrümpfe und Spiegeleier als Stellvertreter für ein weibliches Familienmitglied stehen und an einem Kleidergestell aufgehängt sind. Wenn Kunst und Mode aufeinander treffen, eröffnen sich verschiedenste Umdeutungs- und neuen Rahmenkonzepte, die unsere Wahrnehmungsmuster verdichten und verschieben.

Im »**Border crossing**« führen Modedesigner und Künstler das Ungleichartige verschiedener kulturbedingter Kleidungsstile zu einer neuen Symbolik zusammen, und zwar aus Neugier an der Ambivalenz und Vielfalt, um durch die Bedeutungsverschiebungen Zukunftsvisionen zu eröffnen. Als Modedesigner und Künstler setzt sich Hussein Chalayan, selbst aufgewachsen im geteilten Zypern, in vielen seiner Kreationen mit Körper und Kleid verschiedener Kulturen auseinander. Hussein Chalayan ist das Wesen des Nationalstaates, das Suchen nach Identität nicht fremd, die sich in der Widerspiegelung geographischer und kultureller Regionen in der Kleidung manifestieren. Er thematisiert dieses »Dazwischen Sein«, zwischen Nomadentum und Verwurzelung in seiner Kollektion »Between« im Frühjahr/Sommer 1998, in der das Thema Ganzkörperschleier von ihm so inszeniert wird, dass sich westliche und nicht-westliche Ästhetik (vgl. Polhemus 2005, 106) sowie die gesellschaftliche Rolle der Frau in zwei unterschiedlichen kulturellen Wertestrukturen gegenüber stehen. Models in weißen Ganzkörperschleiern, die keine Handöffnungen vorweisen, bilden kokonartige Monaden oder Gefängnisse, Rückzugsorte der Identität, indem sie entindividualisieren und uniformieren. Islamisch enkulturiert bilden sie eher einen privaten Rückzugsort, ähnlich einer Behausung. Anders die sechs Models im schwarzen Tschador, bei der der Schleier von Model zu Model immer weiter gelüftet wird, bis hin zum Nacktsein. Die Köpfe der Models bleiben bedeckt. So erlauben die Schleier den Trägerinnen die Publikumsreaktionen wahrzunehmen und bleiben dabei selbst anonym. Der kulturelle Kontext dieser Trägerinnen wird über die Kleidung definiert. Nacktheit auf dem Laufsteg löst in westlichen Kulturen heute keine Irritation mehr aus, aber das Bewusstwerden, dass Scham ein kulturelles Konstrukt ist, welches räumlich und zeitlich sehr stark variiert, drängt sich dem Zuschauer auf. In der schlichten Kontrastierung der Modeperformance führt uns Chalayan vor Augen, wie seit Jahrhunderten christliche Missionare versuchten, die nackten Wilden dazu zu bringen, sich zu bekleiden, weil Nacktheit nicht dem damaligen christlichen, mit der Hilfe Gottes legitimierten Schamgefühl entsprach. Gleichzeitig erinnert uns Chalayan daran, dass das heutige Schamgefühl westlich modern gekleideter Frauen, in vielen Teilen der Welt als äußerst schamlos empfunden wird (vgl. Polhemus 2005, 106ff).[9] Eine gelungene Transformation, die vielleicht heute, zehn Jahre später auf religiöse Kritik stoßen würde, weil sie ungewünschte Musterbildungen hervorruft und kollektive Gedächtnisse ins Schwingen versetzt, bzw. aufzeigt, wie relativ ästhetische und moralische Setzungen sind.

Andere Modedesigner transformieren weniger politisch motiviert und mischen im »**Ethnic crossing**« Mongolenmäntel, indische Dhotihosen, gestrickte Leggins und Indianerschmuck-Acessoires, wie bei Jean-Paul Gaultier im Tribal-Style von 1996. Hier verschieben sich lokale Traditionen, indem sie in neuen Samplings zusammengefügt werden, oder um mit Paul Watzlawick zu sprechen, »reframt« werden. Der Kunstpädagoge Klaus-Dieter Busse hat die Strategie des »Mappings« eigens in einer Veröffentlichung für die ästhetische Bildung vorgestellt, die sich nicht nur auf das Thema Körper und Kleid bezieht, sondern die Grenzüberschreitungen auf sämtliche Lebensorte übertragen (vgl. Busse 2007).

Künstlerisch-pragmatische Transformationen, die auf »Border crossing« beruhen und sich anderer kultureller Ausdrucksformen bedienen, sie mixen oder verschieben, beinhalten eines der ältesten Mittel für Innovation in allen kulturellen Bereichen. »Ihre Grundlage sind *Handel und Eroberungen.* In der Grenzüberschreitung wird das Exotische, das Fremde, das Unbekannte, das Entlegene zur Ressource des Neuen; sowohl in Hochkulturen als auch bei Naturvölkern.« (Loschek 2007, 134-135, vgl. auch Kapitel 5.2).

»Fashion crossing« nutzt Transformationen, indem bekannte Mode- bzw. Kleidmuster in ihrer Bedeutung durch künstlerische Eingriffe zu neuen Musterbildungen verschoben werden. Der Innovationsforscher Karl Müller schlägt folgende Möglichkeiten des Transformierens vor (in Loschek 2007, 135):

Adding: Hinzufügen	Inverting: Umkehren
Deleting: Entfernen	Swapping: Vertauschen
Replacing: Ersetzen	Crossing over: Kreuzen
Duplicating: Verdoppeln	Merging: Integrieren

Künstlerische Strategien, die direkt am Kleidungsstück Veränderungen und Bedeutungsverschiebungen vornehmen, verhalten sich gegenüber Klassikern oder historisch überlieferten Kleidungsmustern eklektizistisch, wie dem Duffle-coat, T-Shirt,

9 vgl. Kolhoff-Kahl, I.: Über das schwierige Fremde im Textilunterricht, »Wenn ein Schleier dazwischen ist…«,in: »Ästhetische Bildung«, Internationale Fachtagung Graz Mai 2006, BÖKWE 3/2007, 144-153

Ballkleid, Krinolinenkleider, Justaucorps. Vivienne Westwood belebt Kleidungsstile vergangener Jahrhunderte wieder und lässt sich in der Kollektion »Five Centuries Ago« nach berühmten Gemälden fotografieren. Anderes wird aus lang zurückliegenden Epochen herausgegriffen und mit Eingriffen zu etwas Neuem verändert und damit transformiert.

Martin Margiela redesignte 1991 ein T-Shirt, eine weite Jeanshose und ein Ballkleid aus den 50er Jahren zu einem neuen »Ensemble«. »Das Neue unterscheidet sich vom bloß Andersartigen, indem es eine neue Interpretation schafft, die nicht im kulturellen Gedächtnis, das heißt in der Modegeschichte [beim fashion crossing] bereits existiert. (...) Eine löchrige Jeans herzustellen und als neue Jeans zu verkaufen, ist Innovation im Sinne eines gefälschten Ultra-Realismus, wobei löchrige Jeans als solche keine Innovation sind.« (Loschek 2007, 137).

»Gender crossing«

Wenn die Künstlerin Jana Sterbark in ihrer Arbeit »Distraction« von 1992 eine Frau eine durchsichtige Bluse mit eingewobenen männlichen Brusthaaren tragen lässt, werden Bedeutungsverschiebungen bezüglich des Geschlechts initiiert. (vgl. »Gender turn« in Kap. 4.3). Die Transformation von Männerkleidung zur Frauenkleidung hat im 20. Jahrhundert große Fortschritte gemacht, doch die Kontextüberschreitung von der Aneignung der Frauenkleidung durch die Männer im westlichen Kulturraum, vor allem des Rocks, braucht wohl noch einige Anschübe, weil sie im kollektiven Gedächtnis wie auch individuellen Alltag noch nicht verhandelbar ist. Auch wenn Künstler und Modesdesigner - selbst Hennes & Mauritz versuchte es 1999 mit Wickelröcken für Männer - konsequent immer neue Situationsrahmen erfinden, um dem Mann den Rock schmackhaft zu machen. Doch es scheint, als wenn das westlich-männliche Immunsystem diesen Virus mit ästhetisch harten Mitteln bekämpft.

Weitere Transformationsformen im Bereich von Kleid-Körper-Kunst sind das **»Social crossing«** (Die Schirmmütze der Arbeiter brachte es zur Sportmütze der Aristokratie, der Rollkragenpullover der Matrosen wurde zur intellektuellen Business- oder Künstlerkleidung.) **»Technic crossing«** (Hier gehen Technik und Kleidung eine Bedeutungsfusion ein, indem »Portables« zu »Wearables« werden.) oder **»Reality crossing«** (Virtuelle Mode- und Körperbilder, wie das der Lara Croft, verschieben die Bedeutung von irrealen und realen Körperbildern).

Die angeführten Crossings sind lediglich Möglichkeiten der Transformation im Bereich von Kleid-Körper-Kunst, die jedoch in der ästhetischen Bildung relativ einfach ohne großen Aufwand von Kindern und Jugendlichen erprobt werden können.

Kleidungsmaterialien und mediale Kleid- bzw. Modebilder liegen in unserer Gesellschaft in großer Vielfalt vor und die Jugendlichen bringen ein Spektrum von ästhetischen Erfahrungsmustern zu Körper-Kleid-Bildern mit. Es ist sinnvoll, hier beispielhaft an Bedeutungsverschiebungen zu arbeiten, um Musterklischees oder Instant-Moden zu verdeutlichen und die ästhetische Handlungskompetenz zu fördern.

Das Transformieren, quer oder transversal zwischen den Disziplinen denken und handeln, bzw. Köperbilder oder Dinge in andere, neue oder ungewohnte Kontexte zu setzen, umfasst bei dem im Konzept der Muster-Bildungen beispielhaft gewählten Thema »Kleid-Körper-Kunst« häufig die künstlerischen Strategien des Performierens und Inszenierens.

Ästhetische Werkstätten für die Unterrichtspraxis finden sich in Kapitel 7.3.2: »Transformieren und Reframen«.

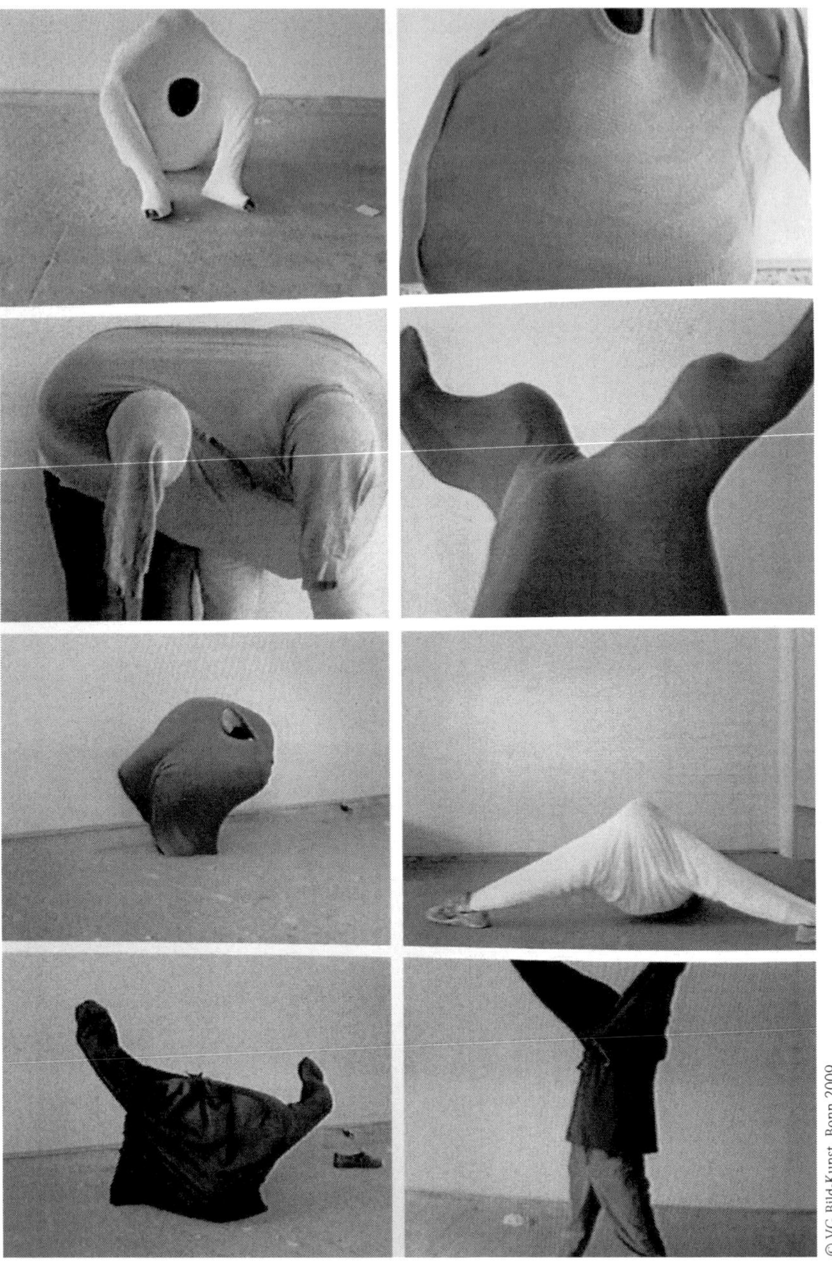

Abb. 21: Erwin Wurm: 59 Stellungen – Video stills (1992 Auszug)

5.3 Performieren und Inszenieren

»Ich [habe] die Handlungen der Menschen immer für die besten Ausleger ihrer Gedanken genommen.« (John Locke)

Die Idee des Performativen hat seit dem »performative turn« (vgl. Bachmann-Medick 2007, Kapitel 5.1) Philosophen, Soziologen und Linguisten beschäftigt, Kernfragen von Kultur anhand der »cultural performance« in Ritualen, Festen, bzw. anhand von dramatisierten oder inszenierten Aufführungen zu untersuchen, die sich als kleinste beobachtbare Einheiten einer kulturellen Struktur von der »gewöhnlichen Realität« oder den »normalen« Alltagsmustern unterscheiden.

Mit »How to do things with words« brachte John L. Austin im Jahre 1955 in seiner Vorlesung den Begriff des »performative act« im Rahmen der Sprechakttheorie in Umlauf, abgeleitet von dem Verb »to perform« = eine Handlung vollziehen. Damit führte Austin die Idee ein, dass Sprechen eine weltverändernde Kraft entbindet und Transformation bewirken kann (vgl. Fischer-Lichte 2004, 32). Mit performativen Aussagen *tun* wir etwas, statt es zu *beschreiben*, z.B. wenn wir das Ja-Wort bei einem Trauungsritual geben. Ebenso lenkte das Buch »Wir alle spielen Theater: die Selbstdarstellung im Alltag« (1959/1969) des Soziologen Erving Goffmann den Fokus des Sozialisationsprozesses auf die Alltagshandlungen und verschiedenen Formen gesellschaftlicher Interaktion, die die Form einer Performanz oder Inszenierung annehmen können. Erving Goffmann vergleicht das Leben mit einer Bühne, auf der wir Rollen spielen. Wir müssen uns alle auf irgendeine Weise geben, wenn wir unter Anderen leben, aber das bedeutet nicht, dass wir uns alle jederzeit inszenieren müssen, uns ständig in auffälligen Situationen, Ritualen oder Stilisierungen befinden. Gleichwohl verfügen wir über eine Fülle sozialisierter alltäglicher Handlungsmuster, die unseren jeweiligen kulturellen Rahmen bilden und innerhalb derer jederzeit auch besondere Inszenierungen möglich oder gefragt sind.

Seit den 60er Jahren spricht man von einer performativen Wende oder einer »Ästhetik des Performativen« (vgl. Fischer-Lichte 2004) in den Wissenschaften und in der Kunst. »Kultur – insbesondere die Verbindung zwischen ritualisiertem Handeln, inszenierten Situationen und dem Gesamtprozess der Zivilisation – gilt inzwischen als Performance.« (Hoffmann/Jonas 2005, 12). Im Mittelpunkt steht das alltagsästhetische Inszenieren als Erscheinenlassen, welches Martin Seel anhand von drei Kriterien näher eingrenzt: Inszenierungen sind erstens »absichtsvoll eingeleitete oder ausgeführte sinnliche Prozesse« (Seel 2001, 49). So ist das Rauschen im Wald keine Inszenierung, aber Zinedine Zidanes »Kopfstoß« im Weltmeisterschaftsendspiel Frankreich gegen Italien war eine derartig ästhetische Inszenierung im sportlichen Feld, dass sie in kürzester Zeit als Animation, Computerspiel, als französischer Sommerhit mit passendem Klingelton und entsprechendem T-Shirt auf den Markt geworfen wurde und sich als ästhetischer Meilenstein innerhalb von Körpermustern im Fußball festgeschrieben hat.

Inszenierungen sind also sinnlich absichtsvoll vollzogene Prozesse, die zweitens vor einem Publikum dargeboten werden. Sie werden auf eine bestimmte Art und Weise präsentiert, ob für ein imaginiertes oder ein tatsächliches Publikum (vgl. Seel 2001, 50).

Und drittens werden sie vor einem Publikum so dargeboten, »dass sich eine auffällige spatiale und temporale Anordnung von Elementen ergibt, die auch ganz anders hätte ausfallen können.« (Seel 2001, 51). Es sind komplexe, auffällige und sich von alltäglichen Handlungen und Ereignissen in Raum und Zeit abhebende Arrangements. »Jede Inszenierung weicht vom natürlichen Gang der Dinge ab – sowohl im Hinblick auf die erste wie erst recht auf die zweite, kulturelle Kultur.« (Seel 2001, 52). Inszenierungen sind artifizielle Eingriffe in Alltagshandlungen.

Ich kann meine Studierenden in der ersten Seminarstunde in Jeans und Pullover gekleidet begrüßen, aber auch im weißen Brautkleid. Die Funktion der Brautkleid-Inszenierung beinhaltet, einen intensiveren ästhetischen Blick auf die gegenwärtige Präsenz der gemeinsam erlebten Situation zu werfen. Die Studierenden werden diese Situation nicht so schnell vergessen, weil Raum und Zeit im Kontrast zur normalerweise erwarteten körperlichen Erscheinung der Lehrperson stehen. Sie werden die Professorin eventuell als verrückt, exaltiert, nervig, abstoßend oder witzig beurteilen, aber auf jeden Fall wird ihre normale Erwartung irritiert, indem die Lehrperson sich sinnlich in einen absichtsvollen Prozess der performativen Handlung vor Publikum eingelassen hat. Der Ausgang der performativen Handlung ist nicht vorhersagbar wie in einem geplanten Theaterstück. Mit der Wahl des Brautkleids wird der ästhetische Blick auch auf eine rituelle Handlung gelenkt, die Fragen und weitere Handlungsweisen herausfordert. Ich breche an dieser Stelle die möglichen Inszenierungsabläufe ab. Ich wollte nur aufzeigen, dass kleine Handlungseingriffe in normale Alltagsmuster etwas zum Vorschein bringen, was im Hier und Jetzt geschieht und sonst nicht beachtet wird: z.B. dass wir im Unialltag uns in uniformierten Kleidungsstilen und festen ästhetischen Erwartungshaltungen bewegen. Das vorgeführte Brautkleid eröffnet einen Zwischenraum des ästhetischen Denkens und Handelns und neuer Musterbildungen. An den Brautkleideinstieg in der oben geschilderten Seminarsituation können sich nun kurze Sequenzen von Studierendeninszenierungen anschließen oder Performance-Art-Beispiele aus dem Bereich der Kunst zum Thema Hochzeit, die ästhetische Perspektiven und Handlungsoptionen zusätzlich erweitern, wie die Hochzeitskleider von Christo oder Gaultier oder die »Wedding March«-Performance von Yuko Oyama im Jahre 2001. Oyama entwarf ein Brautkleid aus weißen Plastiksandsäcken, die mit einer Metallvorrichtung am Kopf und Gürtel befestigt waren. Sie brauchte drei mühsame Stunden, in denen sie sich zum Brautalter schleppte, während dessen 15 andere Brautpaare schon getraut wurden. Die damals 26jährige unverheiratete Oyama thematisierte mit ihrer Performance-Art zum Einen das östliche japanische Heiratsmuster, dass Mädchen bis zum Alter von 26 Jahren verheiratet sein sollten, um nicht als »a day old christmas cake« zu gelten, zum Anderen das westliche Brautritual, dass ein Hochzeitskleid weiß sein sollte, erstmals aufgekommen um 1800 im Zuge der Französischen Revolution und weit über Europa verbreitet, seitdem die englische Königin Queen Viktoria im Jahre 1840 in Weiß vor den Altar trat. Seit dem viktorianischen Zeitalter wurde Weiß mit der Unschuld der Braut verbunden. Mit ihrer Inszenierung wehrt sich Oyama ästhetisch gegen weibliche Musterungen im Rahmen von Hochzeitsritualen (vgl. Smith/Topham 2005, 64).

Wie hier am Beispiel von Hochzeitskleidern aufgezeigt, können wir alle jederzeit versuchen, uns in einer besonderen Art in Erscheinung treten zu lassen, uns zu inszenieren, sei es als Fußballfan, als Attac-Demonstrant oder als Homosexueller beim Christopher Street Day. Beim Inszenieren im Alltag geht es nicht einfach nur um das tatsächlich Vorhandene, sondern es geht um die vielen Möglichkeiten des Verstehen und Handelns, des Wahrnehmens und Bestimmens. Ästhetische Inszenierungen machen Gegenwart bemerkbar, bzw. sie eröffnen Horizonte, die im normalen Alltagsmuster in der andauernden Gegenwart nicht bewusst werden. »Inszenierung (...) ist die öffentliche Herstellung eines vorübergehenden räumlichen Arrangements von Ereignissen, die in ihrer besonderen Gegenwärtigkeit auffällig werden.« (Seel 2001, 55). Dabei reicht die Spannweite ästhetischer Inszenierungen von Selbstdarstellungen im modischen Bereich, den besonders gerne Jugendliche nutzen, über Theaterinszenierungen, Feste und Kongresse. Sie finden sich im Sport, in der Politik, in der Musik oder in der Kunst. An dieser Stelle führt Martin Seel an, dass in künstlerischen Inszenierungen eine Steigerung der Gegenwart erzeugt wird, die zugleich als Darbietung von Präsenz verstanden werden kann: also »präsentierte Präsenz« (Seel 2001, 60.)

Für das Konzept der Muster-Bildungen stellt sich aber gar nicht so sehr die Frage nach außerkünstlerischen bzw. künstlerischen Inszenierungen, sondern vielmehr geht es um die ästhetische Strategie des körperlichen Handelns, des erfahrbaren sinnlichen Eingriffs in kulturelle Handlungsmuster. Fischer-Lichte (2004, 352ff) argumentiert, dass die Trennung, die Martin Seel vornehme, sich einem Kunstbegriff verpflichtet fühle, wonach Kunst ein besonderes institutionelles System sei, dass Leben spiegele und in Frage stelle. Doch gerade die Performance-Art in den Künsten versucht eine Grenzüberschreitung zwischen Kunst und Leben und hebt die seit ca. 200 Jahren geltende Dichotomie zwischen Kunst und Nicht-Kunst, Kunst und Wirklichkeit auf, was sich für pädagogisch inszenierte ästhetische Musterbildungen als anregend erweist. Im ästhetischen Unterricht lässt sich nur schwer zwischen alltagsästhetischen Inszenierungen und künstlerischer Performance-Art unterscheiden, weil sich die Jugendlichen zwar des Reichtums an performativen Ideen aus der Kunst bedienen können, aber selbst immer bezogen auf ihren eigenen Lebenskontext ästhetische Inszenierungen vornehmen werden. Je nach Alter werden sie unterschiedlich stark ausgeprägte Handlungsvariationen herausbilden.

Daher wird im Konzept der Muster-Bildungen, ähnlich wie schon im Kapitel 2.4 zu kreativen Musterbildungen, die künstlerische Strategie der Performance-Art in direkter Verbindung zum alltäglichen Inszenieren gesehen und die Hauptaufgabe gilt der strategischen Handlung, etwas erscheinen zu lassen, was sonst nicht in das normale Muster hineinpasst (vgl. Seel 2000). Es geht um standardisierte, normale, alltägliche Handlungsmuster, die durch bewusste sinnliche Eingriffe und ungewohnte Handlungen vor Publikum als das »Normale« ins Zentrum gerückt und verändert werden. Das Besondere der Inszenierungs- und Performance-Strategien ist, dass es sich nicht um eine Illusion des Geschehens handelt, sondern um reale Ereignisse der Gegenwartszeit. Sämtliche künstlerische Ausdrucksformen und Materialien (Malerei und Plastik, Theater, Musik, Literatur, Tanz, Architektur, Varieté, Fotografie, Film etc.) können einbezogen werden und ihre Grenze zum faktischen Leben ist offen gestaltet. »Performances werden in erster Linie als lebende Bilder erfahren, denn Handlungen werden wie Bilder visuell und komplex wahrgenommen.« (Lange 2002, 38).

Ein Kriterium der Performance-Kunst ist, dass herkömmliche Körper-, Raum- und Zeitmuster erweitert, verdichtet und konzentriert werden und dass Peformance-Künstler, gerade aus dem Bereich der Body-Art, sich sehr eindringlich mit Körpermustern, wie Schönheitsidealen (Orlan, Vanessa Beecroft), Weiblichkeit (Marina Abramovic, Valie Export), Verletzbarkeit (Gina Pane, Vito Acconci), Technisierung und Virtualität (Stelarc) oder Metamorphose und Häutung (Marc Quinn, Victorine Müller) beschäftigen. Sie vergegenwärtigen kulturelle Körperbilder und aktuelle Identitätssuche in einem gegenwärtigen, direkt sinnlich erfahrbaren Handlungsprozess, so dass das Publikum mit den eigenen Körpermustern konfrontiert wird und sich in irgendeiner Weise verhalten muss: Wahrnehmungsmuster differenzieren oder sich abschotten, im Dazwischen selbst Inszenierungen zu wagen oder erst einmal verharren und das Ungewohnte in sich arbeiten lassen.

Viele junge Menschen schneiden heute an ihren Körpern herum, als wären sie ein Stück Stoff: polstern, nähen zusammen, durchstechen, ritzen und brennen Marken und Bilder in ihre Haut oder hungern sich so weit herunter, dass sie den medialen Körperkonstruktionen gleichen: tagtägliche ästhetische Inszenierungen, um sich bewusst in einer bestimmten sinnlichen Handlung vor fiktivem oder echtem Publikum zu performieren. Was für das Publikum anästhetisch bleibt, sind die einhergehenden Schmerzen und Verletzungen, die Beweggründe und Motivationen, die kollektiven Bilder, die hinter diesen Idealen stehen. Die französische Künstlerin Orlan (geb. 1947) nennt solche plastisch-chirurgischen Eingriffe, die sie zwischen 1990 und 1993 an ihrem Gesicht vornehmen ließ, *Performances,* von denen sie die siebte Operation in die New Yorker Sandra Gering Gallery live übertragen ließ. »Die Operateure arbeiteten nach einer Vorlage, einem computergenerierten Bild, das aus fünf Frauenbildern der Kunstgeschichte zusammengesetzt sein sollte: Zum Beispiel stamme die Stirn, so Orlan, von der Mona Lisa, die Haut von Botticellis Venus.« (Schneede 2002, 129). Orlans »L'Art Charnel« spielt auf das Bewegliche und Multiple unserer Identität an. Sie will keine vollkommene Schönheit, sondern versteht den »modifizierten Körper« als lebendige Skulptur und dokumentiert in Tagesfotos das sonst Geheimgehaltene nach dem chirurgischen Eingriff. Die »Menschen-Schneiderei« entfernt sich vom Magisch-Mythischen, wo die Chirurgie ein Geheimnis bleibt, zum Physisch-Faktischen, zum Gegenwärtigen und spart dem beobachtenden Publikum nichts aus, weder Narben, Schmerzen, lange Heilungsprozesse, Operationskomplikationen und auch nicht die Grenzüberschreitung zwischen einem scheinbar kohärenten »Ich« und den vielen kulturell geschaffenen weiblichen Schönheitsidealen, die sich in Orlan Gesichts verbinden sollen. Die Performance wirft die Frage auf: »Wer bin ich und wenn ja, wie viele?« wie gerade der Bestseller von Richard D. Precht betitelt ist.

Eine Studentin, die in einem Seminar zum Thema Haut, sich intensiv mit Orlan und ihren künstlerischen Performances auseinandergesetzt hatte, wurde derart infiziert, dass sie ihren Kommilitonen und Kommilitoninnen in einer kleinen Inszenierung, die teilweise performativen Charakter annahm, das Konzept Orlans vorstellte. Die Studentin spielte die Rolle der Chefredakteurin von Cosmopolitan, die in einer fiktiven Dezemberausgabe ein künstlerisches Portrait und Interview mit Orlan brachte und einen Hit landete. Die operative Auspolsterung der Schläfen, die Orlan an sich hatte vornehmen lassen und sogar auf der Titelseite zu sehen war, sei in Kürze zu einem Modehit geworden und tausende Frauen trügen jetzt chirurgisch vorgenommene Beulen auf ihrer Stirn, war auszugsweise zu lesen. Da klingelte das Handy der Chefredakteurin und eine erzürnte Orlan forderte eine Richtigstellung des Interviews. Leicht irritiert von der unerwarteten Orlanschen Erregung versuchte die Chefredakteurin zu überzeugen, dass es noch nie zuvor gelungen sei, solch einen Modemaßstab vorzugeben. Sie solle doch froh über diesen Erfolg sein, warum täte sie sich denn sonst selbst so eine Tortur an. Es entwickelte sich ein intensives Streitgespräch, welches das Publikum nur aus der Sicht der Chefredakteurin verfolgen konnte. Es polarisierte die Systeme Kunst- und Modemarkt. »Sie wollten gar kein neues Schönheitsideal schaffen? Sie wollten nicht die schönste Frau sein, der Gioconda oder Venus gleichen? (...) Ah, sie wollten Kunst machen? (...) Aber warum machen Sie dann mit uns ein Interview, wir sind doch eine Modezeitschrift? (...) Sie wollten, dass die anderen Frauen aufhören, ihren Körper aufzuschneiden? (...) Nein, wir sind keine Höllenmaschine, wir stehen hinter unseren Leserinnen. (...) Es tut mir leid, Frau Orlan, aber ich verstehe sie einfach nicht. (...)« Der Studentin gelang es humorvoll aufzuzeigen, wie gewagt die Performances Orlans sind, wenn sie in Handlungs- und Wahrnehmungsmuster geraten, die aus ganz anderen Systemen kommen und über unterschiedliche Codes und Ästhetiken verfügen. Offen endete die Aufführung, indem weder die Chefredakteurin mit ihren Verkaufszahlen und dem Setzen von Modetrends und dem vermeintlich echten Leben, noch die Künstlerin Orlan mit ihrem kritischen Kunstanspruch und dem performativen Versuch, Schönheitsideale zu konterkarieren, ihr jeweiliges Denk- und Handlungsmuster durchsetzen konnten. Die Strategie Orlans hat sich hier an den Spielcharakter der Lehramtsstudentin angedockt und ihre Inszenierung war so eindringlich und überzeugend, wie es ein traditioneller Vortrag über einen Künstler nie hätte sein können. Im Dazwischen von wissenschaftlichen Informationen, Bildern aus den Performances Orlans, eigenen erstellten digitalen Bildern wie der Titelseite der Cosmopolitan-Ausgabe und inszeniertem Handeln als Chefredakteurin, taten sich derart viele Spannungs- und Erkenntnismomente auf, dass anschließend eine lebhafte Diskussion um künstlerische Körpereingriffe, Schönheitsoperationen, kulturellen Schönheits-, weibliche und männliche Körperbilder im Seminar geführt wurde, die bei dem einen oder anderen Studierenden eigene ästhetische Musterbildungen in Gang setzte. Auf einmal geriet das Ritzen und Einschneiden in den Körper, welches Jugendliche vornehmen, aus dem pädagogisch-moralisierenden und distanzierten Blick heraus in ein Dazwischen, wo sich die angehenden Kunstpädagogen fragten, inwieweit sie sich selbst auf ihre Körperlichkeit einlassen müssen, um solche Körperbilder im Unterricht ästhetisch zu erforschen. Hier besteht ein pädagogisches Dilemma: Wer Haut und Körper ästhetisch erfahrbar machen will, gerät an Grenzen und Tabus, muss Ratlosigkeit, Überforderung oder Rätselhaftigkeit aushalten können, was Schule immer versucht herauszuhalten. »Das, was Jugendliche sich heute normalerweise antun, passt nicht in eine pädagogisch harmlose Kiste.« (Selle 2005, 64). Tiefgreifende, performative Musterbildungen, wenn sie denn ernst gemeinte existenzielle Themen, wie den Körper in die Schule holen, geraten eben auch an Grenzüberschreitungen.

Solche Grenzüberschreitungen vollziehen sich bei dem österreichischen Bildhauer Erwin Wurm eher witzig, skurril und quer denkend, wie der Ausschnitt aus den »59 positions« (1992, colour video, 60 min) zu Beginn dieses Kapitels zeigt. Wurm bewegt sich mit diesen Pullover-Positionen zwischen Skulptur und Aktion. In Pappkartons befinden sich große Pullover. Auf den Kartons sind Aktionsanweisungen für das Publikum geschrieben, wie die Pullover zu handhaben sind: »Mit beiden Beinen in einen Ärmel eines Pullovers schlüpfen. Den Körper nach vorne beugen und den Rest des Pullis über den Kopf ziehen. In dieser Haltung eine Minute lang ausharren.« (Untitled 1992, pullover in cardboard box, instruction drawing). Nach Ausführen der Anweisung, muss ein Aufseher ein Polaroid-Foto machen und dem Künstler weiterleiten, der es dann signiert zurückschickt. Im Falle der »59 positions« ist ein 60 minütiges Video von den »Living sculptures« gedreht worden. Erwin Wurm regt eine performative Musterverschiebung an, indem er die Rolle von Kleidern bezogen auf die Organe unseres Körpers ins Schwingen bringt. Ein unerschöpfliches Puzzlespiel: »Es geht darum, alle Möglichkeiten durchzuspielen, die sich dem Organismus eröffnen, wenn man ihn nicht als ein für alle Mal fertig gestellt ansieht, wenn man sich auf das Ausloten seiner Grenzen einlässt.« (Davila 2006, 21). Das normale Abbild des Körpers in Kleidern existiert für Erwin Wurm nicht, sondern es lässt sich auf beliebige unendliche Weise in kurze Skulpturen verändern, die organlos erscheinen. Der menschliche Körper wird für Momente zu einem Terrain inszenierter Handlungen, die ihn in ein endloses Spiel offener Erfindungen eintreten lassen. Unendliche Musterbildungen zwischen Pullover und Körper eröffnen sich, normale Verwendungsmuster von Kleidung werden verlassen, so wie es kleine Kinder, wenn sie lernen sich anzuziehen, von alleine tun. Wir haben diese Vielfalt, unsere Optionen im Alltag »Verrücktes« zu inszenieren, nur leider allzu oft aufgrund von Ordnungssystemen vergessen. Erwin Wurm selbst spricht davon, wie er es sich in den »59 positions« das erste Mal als Bildhauer erlaubte, lächerlich und kindisch zu sein, zu spielen, die Grenzen zwischen »hoher« und »niedriger« Kunst zu überschreiten (vgl. Wurm 2006, 25) und damit die Aufmerksamkeit für das Andere zu erzeugen.

Marie Luise Lange argumentiert in ihrem Buch »Grenzüberschreitungen, Wege zur Performance« sehr ähnlich: »Im Topos des jugendlichen Spielpotentials verbirgt sich der ganze Kosmos anthropologisch und gesellschaftlich intendierter Inszenierungs-, Theatralisierungs-, Simulations- und Verwandlungsmuster wie auch die heimlichen pädagogisch weder instrumentalisierbar- noch analysierbaren Imaginations-, Handlungs- und Darstellungswünsche. Die ästhetische Praxis der Performance-Art kann diese ›Verhaltens- und Ausdruckspotentiale‹ Heranwachsender aufbereiten und bildhaft herausstellen.« (Lange 2002, 18). Dabei geht es um Körper-, Zeit- und Raumerfahrungen, um Spontaneität und überlegtes Tun, um die eigenen Musterbildungen zu differenzieren, Nicht-Wahrnehmbares im Handeln wahrzunehmen und die »Sprache symbolischer Formen« (Bourdieu) zu beherrschen. Performance-Art regt in hohem Maß Eigensinnigkeit an, setzt Denk- und Wahrnehmungsprozesse in Bewegung und liefert Tiefenarbeit der ästhetischen Erfahrung und des körperlichen Erlebens, indem Widersprüche, Lücken, Brüche, Unvereinbarkeiten, Sehnsüchte und Wünsche als Differenzen in unseren gemusterten Weltbildern transparent werden (vgl. Lange 2002, 20).

Das Besondere an der künstlerischen Strategie der Performance- und Inszenierungs-Kunst liegt in der Ausdruckskraft der sich bewegenden und handelnden Körper, die ästhetische Musterbildungsprozesse direkt an biografisch-facettierten Körpererfahrungen der Jugendlichen andocken und ihre subjektiven Raum- und Zeiterfahrungen produktiv werden lässt. Gerade die heutigen »Medienkinder« sind an performative und mediale Alltagsstrategien gewöhnt, in denen sich Bilder mit Tönen, Farben und Handlungen verbinden und sich Muster und Ordnungen mit hoher Geschwindigkeit verändern. »Wir müssen uns fragen, welche im bisherigen ästhetischen Bildungskontext brachliegenden Handlungspotenziale der Jugendlichen können durch die Stimulierung performativer Prozesse verlebendigt werden?« (Lange 2003, 8). Das Performieren verhält sich transversal durch alle Fächer, Materialien, Hilfsmittel, Orte und Techniken hindurch. Nicht nur die eigene körperliche und geistige Aktionserfahrung wird durch Performances verrückt, sondern auch die Rezeptionsästhetik für eine erweiterte zeitgenössische Kunst wird sensibilisiert und damit der Mut, die eigenen Rollenmuster im bewusstem Umgang mit ästhetischen Mitteln und Strategien zu originellen eigenen kulturellen Bildern zu entwickeln und den Blick für das Andere, die noch nicht erprobte Aktion wach zu halten.

Ästhetische Werkstätten für die Unterrichtspraxis finden sich in Kapitel 7.3.3: »Performieren und Inszenieren«.

5.4 Bricolieren und Erfinden

»Ich suche nicht, ich finde.« (Picasso)

Dieses oft angeführte Zitat Picassos, bringt die nicht nur künstlerische Strategie des Bricolierens, Bastelns oder Erfindens prägnant auf den Punkt. Hier ist ein suchender Mensch gemeint, der nicht wie ein Glückspilz oder blinder Narr darauf wartet, dass vielleicht mal eine Idee vorbeischwimmt, sondern der auf einer großen Sammlung, verschiedenen Ordnungen und Wissensmustern aufbaut und plötzlich durch Kombination und Experimente, das Alte so anders als gewohnt zusammenstellt, dass etwas Neues entsteht.

Der Begriff der »Bricolage« (von frz. bricoler = basteln, pfuschen) ist von Claude Lévi-Strauss geprägt worden, der das »wilde Denken« (1973, 29ff.)[10] oder die intellektuelle Bastelei mit dem mythischen Denken vergleicht, nämlich etwas mit Hilfe von Mitteln auszudrücken, die begrenzt sind. Der Bastler kommt mit dem aus, was ihm zur Hand ist. Er kombiniert, organisiert die Materialien und Fundstücke in ihrer Struktur neu, reorganisiert seine Sammlung von Überbleibseln menschlicher Produkte. Seine Ergebnisse sind ein aus dem Bricolage-Prozess entstandener Kompromiss, was die Surrealisten als »objektiven Zufall« bezeichnet haben. Oder wie Reiner Nachtwey die Ähnlichkeiten der Bricolage in Jugendkulturen zum Dadaismus und Surrealismus beschreibt: »Was für diese das ›Ready Made‹ und das ›Objet trouvé‹ waren, sind für jene jugendlichen Bastler das Hundehalsband, das als Schmuckstück getragen wird oder der 50er-Jahre Vorhang, der zur Hose oder zur Jacke umgeschnitten wird. Die bizarre Situation der Begegnung von Regenschirm und Nähmaschine auf einem Seziertisch wiederholt sich beim Anblick einer Sicherheitsnadel, die als Schmuckstück durch die Backe gestochen wird.« (Nachtwey 1987, 176). Eine Bricolage spricht also nicht nur mit den Dingen, sondern auch mittels der Dinge. Sie ist äußerst pragmatisch ausgerichtet, wirkt oft humorvoll, weil sie sich über die vorgegebenen Bedeutungsmuster der Dinge hinwegsetzt. Man kann verschiedene Bricolageweisen unterscheiden:

Eine Zugangsweise nehmen die Wissenschaftler, z.B. Ingenieure und Naturwissenschaftler oder Philosophen und Linguisten ein, die Ereignisse schaffen mittels abstrakter Strukturen und damit neue Erkenntnisse für die Gesellschaft eröffnen. Sie haben sich vom Einlassen auf das Konkrete zugunsten begrifflicher Strukturen entfernt (vgl. Kunde 1978, 298).

---

10 Teile des folgenden Textes sind dem Artikel: Kolhoff-Kahl, I.: »Ich bastel mir was Eigenes! – Basteln als ästhetisches Erfahrungslernen, in: Textil & Unterricht, 7/2005b, 4-9 entnommen.

Eine diametrale Zugangsweise zur begrifflich-rationalen Erkenntnis-»Bastelei« vertritt der Bricoleur, der neue Strukturen mittels pragmatischer Ereignisse schafft, indem er Bedeutungen umorganisiert, Dinge neu kombiniert, aber immer innerhalb der kulturellen Muster eingebunden bleibt. »Das ist es, was seine Tätigkeit auszeichnet: die Findung neuer Bedeutungen an schon bekanntem Material.« (Nachtwey 1987, 174) – oder anders formuliert, er geht von den »Begriffen des sinnlich Wahrnehmbaren« (vgl. Kunde 1978, 298) aus und verfolgt ein »begreifendes Erkennen«, das eine flukturierende, zwischen Anschauung und Begriffsanstrengung springende Denkbewegung darstellt (vgl. Kunde 1978, 299). So werden im »NID = Nicht Intentionales Design«, Fleischerhaken zu Aufhängungen für die Küche, aus Kellerregalen wird Wohnzimmermobiliar etc. (vgl. Fabo 2007b, 150-151). Oder im japanischen Chindongu werden (un)sinnige Erfindungen gemacht, die keinen wirklichen praktischen Nutzen haben, aber gleichwohl als Werkzeug und Hilfsmittel den Alltag erleichtern können. So wird eine Klopapierrolle mit Hilfe einer Kopfstütze auf dem Kopf befestigt, um bei Heuschnupfen sofort zum Putzen der Nase verfügbar zu sein. Am Anzug des krabbelnden Kleinkindes werden Staubfänger befestigt, so dass die unermüdlichen Bodenrobber gleichzeitig als Putzfrau die entlegenen Staubfussel erreichen (vgl. Kawakami 1997).

Die Künstlergruppe Temporary Services veröffentlicht in ihrer Arbeit, den Erfindungsreichtum und geistreichen Witz des Improvisationsdesigns von Häftlingen. Der Partner der inhaftierten Künstler, der den Katalog geschrieben hat, war selbst Gefängnisinsasse und stellt der kunstinteressierten Öffentlichkeit vor, »wie man aus Klopapierrollen Trinkbecher und kleine Heizquellen bastelt, aus den Holzstielen von Speiseeis Salz- und Pfefferstreuer konstruiert oder sich aus zusammengerollten Decken in Verbindung mit prallen Plastiksäcken, in denen sich warmes Wasser befindet, einen Behelfs-Liebespartner baut.« (Fabo 2007b, 150).

Das Bricolieren der Künstler, lässt sich zwischen Wissenschaftler und Alltags- oder Design-Bricoleur positionieren, denn »mit handwerklichen Mitteln fertigt der Künstler einen materiellen Gegenstand, der gleichzeitig Gegenstand der Erkenntnis ist.« (Lévi-Strauss 1973, 36). Der Künstler hat wissenschaftliche Kenntnisse von den Dingen, Menschen und der Natur und kennt ihre Strukturen, doch er führt sie nicht wie die Wissenschaft bis zum bitteren Ende durch, sondern lässt weg, fügt hinzu oder verändert und verschiebt dadurch Wahrnehmungsmuster beim Betrachter. Er stellt kulturelle Muster in Frage, unterläuft sie oder macht bisher Unsagbares durch seine Erfindung sagbar. Das 20. und 21. Jahrhundert hat viele Formen der »gebastelten Kunst« hervorgebracht. Pablo Picasso dekonstruiert die vorgefundene Formenwelt und erfindet neue Formenuniversen, seien es kubistische Bilder, Colla-

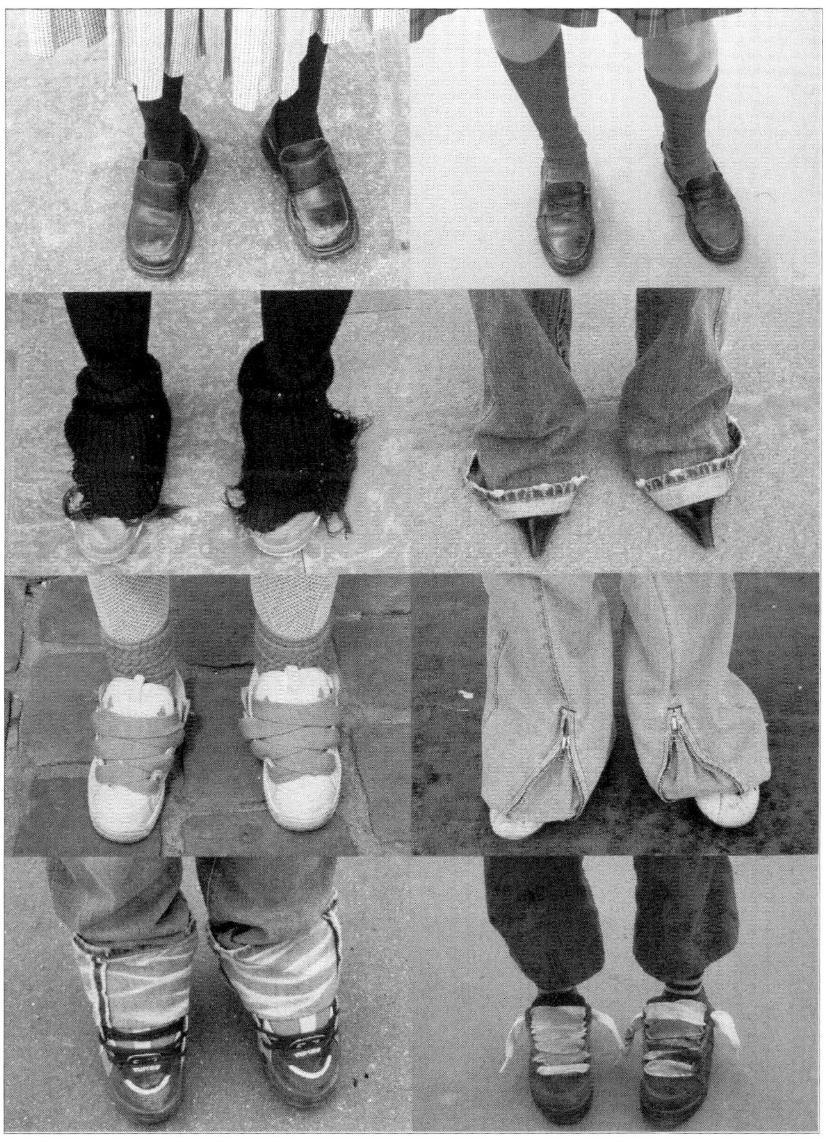

Abb. 22: Catherine Balet: Schuhe, 2004-2006

gen, Assemblagen oder der »Stierschädel« (1942), zusammengesetzt aus einem gefundenen Fahrradsattel und einer Lenkerstange. Der kanadische Künstler Brian Jungen baut aus weißen Plastikgartenstühlen ein Saurierskelett, näht aus Basketballschuhen Masken oder Thomas Grünwald kombiniert in seinen »Missfits« neue Varianten von Tierchimären, die unsere alten Wahrnehmungsmuster verschieben. Mit Witz, Ironie und Humor werden altbekannte Muster verdichtet, entfremdet und umgedeutet, indem sie neu und ungewohnt kombiniert werden.

Heute sprechen wir sogar von Bastelbiografie oder Bastelexistenz als Lebensmodell, was auch schon in Kapitel 3 diskutiert wurde, und von daher sind biografische Bastelstrategien ebenfalls in der künstlerischen Strategie des Bricolierens und Erfindens enthalten. Die traditionell vorgegebenen Lebensmuster, die eine Biografie vor noch nicht allzu langer Zeit bestimmt haben, gehen immer mehr verloren, es gibt keine ›Meta-Erzählungen‹ mehr, statt dessen aber Pluralität. Dennoch ist jeder Einzelne auf der Suche nach einem persönlichen Lebenssinn und konstruiert, bzw. bastelt sich sein Sinnsystem zusammen (vgl. Keupp 2006, 52).

In den Cultural Studies wird die Identitätssuche des Menschen als das Ergebnis eines Bastelprozesses verstanden, für den die Kultur ein Arsenal von Symbolen, Ritualen und Praktiken bereit stellt, aus denen der Einzelne schöpft. Doch die Bricolage als biografisches Basteln gerät im 21. Jahrhundert gerade unter Jugendlichen immer mehr von einem Produktions- zu einem Konsumtionsmodell, in dem gesammelt, selektiert und daraus ein Geschmacksdesign entwickelt wird. Man bastelt nicht mehr, um einen Lifestyle zu realisieren, sondern die Inszenierung ist der Lifestyle selbst, wie bei den japanischen Kawaii-Samurai.

Es wird am Lifestyle selbst gestrickt und in diesem künstlerisch anmutenden strategischen Handeln greifen Arbeit und Spiel bzw. Kreativität, wie bei der Bricolage ineinander und entsprechen dem Menschenbild des Homo ludens, wie ihn Johan Huizinga im letzten Jahrhundert entworfen hat, der spielerisch Kultur erfindet und entwirft.

Für Kinder wechseln die Dinge ihre Bedeutung und ihre Eingangs- oder Ausgangsbedeutung ist nicht von Dauer. Ein im Wald gefundener gebogener Stock, an dem an einem Ende noch ein Blatt hängt, wird während des Spazierganges zur Angel, Laterne, Kitzelstock, Spazierstock, Peitsche und Spielzeug für den Hund. »Der Gegenstand ist für Kinder weit weniger festgelegt im Sinne der Erwachsenenwelt, weniger determiniert durch Gebrauch und soziale Konventionen, dafür offener mit einer ganzen Reihe von Funktionen belegbar.« (Fatke/Flitner 1983). Kinder ergreifen Dinge aus dem Strom von Zeit und Raum heraus und lassen sie nicht mehr los, nutzen sie für verschiedenste ästhetische Erfahrungen und erfinden neue Welten und auch Identitäten. Sie werden so Verursacher oder Bricoleur von neuen Ereignissen, indem sie Bedeutungen verschieben (vgl. Fatke 1991).

Das Kind »entwirft und entfaltet im Spiel des Bastelns Universen seiner eigenen Wirklichkeitserfahrungen und treibt ihre Ordnungen weiter über den Rand seiner selbst, sowie den der vorgegebenen Wirklichkeiten hinaus.« (Schäfer 1990, 159-160). »Basteln wäre mithin eine *Form des Denkens* mit Mitteln und Möglichkeiten der sinnlichen Erfahrung.« (Schäfer 1990, 136), die gleichzeitig Denkmuster bildet und verändert.

Auch die weiter oben erwähnten jugendlichen Bastler haben mit künstlerischem Tun insofern etwas zu tun, »als sie eine absichtsvolle Kommunikation mit verschlüsselten Botschaften betreiben, die von ›Grenzüberschreitungen‹ im Sinne von Diskurswechseln und Diskurserweiterungen leben.« (Nachtwey 1987, 176).

Durch das Bricolieren und den damit einhergehenden Erfindungen verändern die Ingenieure, Naturwissenschaftler, Künstler, Kinder und Jugendliche und auch wir »normalen« Alltagsmenschen ständig unsere Ordnungen und Wahrnehmungsmuster. »Erfindungen resultieren aus dem Bestand des Alten, den bereits bekannten Bildern und Symbolen, die von den Spielern – als Querulanten und Poeten – zerlegt, rekombiniert und zur Erfindung konstruiert werden.« (Kirschenmann 2006, 5). Beim Bricolieren und Erfinden können wir uns wie Piraten verhalten und die Archive, kulturellen Gedächtnisse, Dingansammlungen oder Körperbilder usw. plündern, um sie neu zusammenzusetzen. Michael Serres spricht von Piraten des Wissens: »Der Pirat des Wissens ist ein guter Pirat. Es ist ein guter Diebstahl.« (Serres in Fabo 2007, 53). »Die Mentalität des Piraten, der sich freizügig aller vorhandener Ausdrucksmittel bedient, sie entwendet und entsprechend umdreht, entspricht seit längerer Zeit einem Modell kritischer kultureller Praxis.« (Fabo 2007, 53). Hier werden technisch-wissenschaftliche und künstlerisch-erfinderische Erprobungsstrategien gemischt und vermengt, um neue Musterbildungen in Bezug auf Wahrnehmung, Denken und Handeln auszulösen.

Für das Bricolieren und Erfinden ist eine große Sammlung von Dingen notwendig, die Muster des Aufbewahrens dürfen nicht zu eng vorgeben sein, das Abwegigste kann plötzlich zum Motor einer neuen Erfindung werden und die jungen Menschen müssen sich in den Archiven von Wissenschaft, Kunst und Alltag wie in einem Supermarkt bewegen dürfen. Zusätzlich bedarf es immer wieder neuer Impulse für Abwege, ein Mut Machen, um etwas zu erfinden, was es noch nicht gibt, bzw. Dinge so zu sehen, als hätte man sie noch nie gesehen. Manchmal hilft ein Anstoß zum Bricolieren, indem man gewöhnliche Alltagsdinge, wie Büroklammern, ein Blatt Papier, Fäden, Stoffreste oder Barbiepuppen in den Unterricht holt, und die schlichten Arbeitsauftrag stellt: »Macht damit, was euch alles möglich erscheint.« Ein Blatt Papier wird zu einem gefalteten Frosch, Boot oder Hut, zu hunderten kleinen Schnipseln, zu einem Ball, einer scharfen Schnittkante, einem Träger von geschriebenen Worten, ein Häufchen Asche oder löst Forschung zur Papierherstellung aus.... Die kleinen Dinge ermöglichen unzählige Erfindungen, verweisen auf kollektive Zusammenhänge, machen kulturelle Muster deutlich und verschieben sie.

Um bricolieren und erfinden zu können, müssen aber Grenzüberschreitungen zwischen bekannten Mustern gefördert werden. Das Dilettieren, im Sinne des positiven Wortursprungs, sich mit Freude einer Sache widmen, ohne sich einer hohen Kunsterwartung oder der großen originellen Idee ausgesetzt zu fühlen, muss erlaubt sein, um Mut zu neuen Musterbildungen aufzubauen. Erst in einem zweiten Schritt erfolgt dann die technisch-gestalterische Ausführung, das Perfektionieren oder das Validieren, ob die Erfindung der Realität oder vor einem kritischen Publikum standhält.

Alle im Kapitel 5 beispielhaft angeführten künstlerisch-pragmatischen Strategien bewegen sich an der Grenzüberschreitung zwischen Kunst und Alltag, zwischen Kunst und Wirklichkeit, Hochkultur und populärer Kultur. Es ist das Grundkonzept der Muster-Bildungen, in den ästhetischen Fächern eine Kompetenz zu fördern, die es jungen Menschen ermöglicht, ihre sinnlichen Wahrnehmungen zwischen Alltag, Kulturwissenschaft und künstlerisch-pragmatischen Strategien zu reflektieren und zu gestalten. Es geht um die Überwindung erstarrter ästhetischer Musterkorsetts in sämtlichen Lebensbereichen, um ihre Überführung in dynamische Differenzierungen. Mit Hilfe der künstlerisch-pragmatischen Muster-Bildungen können sich Mustergrenzen in Schwellen verwandeln, die man überqueren kann. Menschen brauchen Schwellen oder Musterübergänge, wenn sie sich verändern wollen und die hier vorgestellten Strategien verhelfen, sich im Leben aufzuführen wie in den Aufführungen der Kunst (vgl. Fischer-Lichte 2004, 356-362).

Ästhetische Werkstätten für die Unterrichtspraxis finden sich in Kapitel 7.3.4: »Bricolieren und Erfinden«.

6 Nach-Muster

»Warum bloß ist der offene Blick so schwer? Wir sind träge Wesen, des Vertrauten bedürftig. Neugierde als seltener Luxus auf gewohntem Grund. Fest stehen und mit dem Offenen spielen können, in jedem Augenblick, es wäre eine Kunst.« (Pascal Mercier 2006, 485)

Jaques Le Moyne de Morgues zeichnete zwischen 1585 und 1588 eine ganze Reihe kolorierter Abbildungen von mit farbigen Hautzeichnungen bedeckten Körpern für Reiseberichte wie z.B. die des Theodor de Brys *Historia Americae sive Novi Orbis* (1590/91 in Frankfurt am Main erschienen). Die »Junge Piktin« (Abb. Kap. 6) ist vollständig im Stile der Frühen Neuzeit gemustert, bzw. dem damaligen Menschenbild einverleibt worden: Der tätowierte Körper galt als Inbegriff des heidnischen Fremden und wird hier als der nackte, den Schönheitsidealen der Zeit angepasste weibliche Körper in seiner Andersartigkeit dem europäisch kodierten Begehrenskontext eingefügt: »Die tätowierten Sujets erlauben, die Schamgrenze zu durchbrechen, welche die Darstellung von Nacktheit in Europa reguliert. Darüber hinaus implizieren sie eine strukturelle Verwandtschaft zwischen begehrtem Körper und – zumindest ethnographisch – erobertem Land.« (Landfester 2003, 176-177). Im christlich-europäischen Kontext der Frühen Neuzeit war es verboten, den von Gott geschaffenen menschlichen Körper zu tätowieren, dafür wurden aber die Seelen mit Hilfe von Gebetsritualen zugerichtet und kulturell gemustert. Mit der Entdeckung Amerikas gelangten nun Bilder von äußerlich tätowierten Körpern als Wahrnehmungsstörungen in die christlich geprägten Ordnungen Europas und wurden in geschickter Mustertarnung unter die wenigen belesenen Menschen gebracht. Den Körper, zwischen individueller Selbstbestimmung und kultureller Zurichtung selbst mustern zu können, lieferte ein faszinierendes Grauen und leitete u.a. in den nächsten dreihundert Jahren ein sich veränderndes Körper- und Menschenbild ein.

In der »Jungen Piktin«, wie auch in dem tätowierten Kunstkörper Lee Wagstaffs auf dem Buchumschlag vereinen sich all die Aspekte der ästhetischen Musterbildungen, die im Verlaufe des Buches zusammengetragen und zu einem Muster-Bildungskonzept ausgearbeitet wurden.

- Der tätowierte Körper bildet eine Ästhetik, die Aufmerksamkeit auf ein Muster wirft, das verbindet: Die junge Piktin im 16. Jahrhundert ebenso wie die kunstvoll arrangierten Tätowierungsmuster Lee Wagstaffs. Unsere sinnliche Wahrnehmung kann nicht anders, als auf diese innerhalb der Alltagsästhetik ungewöhnlichen Körperbilder zu reagieren. Wir mustern sie, gleichen unsere mentalen und neuronalen Repräsentationen ab, und sie werden uns mit ihren »fremden, anderen« Körpererscheinungen mustern, weil

- wir über unsere Wahrnehmung unsere Wirklichkeit konstruieren, in Abhängigkeit von kulturellen Umwelten, in denen wir leben. Der Künstler Wagstaff hätte im 16. Jahrhundert andere Reaktionen und Perturbationen ausgelöst als im 21. Jahrhundert.
- Die tätowierten Körper lassen sich alltagsästhetisch-biografisch erfühlen, beschreiben und reflektieren, wir können sie vergleichen und einordnen in Erfahrungen und Erinnerungen unseres kulturellen Gedächtnisses und mit Hilfe von kulturwissenschaftlichen Leitfragen Wissen, Hintergründe und auch Leerstellen ermitteln.
- Es kommen Fragen auf, welches Körperbild und welches Schönheitsbild, wann, wie und warum »normal« ist und damit das Fremde und Eigene, die blinden Flecken oder das Anästhetische beleuchten, was wir sonst in der Alltagsästhetik vielleicht gar nicht wahrnehmen.
- Auf künstlerisch-pragmatischer Ebene können wir andere Strategien zur Körperbeschriftung, Einschreibung oder Bemalung recherchieren, damit unsere Differenzwahrnehmung üben und selbst unsere Körper performieren und inszenieren.

Und warum das alles? Um ästhetische Alltagsmuster immer wieder gegen den Strich zu streicheln, denn das Leben ist ein lebenslanger Prozess der bestmöglichen Anpassung, schon alleine deswegen, weil sich das Szenarium, in dem wir leben, ständig wandelt, also müssen sich auch unsere Muster wandeln. Wir brauchen widerständige, komplexe und mehrdeutige Musterbildungen, um eine Kultur des blinden Flecks (vgl. Welsch 2006, 38) in der ästhetischen Bildung zu ermöglichen. Wenn wir junge Menschen kreativ bilden wollen, dann ist die Fähigkeit, eigene lebensnotwendige Muster überdenken, verändern, anpassen oder weiterentwickeln zu können, geradezu eine Voraussetzung. »Ästhetik als Widerstand« hat Horst Rumpf dies bezeichnet (in Staudte 1993, 10) oder sich an dem, was wir im Alltag gezwungenermaßen mustern und ordnen müssen, um uns nicht in der Vielfalt zu verlieren und in Zwischenräumen der ästhetischen Musterbildungen wieder an Schwellen und Grenzüberschreitungen zu führen. Künstlerisch-pragmatische Strategien, ganz gleich ob aus der Kunst, der Werbung, der Literatur, Musik, Film, Mode oder Design, öffnen solche Zwischenräume und Schwellenübergänge, wo »normale« Muster beweglich werden.

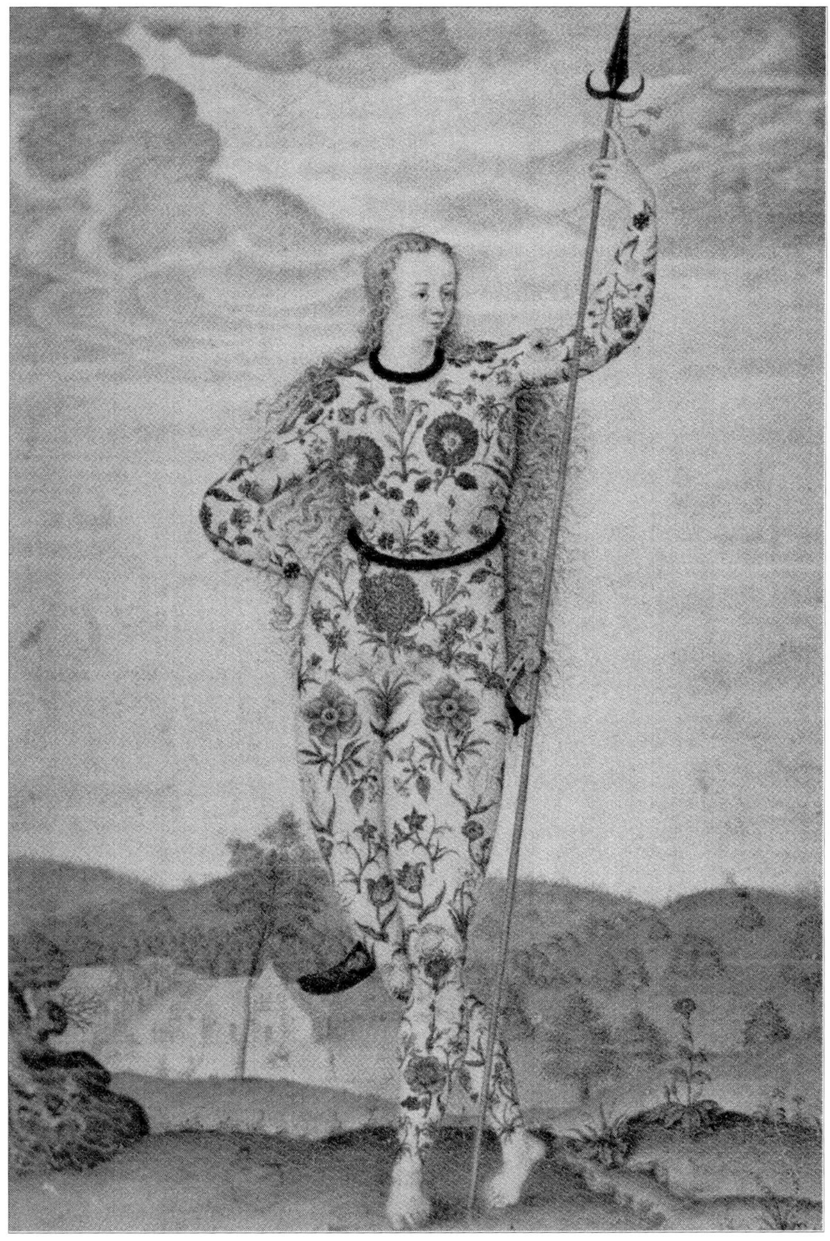

Abb. 23: Jacques Le Moyne de Morgues: Junge Piktin (1585-88)

Wer neben seinen alltäglichen Ikonen und Mustern, auch seine Beecroft oder Sherman, seinen Timm Ulrichs oder Joseph Beuys kennt (hier ließen sich beliebige andere Werke aus unseren kulturellen Archiven anführen, wichtig ist nur, dass sie alltägliche Muster im Menschen bewegen und anstoßen), der sieht die Welt danach anders, kann differenzierter fühlen, denken und handeln und mehr Zusammenhänge erkennen. Außerdem kann ein Mensch mit differenzierten ästhetischen Erfahrungen sich auch komplexer ausdrücken, kann Unsagbares zum Beispiel über Kleidung, Fotos, Körpersprache, kurzum ästhetische Ausdrucksweisen sagbar machen. Erklärtes didaktisches Ziel der ästhetischen Musterbildungen ist, neue Sprachen für das eigene Erleben zu lernen und damit auch den sozialen Radius des Handelns, Denkens und Fühlens zu erweitern.

Dabei spielt die Differenzerfahrung und Kontextualisierung der Musterarbeit eine entscheidende Rolle. Es geht nicht nur darum, ein ästhetisches Muster auf seine Form und Anordnung der Elemente zurückzuführen, sondern darauf, wofür sie stehen, welche Bedeutung sie für das eigene und das kulturelle Leben transportieren, transformieren oder inszenieren. »Letztlich geht es darum, im Circulus von Spiel, Projektion, Abenteuer, Experiment und Erfindung immer wieder das Gegebene zu überwinden.« (Kirschenmann 2006, 9)

Die Lehrperson oder der ästhetisch Bildende spielt in diesem Musterbildungsprozess nicht den Fels in der Brandung, das Mustervorbild, der sagt, wo es entlang geht, sondern er muss ein ästhetisches Chamäleon sein. Er verwendet die Sprachen der Lernenden, um ihre ästhetischen Muster zu irritieren, in ihnen Widerstand auszulösen. Immer wieder passt er sich neu an die ästhetischen Weltbilder der Lernenden an, sonst gelingt ihm keine Anschlussfähigkeit, die er dann aber sofort umlenkt auf Transformationsprozesse, auf Umdeutungen, transversales Denken und Handeln, indem er gute, konstruktive Infizierungen oder Parasiten setzt (vgl. Watzlawick 2007, 105). Eine positive und unterstützende Sprache, Witz und Humor sind in diesem Prozess unschätzbare Kostbarkeiten, und nicht zuletzt die tiefe Freude und Überzeugung, dass Menschen nur lernen und verstehen, wenn sie Spaß an der Sache haben und intrinsisch motiviert forschen. Nichts ist so kreativitätshemmend, wie ein gelangweilter, frustrierter Pädagoge, der sich darüber aufregt, wie dumm und faul die Lernenden seien, weil sie nicht seinen eigenen ästhetischen Mustern folgen wollen. Wie Fritz Seydel zur ästhetischen Biografiearbeit von angehenden Kunstpädagogen herausgefunden hat, fällt es vielen Lehrern und Lehrerinnen nicht leicht, sich von festen Mustervorstellungen, wie ein ästhetisch bildender Lehrer zu sein hat, zu lösen. Problematisch wird es dann, wenn Lehrpersonen nicht mehr merken, aufgrund welcher Voraussetzung und welchen ästhetischen Mustern sie ihre Entscheidungen für Unterricht und Feedback treffen.

Und nicht zuletzt bewegen sich ästhetische bildende Menschen tatsächlich in einer Quadratur des Kreises. Sie brauchen ästhetische Muster und Ordnungen, um vermitteln zu können und nicht in einer Beliebigkeit zu versinken und gleichzeitig müssen sie diese Muster und Ordnungen ständig hinterfragen und differenzieren, damit kreative Musterbildungen überhaupt möglich werden. Es ist ein Balanceakt zwischen Musterenge und Musteröffnung. Frank Mc Court schreibt in seinem Roman »Teacher Man«, dass er seine Schüler von »Fear« zu »Freedom« führen wolle. In der Sprache der Musterbildungen: Die Muster nicht ängstlich zu befolgen, sondern sie als notwendiges Werkzeug zu sehen, womit wir unsere ästhetische Wahrnehmung so fokussieren können, dass wir überleben. Aber auch um die Enge zu erkennen, wenn ästhetische Muster zum Vorurteil oder Ideologie werden, und Mut zu finden, das Andere zu denken, zu wagen und zu fühlen. Auch wenn es noch so schwer auszuhalten ist.

Wir brauchen alle das Gewohnte, die Routine, und wir nähern uns auf der Erde in vielen Ausdrucksweisen immer mehr an. Denn die Welt globalisiert sich nicht nur in tausende kleine Puzzlesteine und mischt sich, sondern es konkretisieren sich zunehmend auch vereinende Weltkulturmuster: »Die Auflösung des Besonderen und Differenten, das jeden Tag deutlicher in Erscheinung tretende Ähnlichwerden der Kinder der Welt, die das Gleiche anziehen, das Gleiche essen, das Gleiche angucken, das Gleiche hören und sich nach den gleichen Rhythmen bewegen wollen. Man mag die Universalisierung der Weltkultur, die in Riesenschritten voranschreitet, als Amerikanisierung verdammen und die Verluste, die sie – wie jede Nivellierung – mit sich bringt, beklagen, aber sie ist auch ein Vorgang, in dem unerhörte Chancen für die Menschheitsentwicklung liegen. Lange wird sich der schroffe Widerspruch, in dem die Gegenwartsphilosophie zu diesem unaufhaltsamen Angleichungsprozess steht, nicht halten.« (Tönnies 2008, 13).

Das Muster-Bildungskonzept sieht darin gar keinen Widerspruch, sondern eine dialektische Verstrickung von Uniformität und Individualität, von Ordnung und Chaos, von Musterkorsett und Musterveränderung, die schlichtweg Leben ausmacht und gerade in dem Themenfeld von Kleid-Körper-Kunst eine Hauptantriebsfeder ist. Ohne Muster, ohne Ordnung, kann Individuelles, Neues, Differentes, Anderes gar nicht existieren. Ein Zitat von Elena Esposito verdeutlich diese Muster-Paradoxie für den Bereich der Mode: »Das Individuum folgt der Mode, um die eigene Einzigartigkeit durchzusetzen und unter Beweis zu stellen, und es tut dies, indem es sich nach einer allgemeinen Tendenz ausrichtet. Das Individuum macht also, was die anderen machen, um anders zu sein.« (Esposito 2004, 13).

Heiner Keupp argumentiert ähnlich für die Identitätsarbeit des modernen Menschen. Er zeigt auf, wie sehr die Menschen ein Kohärenz-Modell des eigenen Ichs benötigen, was ja auch Hans Markowitsch eindrucksvoll mit dem autobiografischen Episodengedächtnis beschreibt, das selektiv Erinnerungen mustert und bei Neuabrufen auch neue Mustervariationen kreiert und uns doch das Gefühl vermittelt, wir seien ein authentisches Selbst. Aber Heiner Keupp gibt zu bedenken, dass wir uns von einem solchen Kohärenzmodell des Ichs verabschieden sollten, das ein harmonisch geschlossenes Erzählmuster parat hält. Kohärenz oder Ich-Muster können ja auch offen arrangiert sein, Optionen zur Veränderung bereit halten und widersprüchliche Fragmente vereinen. »Entscheidend bleibt allein, dass die individuell hergestellte Verknüpfung für das Subjekt selbst eine authentische Gestalt hat, jedenfalls in der gelebten Gegenwart, und einen Kontext von Anerkennung, also in einem Beziehungsnetz von Menschen Wertschätzung und Unterstützung gefunden hat. Es kommt weniger darauf an, auf Dauer angelegte Fundamente zu zementieren, sondern eine reflexive Achtsamkeit für die Erarbeitung immer wieder neuer Passungsmöglichkeiten zu entwickeln.« (Keupp 2006, 57). Im Zeitalter der vielfältigen soziokulturellen ästhetischen Schnittmuster müssen junge Menschen befähigt werden, die kulturell vorgefertigten Erzählmuster, seien es Körperbilder, Wohnwelten, Musikstile etc., die alle unter dem Versprechen von Individualität und Authentizität daherkommen und doch immer musternde Standardisierungen vorgeben als solche zu erkennen. Wir müssen ihnen ästhetische Zwischenräume anbieten, in denen sie abgenutzte ästhetische Begriffs- und Vorstellungswelten alltagsästhetisch, kulturwissenschaftlich und künstlerisch-pragmatisch durch einen Klischeekatalysator schicken, um das eigenständige, widerständige Musterbilden nicht zu verlieren, was in jedem Menschen von Geburt an angelegt ist.

Um das zu erreichen, arbeitet das Muster-Bildungskonzept in erster Linie mit »Grundbildern« des Lebens, die Symbole und Zeichen, Dichtungen und Kunstwerke, Riten, Gebräuche und Gebrauchsdingen umfassen, die existenziell sind und in freiwilligen Werkstätten zur Verfügung stehen. In Kapitel 7 werden beispielhaft zum Thema Körper einige Werkstätten für Jugendliche vorgestellt. Lehrgänge zu Techniken, Einführungen in Methoden wie Mapping, Arbeitsbücher oder auch kunstwissenschaftliches Bilderinterpretationen ergänzen die Werkstattarbeit. Solche existenziellen Themen orientieren sich am Körper, Haus-Raum, Kleid-Mode, Reisen, Zeit, Gefühle, Tiere, Sport, Dinge, Humor und ähnlichen. Je enger die Themenwahl, um so schwieriger werden die ästhetischen Musterinfizierungen, weil junge Menschen viel zu heterogen sind, um sich alle an ein und demselben kleinen Thema, wie »Franz Marcs Tieren« zu begeistern und Neues zu wagen. Auch in den hier vorgestellten Werkstätten gilt, dass jeder Lernende sich an das Thema wagt, was ihn gerade interessiert oder gemustert hat. Dabei kann es im Laufe des Bildungsprozesses geschehen, dass einzelne Lernende mit der Muster-Bildung streckenweise im Rapport verharren und sich wiederholen, weil die neuen ästhetischen Erkenntnisse und Gefühle noch nicht genügend im Gehirn repräsentiert sind. Es wird Lernende geben, die rasante Muster-Variationen aufweisen, die manchmal chronisch zu werden drohen. Wieder andere entwickeln ihre ästhetischen Muster zu wahren Lebensornamenten. Dies gelingt nur dann, wenn die kulturellen Archive möglichst ohne Tabus und Einengungen geöffnet werden, bzw. ein ständiger Dialog um bildungsrelevante Musterstörungen geführt und gleichzeitig eine solide künstlerisch-pragmatische Ausbildung zum Bricolieren, Transformieren oder Performieren etc. gelegt wird.

In meinem Buch »Muster-Bildungen« konnte ich nicht alles Wahrnehmbare und Denkbare zum Musterthema einbeziehen. Ich musste die wissenschaftliche Diskussion in diesem Feld mustern, auswählen und damit anderes weglassen. Es bleiben Leerstellen, die für die interessierten Leser wiederum autopoietisch und kreativ neu gemustert werden können. Ich bin selbst, um mit Douglas Hofstadter zu sprechen, eine »seltsame Schleife« und gespannt darauf, was die Musterbildungen mit mir als nächstes anstellen werden, wohin sie mich führen. Nach Hofstadter ergibt sich die Seltsamkeit ja einzig aus der Art, wie ein System, hier die Musterbildungen, sich überraschend auf seiner Bedeutungs- und Symbolebene rückwenden kann und sich selbst verschlingt, wobei es gegen das verstößt, was gerade noch als seine unverletzliche hierarchische Ordnung vorausgesetzt wurde – in diesem Fall der ästhetische Musterbegriff (vgl. Hofstadter 2007, 213). Wenn es nicht paradox wäre, würde ich gerne ein »Archiv für nicht gestellte Fragen, ungelebte Muster oder blinde Flecken« eröffnen, dazu brauche ich aber den Beobachter des Beobachters des Beobachters…, die es da draußen hoffentlich zu Genüge geben wird, um Muster an Muster an Muster zu bilden. Das Konzept »Muster-Bildungen« wird die ästhetische Bildung als Denk- und Handlungsmodell»herumschubsen«, um die Ausdrucksfähigkeit in ästhetischen Symbolen von Menschen zu fördern, die die seltsame Schleife des Ichs bilden. Junge Menschen werden durch flexible Musterbildungen befähigt,

- in aktiven Prozessen zu kategorisieren,
- mental zu wiederholen, zu reflektieren, zu vergleichen,
- Alternativen zu erwägen und zu beurteilen,
- transversal zu denken und zu handeln,
- Analogien zu bilden, um passungsfähige und sinnvolle, menschenwürdige und veränderbare Musterungen zu erfinden
- und durch diese wiederum andere Menschen zu mustern,
- bzw. in ihnen ästhetische Musterungsprozesse in Gang zu setzen.

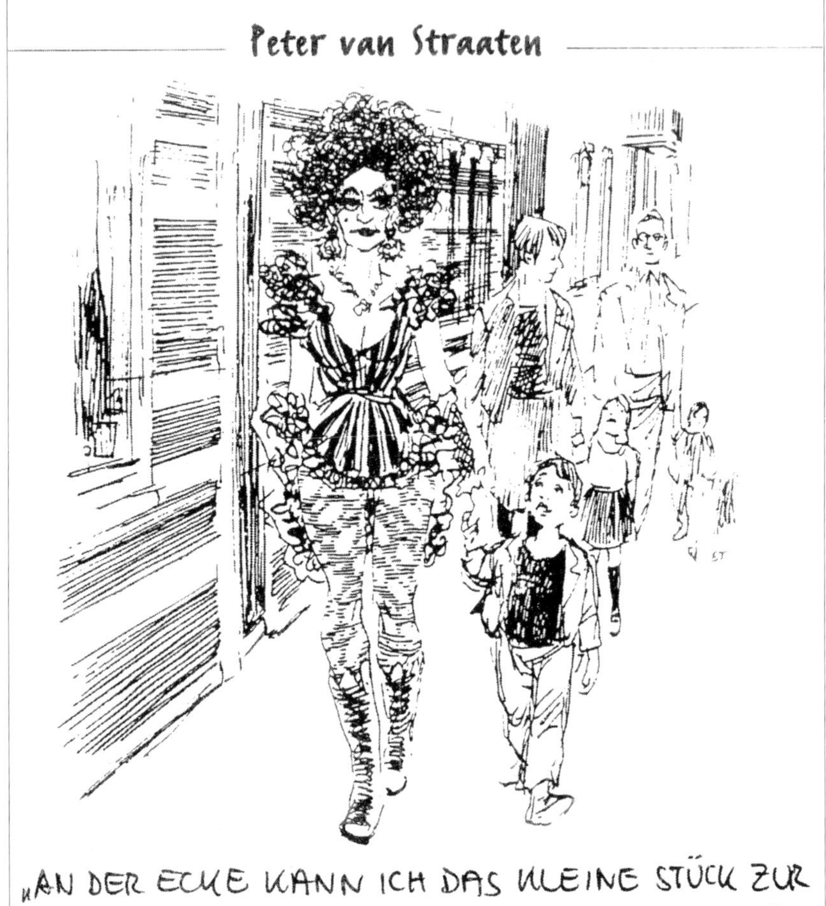

Abb. 24: Peter van Straaten: Mutter mit Sohn (30.8.2003)

7 Ästhetische Werkstätten für den Unterricht: Kleid – Körper – Kunst (zu Kapitel 3 bis 5)

Die folgenden ästhetischen Werkstätten greifen beispielhaft das Thema »Kleid-Körper-Kunst« auf, um in diesem Feld zu ästhetischen Musterbildungen anzuregen. Ziel ist, dass die Lernenden und Forschenden alltägliche, kulturell gemachte Körper-, Kleid- und Modebilder, Selbst- und Fremdbilder reflektieren, transformieren, und gestalten. Zu den jeweiligen theoretischen Kapiteln 3-5 werden Impulsstationen vorgestellt, die sich an die Zielgruppe der Kinder und Jugendlichen von ca. 10 bis 18 Jahren richten.

Die Stationen sind von den jungen Menschen frei wählbar. Sinnvoll ist, ein begleitendes Arbeitsbuch einzuführen, indem die Kinder und Jugendlichen in einer Art Portfolio ihre Ergebnisse und Forschungen festhalten, um sie nachher präsentieren und diskutieren zu können. Es gibt keinen vorgeschriebenen methodischen Weg, sich an den Mustern von Körper und Kleid abzuarbeiten. Die Lehrenden können selbst entscheiden, wie sie die Werkstätten mit ihren Stationen zur Verfügung stellen, ob sie alltagsästhetisch-biografisch beginnen oder kulturwissenschaftlich, ob Stationen aus verschiedenen Werkstätten gemischt oder auch nur einzelne Stationen gezielt angeboten werden. Dies ist auch abhängig davon, inwieweit die Lerngruppe mit der Werkstattarbeit vertraut ist, über welche Technik- und Materialkenntnisse die Lernenden verfügen und inwieweit sie schon Methoden zum Umgang mit Kunstwerken kennen gelernt haben, bzw. ihnen kulturwissenschaftliche Fragestellungen vertraut sind. Die Stationen sind so aufgebaut, dass sie mit ihren Impulsfragen, beispielhaften Abbildungen und Arbeitsaufträgen versuchen, Musterstörungen zu evozieren, um kreative Gestaltungsprozesse und innovative Musterbildungen einzuleiten.

Am Ende einer jeden Werkstatt finden sich Angaben zur weiterführenden Literatur, die für Lernende wie auch Lehrende, ein Pool von Ideen und Musterverschiebungen bietet.

Es ist ratsam, im Unterrichtsraum folgende Arbeitsstationen einzurichten, die im Kunstraum immer stehen bleiben und nach jeweiligem Thema auch variiert werden können.

- Anmalstation: pastose Farben wie z.B. Abtönfarben, Ölkreiden (z.B. von Jaxon), Tusche, Pinsel, auch ungewöhnliche Materialien zum Malen: Federn, Schwämme, Schwammtücher, große Papierformate mindestens DINA3, Tapeten, Pappen, Schminke etc.
- Montagestation mit Werkzeugen: Heißklebepistolen, Hammer, Säge, Zange, Cutter, Tacker, Scheren, Nägel, Nadel und Faden, eine Nähmaschine, Bänder, Klebeband (Paketklebeband, Kreppband, doppelseitiges Klebeband), Drähte...
- Modellier- und Baustation (möglichst in der Nähe der Montagestation): Gipsbinden, Ton und Modelliermasse, Kerzenwachs, Kartons in allen Größen…
- Materialstation: Fundstücke. Am besten ist es, ein Dingarchiv oder eine Ding-Werkstatt anzulegen, auf die alle zurückgreifen können und für die ein separater Raum genutzt wird. Mögliche Dinge, die gesammelt werden können: Alles aus dem Haushalt, was nicht mehr gebraucht wird: Gabeln, Löffel, Messer, Porzellan…, Nudeln, Nüsse, Kerzen…, Wattepads, Wattestäbchen, Kämme, leere Plastikflaschen, Haargummis, Telefone, Uhren… Alles aus dem Kinderzimmer, was nicht mehr bespielt wird: Plüschtiere, Figuren, Puppen, Autos, … Alles aus der Kleidung: Hüte, Schmuck, Handschuhe, Schuhe, Sonnenbrillen, Perücken, Kleidungsstücke… Alles aus Garage und Keller: Schrauben, Schrottteile, Räder, kaputte Fahrradschläuche…
- Medienstation und Schreibstation: digitale Kameras, Camcorder, Video, CD-Player, PC mit Photoshop, Drucker, Stifte, Papier, Scheren, Klebstoff etc.
- Nachschlagestation: Sinnvoll sind künstlerische und alltägliche Abbildungen zu den jeweiligen Themen als Input: Kunstkataloge, Lexika, Postkartensammlung, Sammlung von Werbeanzeigen, Prospekte, Literatur, Musik etc.

Im Klassenzimmer können Material- und Werkzeugkisten auf Gruppentische, aufgestellt werden, um sie danach an eine Wand zur Seite zu stellen.

7.1 Alltagsästhetisch-biografische Werkstätten

7.1.1 Das gespiegelte Körper-Ich

Dein Spiegelbild oder ein Foto von dir, sagt eine Menge über dich aus. Jeder sieht in dir etwas anderes und doch fühlst du dich meistens so, als gäbe es dich. Eine Biografie versucht, einen Menschen zu beschreiben. »Bios« bedeutet »Leben« und »grafieren« heißt »zeichnen, skizzieren, schreiben«. In den folgenden Werkstätten kannst du versuchen, deinen eigenen Körper, deine Kleider, dein Aussehen, all das, was wir sinnlich an uns wahrnehmen können, zu biografieren. Biografieren bedeutet nicht, dass alles, was du fotografierst, beschreibst, zeichnest usw. genau stimmen muss, sondern es geht darum, die Körpervorstellungen, die wir von uns haben, bewusst zu machen. Dabei wird es vorkommen, dass eure vorgestellten Ergebnisse sehr unterschiedlich ausfallen, manchmal werden eure Wahrnehmungen auch sehr ähnlich sein.

Bearbeite nur die Stationen, die dich persönlich interessieren und halte die Ergebnisse in einem Arbeitsbuch fest. Alle Hilfsmittel sind erlaubt: Schreiben, Fotografieren, Collagieren, Zeichnen, Malen, Drucken, Nähen, Schminken. Was dir einfällt, kannst du nutzen. Die künstlerischen Beispiele sind Anregungen für dich, unbekannte Sichtweisen, Techniken oder Verfahren auszuprobieren. Im Internet kannst du von den Künstlern noch mehr Bilder und Kunstwerke finden.

Bestandsaufnahme meines Körpers und meiner Kleider

Welches sind die Maße meines Körpers? Gewicht, Größe, Haarfarbe, Augenfarbe etc. *Erstelle eine Art biologischen Körper-Steckbrief und versuche den Fakten möglichst nahe zu bleiben. Klebe ein Foto im Bikini oder Badehose von dir dazu. Wenn du keines hast, fotografiere dich vor einem Spiegel. Du kannst auch dazu schreiben, welche Körperteile du von dir besonders magst und welche nicht. Schreibe kurz auf, warum das so ist. Woher kommen deine Vorstellungen, dass etwas schön und anderes hässlich an dir ist? Denke daran, dass jede Station freiwillig ist.*

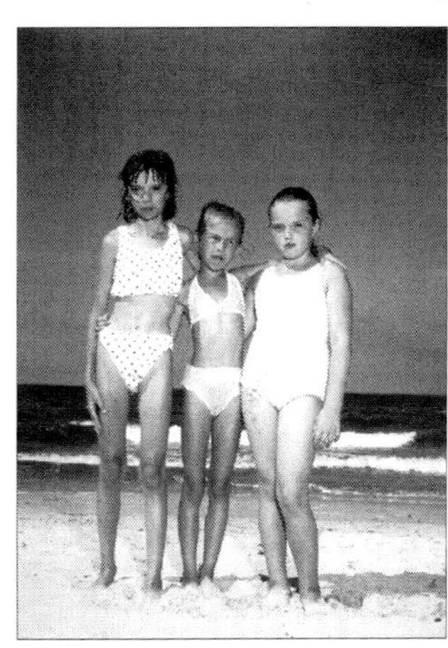

Abb. 25: Rineke Dijkstra: Kolorbrzeg (1992)

Die Fotografin Rineke Dijkstra fotografierte junge polnische Mädchen und Jungen am Strand. Dies sind keine Models für Zeitschriften, die Fotos sind nicht nachträglich bearbeitet worden, sondern die drei Mädchen zeigen sich so der Kamera, wie sie sich gerade in diesem Moment gefühlt haben. Man spürt ihre Verbundenheit, aber auch ein wenig Scheu. Es sind individuelle Menschen mit je eigenem Körper und Bademoden, die für die Zeit der 90er Jahre und Polen stehen.

Tatort Spurensuche: Wer war ich?

Wie bin ich der geworden, der ich meine, jetzt gerade zu sein?

Suche Fotodokumente oder aufbewahrte Kleidungsstücke aus deinem Leben von der Geburt bis heute, die die Veränderung deines Aussehens dokumentieren, bringe sie in einen zeitlichen Ablauf und präsentiere sie: du kannst dazu Kisten wie Vitrinen gestalten und die Dinge präsentieren, oder sie in ein Album kleben, falls es sich um Bilder handelt. Du kannst auch alles auf einen Haufen werfen.... Halte auch die Erinnerungen in »Leerstellen« fest, für die du keine Dinge oder Bilder finden konntest. Schreibe kleine Texte zu den Fotos oder Kleidungsstücken: Wer hat die Fotos gemacht oder aufbewahrt? Woran kannst du dich selbst erinnern, wenn du die Kleidungsstücke oder Bilder deines Körpers aus deinem vergangenen Leben siehst? Es wird in deiner Gruppe Menschen geben, die mit einem riesigen Sack voll Kleidungsstücken kommen, andere mit ein oder zwei Fotos, was völlig in Ordnung ist. Es geht nicht um Vollständigkeit, sondern um die bewusste Erinnerung an vergangene Moden, Körperbilder und Kleidungsstücke. Ihr könnt auch Stellvertreter benutzen, um das, woran ihr euch erinnert, zu zeigen.

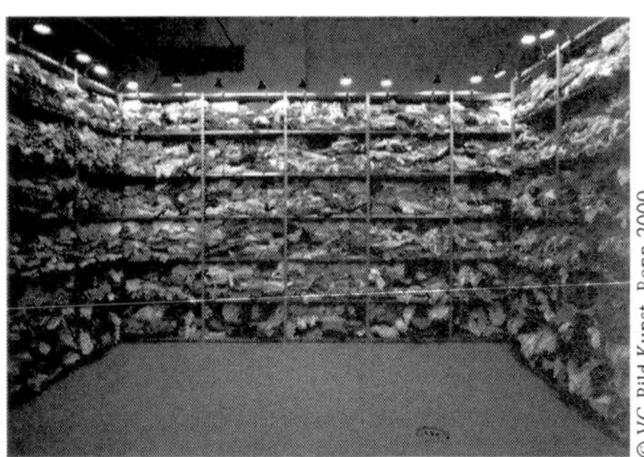

Abb. 26. Christian Boltanski: Reserve des Museums der Kinder (1989)

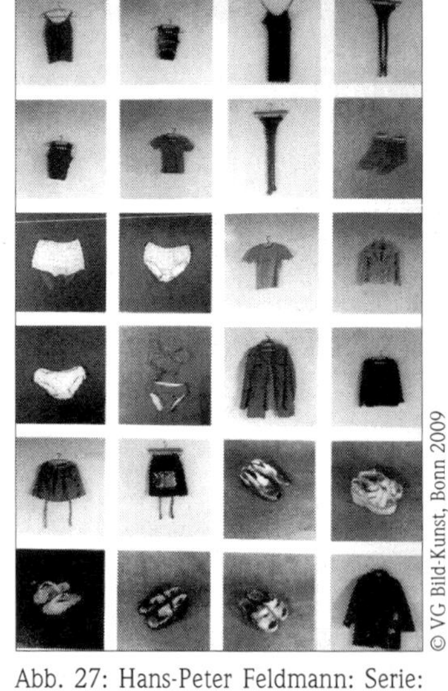

Abb. 27: Hans-Peter Feldmann: Serie: Alle Kleider einer Frau (1974)

Welches Bild erzeugen die verbliebenen Kleidungsstücke und Fotos von deiner Kindheit? Versuche dieses Kindheitsmuster kurz zu beschreiben?

Der Künstler Christian Boltanski geht auf Spurensuche. Hier liegen in den Regalen nicht die Kleidungsstücke eines Kindes, sondern wie in einem Second Hand Laden unzählige Kleidungsstücke von vergangenen Kindheiten. Wir wissen nicht, was mit den Kindern geschehen ist, die die Kleider getragen haben, aber zu jedem Kleidungsstück könnte uns eine Geschichte einfallen und die Kinder selbst, denen die Kleidung gehörte, könnten bestimmt noch viel mehr erzählen. Wie sie so daliegen, all die Kleider, erinnern sie auch an Vergangenes, Tod, Trauer und wie wir doch alle ähnlich werden, wenn wir unsere Kleidung aufeinander legen.

Hans Peter Feldmann fotografierte jedes Kleidungsstück einer Frau einzeln und dokumentierte so ihr Kleidungsverhalten zu einem bestimmten Zeitpunkt ihres Lebens. Wenn wir die Kleider sehen, entsteht ein bestimmtes Bild von Frau in unseren Köpfen. *Versuche herauszubekommen, welches Bild anhand deiner vergangenen Kleidungsstücke entsteht, wenn ein Fremder sie sehen würde.*

Tatort Spurensuche: Wer bin ich, wie möchte ich sein, wie werde ich sein?

Wie siehst du wann und warum aus? (in der Schule, beim Sport, in der Freizeit, auf einer Party, im Theater, in der Disco…)

Welche Kleidung trägst du und wie kombinierst du sie? Lass dich fotografieren und schreibe kurze Texte dazu. Du kannst auch zeichnen und malen. Halte die Ergebnisse in deinem Arbeitsbuch fest.

Wie würdest du gerne aussehen? Welche Schönheitsideale entsprechen deinen Vorstellungen? Was wird aus dir und deinem Körper in zehn, zwanzig, dreißig, fünfzig Jahren?

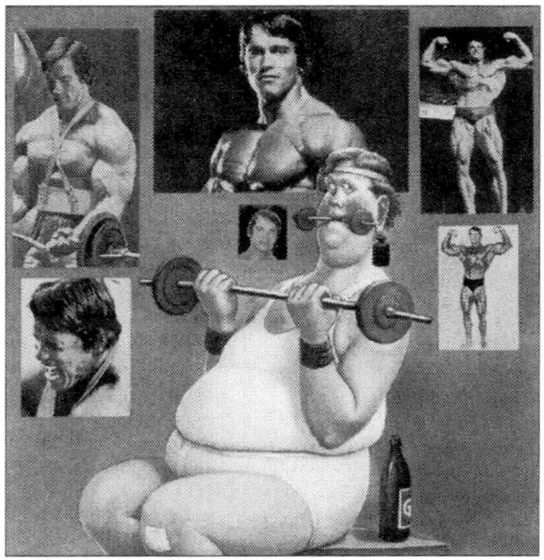

Abb. 28: Manfred Deix: Vorbild Arnold Schwarzenegger (1985)

Wie würdest du dich gestalten, um hässlich, schön, unauffällig oder kitschig zu sein? Du kannst dich verkleiden und fotografieren lassen oder du suchst aus Zeitschriften Menschenbilder und setzt dein Gesicht ein. Stelle eine Collage her.

Der österreichische Karikaturist und Grafiker Manfred Deix deckt unsere lieb gewonnenen Schönheitsideale auf, ohne vor Tabus zurückzuschrecken. Wie viele junge Männer trainieren, um auszusehen wie Arnold Schwarzenegger und schämen sich für ihren noch nicht so muskelgestählten Körper?

Aber wer verleitet uns eigentlich dazu, so dünn sein zu wollen wie ein »Barbie-Hungerhaken« oder so muskelbepackt wie ein »Zombie«? Wo kommen die Schönheitsideale her, die uns manchmal so viel Zeit und Kraft kosten?

Der Blick der Anderen auf mein Körper-Ich

Wie sehen dich die Anderen: Freunde, Eltern, Lehrer, Nachbarn, Fremde…? *Bitte andere Menschen aus deiner Nähe, aber auch dir fremde Personen, dich zu beschreiben, wie dein Körper ist, welche Kleidung sie an dir mögen und welche nicht. Halte die Texte in deinem Buch fest. Lass die Anderen von dir auch ein Foto machen oder ein Portrait zeichnen, so wie sie dich sehen.*

Die französische Künstlerin Annette Messager ist auf der Suche nach ihrem Fremdbild. Wie sehen die Anderen mich? All die kleinen Portraits, die ihre Freunde von ihr zeichneten, stellte sie in einem Portraitformat an der Wand zusammen. Wer ist sie denn nun die »wahre« Annette?

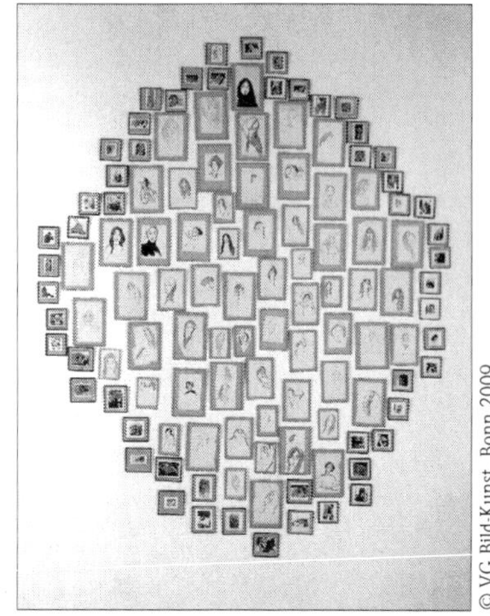

Abb. 29: Annette Messager: Wie meine Freunde ein Portrait anfertigen würden (1973)

Diskutieren, Vergleichen, Muster bilden

Vergleicht eure Werkstattergebnisse mit denen der Klassenkameraden. Versucht herauszufinden, wo ihr ähnliche Ergebnisse gefunden habt. Diskutiert, warum es solche Ähnlichkeiten in euren ästhetischen Biografien gibt und sie doch alle auch wieder unterschiedlich sind.

Was fiel euch bei dieser Arbeit schwer? Wo seid ihr auf Hindernisse gestoßen und warum? Welchen Teil findet ihr von euch jetzt im Arbeitsbuch wieder? Was ist noch nicht gesagt oder gezeigt worden?

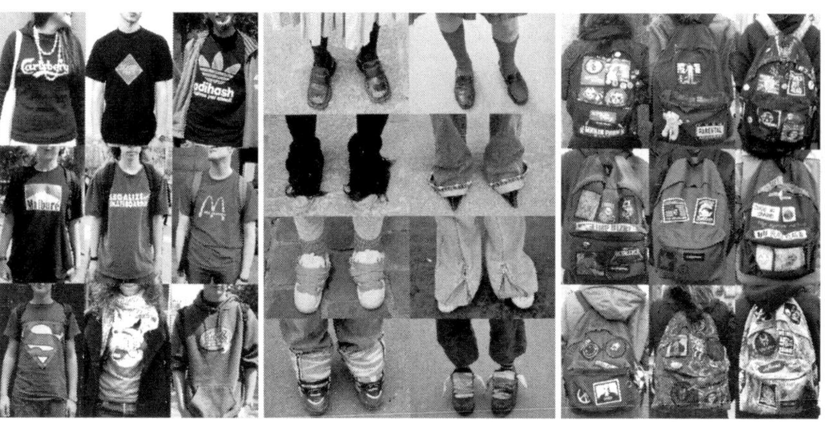

Abb. 30-32: T-Shirts, Schuhe, Rucksäcke, aus: Balet Catherine: Identity, Dress Codes in European schools, 2004-2006

Weiterführende Literatur:

Kämpf-Jansen, H.: Ästhetische Forschung, Köln 2000
Kirchner, C. (u.a. Hg.): Ästhetische Bildung und Identität, München 2006
Kunst + Unterricht, Spuren suchen – Spuren sichern, Heft 137, 11/1999
Kunst + Unterricht, Biografie, Heft 280, 2004
Kunst + Unterricht, Biografieren, Material Kompakt, Heft 281, 2004

7.1.2 *Eingefädelte Widerstandsidentitäten*

Stell dir vor, du hättest deinen Kinderausweis oder Personalausweis verloren. Niemand würde dir glauben, wer du wirklich bist und nun hast du die Chance, dich neu zu erfinden, dir ein Gegenüber deiner selbst zu schaffen mit allem, was zu einem Leben dazugehört.

Wenn dir diese Vorstellung des eigenen Vorlorengehens nicht behagt, kannst du dir auch einen Menschen suchen, den du gerne biografieren würdest, dem du in allen möglichen Lebensfacetten folgst und über den du eine Art Tagebuch führst. Auch hier darfst du dazuerfinden oder neue Situationen kreieren.

Du darfst fälschen, lügen, Wahres mit Erfundenem mischen, Hauptsache die Anderen glauben deinem erfundenen Alter Ego, deinem Gegenüber oder Doppelgänger. Halte alle deine Geschichten, Fotos, Zeichnungen, Objekte, die die neu erschaffene Person ausmachen, in deinem Arbeitsbuch fest.

Erfinde ein Gegenüber: Doppelgänger – Alter Ego (= das andere Ich)

oder biografiere das Leben eines anderen Menschen: Familienmitglied, historische Person, Star, Vorbild (...)

Die folgenden Anregungen können dir vielleicht helfen, dem Anderen eine Lebensgeschichte zu erfinden:

Fälsche einen Personalausweis: Gib dem Gegenüber einen Namen, Größe, Wohnort, Alter etc. Entscheide selbst, inwieweit du dich an Fakten oder Tatsachen hälst oder wie viel Phantasie, Schein oder Fiktion du einbaust.

Die amerikanische Künstlerin Lynn Hershman hat in den 70er Jahren die Person Roberta Breitmore erfunden, die über zehn Jahre lang ein Eigenleben führte. Sie hatte einen Personalausweis, ein Bankkonto, einen Führerschein und manchmal waren sich die Zuschauer gar nicht mehr sicher, ob es sich um Roberta, um Lynn oder um die jeweilige Frau, die Roberta spielte, handelte. Es war ein gewagtes Spiel zwischen der Künstlerin und ihrem Alter Ego.

Wähle eine Körperform, Kleidungsstücke und Outfits für deinen Anderen.

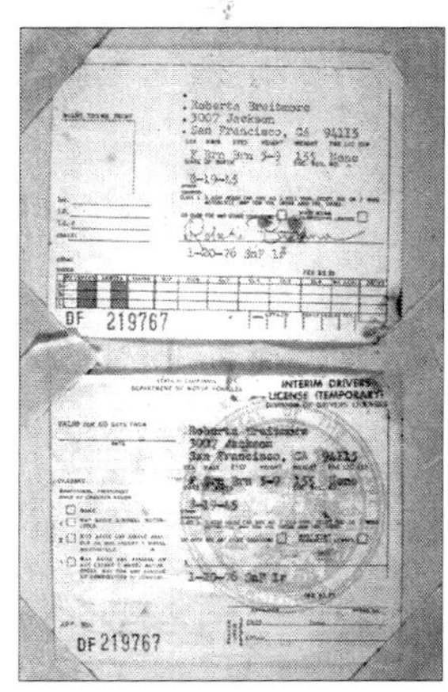

Roberta Breitmore
3007 Jackson
San Francisco, CA 94115
DF 219767
INTERIM DRIVERS LICENSE (TEMPORARY)
DF 219767

Abb. 33: Lynn Hershman: Roberta Breitmore (Führerschein) (1976)

Hier auf dem Foto siehst du, wie sich die Künstlerin Lynn Hershman den Körper und die Kleidung von Roberta vorstellte. Im Hintergrund hängt eine genaue Schminkanweisung für Roberta.

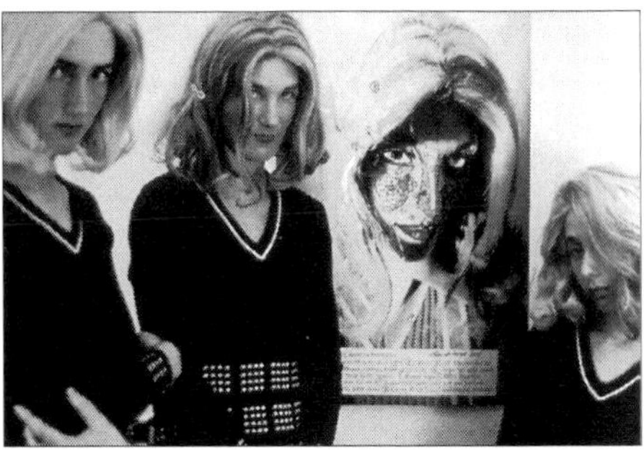

Abb. 34: Lynn Hershman: Roberta Breitmore, Darstellerinnen, (1977)

Erfinde eine Familiengeschichte und Kindheitsgeschichte, richte ein zu Hause ein, überlege dir, was der Andere gerne isst, ob er Tiere, Hobbies und Freunde hat, etc.. Während du dich auf den Anderen einlässt, ist es hilfreich, in Bibliotheken oder im Internet danach zu suchen, wie unterschiedlich Kleidungs- und Wohnweisen sein können oder wie verschieden familiäres Zusammenleben aussieht. Versuche Möglichkeiten zu finden, die für dich ungewöhnlich und anders sind und kombiniere sie mit deinen Vorstellungen vom Ich-Sein. Verkleide dich selbst als Alter Ego und versuche, dich in verschiedene Persönlichkeitsarten einzufühlen und begebe dich in den Alltag, um die Reaktionen von Menschen zu testen. Wie reagieren sie auf dich, wenn du in eine andere Identität schlüpfst, jemand Anderes spielst? Wie lange hälst du die neue Rolle aus? Beobachte, ob der Punkt kommt, wo ein Teil von dir wirklich der Andere ist und die Verkleidung nicht nur eine Hülle bleibt? Hier findest du auch gute Anregungen bei der Künstlerin Cindy Sherman.

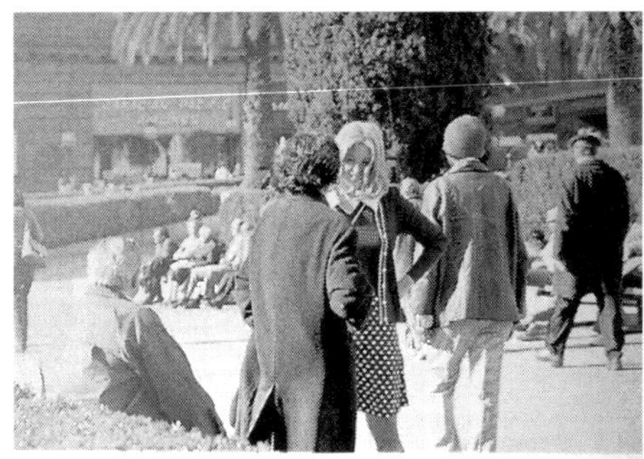

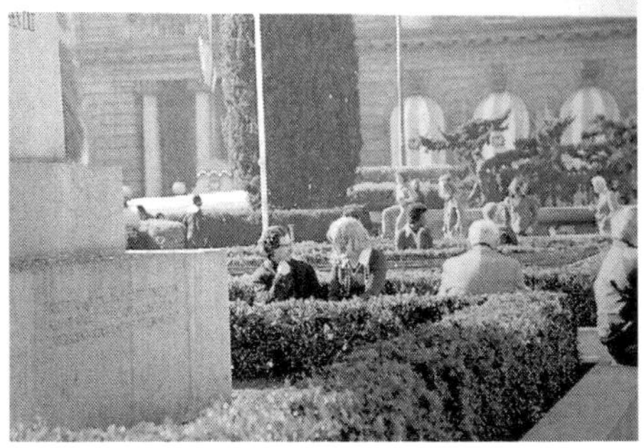

Abb. 35: Lynn Hershmann, Roberta Breitmore – Portrait Performances (1975-80)

Benutze unterschiedlichste praktische Zugänge, um dein Gegenüber ins Leben zu rufen. Suche dir Kleidungsstücke und erzähle, wann, wie und warum dein Alter Ego dieses trägt.

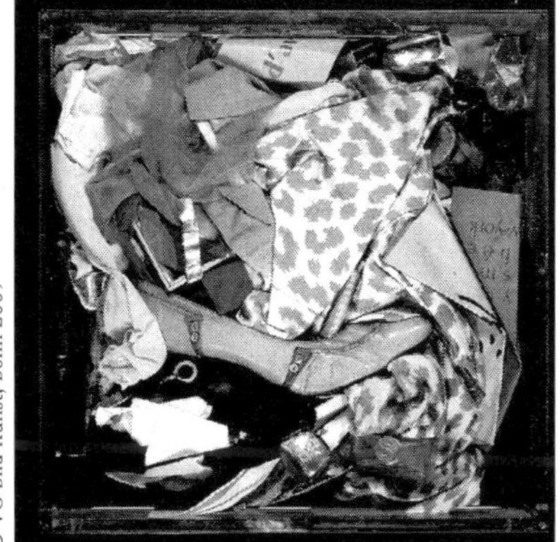

Abb. 36: Arman: Fahndungsbild von Iris (1960)

Du kannst eine Fahndungskiste mit Kleidung zusammenstellen, wie es der Künstler Arman getan hat, um geheimnisvolle Geschichten um die Indizien herum zu erfinden, die du im kriminalistischen Stil niederschreibst.
Suche dir Fotos, die Kinderbildnisse darstellen und füge sie zu einem fiktiven Fotoalbum deines Alter Egos zusammen. Christian Boltanski hat zum Beispiel die zehn Fotos, die verschiedene Jungen darstellen, so geschickt bearbeitet, dass der Betrachter meint, es handele sich um ein und denselben Jungen. Oder Hans Peter Feldmann zeigt mit seiner Zusammenstellung von Kindheitsbildern mit Hund, wie es in unseren Köpfen ganz bestimmte Vorstellungen von Kindheit gibt, z.B. Kind und Hund, die wir als wertvoll, schön oder besonders empfinden. Es liegt an dir, ob du bei deinem Alter Ego ähnliche Muster nutzt oder ob du z.B. auch schreiende, weinende, ärgerliche oder eben irgendwie andere Möglichkeiten des Aussehens, Verhaltens und Fühlens deiner erfundenen Person darstellst.

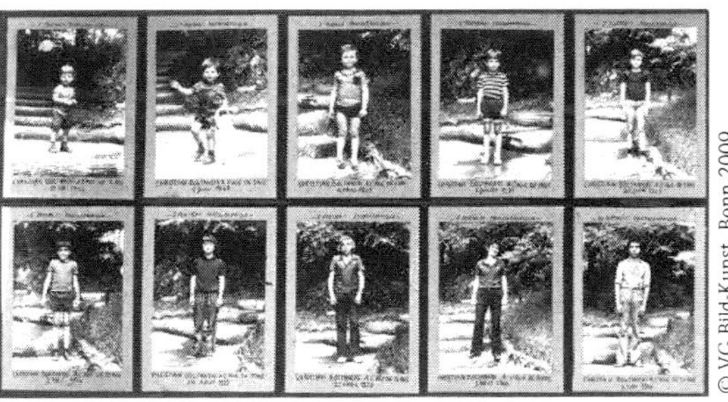

Abb. 37: Chritian Boltanski: Zehn Fotografien des C.B. (1972)

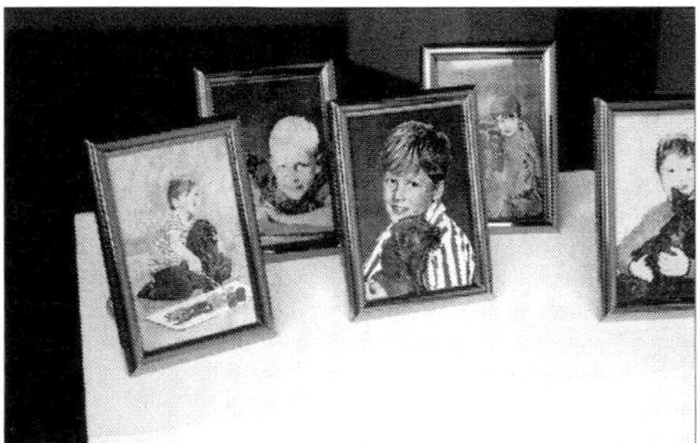

Abb. 38: Hans-Peter Feldmann: Kinderbilder (1977)

Die Körper-Änderungsschneiderei

Um ungewohnte Gestaltungsideen des Anderen zu ermöglichen, können dir Anregungen aus der Kunst und Literatur helfen. Einige wenige Beispiele werden dir hier vorgestellt. Dein Lehrer oder deine Lehrerin kennen aber bestimmt noch viele weitere künstlerische Strategien, die dir helfen den »normalen Körper« zu verändern oder du informierst dich selbst (z.B. Zeitschrift »Kunst & Unterricht«, Kunstkataloge in Bibliotheken, Museumsbesuche, Internetseiten für zeitgenössische Kunst: www.german-modern-art.com; www.artlex.com; www.webmuseen.de)

Um Portraits des Anderen zu verändern, um Stimmungen auszudrücken, um einen neuen Blick auf das gewohnte normale Körperbild des Alltags auszulösen, kannst du mit Stiften oder Nadel und Faden oder mit digitalen Fotobearbeitungsprogrammen die Körperabbildungen bearbeiten. Das Durchstechen deines Portraits ist noch intensiver als das Übermalen oder Hineinzeichnen.

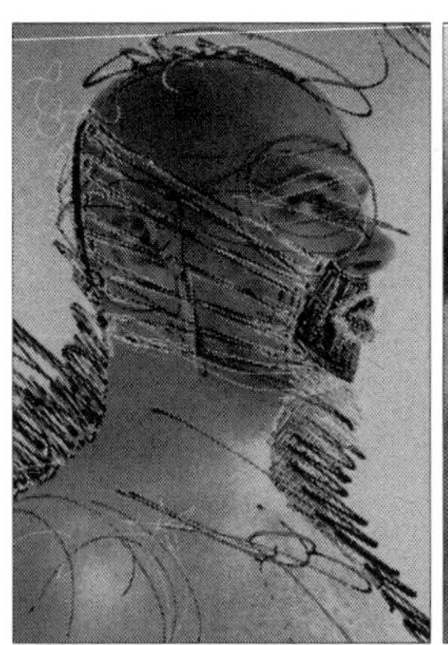

Abb. 39: Paddy Hartley: Face Corsets (2002-004)

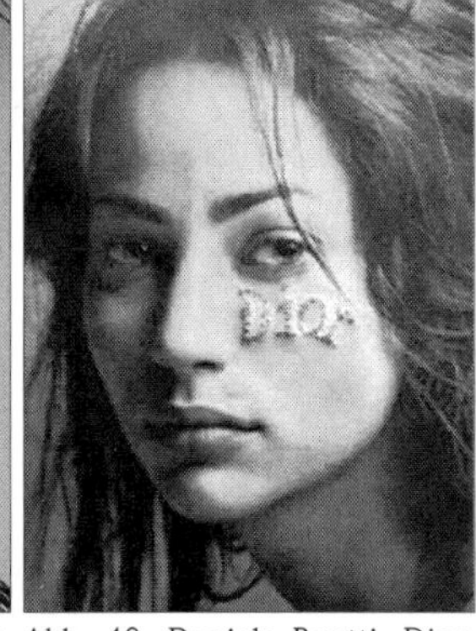

Abb. 40: Daniele Buetti: Dior (2003)

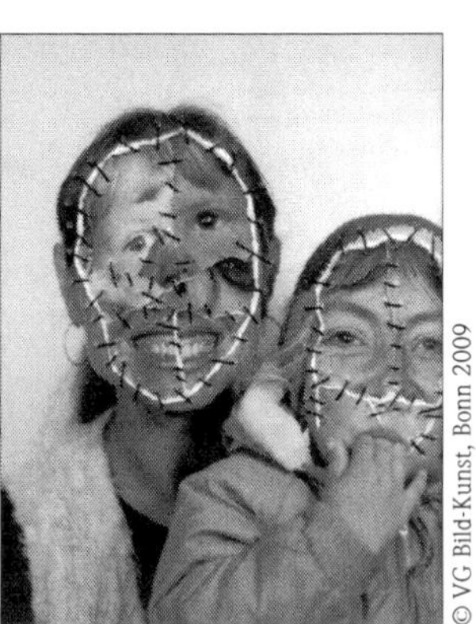

Abb. 41: Annegret Soltau: Mutterglück mit Tochter (1980-86)

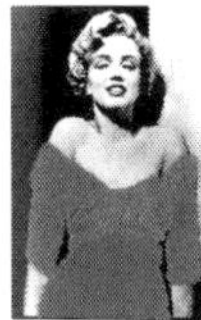

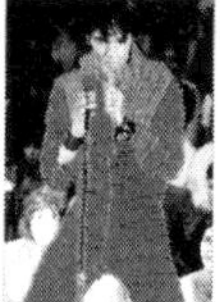

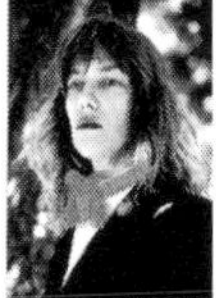

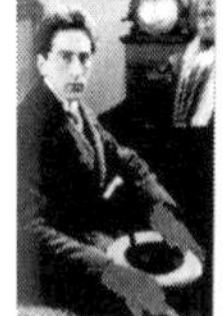

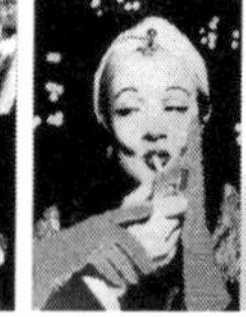

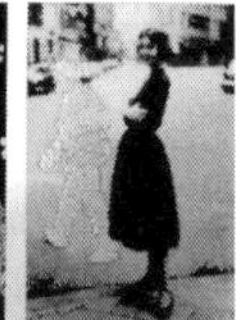

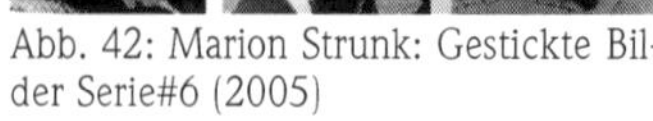

Abb. 42: Marion Strunk: Gestickte Bilder Serie#6 (2005)

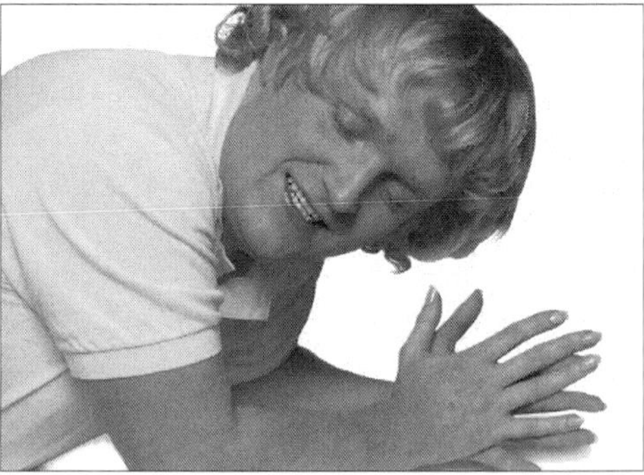

Abb. 43: Inez van Lamsweerde: The Forest –Marcel (1995)

In Abb. 39 hat Paddy Hartley dem Gesicht ein Korsett gezeichnet. Dieser Mensch ist gefesselt, indem was er sagt, sieht hört und denkt, weil er so gefangen ist oder festgehalten wird in seinen Alltagsmustern. Daniele Buetti hat mit fotografischen Mitteln dem Model das Markenlabel Dior eingearbeitet. Es sieht aus, als wäre das Model so sehr »fashion victim« (= Modeopfer) oder ihrem Beruf verfallen, dass ihr die Markennamen eingebrannt sind (Abb. 40). Annegret Soltau spricht in Abb. 41 Familienverhältnisse an. Sie schneidet Gesichtsteile aus den Fotos aus und vernäht sie wechselseitig. So hat das Kind die Augen der Mutter und die Mutter die Augen des Kindes eingenäht, so wie wir auch im Leben immer Anteile von unseren Eltern mit uns tragen. Marion Strunk stickt ganze Kleidungsstücke von weiblichen und männlichen Idolen und Stars in ihren Fotografien nach. In Abb. 42 stellt sie die langsame Handarbeit und die schnelle Fotografie gegenüber und konfrontiert verschiedene Lebensgeschwindigkeiten von Menschen. Gleichzeitig macht sie darauf aufmerksam, dass Handarbeit nicht unbedingt weiblich und Technik männlich sein muss. Auf der Abb. 43 wird von Inez von Lamsweerde mit einem digitalen Bildbearbeitungsprogramm unsere Wahrnehmung von Körpern gestört. Wenn du genau hinsiehst, dann erkennst du die Hände einer Frau, den Kopf eines Mannes und den Mund eines Kindes – eine Zukunftsvision des Klonens oder ist das die optimale Mischung von Familie? Wen stellt dieses Mischwesen dar? Welches Ich hat es, das eines Kindes, eines Mannes oder einer Frau?

Doppelgänger – Verdoppelung

Hier fühlen sich zwei Menschen als eins und sind doch zwei. Ein beliebtes Motiv in der Literatur, im Film und in der Kunst. Im »Doppelten Lottchen« von Erich Kästner, sollen die beiden eineiigen Zwillinge unbedingt im Bild festgehalten werden, um das Bild nach Hause zu schicken, damit man sich wundert. Man wundert sich auch und hält die Aufnahme zunächst nicht für echt, sondern für zusammenkopiert, aber so viel Einfallsreichtum traut man dem Fotografen Herrn Eipeldauer dann doch nicht zu.

Wenn du mit der Verdoppelung bei deinem Alter Ego spielen willst, so kannst du dich fotografisch oder per Video (digital bearbeitet) oder mit dem Spiegel verdoppeln (vgl. Abb. 44), du kannst dir jemanden suchen und dich mit ihm soweit wie möglich äußerlich angleichen (vgl. Abb. 45) oder du erfindest einen siamesischen Zwilling, wie die Künstlerin Rosemarie Trockel mit ihrem »Schizo-Pullover« (vgl. Abb. 46).

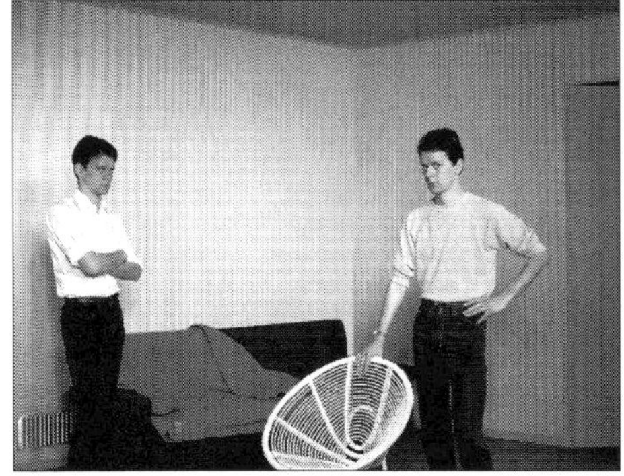

Abb. 44: Jeff Wall: Doppelselbstbildnis (1979)

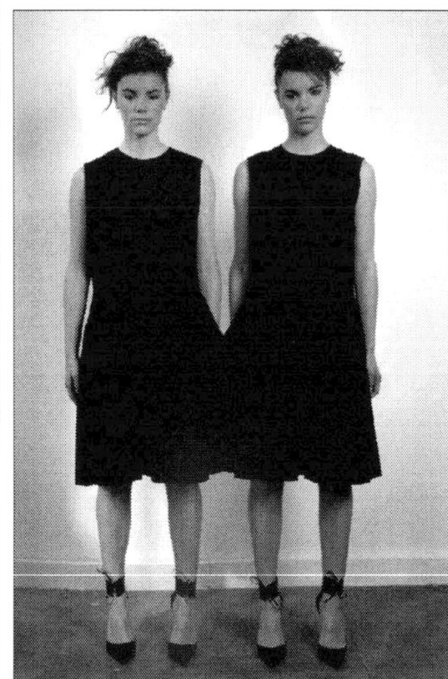

Abb. 45: Van Santen Kolff, van Imhoff: Ich bin die andere (2001)

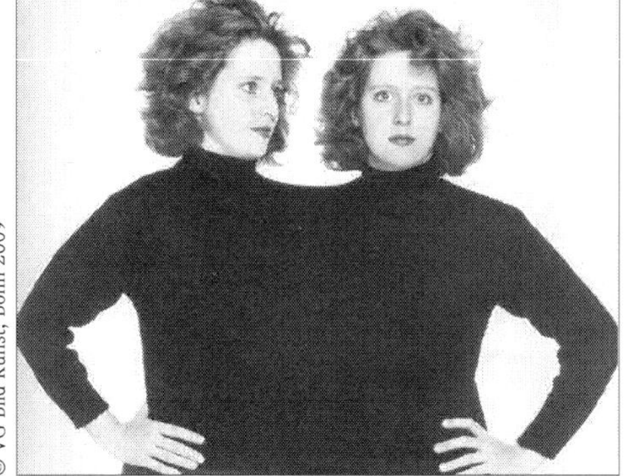

Abb. 46: Rosemarie Trockel: Schizo-Pullover (1988)

Was ist normal? Von der Normalität zur Abweichung

Lynn Hershman (vgl. Station 1 in dieser Werkstatt) konnte am Ende all die Klischees um Roberta, die typischen Rollen, die Roberta als Frau in den 70er Jahren in Amerika zu erfüllen hatte, nicht mehr ertragen. Roberta hatte ein so starkes Eigenleben begonnen, dass Lynn Hershman sich entschloss, sie 1979 sterben zu lassen. Roberta war so sehr zu »jederfrau« geworden, dass sie wie eine Marionette geworden war. Lynn Hershman geriet mit ihr in Wiederholungen, Langeweile bis hin zur Unerträglichkeit. Da Roberta eine Erfindung war, ließ sie sich genauso leicht auch wieder verabschieden.

Was war passiert? Das Persönliche löst sich so leicht im Typischen auf und wenn ich einen Doppelgänger schaffe, dann spiegele ich in ihm alle meine typischen Eigenschaften und irgendwann hält man den Anderen, selbst Geschaffenen nicht mehr aus, weil er einem die eigenen Klischees vor Augen führt.

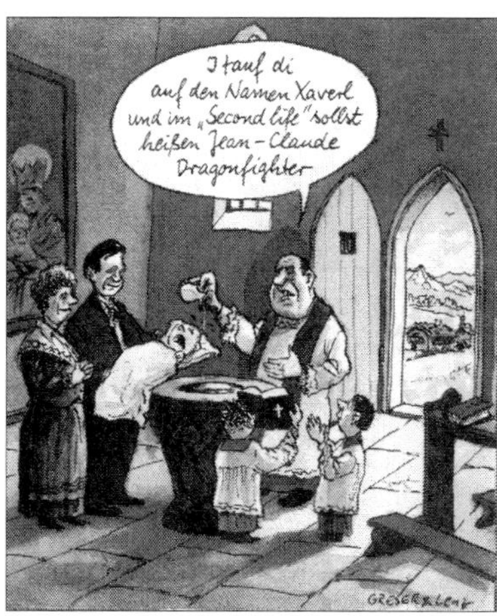

Abb. 47: Greser & Lenz, FAZ-Cartoon

Versucht an euren Alter Egos zu diskutieren, wo ihr Klischees, Stereotype und Alltagsmuster gewählt habt und wo es euch gelungen ist, Anderes zu erfinden oder bekannte Muster in eine neue Situation zu setzen.

Diskutiert, wie für euch ein »normaler« Mensch aussieht und warum wir solche Normalitätsmuster im Alltag brauchen und sie dennoch immer wieder verändern wollen.

Weiterführende Literatur:

Steiner, B.; Yang, J.: Art works, Autobiografie, zeitgenössische Kunst, Hildesheim 2004

Zweite, A., Krystof, D.; Spieler, R. (Hg.): Ich ist etwas Anderes, Kunst am Ende des 20. Jahrhunderts, Köln 2000

7.2 Kulturwissenschaftlich-rationale Werkstätten

7.2.1 Uniformität und Einzigartigkeit

»Kleidest du dich auch so ähnlich wie andere?« wurden Jugendliche gefragt und sie meinten, dass sie sich zwar ähnlich kleiden wie ihre Freunde, aber uniformiert seien sie nicht. Jeder habe seinen individuellen Geschmack und mische sich sein Outfit einzigartig. Uniformiert seien nur die Anderen, die sich dem Gruppenzwang einer Mode beugen müssten. Sie seien oberflächlich, liefen mit der Masse, egal ob es Punks, Hip-Hopper, Girlies oder Gothics seien. Es ist schon ein bisschen verrückt, aber wir machen das, was andere machen, um anders als die Anderen zu sein.

Es scheint so, als ob jeder in unserer Gesellschaft irgendwie versucht, sich einzigartig zu kleiden. Lässt man sich aber mit der Clique fotografieren, dann sehen wir doch nicht so individuell aus, wie wir glauben zu erscheinen. Was passiert da eigentlich? Was heißt es, uniformiert oder einzigartig zu sein? Warum haben wir so ein negatives Gefühl, wenn jemand uns als uniformiert beschreibt?

»Uni« heißt »eine«, also bedeutet Uniform, **Eine-Form**, eine Gleichartigkeit zu einer bestimmten Zeit und an einem konkreten Ort bilden und dazu braucht es eine Masse von Menschen, die sich von einem Gegenüber abgrenzt. Uniformen machen es uns leicht, eine Ordnung zu erkennen. Wir können uns mit Hilfe von gleichartigen Kleidungsstilen leichter orientieren. Wenn euch ein Polizist, ein Arzt oder eine Flugbegleiterin in Uniform begegnen, wisst ihr ziemlich genau, was die Zeichen der

Kleidungsstücke bedeuten, solange sie aus eurem Kulturkreis stammen und ihr verhaltet euch auch entsprechend: Dem Polizisten zeigen wir bereitwillig den Führerschein, der Stewardess das Flugticket, dem Arzt vertrauen wir unsere Krankengeschichte an. Und für die Menschen, die die Uniform tragen, bedeutet sie Schutz und Grenzziehung. Als Polizist oder Soldat steht die Uniform als Zeichen für die beruflichen Funktionen, wenn er im Dienst steht. Der individuelle Mensch tritt hinter der Fassade der Uniform zurück.

Neben diesen positiven Eigenarten der Uniformierung macht sie aber auch gleich, lässt den Einzelnen in der Masse verschwinden, mustert den menschlichen Körper auf Standards, die je nach Kulturkreis sehr unterschiedlich ausfallen und das gefällt nicht jedem Menschen, vor allem dann nicht, wenn er sich einzigartig fühlt.

Körpermusterung

Uniformen sind eng mit dem Militär verbunden. Als die Soldaten für einen Landesherren auf dem Schlachtfeld kämpften, konnte man sie an der jeweiligen Farbigkeit der Uniformen erkennen. Die Uniform hält die Soldaten auch als soziale Gruppe äußerlich zusammen, genauso wie die Trikots bei Mannschaftsspielen wie Fußball, Eishockey, Baseball oder bei Tanzformationen wie den Cheerleadern. Die Uniform kontrolliert den Körper, zwingt ihn in eine Form und diszipliniert ihn, denn zur Uniform gehören auch gedrillte Körperbewegungen, festgelegte Regeln, Befehl und Gehorsam. Die Bundeswehr nennt die Untersuchung der jungen Männer vor der Einziehung **Musterung,** in der ihre Körper nach bestimmten vorgegebenen Körpermaßen und Fitnesstandards getestet werden.

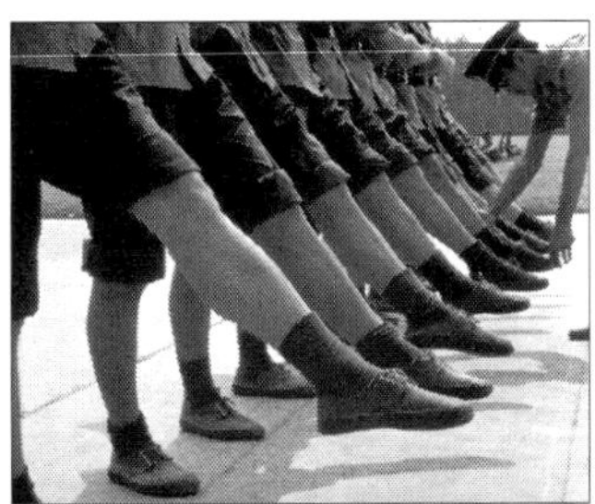

Abb. 48: Chinesisches Militär (2000)

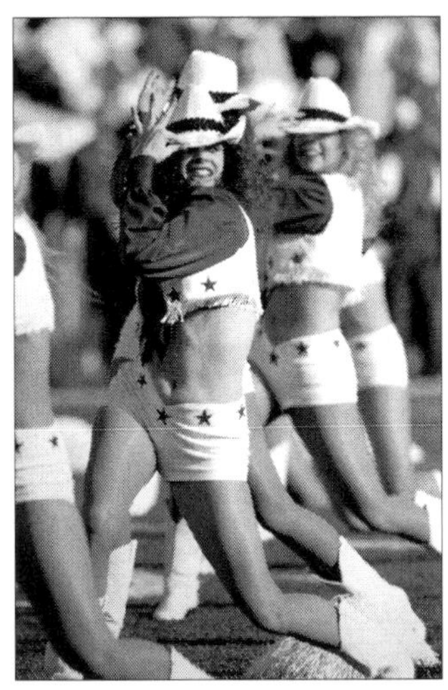

Abb. 49: Dallas Cowboy cheerleaders (2000)

Forscht über miltiärische Uniformen in der Geschichte: Wie haben sie sich verändert, welche Ordnungen schaffen sie? Formuliert eure eigene Meinung zum Tragen von militärischer Uniform. Sammelt Abbildungen von Militäruniformen aus verschiedenen Zeiten und Ländern und vergleicht sie.

Gleichzeitig enstand durch die Uniform auch eine einheitliche Vermessung des Körpers, die in drei bis vier Standardgrößen oder Schnittmustern umgesetzt wurde. Dahinter steht ein Denken, dass der menschliche Körper wie eine Maschine funktionieren kann.
Dies war die Vorstufe zur modernen Konfektionsware. Alles, was ihr in Kleidungsgeschäften kauft, ist standardisiert auf Größen XS, S, M, L etc.. Nicht immer zur Freude der Kunden, wenn die uniformen Maße nicht dem eigenen Körper entspre-

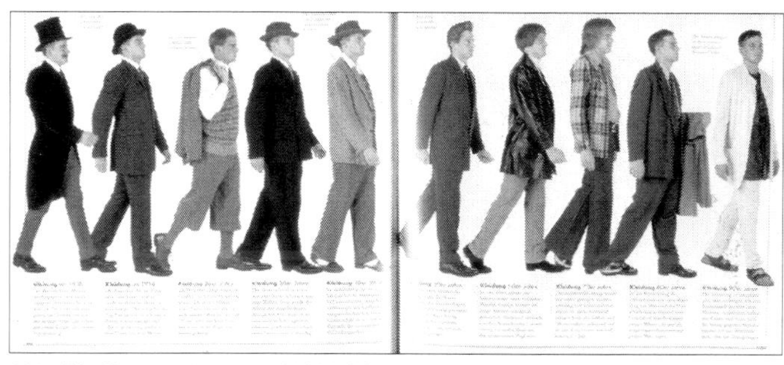

Abb. 50: Herrenbekleidung (1900-90er)

chen. Der Herrenanzug oder das männliche Jacket ist eine Uniform, die nun schon über 200 Jahre als Klassiker anhält.

Das T-Shirt ist ein einhundertjähriger Klassiker in unserem Kleiderschrank, der unser Aussehen stark uniformiert, mittlerweile fast überall auf der Erde: Bringt all eure T-Shirts mit in die Schule, sortiert sie nach Ähnlichkeiten und Einzigartigkeiten. Was macht das Uniforme am T-Shirt aus, was das Besondere?

Schuluniformen oder einheitliche Schulkleidung, in England, Frankreich oder Spanien ein alltägliches Schulmuster, sind in unserem Land eher umstritten. Uniformierung hat bei uns einen negativen Beigeschmack, wie es Johann Wolfgang Goethe schon in seinem Roman Wilhelm Meisters Wanderjahre im 18. Jahrhundert schrieb: »[...] den Uniformen sind wir durchaus abgeneigt: sie verdeckt den Charakter und entzieht die Eigenheiten der Kinder, mehr als jede andere Verstellung, dem Blick der Vorgesetzten.«[11] Die Einen argumentieren also, Schuluniform mache die Kinder und Jugendlichen alle gleich, nehme ihnen die Individualität, mache aus ihnen Einheitsmuster, die Anderen sehen in Schuluniformen die Chance, eine Gemeinschaft zu bilden, Konflikte und Sozialneid aufgrund von Markenkleidung aus der Schule zu halten.

11 Goethe, J.: Wilhelm Meisters Wanderjahre. Gesammelte Werke, Band 19, o.O. 1952, S. 1949, in: Mentges, G.; Richard, B.: Schönheit der Uniformität, Körper, Kleidung, Medien, Frankfurt/New York, 2005, 38

Finde Gründe für und gegen die Schuluniform. Bilde dir eine eigene Meinung und vertrete sie. Suche im Internet und in der Bibliothek nach Schuluniformen oder Schulkleidung in anderen Ländern, klebe die Fotos in dein Arbeitsbuch. Versuche Kontakte zu Schülern oder Schülerinnen zu bekommen, die Schuluniform tragen. Interviewe sie.

Entwerfe eine mögliche Schulkleidung für deine eigene Schule, falls dir eine einheitliche Schulkleidung zusagt.

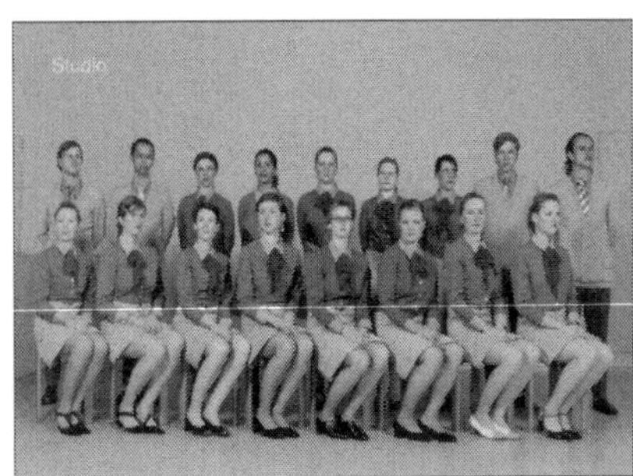

Abb. 51: Studenten Hochschule für Gestaltung Zürich (2007)

Wenn ihr die Möglichkeit habt, in eine geliehene Uniform zu schlüpfen, dann nutzt diese Chance und gebt euch für kurze Zeit als Arzt, Priester, Polizist, Krankenschwester, Mönch, Stewardess oder Kellner aus. Versucht auch Körperhaltung, Mimik und Gestik authentisch zu imitieren. Versteckt euer persönliches Ich hinter der uniformen Maske und beobachtet, was mit euch passiert und wie die Anderen auf euch reagieren.

Uniforme Körperschönheiten

Wie gnadenlos mustern wir die Körper der Anderen! Mädchen und Frauen sollen superschlank sein, makellose Haut und gesunde Haare haben. Jungen und Männer einen Muskelkörper, gebräunte Haut und ein markantes Gesicht.

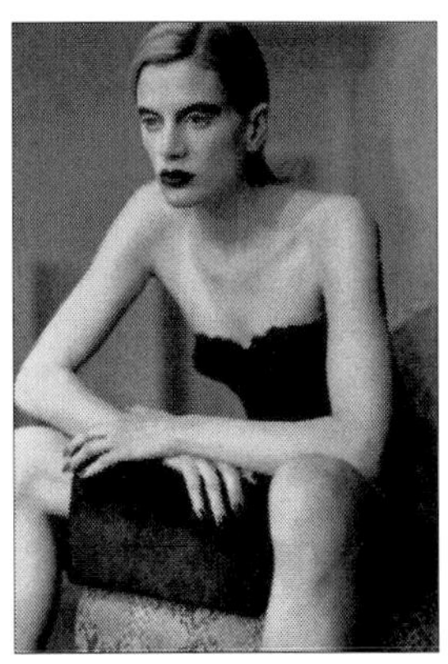

Abb. 52: Inez van Lamsweerde: Anorektische Inszenierung

Die Künstlerin Inez von Lamsweerde führt in der Fotografie rechts unser weibliches gnadenloses Schlanksein-Müssen vor. Hungern, um schlank zu sein, bis zum Tod, bis die Anderen einen nicht mehr bewerten können.

Wenn der eigenen Körper nicht dem jeweils geltenden Schönheitsideal entspricht, welches gerade in den Köpfen der meisten Menschen herumschwirrt und durch Zeitschriften, Werbung, Filme und Musikvideos vermittelt wird, dann fühlen sich manche Menschen unvollständig, manchmal sogar schlecht und beginnen Körperbearbeitungstrainings, die viel Zeit und Mühe verschlingen und meist doch nicht helfen, dem Schönheitsideal zu entsprechen: Diäten, Muskelaufbautraining, Schönheitsoperationen, Medikamente usw. werden oft unter großem Leid, Entbehrung und Schmerzen eingesetzt, um dem uniformen Körpermuster zu entsprechen, um bei einem Casting als Modell entdeckt oder als Miss oder Mr. World gekrönt zu werden.

Dieses Verhalten ist nicht neu, sondern existiert schon seit der gesamten Menschheitsgeschichte. In jeder Zeit sind andere Schönheitsideale erfunden worden, um eine gültige Ordnung aufzustellen, durch die das Andere erst bewusst wird. Mal waren große Brüste bei den Frauen oder dicke Waden bei den Männern modern: Es wurde dann gepolstert. Mal waren kleine Brüste oder schlanke Bäuche »in«, dann wurde geschnürt oder Fett abgesaugt.

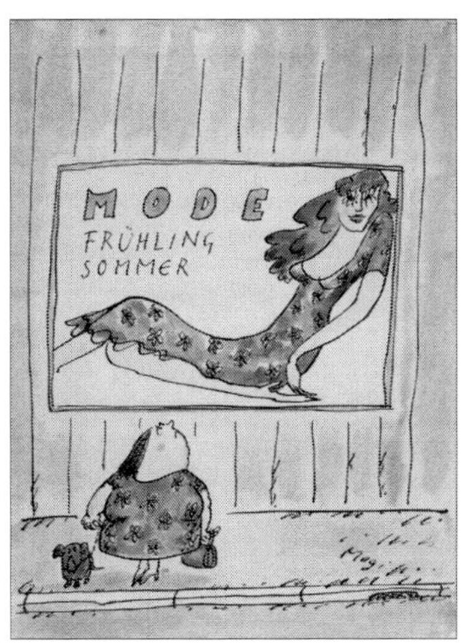

Abb. 53: Magi Wechsler: Mode (1977)

Versucht Schönheitsmuster in der Geschichte ausfindig zu machen. Ihr könnt auch in der Werkstatt Fremdes und Eigenes weitere Anregungen zu unterschiedlichen Körpermustern finden. Haltet fest, was die Menschen sich im Verlaufe der Geschichte alles angetan haben, um einem uniformen Schönheitsideal zu entsprechen.

Diskutiert, wo bei euch die Grenze der uniformen Schönheit erreicht ist, wie weit ihr euch verändert würdet, um einem Schönheitsideal zu entsprechen. Was wäre, wenn es keine Schönheitsideale gäbe oder es gäbe eines und keiner befolgte es?

Einheitslook und Massenware

Das, was wir tagtäglich anziehen, Jeans, T-Shirt, Flip-Flops ... verkauft sich über die ganze Welt. Ob in Paris, New York, Singapur oder Peking, die Bekleidungsketten wie Hennes & Mauritz, Esprit, Zara oder Mango findest du in jeder größeren Einkaufsstraße. Gleichartige Massenkleidung für westlich gekleidete Menschen. Ist wirklich alles einheitlich? Tragen wir alle ein uniformes Kleidungsmuster, mit je anderem Label, um uns noch ein wenig zu unterscheiden? Ist Mode eine Uniform des Alltags? Oder gibt es auch Abweichung in der modischen Uniformierung?

Es ist eine Frage des Standpunktes, von dem aus wir die Uniformierung durch Massenkleidung betrachten. Eine schwarze Lederjacke ist ein uniformer Klassiker geworden, aber in den Händen von Rockern wird sie trotz der uniformen Verwendung zu einem individuellen Einzelstück. Uniformität und Einzigartigkeit scheinen sich gar nicht auszuschließen.

In der Bekleidungswirtschaft hat sich seit einigen Jahren ein Trend durchgesetzt, der die Uniformität und Standardisierung mit der Individualisierung verbindet. Der Käufer wird zum »Prosumer«, was so viel bedeutet, dass er sich auf den eigenen Körper zugeschnittene und gestaltete Kleidungsstücke fertigen lassen kann. Dieser Trend wird immer populärer und adidas und Levis sind mit »mi adidas« – Sportschuhen und »Original Spin« Vorreiter auf dem Massenkleidungsmarkt für individuell gefertigte Kleidungsstücke. Ihr selbst werdet so zum Designer, schafft eure

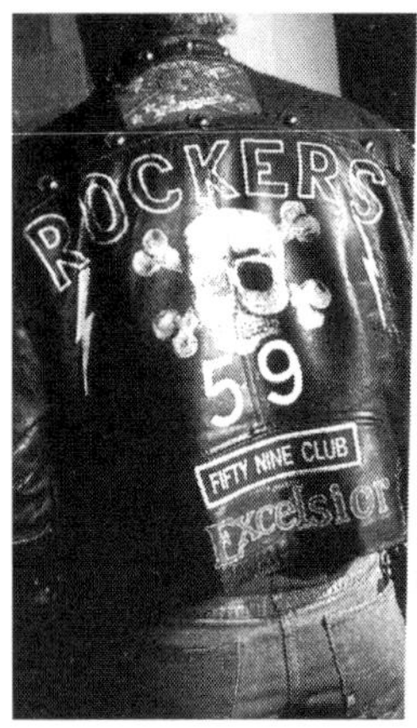

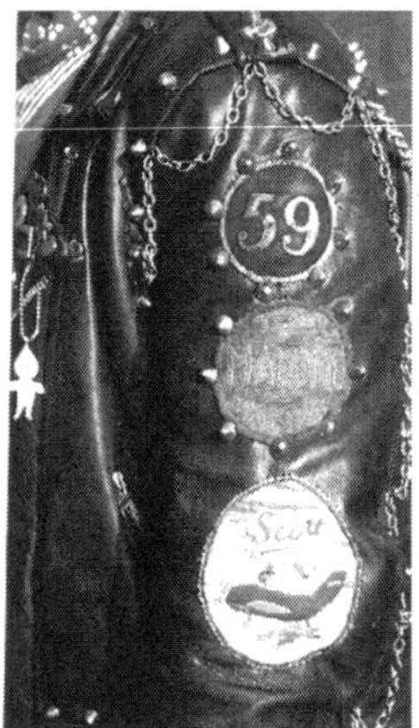

Abb. 54: Rockermode der 1990er

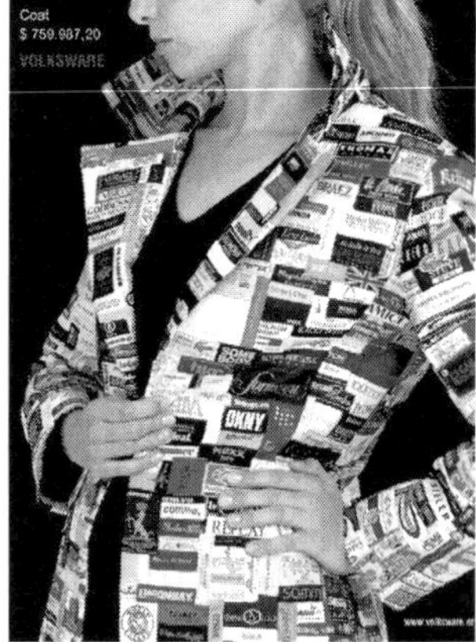

Abb. 55: Silke Wawro: Volksware-Mantel (2003)

Kleidung, die wahrscheinlich immer noch im Zeitgeist der Mode stehen wird, aber dennoch kein Einheitslook im Sinne von Konfektionsware ist, allein schon wegen der maßgeschneiderten Größe.

Die Marke Volksware hat einen »Volksware-Mantel« geschaffen, zusammengenäht aus Markenschildern, die aus Kleidungsstücken herausgetrennt wurden. Zusammengerechnet würde der Mantel 759.987.20 $ kosten. »Auf der einen Seite steht das Bedürfnis, eine Dazugehörigkeit durch die Wiedererkennung einer Marke zur Schau zu tragen. Auf der anderen Seite steht das Verlangen nach dem Einzelstück, um die eigene Individualität zu präsentieren. [...] Der Preis spielt hier keine Rolle mehr.« (Volksware, Manifest 2003, in: Kunstforum international, Bd. 185, 2007, 204)

Fotografiert Menschen auf der Straße, die zwar massenhergestellte Kleidung tragen, aber dennoch aus der Uniformität des Alltagsbildes herausfallen. Beschreibt, was sie getan haben, warum sie auffallen, obwohl sie uniforme Kleidung tragen?

Versucht ein T-Shirt (schwarz oder weiß) so anders zu gestalten, dass es, obwohl es ein Massenwarenstück ist, individuell erscheint. Zerschneiden, Polstern, Abbinden, Färben, Drucken, Besticken usw. – alle Techniken sind möglich.

Uniformer Eindringling und individuelle Uniform

Im Sommer 2008 stand in einer überregionalen deutschen Zeitung, dass die Bundeswehrsoldaten in Afghanistan, aufgrund des heißen und ungewohnten Klimas, mit ihrer Uniform unpassend ausgestattet sind. Sie binden sich gegen Staub und Sonne, ein Palestinensertuch vors Gesicht, was nicht besonders gern gesehen wird. Es ist ein kleiner Eindringling (vgl. auch Werkstatt »Parasitieren und Infizieren«), der die Wahrnehmung der Uniformität stört.

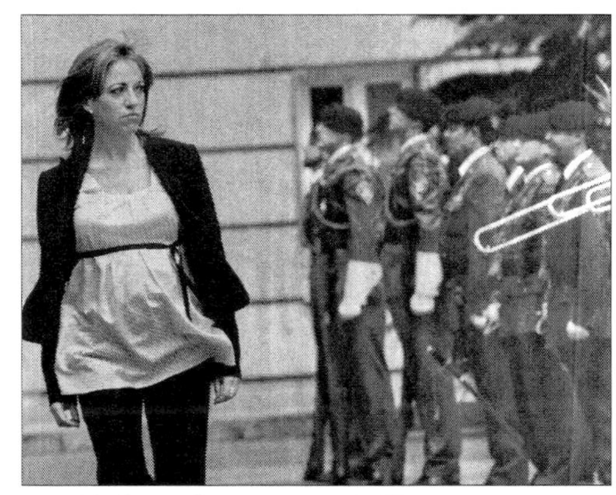

Abb.56: Carme Chacón, spanische Verteidigungsministerin (2008)

Genauso auffällig wirkte die hoch schwangere spanische Verteidigungsministerin Carme Chacón in der Medienöffentlichkeit, als sie im April 2008 am spanischen Militär vorbeimarschierte. In fast jeder Zeitung war dieses Bild zu sehen. Auch andere Schwangere tragen eine gleichartige Kleidung, doch hier tritt die Verteidigungsministerin aus der uniformen Welt schwangerer Frauen in die männlich uniformierte Welt der Soldaten. Ein Eindringling, der unsere gewohnte Wahrnehmung stört, die ständig versucht zu ordnen und Gleiches auszumachen, um sich orientieren zu können.

Sowie auch die weißen Pumps als Eindringling in die Welt der schwarzen Tschador tragenden islamischen Frauen (Abb. 57),

oder der schwarze Rock als Eindringling in das Outfit des dunklen Herrenanzugs (Abb. 58).

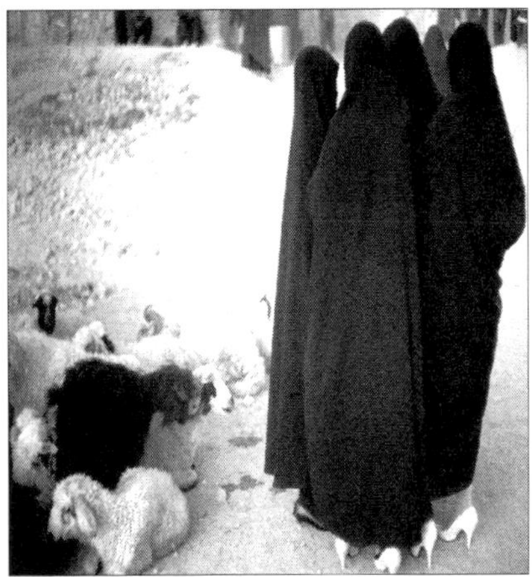

Abb. 57: Frauen in schwarzen Gewändern und weißen Pumps (2000)

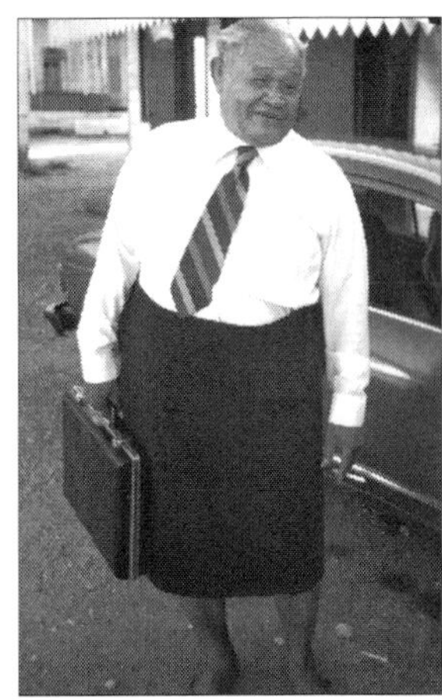

Abb. 58: Mann in Hemd, Krawatte und Rock, Western Samoa (2000)

Erfinde einen Eindringling in eine Uniform:

Entweder mit Hilfe eines ungewohnten Kleidungsstückes als Collage in einer Fotografie,

oder aber auch an dir selbst, indem du einen Tag lang dein alltägliches Outfit mit einem ungewöhnlichen Eindringling ausstattest und dich so anderen präsentierst und auf ihre Reaktionen wartest.

Individuell immer uniform auftreten

Individuell immer uniform aufzutreten ist eine andere Möglichkeit, die Wirkung von Uniformen aus der Masse herauszuheben. Künstler wie Joseph Beuys haben mit einer solchen Uniform sich selbst zur Künstlerpersönlichkeit stilisiert. Er trug immer den dunklen Filzhut, Fliegerweste, weißes Hemd, Jeans und Fellstiefel wie eine zweite Haut als Erkennungszeichen. Die individuelle Uniform wird hier zum Künstler-Image.

Karl Lagerfeld betreibt dies im Modebereich, indem er immer im schwarzen Anzug, weißem Hemd mit Vatermörderkragen, Zopffrisur und dunkler Sonnenbrille als Markenzeichen auftritt.

Die individuelle Uniform im Starkontext ist weit verbreitet, nicht nur bei Künstlern und Modedesignern, sondern auch beim Sport, in der Musikszene, bei Models und

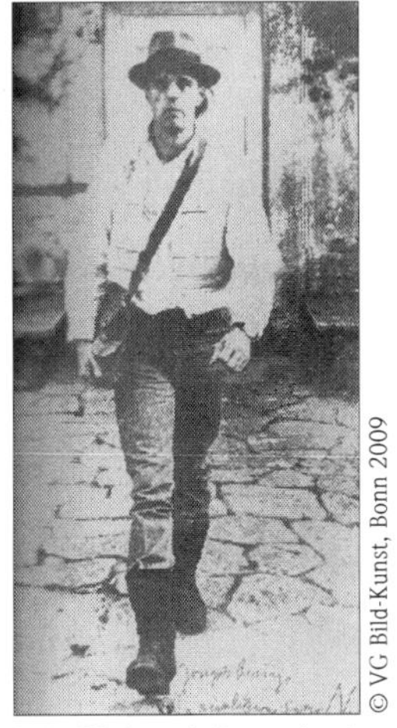

Abb. 59: Joseph Beuys: La rivoluzione siamo Noi (1972)

Prominenten aus Politik und Wirtschaft. Sie ordnen ebenfalls unsere Wahrnehmung, leiten unseren Blick und haben einen hohen Wiedererkennungswert.

Suche in Zeitschriften und im Internet nach solchen individuellen Staruniformen und stelle sie in deinem Arbeitsbuch zusammen.

Versuche einmal selbst ein oder zwei Wochen lang, individuell uniform in der Schule und im Alltag aufzutreten. Halte deine Gefühle und die Reaktionen der Anderen fest.

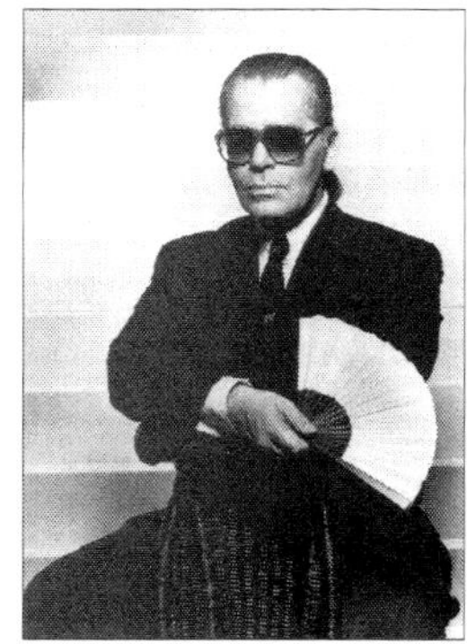

Abb. 60: Karl Lagerfeld: Autoportrait mit Fächer (1989)

Diskussion: Gleich und doch stets anders

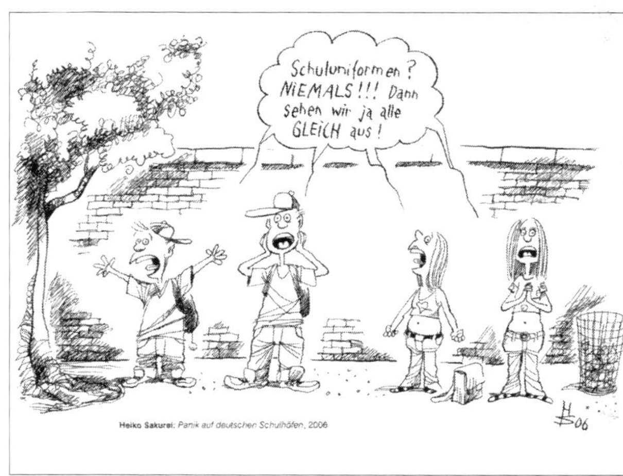

Abb. 61 Heiko Sakurei: Panik auf deutschen Schulhöfen (2006)

Jede Uniformierung unseres Körpers oder unserer Kleider stellt Ordnungen in der Masse für eine bestimmte Zeit und einen bestimmten Raum her. Mit uniformen Vorstellungen im Kopf, wie der andere auszusehen habe, mustern wir ihn, werden aber gleichzeitig auch jederzeit gemustert. Wir selbst haben es nicht so gerne, als uniform bezeichnet zu werden, in anderen Lebenszusammenhängen kann es gefährlich sein, nicht uniform aufzutreten. »Im Iran und in Afghanistan wird schon eine geringfügige Abweichung von der kollektiven geschlossenen Tracht und dem Brauchtum der Frauen mit schweren Sanktionen [=Bestrafungen] geahndet.« (Kramer 2005, 333)

Es kommt auf den kulturellen Blick an, wann Uniformität als komfortabel und schön und wann als bedrohlich empfunden wird. Im Bereich von Mode, Kleidung und Körper sind Uniformität und Einzigartigkeit kaum voneinander zu lösen. Wer sich modisch verhält, wird zwangsläufig uniform, und gleichzeitig stiftet uniformes Modeverhalten eine neue modische Variante, weil wir wieder anders sein wollen. Gleich und doch stets anders sind die Motoren unseres Verhaltens. Wir brauchen beides, auch wenn es widersprüchlich erscheint.

Weiterführende Literatur:

Brunel, C.: T-Shirt, Wien 2002
Gaugele, E.; Reiss, K. (Hg.): Jugend, Mode, Geschlecht, Frankfurt am Main 2003
Janalik, H; Schmidt, D.: Kleidung, Körper, Körperlichkeit, Bd. 1 Lehren, Hohengehren 1997
Janalik, H; Schmidt, D.: Kleidung, Körper, Körperlichkeit, Bd. 2 Lernen, Hohengehren 1987
Kalman, T. & M.: (Un)Fashion 2000
Kunstforum international, Mode, Band. 141, 1998
Kunstforum international, Schönheit I, Bd. 193, 2008
Kunstforum international, Schönheit II, Bd. 192, 2008
Mentges, G.; Richard, B.: Schönheit der Uniformität, Körper, Kleidung, Medien, Frankfurt/New York, 2005

7.2.2 Fremdes und Eigenes

Auch du kennst bestimmt eine Menge Bezeichnungen, mit denen wir den »Fremden« beschimpfen oder ausgrenzen, ihn auf ein Bild verengen. Besonders trifft es Menschen, die anderes sind als das, was jeweils gerade an einem bestimmten Ort und zu einer bestimmten Zeit von den meisten für normal gehalten wird, weil sie eine andere Hautfarbe, andere Sitten und Gebräuche oder andere Religionen, Kleidungsstile oder ein anderes Aussehen haben. Wirst du selbst zur Zielscheibe von Typisierungen oder sogar Beleidigungen über dein Aussehen, dann fühlst du, wie schmerzhaft solche Fremdzuschreibungen sind. Dafür musst du noch nicht einmal in ferne Länder reisen, selbst in der eigenen Klasse oder Familie fühlt man sich oft fremd. Beste Freunde können einem fremd werden, wenn sie sich so verändern, dass sie nicht mehr in unser Bild passen.

Problematisch wird es dann, wenn zwischen dem Fremden und dem Eigenen Mauern entstehen, es zu Gewalt und Zerstörung kommt. Wenn der andere, nur weil er die falsche Jeans trägt, gemobbt und ausgegrenzt wird. Warum werden manche Menschen so aggressiv, wenn sie auf andere stoßen, die nicht so sind wie sie selbst? Vielleicht haben sie Angst davor, dass ihre Normalität bedroht wird und müssen deswegen das Fremde bekämpfen. Sie haben nicht erfahren, dass Vielfalt eine Bereicherung des eigenen Lebens sein kann, dass es keine natürliche Normalität gibt, sondern wir unsere Sitten und Gebräuche uns zu geben und zu kleiden, selbst gemacht haben. Und indem Menschen sich für etwas Bestimmtes entscheiden und es zur Regel machen, müssen sie anderes weg lassen. Genau das macht uns der Fremde wieder bewusst, weil er uns das Weggelassene, nicht Gewählte vor Augen führt.

Aber es gibt auch viele Regionen auf der Erde, wo die unterschiedlichsten Menschen gleichberechtigt nebeneinander leben, ob dick oder dünn, groß oder klein, im Dirndl oder Lederoutfit, ob schwarz oder weiß, jung oder alt. In den folgenden Werkstätten geht es darum, wachsam zu sein, wenn man selbst Vorurteile anhand des Aussehens über andere fällt, ohne sich kundig gemacht zu haben, warum andere Menschen sich so präsentieren, wie wir sie wahrnehmen. Erst zu fragen und zu forschen, anstatt vorschnell Urteile zu fällen; den Anderen als eine Chance zu sehen, sich selbst zu entdecken; zu spüren, dass es neben dem, was man als Eigenes empfindet, hunderte andere Möglichkeiten zu sein und sich zu gestalten existieren. Wie man jemanden möglichst friedlich in seinem Anderssein aushält, obwohl man vielleicht keine Ähnlichkeiten findet und ihn nicht verstehen kann, erfährst du in den folgenden Stationen.

Der Fremde in uns

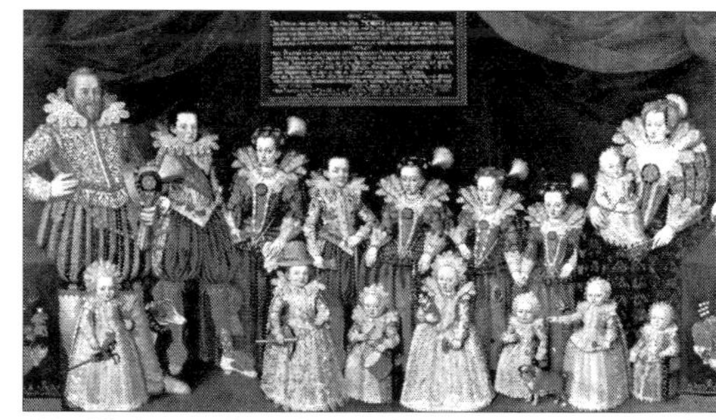

Abb. 62: August, Erich: Landgraf Moritz von Hessen (1618)

Wenn du versuchst, die Familie des Landgrafen Moritz von Hessen (1618) mit seiner zweiten Gemahlin und seinen 14 Kindern zu verstehen, wirst du aufgrund deiner geschichtlichen Kenntnisse und den historischen Familienbildern, die du womöglich schon in Museen oder Büchern gesehen hast, vielleicht einiges über Adelsfamilien im 17. Jahrhundert wissen und daraufhin das Bild teilweise deuten können. Es kann aber auch sein, dass du solch ein Familienbild zum ersten Mal siehst und denkst: So viele Kinder? Wieso haben sie verschiedenes Spielzeug in der Hand? Warum stehen fast alle Männer und Jungen links und die Frauen und Mädchen rechts im Bild? Warum haben sie das Bild malen lassen? Du könntest dir jetzt schnell eine Meinung bilden oder aber auch anfangen, über das, was dir fremd ist, nachzuforschen.

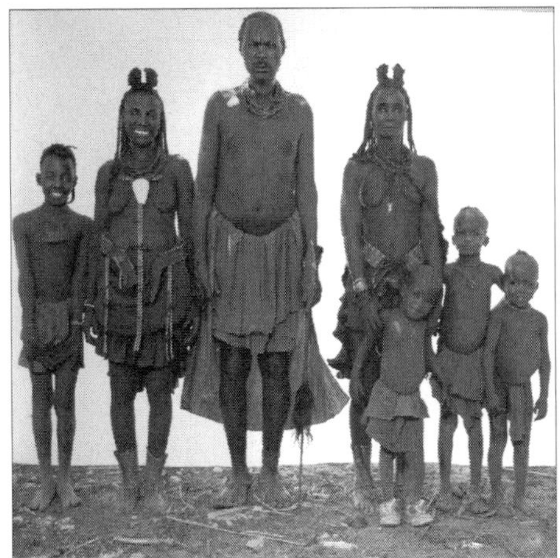

Abb. 63: Uwe Ommer: Familie near Opuwo, Namibia (1997)

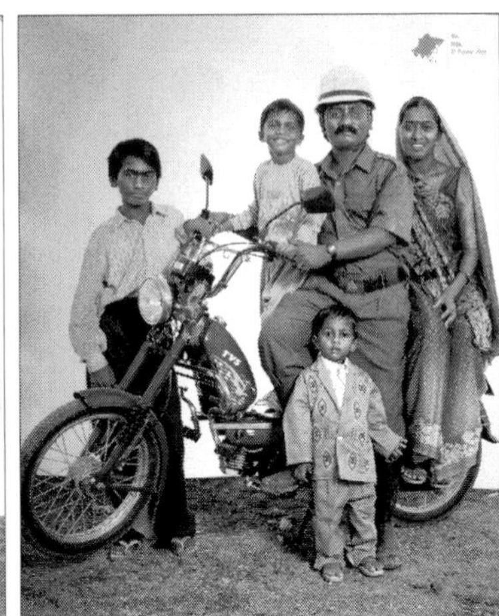

Abb. 64: Uwe Ommer: Familie aus Diu, Indien (1999)

Gehst du zum nächsten Bild über, so siehst du eine Familie aus Namibia im 20. Jahrhundert. Auch hier ein Familienvater, der mit seinen beiden Frauen gleichzeitig abgebildet ist. Warum steht er näher bei der einen Frau als bei der anderen? Dürfen namibische Männer mehr als eine Frau gleichzeitig haben? Gilt das für ganz Afrika oder nur für Namibia oder nur für diese Familie? In diesem Bild lächeln ein paar Menschen, in dem Gemälde des Landgrafen hingegen schauen alle ernst drein. In beiden Bildern haben sich die Menschen in einer Reihe aufgestellt, aber die Anordnung ist eine ganz andere. Die namibische Familie zeigt viel nackte Haut und die Landgrafenfamilie ist bis auf Hände und Gesicht komplett in Kleidung gehüllt.

Wiederum völlig anders positioniert sich die indische Familie für den Fotografen Uwe Ommer. Das Moped scheint ein wichtiger Besitz zu sein, um das sich der Vater in beruflicher Uniform, die Mutter im indischen Sari und die drei Söhne in westlicher Kleidung gruppieren. Warum hat diese Familie solch eine Positionierung gewählt? Warum sitzt die Mutter auf dem Moped und hat mit ihren Füßen keinen Kontakt zum Boden? Gäbe es eine Tochter in der Familie, wo würde sie stehen?

Und im letzten ausgewählten Familienportrait, das der chinesische Künstler Zhang Xiaogang 1997 gemalt und mit »Große Familie« betitelt hat, stellt er die politisch verordnete Einkindfamilie Chinas und die damit entstehenden Probleme für die chinesische Bevölkerung dar. Es ist keine wirkliche Familie, die er portraitiert, sondern er hält eine aktuelle Familienvorstellung fest, die China zur Zeit fest im Griff hält. Aufgrund der Überbevölkerung durften die Chinesen lange Zeit nur ein Kind

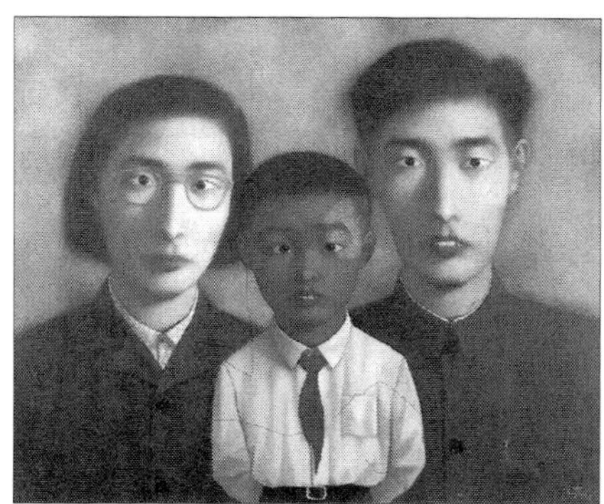

Abb. 65: Xiaogang: Große Familie Nr. 2 (1995)

auf die Welt bringen, was äußerst problematisch war und immer noch ist. Die Eltern und der Sohn starren nicht besonders glücklich aus übergroßen Köpfen aus dem Bild. Sie wirken wie verkopfte Marionetten, der Junge ist der Mittelpunkt der Familie, auf ihn konzentriert sich alles.

Die Familienbilder helfen uns festzustellen, was wir selbst für ein Bild von Familie in uns tragen. Was ist für uns eine »normale« Familie? Welche Möglichkeiten von Familie sehen wir nicht, weil wir uns an unser »normales« Familienbild gewöhnt haben? Bei welchem der vier Familienbilder reagierst du am stärksten? Welches spricht dich an, ist dir nah, welches irritiert dich?

Stell dir vor, der Familienfotograf Uwe Ommer käme auch zu dir nach Hause und möchte von euch ein Familienportrait für seine Fotosammlung aufnehmen. Ihr dürft auswählen, wer aus eurer Familienverwandtschaft mit auf das Foto kommen soll: Die Familienmitglieder dürfen sich frei anordnen, das anziehen, was sie für passend halten und schon seid ihr fotografisch festgehalten und andere können sich das Foto ansehen und damit etwas über euch erfahren. Bringt die Fotos mit und diskutiert, was euch auffällt und warum. Lasst die Anderen erklären, warum sie die Bilder so gestaltet haben.

Suche nach weiteren Familiendarstellungen: in Zeitschriften, im Internet, in Kunstkatalogen, in Museen.

Ordne deine Familienbildsammlung und forsche über Hintergründe, damit dein Bild von Familie sich immer weiter verfeinert und du immer mehr Fremdes durch dich hindurchgehen lassen kannst, und es nicht als das Andere abwehren musst.

Von Schleier zu Schleier laufen

In vielen Bereichen des Lebens ist es leicht, das Andere mit dem Eigenem zu etwas Neuem zu mischen. So tragen wir die weiten, tief auf den Hüften getragenen Jeans, die eigentlich von den amerikanischen Häftlingen stammen, Wickelröcke aus Asien, Pelzmützen aus Russland, japanische Flip-Flops oder Mokassins von den Indianern. Wir mischen tagtäglich nicht nur modische Accessoires, sondern essen auch beim Türken, Italiener oder Japaner, mixen die Musikkulturen oder stellen uns die Souvenirs aus fremden Ländern ins Wohnzimmerregal.

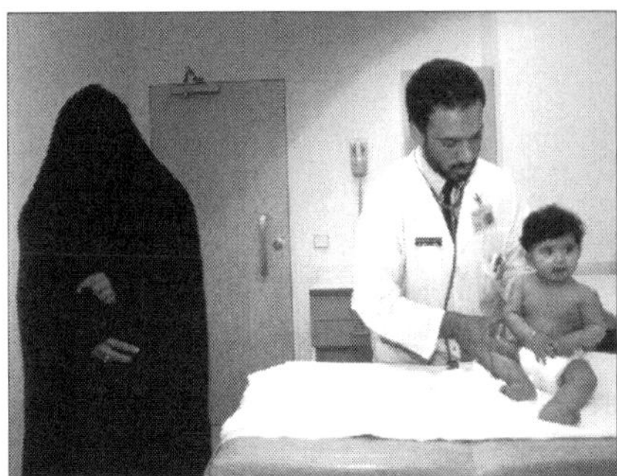

Abb. 66: Magnum Abbas: »Veiled mother watches her baby being treated« (Saudi Arabien 2000)

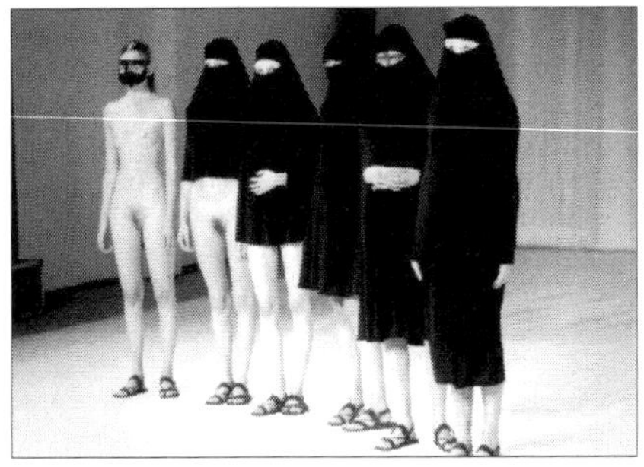

Abb. 67: Hussein Chalayan: Between (1998)

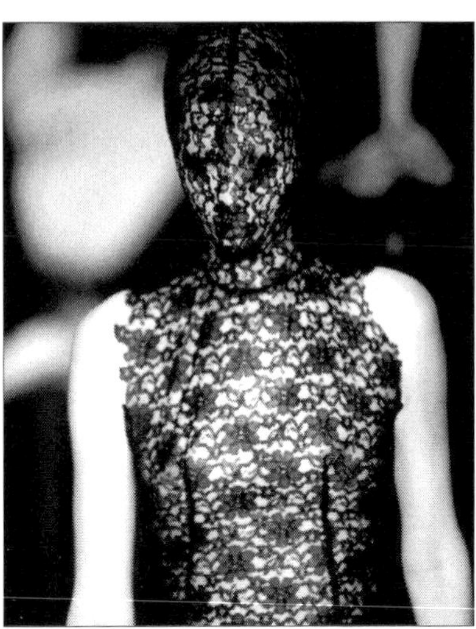

Abb. 68: Alexander Mc Queen: Rückkehr zur Monade (1996/7)

Doch manchmal ist es gar nicht so einfach, sich in das Andere einzufühlen, weil es so verschieden ist, dass es nur wenige Überschneidungen gibt und wir versucht sind, das Andere als das Fremde auszuschließen. In der Bilderreihe oben ist der »Schleier« als Symbol dafür gewählt, wie manchmal unser Blick und unser Denken durch feste Vorschriften gefangen ist. In manchen Großstädten gibt es schon richtige »Städte« in den »Städten«, wo eingewanderte Menschen leben und kaum Kontakt mit der übrigen Bevölkerung aufnehmen. Wie hinter einem Schleier leben die Einen wie auch die Anderen, sprechen oft keine gemeinsame Sprache, kleiden sich völlig anders.

Die saudiarabische Mutter hat ihren Körper komplett mit einem schwarzen Tschador verhüllt und befindet sich in einer modernen Kinderarztpraxis, wo der in westlich weißer Kitteluniform gekleidete Arzt ihren kleinen, nur mit einer Papierwindel bekleideten Sohn untersucht (Abb. 66). Gegensätzlicher könnten die Kleider kaum sein. In streng gläubigen islamischen Familien gilt dieses Verschleierungsgebot für Frauen, für die Männer nicht. *Wie geht es dir, wenn du dieses Bild siehst? Was für Gedanken und Gefühle kommen in dir hoch? Welche eigenen Erfahrungen in Bezug auf Religion und Kleidungsvorschriften bringst du mit? Versuche, dich schrift-*

lich zu dem Bild zu äußern und beachte dabei deine eigenen Wertungen. Vielleicht hilft dir das Bild in der Mitte (Abb. 67). Es stammt aus einer Modeperformance des zypriotischen Künstlers Hussein Chalayan. Er hat die Performance »Between« = »Dazwischen« genannt. Auch hier tragendie Models einen Tschador, der von Model zur Model kürzer wird, bis das sechste Model fast nackt, nur mit Gesichtsmaske und Sandalen bekleidet, vor das Publikum tritt. Chalayan bringt mithilfe von Kleidung etwas zur Sprache, was kulturell tief in unser Gedächtnis eingeschrieben ist: Das Verhältnis von Nacktheit und Scham, Religion und Kleidervorschriften, Freiheit und Gefängnis, was je nach Kultur und Standpunkt sehr unterschiedlich eingeschätzt werden kann und schon zu manchen Missverständnissen und Drohungen geführt hat.

Wir brauchen Bilder, um die Welt zu ordnen; und wir brauchen den Anderen, um uns als Eigenes zu verstehen. Schwierig wird es, wenn es kein Dazwischen mehr gibt, wenn die Schleier zum Gefängnis werden, ganz gleich ob im schwarzen Tschador oder wie im letzten Bild, in schwarze Spitze gefangen, die nur Teile der Welt zu sehen gibt (Abb. 68).

Der Schleier ist beides: Schutz vor den Blicken der Anderen, aber auch Gefängnis und Einengung. *Versuche, in deinem Alltag, Bilder von Schleiern zu finden. Wann tragen wir Schleier? Du kannst nach allen Kopfbedeckungen suchen, die den Blick einschränken: Brillen, Helme, Tücher, Schleier, die nur das Gesicht, den Kopf oder den ganzen Körper bedecken. Finde heraus, warum und wann wir diese Kopfbedeckungen tragen.*

Suche auch in dir fremden Kulturen nach Schleiern und ermittle deren Funktion. Versuche bei den dir sehr fremd wirkenden Schleiern, deinen eigenen Blick zu öffnen für das, was du noch nicht kennst.

Selbst-Verzwitterung

Bezogen auf unseren Körper existiert die Unterscheidung von männlich und weiblich über die ganze Erdkugel hinweg. Je nachdem wie gegensätzlich Mannsein und Frausein gelebt werden, desto konfliktreicher oder machtbeladener sind die Beziehungen zueinander. Es gibt Kulturen, in denen die Frau dem Mann vollständig untergeordnet wird, in anderen Kulturen hingegen kann man das Geschlecht wechseln, als Transsexueller oder Transvestit auftreten, ohne dafür geächtet oder verachtet zu werden. Je abgrenzender Männer und Frauen leben, desto härter werden die Grenzen und auch die gegenseitigen Verletzungen und Erniedrigungen. Die iranische Künstlerin Shirin Neshat hat dieses Thema sehr eindringlich in ihrer Fotografie »Rapture« (1999) zur Sprache gebracht: Wie die Spitzen von zwei Dreiecken oder

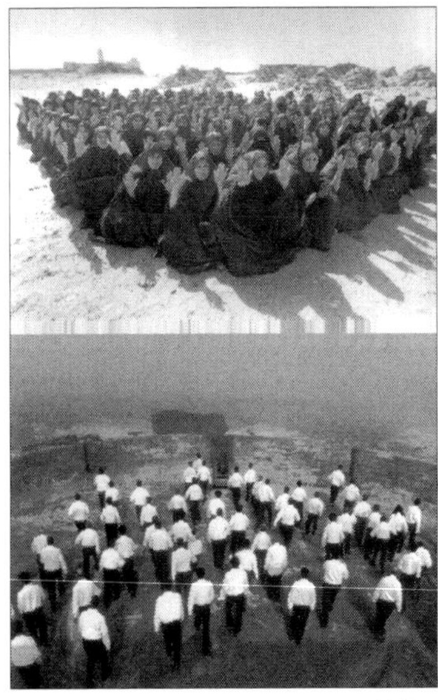

Abb. 69: Shirin Neshat: Rapture (1999)

Pfeilen treffen Männer und Frauen in der Fotografie aufeinander; die knienden, Hände hebenden, im schwarzen Tshador gekleideten iranischen Frauen gegen die auf eine Mauer zugehenden westlich gekleideten Geschäftsmänner in weißen Hemden und schwarzen Anzughosen. Zwei konträre Welten: – scheinbar in allem anders: in ihren gesellschaftlichen Denken, in ihrem religiösem Glauben, in ihrem Geschlecht, in ihrem Aussehen. »Rapture« heißt »Vergewaltigung«: Wer hier wem Gewalt antun wird, bleibt noch offen. Es ist der unüberschreitbare Gegensatz, den Menschen durch ihre unterschiedliche Lebensweise aufgebaut haben, den die Künsterlin im Bild festzuhalten versucht, um uns darauf aufmerksam zu machen.

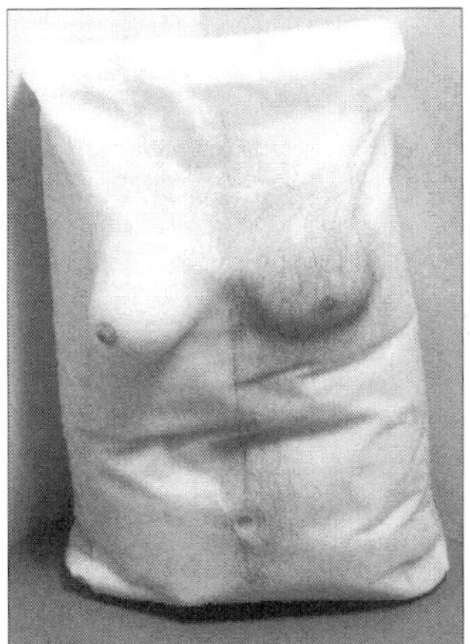

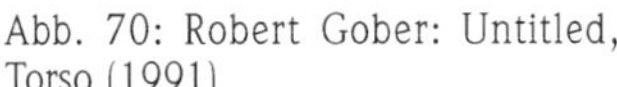

Abb. 70: Robert Gober: Untitled, Torso (1991)

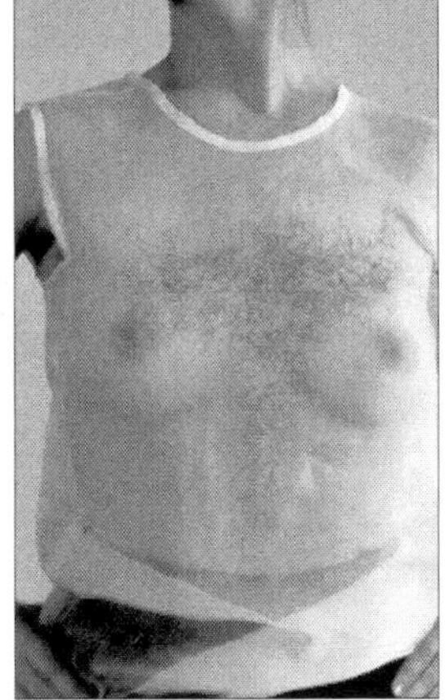

Abb. 71: Jana Sterbak: Ablenkung (1999)

Anders löst der Künstler Robert Gober den Gegensatz von Mann und Frau auf, indem er einen Wachstorso gestaltet, der zur Hälfte aus einem weiblichen und zur Hälfte aus einem männlichen Körper besteht. Sie sind zwar noch getrennt gedacht, aber bilden dennoch ein Gemeinsames.

Noch weiter geht die Künstlerin Jana Sterbark, wenn sie in ihrer Arbeit »Ablenkung« (1992) eine Frau eine durchsichtige Bluse mit eingewobenen männlichen Brusthaaren tragen lässt. Sind wir wirklich so aufzuteilen? Entweder in nur Männliches oder in nur Weibliches? Ist das andere Geschlecht wirklich der Fremde, wie es uns allzu oft und einfach vermittelt wird? Kann es nicht auch Zwitter geben, ein Dazwischen, eine Mischform? Manchmal fühlt sich eine Frau stark und ein Mann schwach, Frauen tragen Röcke und Hosen, warum sollten bei uns nicht auch Männer in der Öffentlichkeit Röcke tragen dürfen und sich schminken, ohne deswegen ausgelacht, verachtet oder sogar ausgegrenzt zu werden?

Zwitter sind etwas, was im Dazwischen steht, was nicht in Gegensätzen polarisiert, sondern Mischformen eingeht und damit ständig Neues schaffen kann.

Die Künstlerin Orlan verzwittert sich selbst mit weiblichen Schönheitsstandards aus anderen Kulturen. Sie kombiniert am Computer ihr Gesicht mit afrikanischen Frauen, die einen Lippenflock tragen. Damit will Orlan unsere eigenen Schönheitsstandards hinterfragen (vgl. auch Werkstatt: Uniforme Körperschönheiten). Der Blick des Anderen im eigenen Gesicht bringt Grenzen ins Schwingen. Nicht umsonst verleihen Politiker bei Staatsbesuchen oft dem Gast, ein Kleidungsstück aus der eigenen Tracht. So sieht man deutsche Politiker im Anzug mit Dalai Lama-Schal oder auch afrikanische Politiker im europäischen Herrenanzug. Hier handelt es sich auch um »Verzwitterungen«, um Versuche, das Andersartige mit dem Eigenen in eine gemeinsame zukünftige Gestaltung zu versetzen.

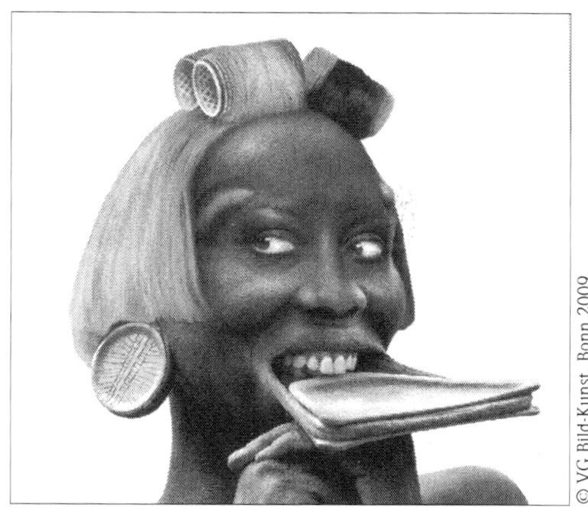

Abb. 72: Orlan: Selbst-Verzwitterung (2002)

Versuche selbst Zwitter zwischen dir und dem, was dir fremd erscheint herzustellen. Du kannst dies mithilfe von Kleidung am eigenen Körper versuchen oder in Collagen, wie Orlan es getan hat; du kannst digital am Computer Fremdes in einer Person zusammenfügen. Begründe, warum du dich für dein Motiv oder deine Verzwitterung entschieden hast.

Diskussion: Wie fremd sind wir uns selbst?

Was wir als fremd empfinden, hängt von uns selbst und unserem Standpunkt, bzw. auch dem der Anderen ab. Wir alle müssen im Alltag unsere Wahrnehmungen ordnen und damit beginnt schon eine Aufteilung, was nah bei uns ist und was eher weit weg, also fremd ist oder was wir gar nicht wahrnehmen. Und doch verstehen wir uns nur selbst, wenn es etwas Anderes, ein Gegenüber oder ein Du gibt. Wir müssen durch den Anderen »hindurch«, um uns selbst zu begreifen oder wir brauchen den Blick der Anderen, um uns zu sehen.

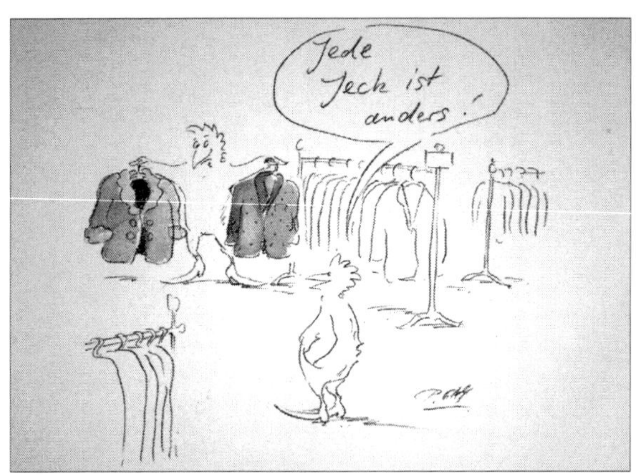

Abb. 73: Peter Gaymann: Cartoon

Dabei ist der Fremde auch zugleich sich selbst immer fremd und nah, oder mit einem kölschen Sprichwort kommentiert: »Jede Jeck es anders, und jeder es anders jeck.« (jeck = verrückt, von dem Normalen aus gesehen: verrückt).

Der folgende Dialog von Karl Valentin und Liesl Karlstadt über »Die Fremden« greift die Stationeninhalte in dieser Werkstatt noch einmal auf und regt euch dazu an, zu fragen, wer, was, wann, warum und wie etwas fremd werden kann.

Karl Valentin und Liesl Karlstadt: Die Fremden (1940)

Karlstadt: Wir haben in der letzten Unterrichtsstunde über die Kleidung des Menschen gesprochen und zwar über das Hemd. Wer von euch kann mir nun einen Reim auf Hemd sagen?

Valentin: Auf Hemd reimt sich fremd!

Karlstadt: Gut – und wie heißt die Mehrzahl von fremd?

Valentin: Die Fremden.

Karlstadt: Jawohl, die Fremden. - Und aus was bestehen die Fremden?

Valentin: Aus »frem« und »den«.

Karlstadt: Gut – und was ist ein Fremder?

Valentin: Fleisch, Gemüse, Obst, Mehlspeisen und so weiter.

Karlstadt: Nein, nein, nicht was er ißt, will ich wissen, sondern wie er ist.

Valentin: Ja, ein Fremder ist nicht immer ein Fremder.
Karstadt: Wieso?
Valentin: Fremd ist der Fremde nur in der Fremde.
Karlstadt: Das ist nicht unrichtig. - Und warum fühlt sich ein Fremder nur in der Fremde fremd?
Valentin: Weil jeder Fremde, der sich fremd fühlt, ein Fremder ist und zwar so lange, bis er sich nicht mehr fremd fühlt, dann ist er kein Fremder mehr.
Karlstadt: Sehr richtig! - Wenn aber ein Fremder schon lange in der Fremde ist, bleibt er dann immer ein Fremder?
Valentin: Nein. Das ist nur so lange ein Fremder, bis er alles kennt und gesehen hat, denn dann ist ihm nichts mehr fremd.
Karlstadt: Es kann aber auch einem Einheimischen etwas fremd sein!
Valentin: Gewiß, manchem Münchner zum Beispiel ist das Hofbräuhaus nicht fremd, während ihm in der gleichen Stadt das Deutsche Museum, die Glyptothek, die Pinakothek und so weiter fremd sind.
Karlstadt: Damit wollen Sie also sagen, daß der Einheimische in mancher Hinsicht in seiner eigenen Vaterstadt zugleich noch ein Fremder sein kann. - Was sind aber Fremde unter Fremden?
Valentin: Fremde unter Fremden sind: wenn Fremde über eine Brücke fahren und unter der Brücke fährt ein Eisenbahnzug mit Fremden durch, so sind die durchfahrenden Fremden Fremde unter Fremden, was Sie, Herr Lehrer, vielleicht so schnell gar nicht begreifen werden.
Karlstadt: Oho! - Und was sind Einheimische?
Valentin: Dem Einheimischen sind eigentlich die fremdesten Fremden nicht fremd. Der Einheimische kennt zwar den Fremden nicht, kennt aber am ersten Blick, dass es sich um einen Fremden handelt.
Karlstadt: Wenn aber ein Fremder von einem Fremden eine Auskunft will?
Valentin: Sehr einfach: Fragt ein Fremder in einer fremden Stadt einen Fremden um irgend etwas, was ihm fremd ist, so sagt der Fremde zu dem Fremden, das ist mir leider fremd, ich bin hier nämlich selbst fremd.
Karlstadt: Das Gegenteil von fremd wäre also - unfremd?
Valentin: Wenn ein Fremder einen Bekannten hat, so kann ihm dieser Bekannte zuerst fremd gewesen sein, aber durch das gegenseitige Bekanntwerden sind sich die beiden nicht mehr fremd. Wenn aber die zwei mitsammen in eine fremde Stadt reisen, so sind diese beiden Bekannten jetzt in der fremden Stadt wieder Fremde geworden. Die beiden sind also - das ist zwar paradox - fremde Bekannte zueinander geworden.

Weiterführende Literatur:
Billmayer, F.: http://www.moz.ac.at/user/billm/front (Unterrichtsbeispiele zum Thema Fremdes und Eigenes)
Kolhoff-Kahl, I.: Über das schwierige Fremde im Textilunterricht, »Wenn ein Schleier dazwischen ist...«,in: »Ästhetische Bildung«, Internationale Fachtagung Graz Mai 2006, BÖKWE 3/2007, 144-153
Wagner, F.; Kapser, K.; Friedrich, J.: Das achte Feld. Geschlechter, Leben und Begehren in der Kunst seit 1960, Ostfildern 2006
Zweite, A.; Krystof, D.; Spieler, R. (Hg.): Ich ist etwas Anderes, Kunst am Ende des 20. Jahrhunderts, Köln 2000

7.3 Künstlerisch-pragmatische Werkstätten

7.3.1 Parasitieren und Infizieren

Wenn du das Wort Parasit hörst, denkst du vielleicht zuerst an einen ekligen Schmarotzer, der nur von anderen nimmt und nichts gibt. Der Parasit ist in der griechischen Antike aber jemand gewesen, der mit am Tisch sitzt, vom Wirt geduldet wird und der durch Gespräche unbekannte Informationen ins Haus bringt und somit Neues in Gang setzen kann, was die alten Lebensmuster oder Denkweisen verändert.

Künstlerisch-pragmatisches Infizieren könnte man mit gesundheitlich nicht schädigenden Parasiten oder Viren vergleichen. Die normalen Lebensweisen, die Alltagsmuster, die wir alle kennen, werden durch kleine künstlich gesetzte Eindringlinge beeinflusst und schon verändert sich unsere Wahrnehmung. Wir schauen genauer hin, wie wir uns alltäglich geben, was unsere Körpervorstellungen bestimmt. Der Virus wirkt wie bei einem Grippeinfekt, der nicht tödlich endet, sondern unser Immunsystem stärkt, weil unser Körper sich auf Neues eingestellt hat und beim nächsten Virus resistenter geworden ist, bzw. einfach mehr Anregungen aushält und positiv verarbeitet.

Du kannst in dieser Werkstatt versuchen, selbst Parasiten oder Infekte zu erfinden, die unsere normalen Körperwahrnehmungen irritieren, um die Klischees, Typen und festgefahrenen Körpermuster oder Kleidungsstile in Bewegung zu bringen.

Die Kunst der (un) freundlichen Übernahme

Der Künstler Ruppe Kosellek nennt seine Einmischungen in unsere alltäglichen Wahrnehmungsmuster »Parasitäre Publikationen«. Er geht mit seinen Parasiten in die Öffentlichkeit. Auf dem Foto siehst du ein Bücherregal in der Ikea-Filiale Bielefeld. Wenn du durch Ikea bummelst, achte mal darauf, was für Fotos in den Fotorahmen ausgestellt sind: meistens hellhäutige Frauen, die unserem Schönheitsstandard entsprechen. Keine heulenden Kinder, keine Kranken, keine alten Menschen sind zu sehen. Damit wird unser Körperbild auf einen Typ hin gemustert. Und nun schlendert Ruppe Kosellek durch IKEA und schmuggelt sein gerahmtes Foto, sein Glatzkopf mit Schnitzel geschmückt, unter die Frauenbilder. »ICH UND IKEA« nennt er seine Kunst. Er zeigt uns mit seinem kleinen Eindringling, wie wir durch die Medienbilder geprägt werden. Er rüttelt die Menschen wach, die das Bild wahrnehmen.

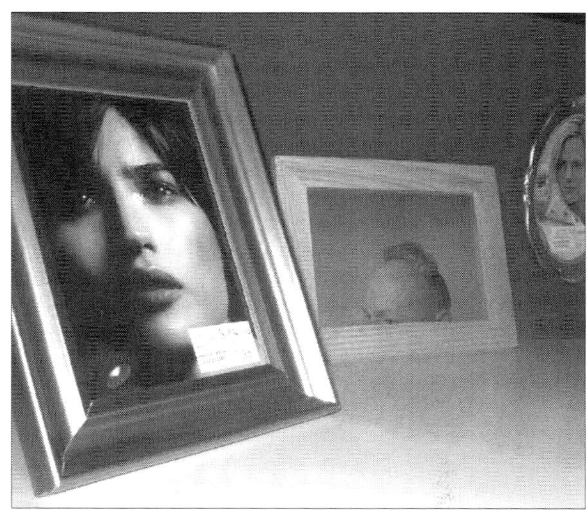

Abb. 74: Ruppe Kosselleck: Parasitäre Publikationen, Ich und Ikea (2006)

Eine andere Künstlergruppe kaufte sprechende Barbiepuppen und Soldatenpuppen auf und tauschte die Stimmen aus. Anschließend schmuggelten sie die shoppingsüchtigen, mit Piepsstimme sprechenden Soldaten und die männlich-markant grummelnden Barbies in die Geschäfte, um die Menschen auf die männlich-weiblichen Spielzeugmuster aufmerksam zu machen.

Erfinde selbst parasitäre Eindringlinge. Dafür musst du zuerst nach Klischees suchen, an die du dich mit einer kleinen Störung anheften kannst. Klischees, vereinheitlichende Muster findest du in Bildern der Werbung, in Videoclips, in Geschäften etc., kurzum im Alltag. Störe diese Massenmuster mit einem kleinen Parasiten, z.B. klebe ein Totenkopfsticker auf eine »Wendy-Zeitschrift«.

Sich einnisten

Du kannst dich nicht nur in Massenmuster einmischen, die du in den Medien oder der Öffentlichkeit findest, sondern du kannst dich in ein anderes Lebensmuster eines Menschen oder einer kleinen Menschgruppe einnisten, so dass es kaum auffällt. Erst bei genauerem Hinsehen wird der Eindringling deutlich.

Die Künstlerin Rosemarie Trockel hat die persönliche Sammlung ihrer Schwester, die ein Fan von Brigitte Bardot war (ein Film- und Pop-Star der 60/70er Jahre), in einer Vitrine als Kunstwerk ausgestellt. Der Titel des Kunstwerks heißt »PARIS

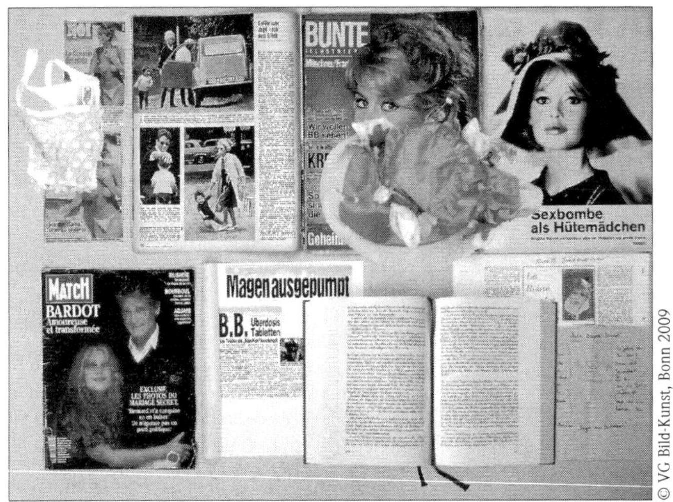

Abb. 75: Rosemarie Trockel: PARIS blonde und BB-Buch 2 (1993)

blonde und BB-Buch«. Wenn du genau hinsiehst, liegt in der unteren Reihe zwischen all den Brigitte Bardot Fan-Artikeln, ein kleines Buch mit dicht bedruckten Seiten und schwarzem Lesezeichenband. Es ist ein Buch des Dichters Bertolt Brecht, der auch die Initialen B.B. trägt, aber eher ein Kritiker der Boulevardpresse, der luftigen Stars und Sternchen war. Rosemarie Trockel hat ihn eingenistet, um den Fan-Blick ihrer Schwester zu irritieren. Fans verengen ihren Blick auf nur einen einzigen Menschen, Star oder Pop-Gruppe und sehen nichts anderes mehr.

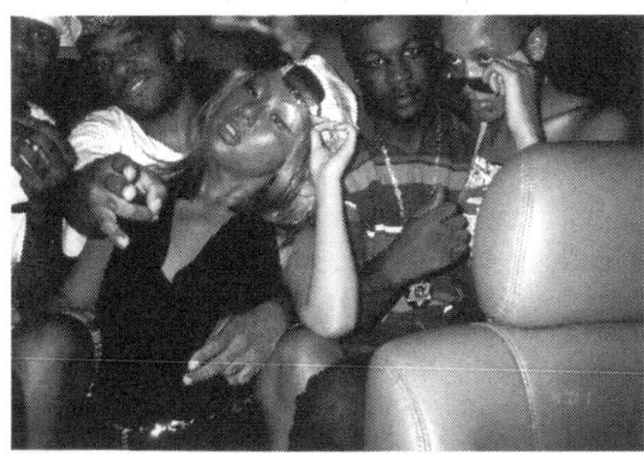

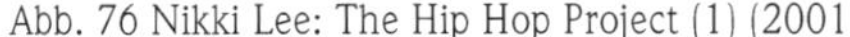

Abb. 76 Nikki Lee: The Hip Hop Project (1) (2001)

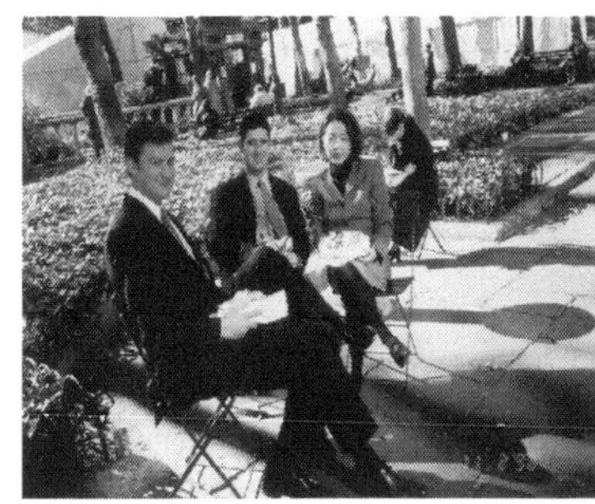

Abb. 77: The Yuppie Project (17) (1998)

Die Künstlerin Nikki Lee mischt sich ganz anders in das Gruppenstyling anderer Menschen ein. Sie übernimmt deren Körperhaltung und Kleidung so genau, dass sie als Hip-Hopper oder Yuppie nicht von der jeweiligen Gruppe zu unterscheiden ist.

Ein sehr leiser Parasit, aber wenn er von der Gruppe erkannt wird, dann gibt er zu bedenken, dass man doch nicht so anders als die Anderen ist, wenn sich jemand so einfach einnisten kann.

Wenn du auch für einen Pop-Star schwärmst oder einer Clique angehörst, wenn es sehr ähnliche Muster in deiner Familie oder in deiner Klasse gibt, erfinde einen kleinen Störenfried, durch den die Ähnlichkeiten erst richtig bewusst werden. Entweder du mischst dich anders gekleidet selbst unter die uniforme Menschenmenge oder du schmuggelst ein Detail ein, das störend wirkt (Aufkleber, Tücher etc.)

Textil – Terroristen oder Hacker mit Nadel und Faden

Wenn sie sich auf deiner Computerfestplatte eingenistet haben, dann fühlst du dich regelrecht terrorisiert von den Viren, Würmern und Trojanern. Wir versuchen, uns vor den digitalen Eindringlingen und Hackern zu schützen, damit sie nicht unser System stören.

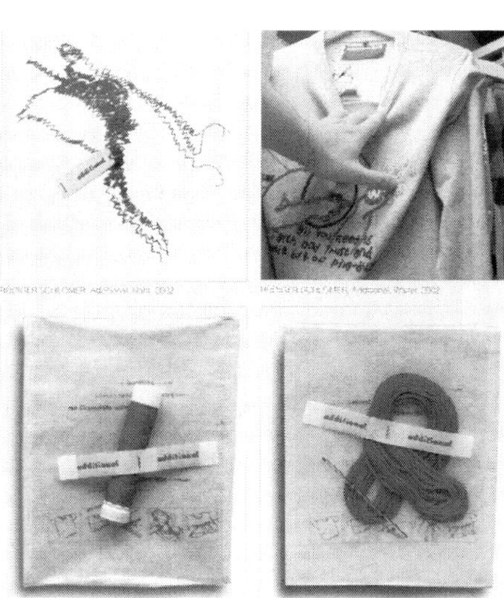

Abb. 78: Rüdiger Schlömer: Additional (2002)

Der Künstler Rüdiger Schlömer ist nicht digital in andere Systeme eingedrungen, sondern mit Nadel und rotem Faden. »Wir sind Textil-Terroristen«, so kaperte er einen Modeworkshop, indem er kleine rote Fäden als »Additionals« (= hinzugefügte Extras) in die Kleidungsstücke der Teilnehmer einnähte. Zwar gelang es Schlömer nicht so richtig, als Textil-Terrorist wahrgenommen zu werden, weil die Modeleute schon viel zu sehr an Hacker-Methoden gewöhnt sind, aber dennoch ist sein Eingriff eine Möglichkeit, in geschlossene Muster einzudringen und damit Neues anzustoßen.

Nutzt selber Nadel und Faden, um euch unter die Kleidung anderer zu mischen und ihre Wahrnehmung zu irritieren. Oder erfindet andere »Additionals«, die sich dazufügen und damit die bestehende Ordnung verändern: näht Knöpfe an, fälscht Logos und klebt sie an…

Virales Marketing

In der Werbung wird derzeit häufig das virale Marketing eingesetzt, indem mit einer persönlichen Empfehlung durch Freunde für – zum Beispiel – ein bestimmtes Kleidungsstück per E-Mail gearbeitet wird. Diese Botschaft muss ein echtes Zugpferd sein, sie muss infektiös sein, so dass der Empfänger diese Mail freiwillig an Freunde und Bekannte schickt. Mit Mund zu Mund Propaganda und Maus-zu-Maus-Werbung wird die anfänglich persönliche Empfehlung dann im Schneeballsystem vermarktet, so dass sie als Werbebotschaft nicht gleich zu erkennen ist. Sie tarnt sich wie ein Virus und breitet sich unter den Menschen aus, bis plötzlich eine große Gruppe von Menschen das neue Label kennt.

Auch wenn man es nicht bewusst wahrnimmt, achtet man auf das, was Freunde und Menschen in der eigenen Umgebung tun und lässt sich von diesen Eindrücken beeinflussen.

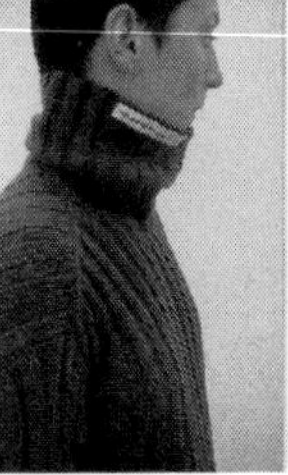

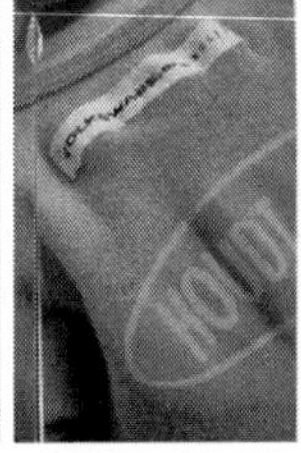

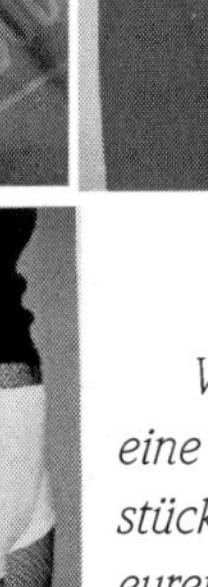

Abb. 79: Silke Wawro: Aktion Volksware 99

Die Künstlermarke »Volksware« versucht z.B., innerhalb einer kleinen Gruppe ein neues Label für Kleidung zu erfinden und zu verbreiten, indem Alltagskleidungsstücke, die die Menschen schon besitzen, mit dem extra hergestellten Label »Volksware« markiert werden.

Versucht in einer kleinen Gruppe, ein Label oder eine Marke zu erfinden, die sich an ein Kleidungsstück andockt, das einen wichtigen Stellenwert in eurer Altersgruppe hat. Behaltet dieses Label bei, tragt es überall, schickt Mails an eure Freunde, dass dies der neue IN-Tip sei und beobachtet, wann und warum plötzlich der Virus greift, und wenn nicht, hinterfragt, was schief gelaufen ist, dass die parasitäre Strategie nicht funktionierte. Dokumentiert euren Prozess der Ideenfindung, der viralen Vermarktung und der Ergebnisse.

Im Internet findet ihr fashion blogs, die ebenfalls versuchen, einen neuen Trend über virales Marketing zu vertreiben und damit neue Modemuster einzuführen.

Weiterführende Literatur:

Kunstforum international, Parasitäre Strategien, Band 185, 2007

Kolhoff-Kahl, I.: Infizieren – Ästhetische »Heilungs«-Prozesse, in: Blohm, M. (Hg.): Berührungen und Verflechtungen, Köln 2002, 213-230

7.3.2 *Transformieren und Reframen*

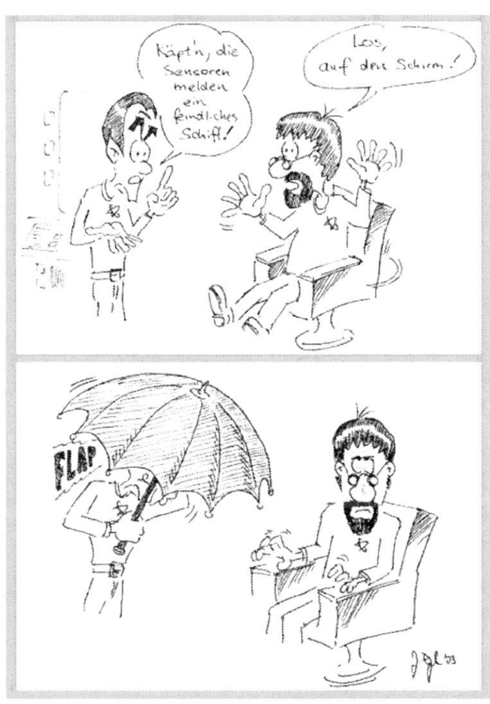

Abb. 80: ohne Angabe: www.leine-blick.de (23.11.2004)

Witze und Cartoons leben davon, dass unsere normalen Alltagsvorstellungen, die wir von Dingen, Begriffen und Bedeutungen haben, in einen anderen Zusammenhang gestellt werden. Sie rütteln uns auf, bringen uns zum Lachen. Das, von dem wir meinen, dass es normale Wirklichkeit sei, wird in etwas Neues »transformiert« oder in eine andere Form verschoben. Man kann auch sagen, neu gerahmt (= »Reframen«).

Was im Cartoon rechts für den Käpt'n ein normaler Schiffsbefehl ist, nimmt sein Offizier beim Wort und schafft damit eine neue witzige Situation, indem er einen Schirm aufspannt.

Beim Transformieren wird Bekanntes in neue Zusammenhänge gesetzt oder Dinge werden zusammengefügt und gekreuzt, die sonst nicht zusammen auftreten. Damit wird unsere Wahrnehmung geschärft, neue Ideen entstehen. Der Alltag wird uns fremd gemacht, damit wir ihn mit neuen Augen sehen können. Manchmal geschieht dies auf lustige Art und Weise, manchmal schockierend, ein anderes Mal ganz leise, fast unbemerkt.

Beim Wort nehmen

Wenn du z.B. sagst, »Meine Mutter ist Hausfrau.«, dann erzeugst du mit Worten sofort eine Bedeutung oder auch ein Bild von deiner Mutter. Die Anderen, die in einer ähnlichen Umwelt leben wie du und die gleiche Sprache sprechen, können dich dann verstehen, weil sie denselben Erfahrungshintergrund haben. Sie wissen etwas mit der Bedeutung Hausfrau anzufangen. Auch mit Abbildungen könntest du deine Aussage unterstützen. Geht es dir aber darum, über das Klischee oder die vorgefertigten Bilder einer Hausfrau nachzudenken, willst du deutlich machen, wie

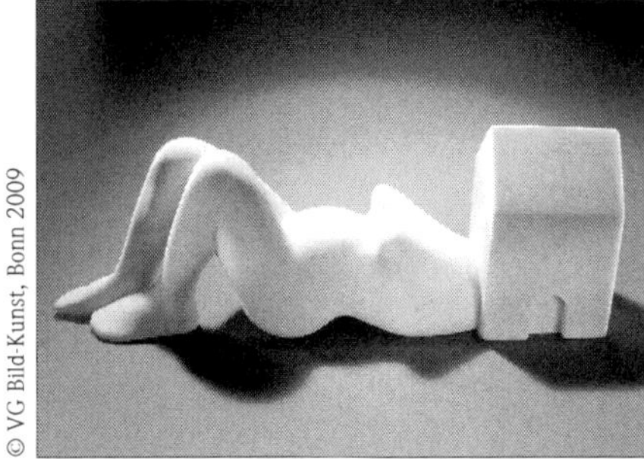

Abb. 81: Louise Bourgeois: Femme Maison (1994)

unterschiedlich sich Hausfrauen fühlen können, dann musst du die Kontexte (= die Bedeutungen) der Hausfrau verschieben. Sie werden in einen neuen Zusammenhang gestellt, so wie es die Künstlerin Louise Bourgeois mit dieser Skulptur gemacht hat (Abb. 81). Der Frauenkopf des nackten, weißen Körpers steckt in einem Haus ohne Fenster, wie in einem Gefängnis oder Kokon. Rein, aber einsam. Ihre Arme sind nicht zu sehen, mit denen sie den ganzen Tag arbeitet. Louise Bourgeois hat das Wort »Hausfrau« aus seiner alltäglichen Bedeutung verschoben. Wir fangen an nachzudenken, wie sich Hausfrauen wohl fühlen, was dieser Beruf alles beinhaltet. Wort und Bild bilden gemeinsam eine neue Wahrnehmung. Die alte Wahrnehmung von Hausfrau, die wir für wirklich gehalten haben, wird transformiert.

Hier noch zwei weitere Arbeiten von Künstlern, die die Begriffe bei ihren Wörtern gepackt haben und damit neue Sichtweisen eröffnen. Links ist das »Rückenmark« von Arman zu sehen und rechts das »Kopfsteinpflaster« von Timm Ulrichs.

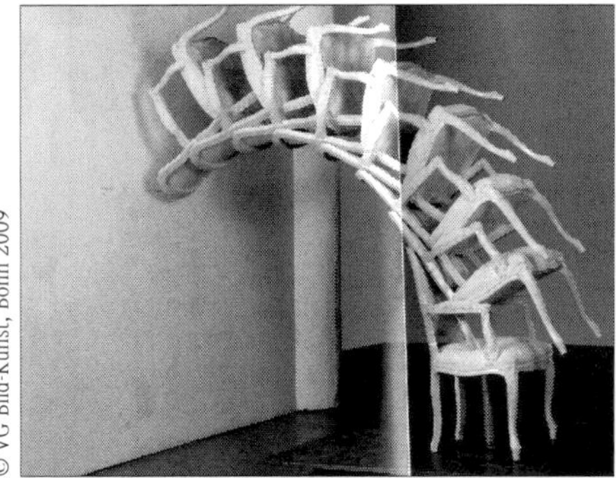

Abb. 82: Arman: Rückenmark (1996)

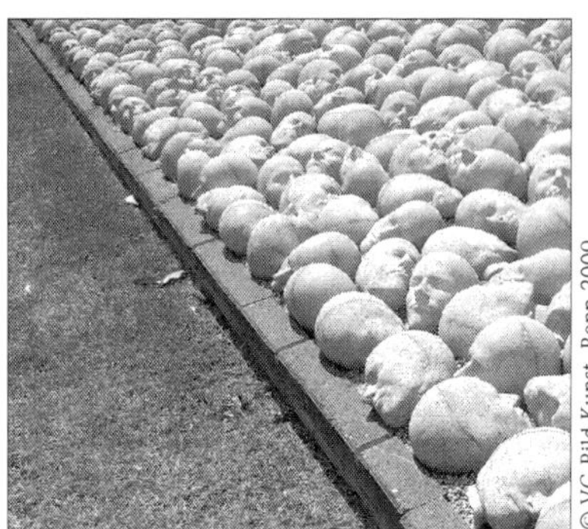

Abb. 83: Timm Ulrichs: Kopfsteinpflaster (1980/1994)

Überlege, worin die Verschiebungen liegen. Was lösen die Bilder bei dir für neue Bedeutungen aus? Es folgen noch weitere Begriffe aus dem Bereich von Körper und Kleid, die sich leicht in Bilder umsetzen lassen. Du kannst dies mit Hilfe von Zeichnungen, Cartoons, Objekten, Fotocollagen etc. versuchen.

Fußpilz, Kopfnuss, Fußnagel, Nagelbett, Kopfsalat, Buchrücken, Handschuh, Fliegenpilz, Duschkopf, Stuhlbein, Mundfalten, Zungenspitze, Ohrring, Nasenflügel, Bandscheibe, Handrücken, Pfauenauge, Ballkleid, Nagelbürste, Pudelmütze, Zuckerhut, Schleiereule, Zahnfleisch, Hühnerauge, Ohrenschmalz, Schirmherrschaft, Schuhbürste...

Geschichte neu rahmen

Im Laufe der Geschichte haben die Menschen die verschiedensten Mode- und Körperbilder entworfen. Wenn Modemacher oder Künstler Neues schaffen wollen, greifen sie oft in die Geschichtskiste hinein und geben den alten, bekannten Vorstellungen einen neuen Rahmen.

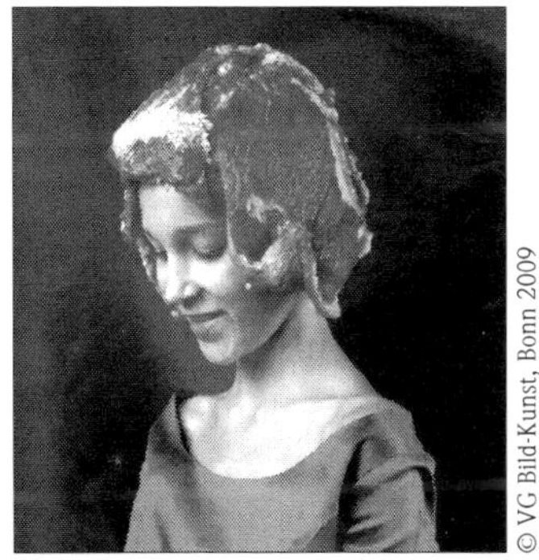

Abb. 84: Julia Kissina: Felicitas (1998)

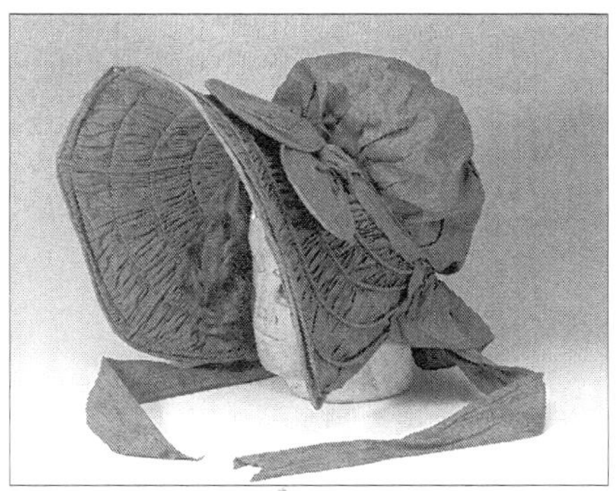

Abb. 85: Haubenhut mit Haarteil (um 1830)

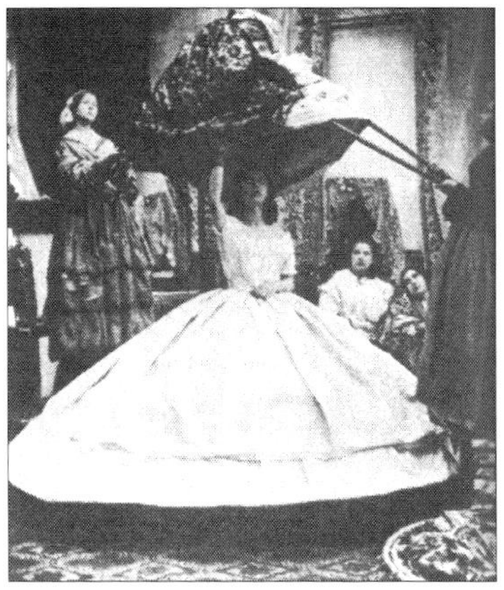

Abb. 86: Die Anprobe (um 1865)

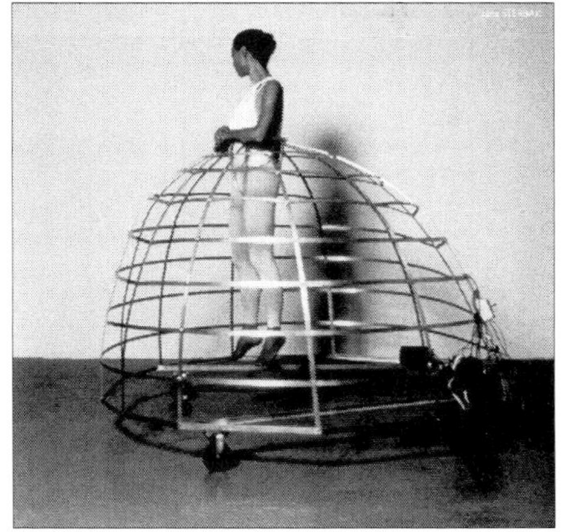

Abb. 87: Jana Sterbak: Remote Control (1989)

»Unter die Haube kommen«, bedeutete im 19. Jahrhundert, dass eine junge Frau verheiratet wird. Und die Frauenhaube rechts, die um 1830 modern war, lässt der Frau wirklich nicht gerade mehr viel Blickfreiheit, sie steckt unter einer Haube (Abb. 85). Die Künstlerin Julia Kissina hat das Haubenthema im 20. Jahrhundert erneut aufgegriffen, aber das Material ausgetauscht. Rotes, rohes Fleisch auf dem Kopf einer superdünnen Frau. Was bedeutet »unter die Haube kommen« heute für junge Frauen? Vielleicht, dass sie meinen, sich der Schlankheitstyrannei unterwerfen zu müssen. Sie haben zwar einen freieren Blick auf der Straße, aber das Thema zu viel Fleisch auf den Hüften bestimmt die Gedanken in ihrem Kopf. Die Künstlerin rahmt ein altes Thema neu, stellt es in die moderne Zeit, so wie auch Jana Sterbark in Abb. 87 das Thema der Krinoline (Reifrock im 19. Jahrhundert) neu bearbeitet. Die reichen Bürgersfrauen konnten sich kaum noch bewegen in den riesigen Krinolinen. Beim Ankleiden musste ihnen geholfen werden (Abb. 86). Stell dir vor, du müsstest solch ein Kleid heute tragen: Wie sehr würde sich dein Bewegungsradius einschränken: kein Fahrradfahren, kein Busfahren, kein Rennen, Bücken, Sitzen möglich... Und die Frau rechts, die in dem Reifrockgestell herumgefahren werden kann? Sind Frauen heute auch gefangen und werden herumgeschoben oder ist das Gestell ein Schutz? Was meinst du?

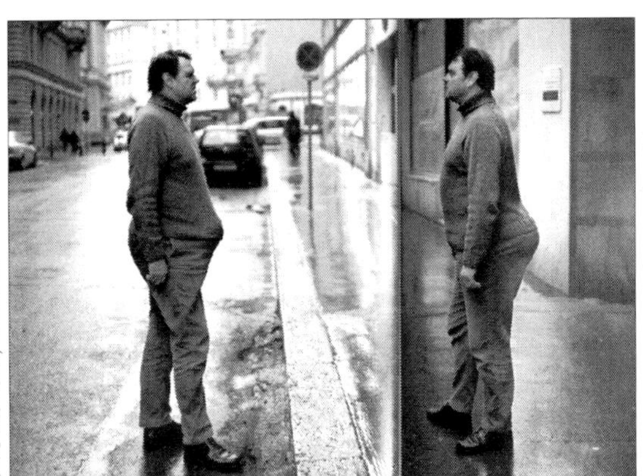

Abb. 88: Erwin Wurm: Zwei Arten, eine Bombe zu tragen (2002-03)

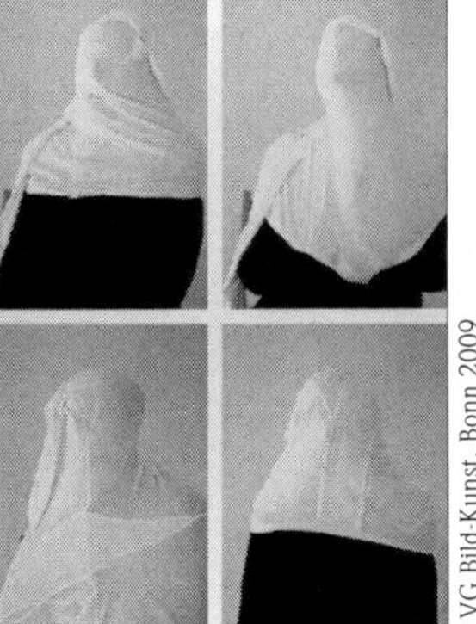

Abb. 89: Erwin Wurm: Be a terrorist (2003)

Und zuletzt zwei Beispiele des Künstlers Erwin Wurm, der es wagt, auf witzige Art und Weise, die aktuellen in Zeitungen und Fernsehen erzeugten Geschichtsbilder der »Selbstmordattentäter« und »Terroristen« neu zu rahmen. Terroristen sind seit dem 11. September 2001 ein immer präsentes Thema im Alltag geworden, das uns über Bilder und Worte sehr beherrscht. Ihr könnt ja mal versuchen, das Aussehen eines Terroristen zu beschreiben. Ihr werdet merken, wie sehr eure Vorstellungen von den Medienbildern vorgeprägt sind.

Erwin Wurm wendet das Bild des »Selbstmordattentäters« humorvoll in der Performance »Zwei Arten eine Bombe zu tragen«. Nicht jeder Mensch, der uns auf der Straße begegnet, muss ein Attentäter sein, auch wenn manch einer einen vorstehenden Bauch, einen ausladendes Gesäß oder ungewöhnlich dicke Waden hat. Die Medien steigern unsere Angst teilweise in hysterische Feindmuster und Erwin Wurm versucht, diese Kontexte wieder zu verschieben, um unsere Wahrnehmung wach zu halten.

Auch »Athetic Terrorists« von Erwin Wurm oder »Anweisungen, wie man sich politisch inkorrekt verhalten soll«, geht spielerisch mit unseren Alltagswahrnehmungen um. Ein Terrorist, der eine weiße Rippherrenunterhose als Kopfbedeckung trägt, um sich zu verhüllen, löst völlig andere Gefühle und Reaktionen aus, als die von den Medien verbreiteten Bilder. Anders denken und handeln zu können, den Turban oder Schleier durch eine Unterhose zu ersetzen, rahmt unsere Alltagsbilder neu.

Sucht euch ein historisches oder aktuelles Geschichtsbild aus dem Bereich Körper und Kleidung heraus und verschiebt es in einen neuen Zusammenhang, indem ihr die Materialien ändert oder den Hintergrund wechselt, es in einen ungewohnten Rahmen stellt: z.B. schwarzer Herrenanzug, Darstellungen der Muttergottes, das Outfit der englischen Queen Elizabeth, Michel Jackson… Wichtig ist, dass das Körperbild sehr fest in unserem Gedächtnis verankert ist.

Quer handeln

Du kannst noch viele andere Bereiche nutzen, um Körper und Kleid aus den gewohnten Mustern zu lösen und sie zu transformieren.

Der Künstler Edgar Degas war einer der ersten Bildhauer, der es im 19. Jahrhundert wagte, eine Skulptur nicht wie sonst üblich aus Stein, Bronze oder Holz, also den harten Bildhauermaterialien zu gestalten (Abb. 90). Er benutzte für seine Tänzerin auch Textilien, die unter Bildhauern zur damaligen Zeit als die weiblichen, schwachen Materialien galten und die nicht zur hohen Kunst zählten. Degas hat »quer« gehandelt, so dass er lange Zeit sehr viel Ärger mit seiner Tänzerin hatte. Man wollte die Skulptur nicht als Kunstwerk anerkennen. Heute, wo jedes Material in der Kunst verwendet werden kann, ist seine Tänzerin ein Meilenstein in der Bildhauerei geworden und hoch anerkannt, weil Degas durch seinen Mut, quer zu handeln, neue Gestaltungsmöglichkeiten eröffnet hat.

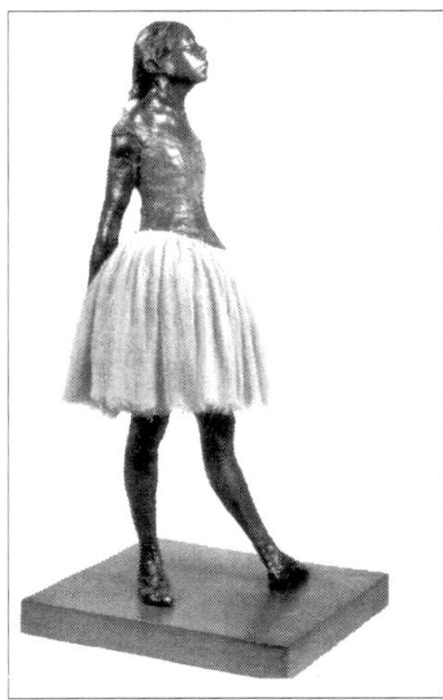

Abb. 90: Edgar Degas: Kleine Tänzerin (um 1880-81)

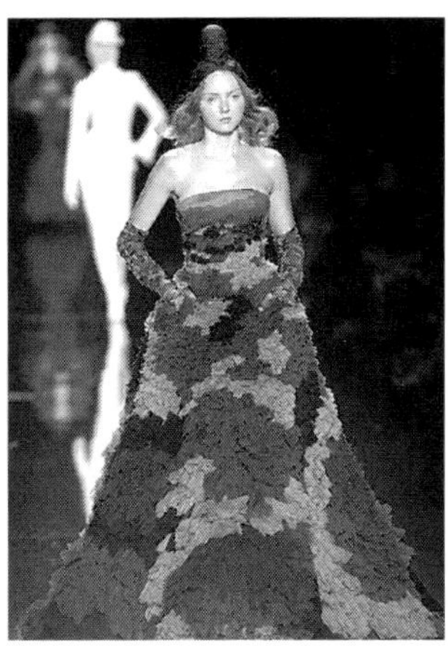

Abb. 91: Jean Paul Gaultier: Herbst-Winter 08-09

Modedesigner nutzen die Möglichkeiten des Quer- Handelns tagtäglich. Bekannte Mode- oder Kleidmuster werden durch Eingriffe, wie Hinzufügen, Ersetzen, Vertauschen oder Kreuzen, in ihrer Bedeutung verschoben. Eine löchrige Jeans zu tragen, ist noch keine neue Erfindung, aber eine bewusst mit Löchern hergestellte Jeans als neue Jeans zu verkaufen, ist quer geandelt. Hinzugefügt wurde der Jeans ein altes Modemuster aus dem 16./ 17. Jahrhundert, wo die Schlitztechnik der Oberbekleidung besonders beliebt bei Adeligen war, um die kostbare Unterwäschenspitze vorblitzen zu lassen. Bei den geschlitzten Jeans ist es die gebräunte, erotische Haut oder die gemusterte Shorts gewesen.

Der Modedesigner Jean Paul Gaultier kreuzt in seinem Abendkleid Tarnmode und Ballkleid. Eine ungewöhnliche und doch gelungene Transformation. In gewisser Weise treten viele Frauen bei Bällen in einen Schönheitskampf, wer die Schönste am ganzen Abend sei. Ob die Tarnung hilft beim Kampf um das schönste Abendkleid? Wohl nur dann, wenn die Ballbesucher offen sind für Bedeutungsverschiebungen und die Botschaft verstehen.

Versuche selbst quer zu handeln, indem du dir ein Kleidungsstück aussuchst und es durch Hinzufügen oder Entfernen, Ersetzen, Verdoppeln, Umkehren, Vertauschen, Bemalen, Kreuzen oder Verbinden so veränderst, dass es eine andere Bedeutung erhält. Alle Techniken sind dabei möglich: Malen, Nähen, Schneiden, Polstern etc.

Weiterführende Literatur:

Anna, S.; Heinzelmann, M. (Hg.): untragbar, Mode als Skulptur, Ostfildern-Ruit 2001
Kunst + Unterricht, Kunst und Mode, Heft 298, 2005
Kunstforum international, Mode, Band. 141, 1998
Smith, C.; Topham, S.: Xtreme Fashion, München 2005
Townsend, C.: Rapture, Art's Seduction by Fashion since 1970, London 2002

7.3.3 *Performieren und Inszenieren*

Die Mutter des Schuljungen im Cartoon hat sich so auffallend anders inszeniert, dass sie die alltäglichen Eltern-Outfits durch ihr Aussehen erheblich stört. Wir alle inszenieren uns, meist aber nur dann, wenn wir einen besonderen Anlass haben. Stell dir vor, du bist auf ein Fest eingeladen: eine Geburtstagsparty, ein Discobesuch, eine Hochzeit oder ein Casting. Für diesen Anlass wirst du dich höchstwahrscheinlich »in Schale schmeißen« oder »inszenieren«. Du gestaltest deinen Körper mit Kleidung, Schminke, Haargel, Accessoires wie Gürtel oder Haarspangen, um dich zu dem Zeitpunkt des Ereignisses an einem ausgewählten Ort, vor Publikum zu präsentieren. Du kannst auch sagen zu performieren. Performieren bedeutet, eine Handlung zu vollziehen. Und tagtäglich setzen wir unseren Körper in Bewegung und gestalten ihn dafür. Mal weniger bewusst, wenn wir auf der Couch liegen und uns bei einem Buch oder Film entspannen, mal als perfekte Inszenierung, wie z.B. auf der eigenen Hochzeit.

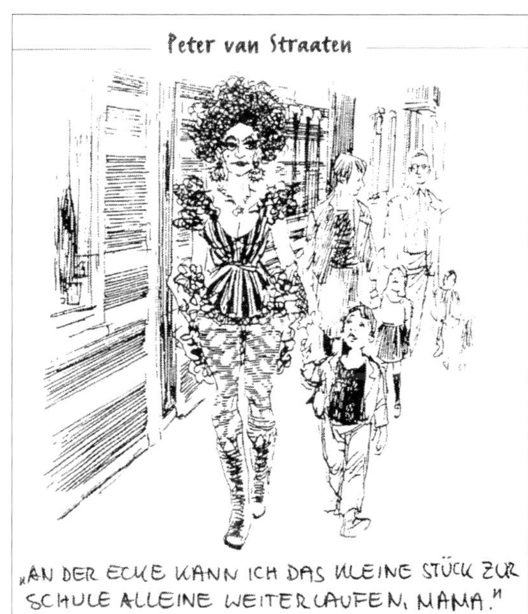

Abb. 92: Peter van Straaten (2003)

Solche Körperinszenierungen findest du im Sport, in der Musik und in der Kunst, im Theater, in der Politik und bei Events. Manche dieser Inszenierungen folgen den modischen Körpermustern oder dem was gerade »In« ist. Andere stören diese Muster, machen uns darauf aufmerksam, wie einzigartig wir uns präsentieren wollen und wie gleich wir doch sind. Besonders Künstler und Künstlerinnen versuchen durch ihre performativen Eingriffe uns bewusst zu machen, welche Körpermuster wir bedienen und welche wir nicht wahrnehmen. In den folgenden Werkstätten könnt ihr selbst ungewohnte Inszenierungen oder Auftritte ausprobieren, in denen ihr euren Körper und eure Kleidung einsetzt.

Ungewohnte Körpermuster

Ein Mensch trägt einen Pullover – vermutlich hast du jetzt ein Bild im Kopf, wie wir es tagtäglich auf der Straße sehen. Die Arme stecken in den Ärmeln, der Kopf schaut aus dem Halsausschnitt heraus und der Pullover endet ungefähr kurz über dem Bauch. Je nach Mode ist er länger oder kürzer, enger oder weiter geschnitten. Nicht so bei den »One minute sculptures« (Eine-Minute-Skulpturen) des Künsters Erwin Wurm: Die Besucher, die das Museum besuchen, treffen auf eine Kiste, in der ein großer Pullover steckt. Auf der Kiste steht zum Beispiel folgende Anweisung: »Mit beiden Beinen in einen Ärmel eines Pullovers schlüpfen. Den Körper nach vorne beugen den Rest des Pullis über den Kopf ziehen. In dieser Haltung eine Minute lang ausharren.« Dabei lässt sich der Besucher fotografieren oder filmen und ist so für kurze Zeit zu einer Kunstskulptur geworden. Auf dem Foto siehst du noch viele andere Pulloverpositionen von den insgesamt 59, die sich Erwin Wurm ausgedacht hat. Wie ein kleines Kind spielt er mit den Möglichkeiten unseres Körpers, die wir im Alltag gar nicht alle nutzen können. Erwin Wurm öffnet unseren Blick für ungewohnte Körperformen und Körperhaltungen.

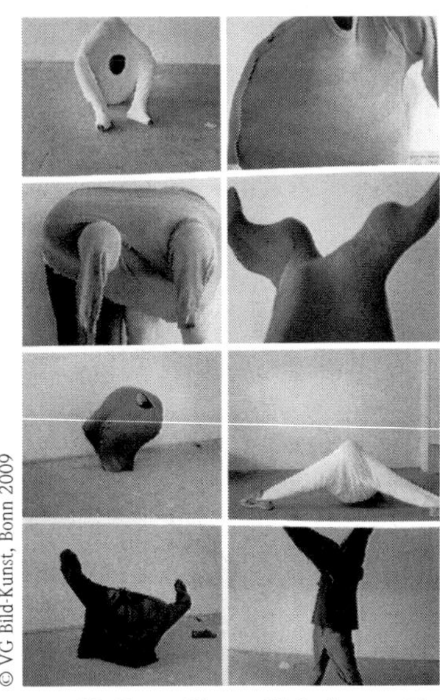

Abb. 93: Erwin Wurm: 59 Stellungen Video Stills (1992)

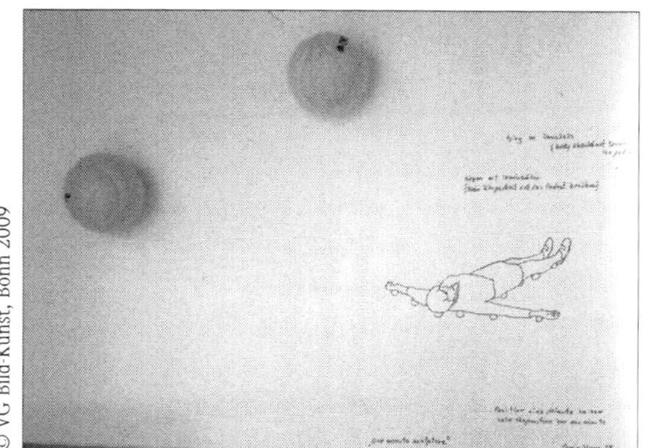

Abb. 94: Erwin Wurm: Hold the position for a minute and do not think (1998)

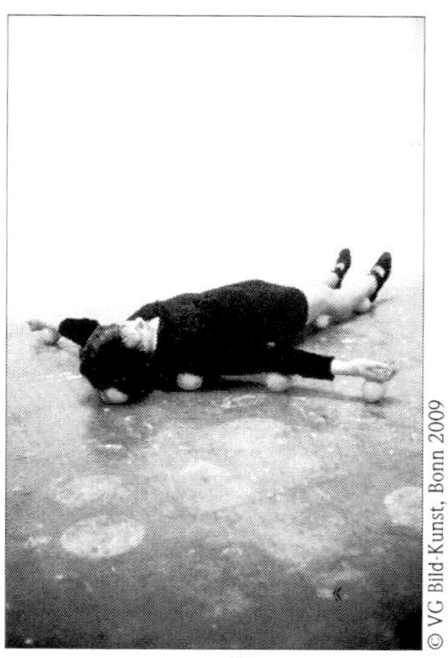

Abb. 95: Erwin Wurm: One minute Sculptures aus (1977)

Links lautet die Anweisung: »Liegen auf Tennisbällen (kein Körperteil soll das Podest berühren) Position eine Minute lang halten.«

Erfinde eigene »One minute sculptures«. Schreibe eine Anweisung und mache eine Zeichnung, lege die Dinge dazu, die man für die Performance braucht. Du kannst Stifte, Gabeln, Kleidungsstücke, Spielzeuge, Stühle, Bücher etc. nutzen. Probiere deine Idee selbst aus, ob sie funktioniert und ob du eine Minute in der ungewöhnlichen Position verharren kannst. Ihr könnt eure Ideen am Schluss im Raum ausbreiten und jeder probiert die Anweisungen aus, die ihn interessieren. Haltet die Körperpositionen mit einer Kamera fest. Beschreibt eure Körpererfahrungen.

Ausziehen - Anziehen

Jede Kultur hat ihre eigenen Regeln gemacht, wie viel Haut im Alltag gezeigt werden darf. In manchen Regionen müssen, bis auf Gesicht und Hände, alle Hautpartien bedeckt sein, in anderen können die Menschen bauchfrei oder im Minirock durch die Straßen laufen. Die Schamgrenzen und die Gefühle für Nacktheit sind sehr verschieden festgelegt und vielleicht habt ihr dies auch schon in eurer Schule am eigenen Körper erfahren, wenn euer Auftreten anderen missfiel und ihr zurechtgewiesen wurdet. Eine Zeit lang wurde das Zeigen der tätowierten »Arschgeweihe« in einigen Schulen verboten, Anfang der 60er Jahre galt der Minirock als verwerflich.

Wie viel Haut verborgen oder entblößt wird, ist also nicht nur von den persönlichen Bedürfnissen eines Menschen abhängig, sondern auch vom Publikum, welches hinschaut und bewertet, sowie von kulturell gültigen Normen und Werten.

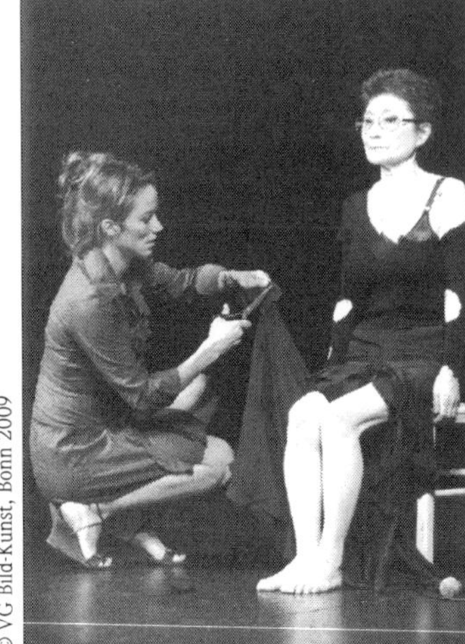

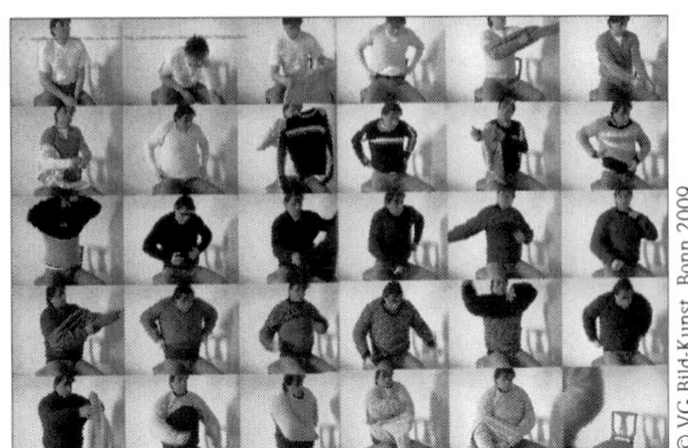

Abb. 96: Erwin Wurm: 13 pullovers (1991)

Abb. 97: Yuichi Ono: Cut Piece (1964)

Die Künstlerin Yoko Ono hat dies in ihrer Performance »Cut piece« im Jahr 1964 vorgeführt. Sie setzte sich in schwarzer Kleidung bekleidet auf die Bühne. Die Zuschauer konnten freiwillig auf die Bühne kommen und ihr mit einer Schere die Kleider vom Leib schneiden. Sie saß am Ende fast nackt auf der Bühne. Die Schamgrenzen, einem Menschen die Kleider weg zu schneiden, fielen immer weiter. Yoko Ono hat ihren Körper zu einer bestimmten Zeit, an einem ausgewählten Ort und vor einem öffentlichen Publikum in einer ungewöhnlichen Auszieh-Situation zur Verfügung gestellt und damit unsere Wahrnehmung von Körpern irritiert. Wir schneiden höchstens Kleidung vom Körper eines Anderen, wenn er sich schwer verletzt oder verbrannt hat. Hier durften die Zuschauer sich so verhalten, wie es im Alltag nicht möglich wäre und sofort bestraft würde. Ihre Handlungen mit der Kleidung der Künstlerin wurden immer unpersönlicher. Die Distanz fiel. Die Künstlerin wurde zu einem Objekt oder einer Skulptur, der man die Kleider wegschneiden darf. Ihre Nacktheit wurde plötzlich nicht mehr als Scham empfunden. Sie wurde nicht nur mit Blicken, sondern handgreiflich mit der Schere entkleidet.

Der Künstler Erwin Wurm bearbeitet das Thema im entgegengesetzten Sinn. Nacheinander stülpt er sich dreizehn Pullover über, bis er sich kaum noch bewegen kann. Der Körper steckt wie in einer Zwangsjacke. Wieder wird eine Handlung bewusst gemacht, die wir im Alltag aus ganz anderen Zusammenhängen kennen. Viele Kleidungsstücke übereinander zu ziehen, verbinden wir mit Flüchtlingen oder mit Eiseskälte, aber nicht mit einer künstlerische Handlung.

Überlegt euch Situationen, in denen ihr mit dem Thema »Körper verbergen – enthüllen, anziehen – ausziehen« experimentiert. Bringt viele alte Kleidungsstücke mit, die ihr nicht mehr braucht und verändern könnt. Testet aus, wie weit euer Schamgefühl geht, was ihr aushaltet und wo eure Grenzen sind. Diskutiert woher diese Gefühle kommen, wie unterschiedlich sie bei euch sind und wie ihr so damit umgehen könnt, dass jeder Körper sein ihm eigenes Recht auf Wertschätzung und Anerkennung erhält.

Hoch-Zeiten inszenieren

Eine »Hoch-Zeit« ist ein Zeitpunkt, der sich vom Alltag unterscheidet und für den wir uns besonders oder in »Hochform« für die Öffentlichkeit kleiden und geben. Solche »Hoch-Zeiten« können die Kommunion, Konfirmation, Verlobung oder Hochzeit, der Abi-Ball oder der 18. Geburtstag, ein Schützenfest oder Karnevalsumzug, ein Opernbesuch, ein Musikfestival oder der Christopher Street Day sein. Für jeden Menschen sind andere Hoch-Zeiten von Bedeutung, je nachdem wie und wo er aufgewachsen ist. All diesen »Hoch-Zeiten« ist gemeinsam, dass es Rituale gibt, die regeln, wie man sich kleiden und benehmen sollte. Bei manchen Hoch-Zeiten sind die Rituale sehr eng gesteckt, teilweise trägt man Uniformen, bei anderen gibt es Freiräume, sich zu kleiden und zu handeln.

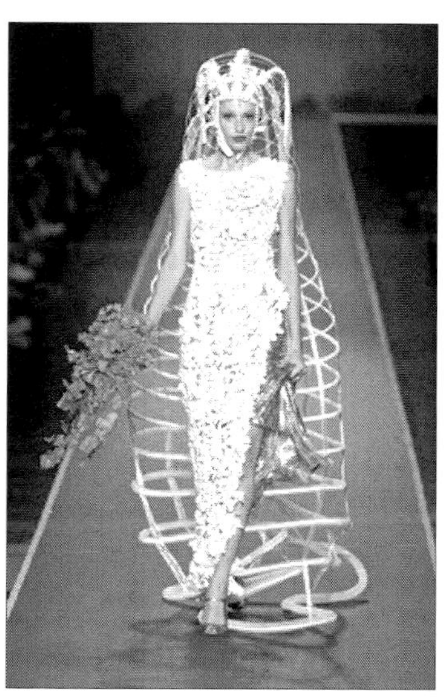

Abb. 98: Jean Paul Gaultier 2008/09

Bei Hochzeiten in unserem Kulturkreis tragen erst seit ungefähr 200 Jahren viele junge Frauen weiße Brautkleider. Die Hochzeit gilt für viele als der wichtigste Tag in ihrem Leben, wo sie versuchen besonders schön zu sein und einen beeindruckenden Hochzeitsmarsch aufs Parkett zu legen. Die Farbe Weiß steht für Reinheit und Unschuld, mit der die Frau in den Stand der Ehe eintritt. Modedesigner und Künstler setzen sich seit Jahrzehnten immer wieder neu mit den »normalen« Hochzeitskleidmustern auseinander und versuchen, neue Sichtweisen und Bedeutungen in die Inszenierung einzuschmuggeln, um unseren Blick für diese »Hoch-Zeit« im Leben vieler Menschen zu schärfen, um andere Möglichkeiten zu zeigen als die bekannten. Der Modedesigner Jean Paul Gaultier lässt die Braut in weiße Spitze schlüpfen, aber hängt

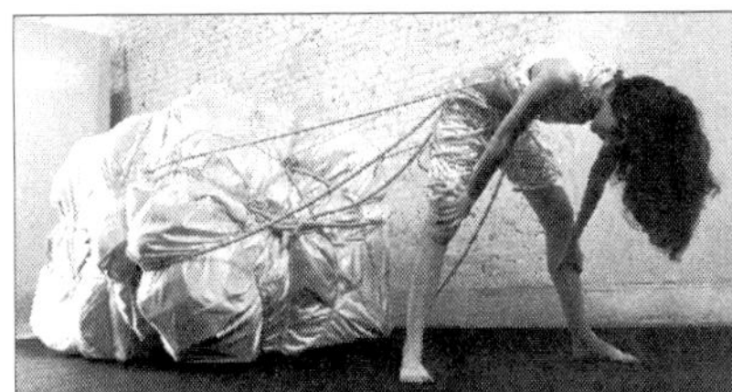

Abb. 99: Christo: Wedding Dress (1967)

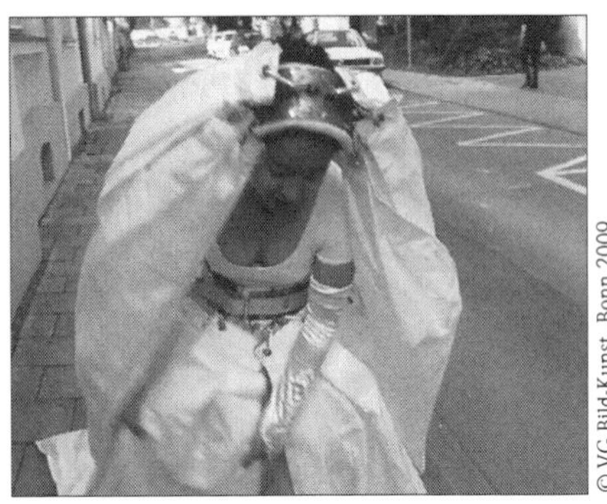

Abb. 100: Yuka Oyama: Wedding march (2001)

ihr den Reifrock, der oftmals unter dem Rock sitzt, als Schleier an den Kopf. Nicht mehr im Reifrock gefangen, sondern das ehemalige Beingefängnis der Ehe spielend leicht auf dem Kopf balancieren: Ist das der neueste Trend für Frauen?

Vierzig Jahre zuvor kreierte der Künstler Christo ein Hochzeitskleid, in dem die Braut ein riesiges Paket als Brautschleier hinter sich her zum Altar schleppt. Christo spielt mit den riesigen Schleppen königlicher Brautkleider, aber auch mit der möglichen Lebenslast, die sich im Laufe einer Ehe ansammeln kann. Ähnlich inszenierte die 26jährige japanische Künstlerin Yuko Oyama 2001 ihren Hochzeitsmarsch: Sie entwarf ein Brautkleid aus weißen Plastiksandsäcken, die mit einer Metallvorrichtung am Kopf und Gürtel befestigt waren. Sie brauchte drei mühsame Stunden, in denen sie sich zum Brautaltar schleppte. In der Zwischenzeit waren schon 15 andere Brautpaare getraut worden. Oyama wollte auf die Situation japanischer junger Frauen aufmerksam machen. Wenn sie nicht mit spätestens 26 Jahren verheiratet sind, gelten sie als »Auslaufmodell« und gleichzeitig sollen sie in weißer Reinheit und Unschuld dem Mann begegnen.

In den Beispielen ging es um weibliche Hoch-Zeits-Muster, die Künstler durch Inszenierung und Performance bewusst machen. Es gibt noch viele andere Hoch-Zeiten für Kinder, Jugendliche, Männer oder Frauen, die den Körper und die Kleidung regeln. Sucht euch selbst mit ein oder zwei Freunden eine Hoch-Zeit aus, untersucht die Regeln und erfindet eine Inszenierung, die diese Regeln unterläuft, sie verändert, verfremdet. Führt diese vor.

Weiterführende Literatur:

Kunst + Unterricht, Performance mit DVD, Heft 273, Juni 2003
Hoffmann, J.; Jonas, J.: Art Works, Zeitgenössische Kunst, Aktion, Hildesheim 2005
Lange, M.-L.: Grenzüberschreitungen, Wege zur Performance, Königstein 2002

7.3.4 Bricolieren und Erfinden

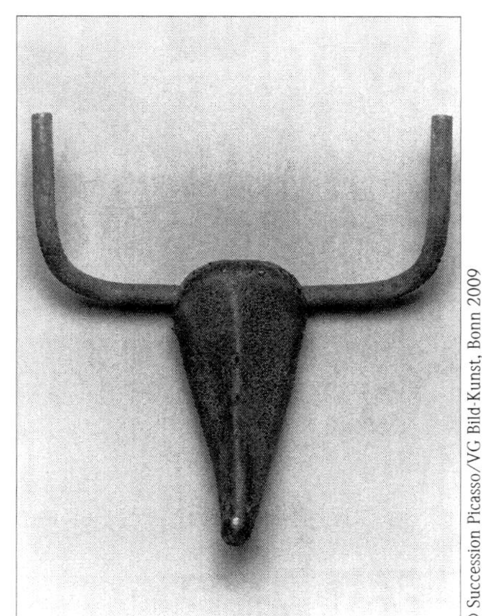

Abb. 101: Pablo Picasso: Stierkopf (1943)

Picassos Stierschädel aus dem Jahr 1942 besteht aus einem Fahrradsattel und einer Lenkerstange. Einfach und doch originell. Aus vorgefundenem Material. Das macht einen Bastler aus. Er erfindet Neues aus Vorgefundenem. Er denkt und handelt »wild«, eben nicht in den vorgegebenen Bahnen und Mustern, die wir schon kennen. Künstler sind oft solche Bricoleure (= französisches Wort für Bastler oder Pfuscher), aber auch Ingenieure oder Wissenschaftler. Auch im Alltag basteln wir uns oft Neues zusammen, wenn ein Hundehalsband zum Halsschmuck eines Jugendlichen wird, wenn ein Stock zur Peitsche, zur Krücke oder zur Angel wird, ein gasgefüllter Luftballon und ein Brett sich im Spiel zum Kite-Surfbrett verwandeln. All diesem Bricolieren gemeinsam ist, dass Dinge aus ihrem gewohnten Zusammenhang zu etwas Neuem gemacht werden. Aus Plastiktüten können Kleider entstehen, der Holzschuh wird zum Hammer, um den Nagel in die Wand zu schlagen. Bricolieren unterscheidet sich vom Basteln nach Anleitung. Nach Anleitung zu basteln, bedeutet etwas nachzumachen, was andere sich ausgedacht haben. Bricolieren heißt, etwas Neues erfinden, wenn auch noch so Winziges.

»Ich misch das so.« Im Supermarkt der Körperbilder.

Im Moment ist es unter einigen Jugendlichen Mode, verschiedene Modestile und Bilder aus Medien von Stars zu vermischen, um sich selbst zu erfinden oder zu bricolieren. Jugendliche, die sich so einen eigenen Stil zurechtmixen, wollen sich gegen Markenkult und Massenproduktion wenden. Konform und uniform sind in ihren Augen immer nur die Anderen (vgl. Werkstätten Uniformität und Einzigartigkeit). »Ich misch das so.« ist ihr Motto und wie in einem Supermarkt greifen sie in vorhandene Körpermuster und »samplen« sie zu etwas Neuem zusammen.

Der japanische Fotograf Shoichi Aoki fotografiert seit einigen Jahren Jugendliche für die Zeitschrift »Fruits«, die am Hoko-ten (= ein Tag reserviert nur für Fußgänger in einer Hauptstraße von Tokio), ihr ganz individuelles, oft selbstdesigntes und -genähtes Outfit präsentieren.

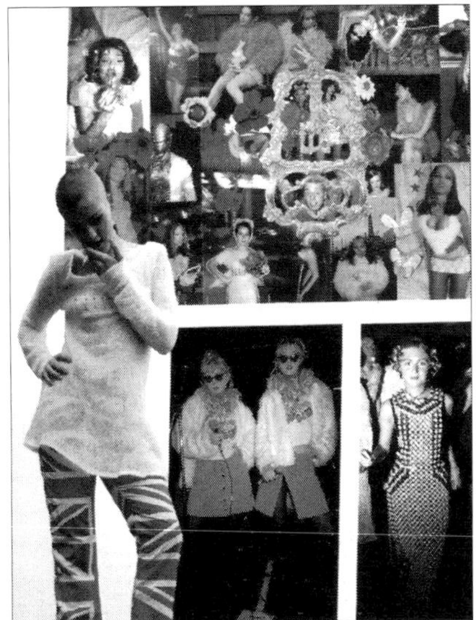
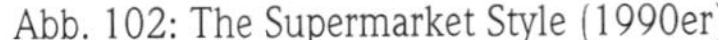

Abb. 102: The Supermarket Style (1990er)

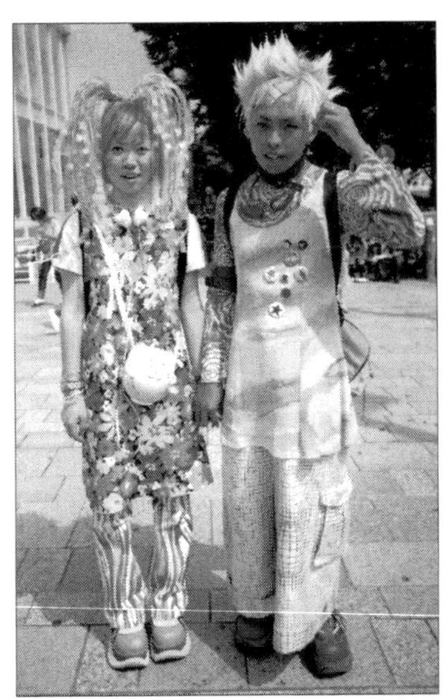

Abb. 103: Shoichi Aoki: waya und heat (2003)

Hier wird frei kombiniert, was möglich ist, Hauptsache es entspricht den eigenen Ideen und drückt das aus, was der junge Mensch mit seiner Kleidung sagen will. Sie bricolieren eigene Outfits, die Ungewöhnliches kombinieren und so unseren Alltagsblick verändern.

Versuche aus Stoffresten, alten Kleidungsstücken, einfachen Schnittmustern oder mit den Fähigkeiten und Techniken, die du beherrschst, dir ein ungewöhnliches Outfit zusammenzustellen. Inszeniert ein besonderes Fest, an dem nur der erscheinen darf, der sich in eine »Outfit-Bricolage« gewagt hat. Motto: »Born to be wild – wildes Sampling und Mixing«. Haltet fest, auf welche Alltagsmuster ihr zurückgegriffen habt und wie ihr sie neu kombiniert.

Überfluss oder Mangel machen erfinderisch.

»Schmeiß bloß nichts weg, das kann man noch mal gebrauchen.« sagt ein echter Bastler oder weiter: »Kaufe nie etwas Neues.« Du kannst dir auch aus den Resten, den Dingen, die nicht mehr gebraucht werden, das Neue selbst zusammen bauen und erfinden. In »null komma nix« wird Styropor-Verpackungsabfall in Plastik genäht zum schmückenden Polsterumhang, werden Stoffe, Fäden und Bambusstöcke zu einem Gürtelschmuck. Leicht gewöhnungsbedürftig, weil ziemlich schlecht gebastelt, oder? Aber als »Schmuck Quickies« der Künstlerin Yuka Oyama auf dem

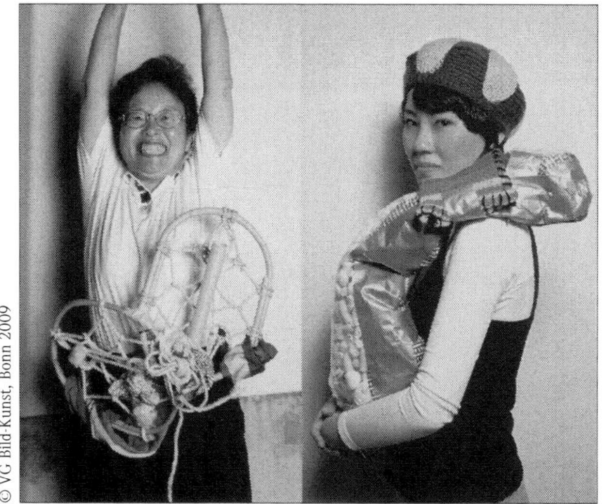

Abb. 104: Yuka Oyama: Schmuck Quickies (2002)

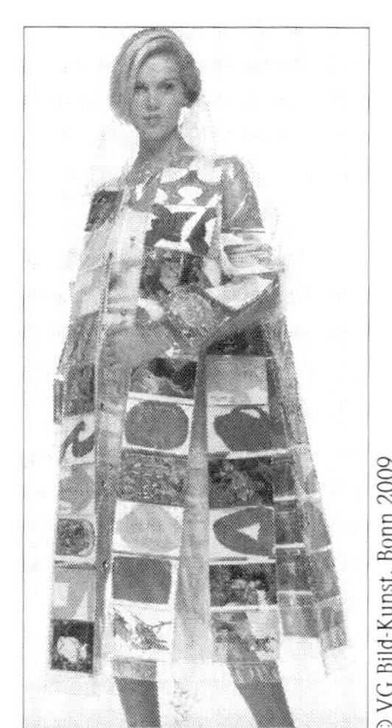

Abb. 105: Charles de Castelbajac: Mantel mit Postkarten

Kunstmarkt der Xtreme-Fashion anerkannt. Sie überraschen, steigen aus gewohnten Wahrnehmungsmustern aus (Abb. 104).

Zu viel von etwas haben heißt auch, es aufzubewahren und es für andere Zwecke zu einem anderen Zeitpunkt und Ort verwenden zu können.

Der Modedesigner Castelbajac hatte wohl zu viele Postkarten übrig, die ihn inspirierten, einen durchsichtigen Plastikmantel zu entwerfen, in den jederzeit andere Postkarten das persönliche Outfit verändern können. Mal Kunstpostkartenmantel, mal Urlaubspostkarten-Outfit, ein anderes Mal Glückwunschkartenmantel, wie es den Launen des Trägers gerade beliebt.

Ihr habt bestimmt auch viele Gegenstände in eurem Haushalt, die ihr nicht mehr benötigt – Überfluss oder Abfall. Bringt all diese Dinge mit in den Unterricht. Ihr könnt sie sortieren oder im Chaos auf einen Haufen werfen. Erfindet aus den Dingen ein neues Körperoutfit – je »verrückter«, desto besser.

Das Gegenteil von Überfluss, der Mangel an Waren, lässt ebenfalls den Bricoleur im Menschen wach werden. In allen Ländern und Regionen, wo die Menschen nicht einfach in den Supermarkt oder Baumarkt gehen können, um sich die Dinge zu kaufen, die sie zum Basteln oder Bauen brauchen, entwickelt sich ein großer Erfindungsreichtum. Wenn etwas fehlt, wie z.B. Lockenwickler, um eine bestimmte Haarfrisur möglich zu machen, dann müssen eben Blechdosen diesen Dienst erfüllen, wie bei der Frau von den Cap Verden. Eine Makrelendose wird umfunktioniert als Armschmuck, wie bei dem Jäger auf Papua Neuguinea.

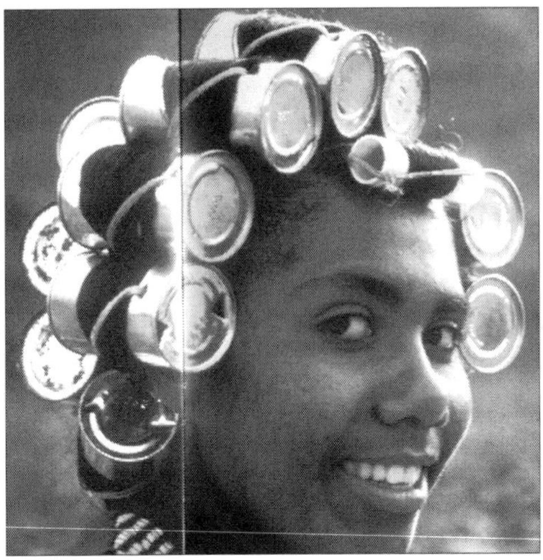

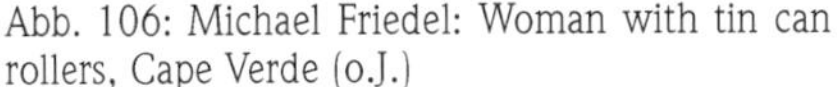

Abb. 106: Michael Friedel: Woman with tin can rollers, Cape Verde (o.J.)

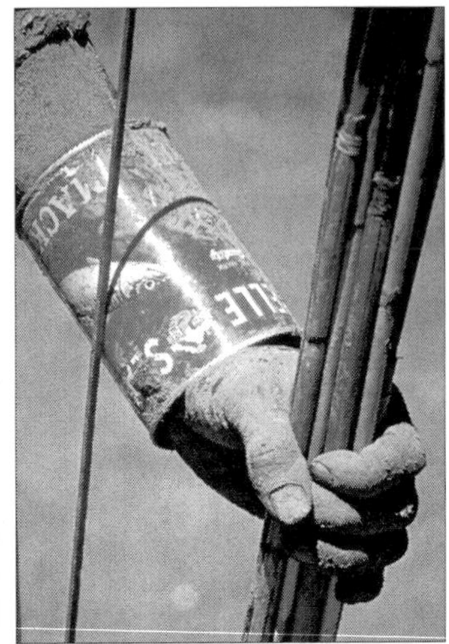

Abb. 107: Magnum Griffiths: Mackeral can bracelet (Papua New Guinea) (o.J.)

Stellt euch vor, dass euch ein wichtiges Kleidungsstück oder Accessoire fehlt: eine Tasche, Schuhe, eine Haarspange, Schmuck oder ein Rock etc.. Erfindet ein Ersatzkleidungsstück aus Dingen, die ihr schon besitzt. Führt eure Erfindungen in einer »Modenschau des Mangels« vor.

Chindogu: originelle Helfershelfer für (un)sinnige Dinge

»Wir sind von zahllosen praktischen Gegenständen und Gerätschaften umgeben, allerdings bergen einige davon auch äußerst unpraktische Aspekte in sich. Schon durch geringfügige Veränderungen könnte man sie verbessern. In solchen Fällen sollten Sie all Ihre Weisheit zusammennehmen und dies Verbesserung ausführen – so wird ein Chindogu geboren...« (Kawakami 1997). Ein Chindogu ist eine (un)sinnige Erfindung, ein seltsames Gerät oder Werkzeug, auf die man eigentlich verzichten kann, aber die wir uns in verschiedenen Situationen schon immer herbei gesehnt haben. Es sind originelle Helfershelfer im Alltag, mit denen aber kein Geld verdient wird und die dennoch in ihrem Sinn überzeugen.

Abbildung 108 zeigt eine Kopfhalterung für Pendler, die lange Zeit in öffentlichen Verkehrsmitteln verbringen und ihren Kopf mit Hilfe des Helms an der Fensterscheibe festsaugen können, um in Ruhe einzuschlafen und nicht mit dem Kopf abrupt auf der Schulter des Nachbars zu landen. Ein Schild auf dem Helm bittet um freundliches Aufwecken an der Zielhaltestelle.

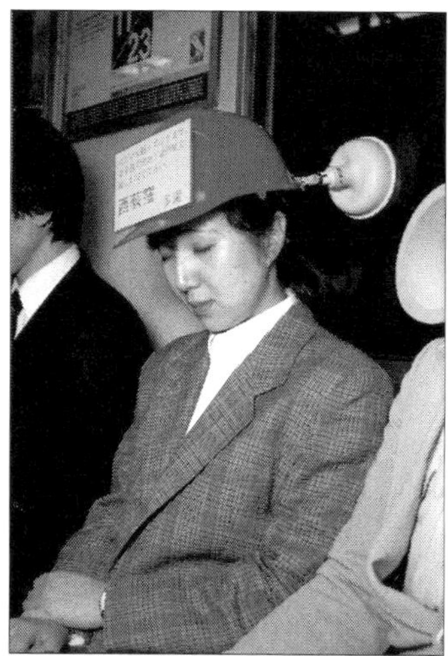

Abb. 108: Commuter's Helmet (1995)

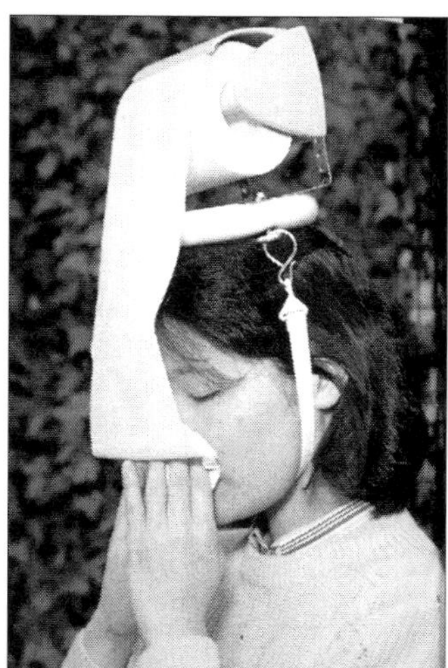

Abb. 109: Hay Fever Hat (1995)

Und Abbildung 109: äußerst einfallsreich für allergiegeplagte Menschen; jederzeit ein Taschentuch bereit, ohne lange suchen zu müssen und der Schnupfnase ist genüge getan.

Es gibt auch Dinge, die ihr schon immer einmal erfinden wolltet oder die euch bis heute fehlen, weil sie noch niemand erfunden hat. Dazu müsst ihr genau über die Funktionen von Gegenständen nachdenken und diese dann so verändern, dass sie auf eure Bedürfnisse angepasst sind. Vielleicht schafft ihr es sogar, damit in die Chindogu-Gemeinschaft des Japaners Kenji Kawakami aufgenommen zu werden.

Weiterführende Literatur:

Kawakami, K.: Chindogu. 99 (un)sinnige Erfindungen, Köln 1997
Kunst + Unterricht, Erfinden, Heft 299, 2006
Textil & Unterricht, Basteln / Bricolage, Seelze-Velber 7/2005

8 Literaturverzeichnis

Anna, S.; Heinzelmann, M. (Hg.): untragbar, Mode als Skulptur, Ostfildern-Ruit 2001

Anzieu, D.: Das Haut-Ich, Frankfurt am Main 1996 (1991)

Assmann, A.: Erinnerungsräume, Formen und Wandlungen des kulturellen Gedächtnisses, München 2006 (3. Auflage, erste Auflage 1999)

Assmann, J.: Kollektives Gedächtnis und kulturelle Identität, in: Assmann, J.; Höscher, T. (Hg.): Kultur und Gedächtnis, Frankfurt am Main 1988

Assmann, J.; Höscher, T. (Hg.): Kultur und Gedächtnis, Frankfurt am Main 1988

Baacke, D.: Jugendliche Lebensstile: Vom Rock'n Roll bis zum Punk, in: Bildung und Erziehung 1985, 201-212

Baacke, D.; Sander, U.; Vollbrecht, R.: Spielräume biografischer Selbstkonstruktion. Vier Lebenslinien Jugendlicher, Opladen 1994

Bachmann-Medick, D.: Cultural Turns, Neurorientierungen in der Kulturwissenschaft, Hamburg 2007, (2. Auflage)

Barthes, R.: Die Sprache der Mode, Frankfurt am Main 1985

Bateson, G.: Ökologie des Geistes, Frankfurt am Main 1981

Bateson, G.: Geist und Natur – Eine notwendige Einheit, Frankfurt am Main 1982

Becker, C. (Hg.): Perspektiven textiler Bildung, Hohengehren 2007

Beder, J.: Methodenseminar – Reader, unveröffentlicht, Paderborn 2007

Behnken, I.; Zinnecker, J. (Hg.): Kinder, Kindheit, Lebensgeschichte, Ein Handbuch, Seelze-Velber 2001

Belting, H.: Bild-Anthropologie. Entwürfe für eine Bildwissenschaft, München 2001

Benthien, C.: Haut, Literaturgeschichte – Körperbilder – Grenzdiskurse, Hamburg 2001 (2. Auflage)

Berger, P.; Luckmann, T.: Die gesellschaftliche Konstruktion von Wirklichkeit, Frankfurt 1969

Bering, K. (u.a.): Kunstdidaktik, Oberhausen 2004

Bhabha, H.: Die Verortung der Kultur, Tübingen 2000

Bianchi, P.: Erkenne dich selbst!, in: Kunstforum international, Die Kunst der Selbstdarstellung, Bd. 181, 2006a, 40-45

Bianchi, P.: Das Selbst als (roter) Faden, in: Kunstforum international, Die Kunst der Selbstdarstellung, Bd. 181, 2006b, 138-147

Bieri, P.: Wie wollen wir leben?, in: ZEITmagazin, Leben, 32/2007, 26-27

Billmayer, F.: Tunnelblick und Gipfelglück, in: BDK-Mitteilungen 4/2005, 10-14

Billmayer, F.: http://www.moz.ac.at/user/billm/front

Bilstein, J.: Das Können der Bilder, in: Niehoff, R.; Wenrich, R. (Hg.): Denken und Lernen mit Bildern, interdiziplinäre Zugänge zur ästhetischen Bildung, München 2007, 190-209

Blohm, M. (Hg.): Berührungen und Verflechtungen, Köln 2002

Blohm, M. (Hg.): Leerstellen, Perspektiven für ästhetisches Lernen in Schule und Hochschule, Köln 2000

Bourdieu, P.: Die feinen Unterschiede, Frankfurt am Main 1985

Bourdieu, P.: Haute Couture und Haute Culture, in: ders.: Soziologische Fragen, Frankfurt am Main 1993, 187-196

Bourdieu, P.: Die verborgenen Mechanismen der Macht, (1992, 1. Auflage), Hamburg 2005a

Bourdieu, P.: Die männliche Herrschaft, Frankfurt am Main 2005b

Bourdieu, P.: Soziologische Fragen, Frankfurt am Main, 1993, 187-196

Brassat, W.; Kohle, H.: Methoden-Reader Kunstgeschichte, Texte zur Methodik und Geschichte der Kunstwissenschaft, Köln 2003

Bredekamp, H., in: Huber, H.D.; Kerscher, G.: Kunstgeschichte im »Iconic Turn«. Ein Interview mit Horst Bredekamp, in: Kritische Berichte 26, I (1998) (Sonderheft Netzkunst), 82-93

Brunel, C.: T-Shirt, Wien 2002

Buber, M.: Das dialogische Prinzip, Ich und Du (1923), Zwiesprache (1930), Die Frage an den Einzelnen (1936), Elemente des Zwischenmenschlichen (1954a), Zur Geschichte des dialogischen Prinzips (1954b), Gütersloh 2006 (Erstausgabe 1954)

Büchler, A.; Jaberg, J.; Karrer, E.: Schule muss schön sein, Facetten des ästhetischen Bildungsauftrags, München 2007, 105-110

Bürger, P.: Das Verschwinden des Subjekts – eine postmoderne Utopie, in: Zweite, A., Krystof, D.; Spieler, R. (Hg.): Ich ist etwas Anderes, Kunst am Ende des 20. Jahrhunderts, Köln 2000, 51-59

Busse, K.-P.: Bildumgangsbeispiele: Kunst unterrichten, Dortmund 2004

Busse, K.-P.: Vom Bild zum Ort: Mapping Lernen, Dortmund 2007

Butler, J.: Körper von Gewicht: Die diskursiven Grenzen des Geschlechts, Berlin 1995

Cassirer, E.: Was ist der Mensch?, 1960/ Versuch über den Menschen, Frankfurt am Main 1990

Celant, G. (Hg.): Biennale di Firenze, Looking at Fashion, Ostfildern 1996

Celant, G.: To Cut is to think. In: Celant, G. (Hg.): Biennale di Firenze, Looking at Fashion, Ostfildern 1996, 31-36

Clifford, J.: Introduction. Partial Truths, in: ders.; Marcus, G.E. (Hg.): Writing Culture, The Poetics and Politics of Ethnography, Berkeley, Los Angeles, London 1986, 1-26

Clifford, J.; Marcus, G.E. (Hg.): Writing Culture, The Poetics and Politics of Ethnography, Berkeley, Los Angeles, London 1986

Collins, A.; Gatherkole, S.; Conway, M.; Morris, P. (ed.): Theories of Memory, Hillsdale 1993

Csikszentmihalyi, M.: Kreativität, Stuttgart 1997

Conway, M; Rubin, D.: The Structure of Autobiographical Memory. In: Collins, A.; Gatherkole, S.; Conway, M.; Morris, P. (ed.): Theories of Memory, Hillsdale 1993, 103-138

Damasio, A.: Ich fühle, also bin ich, Die Entschlüsselung des Bewusstseins, München 2002 (1. Auflage 1999)

Davila, T.: Ein Kapitel aus der Geschichte des Subjekts, in: Wurm, E.: The artist who swallowed the world, Katalog und Beilage deutsche Ausgabe, Ostfildern 2006, 18-22

Den Haan, J.; De Twee, H.: Hussein Chayalan, Rotterdam 2005

Dinkla, S.: Lynn Hershman, in: Zweite, A.; Krystof, D.; Spieler, R. (Hg.): Ich ist etwas Anderes, Kunst am Ende des 20. Jahrhunderts, Köln 2000,112-117

Doswald, C.: Double Face: The Story about Fashion and Art from Mohammed to Warhol, Zürich 2006

Duncker, L., Maurer, F.; Schäfer, G. (Hg.): Kindliche Phantasie und ästhetische Erfahrung, Ulm 1990

Duncker, L.: Begriff und Struktur ästhetischer Erfahrung. Zum Verständnis unterschiedlicher Formen ästhetischer Praxis, in: Neuß, N. (Hg.): Ästhetik der Kinder, Frankfurt amMain 1999, 9-19

Duncker, L.: Die Grundschule, Schultheoretische Zugänge und didaktische Horizonte, Weinheim und München 2007

Esposito, E.: Die Verbindlichkeit des Vorübergehenden: Paradoxien der Mode, Frankfurt am Main 2004

Evans, C.: Niemandsland, in: Den Haan, J.; De Twee, H.: Hussein Chayalan, Rotterdam 2005,4-14, dt. Übersetzungsbeilage

Fabo, S.: Parasitäre Strategien, in: Kunstforum international, Bd. 185, 2007a, 48-59

Fabo, S.: Die Kunst der (un)freundlichen Übernahme, in: Kunstforum international, Bd. 185, 2007b, 139-163

Fatke, R.; Flitner, A.: Was Kinder sammeln, in: Neue Sammlung, 23/1983

Fischer-Lichte, E.: Ästhetik des Performativen, Frankfurt am Main 2004

Flusser, V.: Vom Subjekt zum Projekt. Menschwerdung. Schriften Band 3, Bensheim, Düsseldorf 1994

Früchtel, J.; Zimmermann, J.: Ästhetik der Inszenierung, Frankfurt am Main 2001

Gadamer, H., G.: Wahrheit und Methode, Grundzüge einer philosophischen Hermeneutik, Tübingen 1960

Gaugele, E.; Reiss, K. (Hg.): Jugend, Mode, Geschlecht, Frankfurt am Main 2003

Geertz, C.: Dichte Beschreibung, Beiträge zum Verstehen kultureller Systeme, Frankfurt am Main 1983

Geertz, C.: Kulturbegriff und Menschenbild, in: Habermas, R., Minkmar, N.: Das Schwein des Häuptlings, Sechs Aufsätze zur historischen Anthropologie, Berlin 1992, 56-83

Gombrich, E.H.: Ornament und Kunst, Stuttgart 1982 (dt. Ausgabe)

Grimm, J. u. W.: Deutsches Wörterbuch, Leipzig: S. Hirzel 1854-1960, Quellenverzeichnis 1971

Gross, P.: »Was fehlt, wenn nichts fehlt. Modernität und Mode«, in: Doswald, C.: Double Face: The Story about Fashion and Art from Mohammed to Warhol, Zürich 2006, 37-42

Gruen, A., Weber, D.: Hass in der Seele, Verstehen was uns böse macht, Freiburg 2001

Gruen, A.: Der Fremde in uns, München 2004 (1. Auflage 2002)

Gruen, A.: Der Verrat am Selbst, München 2008 (1. Auflage 1986)

Habermas, T.: Geliebte Objekte, Frankfurt am Main 1999

Habermas, T.; Paha, C.: Frühe Kindheitserinnerungen und die Entwicklung biografischen Verstehens in der Adoleszenz, in: Behnken, I.; Zinnecker, J. (Hg.): Kinder, Kindheit, Lebensgeschichte, Ein Handbuch, Seelze-Velber 2001, 84-99

Halbwachs, M.: Das Gedächtnis und seine sozialen Bedingungen, Frankfurt am Main (1925), 1985

Hall, S.: Rassismus und kulturelle Identität, Hamburg 1994

Hartwig, H. (Hg.): Sehen lernen, Köln 1978

Hershman, L.: Romantisierung des Antikörpers, Gier und Begehren im (Cyber)space, in: Kunstforum international, Die Zukunft des Körpers I, Band 132, 1995, S. 158-167

Hoffmann, J.; Jonas, J.: Art Works, Zeitgenössische Kunst, Aktion, Hildesheim 2005

Jacobs, S., Cromwell, J.: Visions and Resvisions of Reality: Reflections on Sex, Sexuality, Gender and Gender Variance, in: Journal of Homosexuality, Vol. 23, No. 4, 43-69

Jahoda, G.: Das Überdauern der Bilder, Zur Kontinuität des Imagines vom Anderen, in: Welzer, Harald (Hg.): Das soziale Gedächtnis, Geschichte, Erinnerung, Tradierung, Hamburg 2001, 260-275

Hofstadter, D.: Ich bin eine seltsame Schleife, Stuttgart 2007

James, W.: Der Pragmatismus, Hamburg 1977

Janalik, H.; Schmidt, D.: Kleidung, Körper, Körperlichkeit, Bd. 1 Lehren, Hohengehren 1997

Janalik, H.; Schmidt, D.: Kleidung, Körper, Körperlichkeit, Bd. 2 Lernen, Hohengehren 1997

Japers, K.: Von der Wahrheit, München 1947

Kahl, I.: Mode - wo Abweichung das Normale ist, in: Textilarbeit + Unterricht, 3/ 1997, S.139-148

Kahl, R.: Fressen und Kotzen, in: Die Woche, 14. Juli 2000, S. 28

Kalman, T. & M.: (Un)Fashion 2000

Kämpf-Jansen, H.: Ästhetische Forschung, Wege durch Alltag, Kunst und Wissenschaft, Köln 2000

Kant, I.: Kritik der Urteilskraft, 1790

Kawakami, K.: Chindogu. 99 (un)sinnige Erfindungen, Köln 1997

Keupp, H. (u.a.): Identitätskonstruktionen, Das Patchwork der Identitäten in der Spätmoderne, Hamburg 2006 (3. Auflage)

Kirchner, C.; Schiefer Ferrari, M.; Spinner, K. (Hg.): Ästhetische Bildung und Identität, Fächerverbindende Vorschläge für die Sekundarstufe I und II, München 2006

Kirschenmann, J.; Schulz, F.: Bilder erleben und verstehen, Einführung in die Kunstrezeption, Leipzig 2003

Kirschenmann, J.: Runde Würfel und andere Bausätze des wilden Denkens, in: Kunst + Unterricht, Erfinden, Heft 299, 2006

Klafki, W.: Neue Studien zur Bildungstheorie und Didaktik; Basel 1993

Kolhoff-Kahl, I.: Komplexe Infekte statt dekorative Effekte, in: ...textil..., 3/2000, 118-133

Kolhoff-Kahl, I.: Infizieren – Ästhetische »Heilungs«-Prozesse, in: Blohm, M.: Berührungen und Verflechtungen, Köln 2002, 213-230

Kolhoff-Kahl, I.: Buket: »Was guckst du?« Jasmin: »Was hast du denn an?« Zwei Fragen – unzählige Antworten, in: Große Holthaus, M.; Köller, K. (Hg.): Interkulturell lernen – erziehen – bilden, Münster 2004, 175-185

Kolhoff-Kahl, I.: Textildidaktik, Eine Einführung, Donauwörth 2005a

Kolhoff-Kahl, I.: »Ich bastel mir was Eigenes!« – Basteln als ästhetisches Erfahrungslernen, in: Textil & Unterricht, 7/2005b, 4-9

Kolhoff-Kahl, I.: Kunst trifft Mode – Mode trifft Kunst, ein ambivalentes Rendez-vouz, in: Werkspuren, Fachzeitschrift für Gestaltungsunterricht, Zürich 2/2006, 26-30

Kolhoff-Kahl, I.: Über das schwierige Fremde im Textilunterricht, »Wenn ein Schleier dazwischen ist...«,in: »Ästhetische Bildung«, Internationale Fachtagung Graz Mai 2006, BÖKWE 3/2007a, 144-153

Kolhoff-Kahl, I.: Eingefädelte Widerstandskonstruktionen, in: Becker, Christian (Hg.): Perspektiven textiler Bildung, Schneider Verlag, Hohengehren 2007b, 179-188

Kolhoff-Kahl, I.: Ästhetische Mustererkennung als Motor für kunstpädagogisches Handeln, in: Büchler, A.; Jaberg, J.; Karrer, E.: Schule muss schön sein, Facetten des ästhetischen Bildungsauftrags, kopaed, München 2007c, 105-110

Koos, M. (u.a.): Begleitmaterial zur Ausstellung »Aby M. Warburg. Mnemosyne«, Hamburg 1994

Kosselleck, R.: www.kosselleck.de, Parasitäre Publikationen, 10.7.2008

Kramer, F., W.: Die Art sich zu geben, Schriften zur Ethnologie, Frankfurt am Main 2005, 256-265, hier in: Doswald, C.: Double Face: The Story about Fashion and Art from Mohammed to Warhol, Zürich 2006, 330-337

Kristeva, J.: Fremde sind wir uns selbst, Frankfurt am Main 1990

Kunde, W.: Collagieren als Erkenntnisprozeß, Didaktische Analyse eines ästhetischen Verfahrens mit einem Exkurs über Basteln, in: Hartwig, H. (Hg.): Sehen lernen, Köln 1978, 273-311

Kunst + Unterricht, Kunst und Mode, Heft 298, 2005

Kunst + Unterricht, Spuren suchen – Spuren sichern, Heft 137, 11/1999

Kunst + Unterricht, Performance, Heft 273, 6/2003

Kunst + Unterricht, Bio-grafie, Heft 280, 2004

Kunst + Unterricht, Biografieren, Material Kompakt, Heft 281, 2004

Kunst + Unterricht, Erfinden, Heft 299, 2006

Kunstforum international, Die Zukunft des Körpers I, Bd. 132, 1995

Kunstforum international, Die Zukunft des Körpers II, Bd. 133, 1995

Kunstforum international, Mode, Bd. 141, 1998

Kunstforum international, Ressource Aufmerksamkeit, Bd. 148, 2000

Kunstforum international, Die Kunst der Selbstdarstellung, Bd. 181, 2006

Kunstforum international, 52. Biennale Venedig, Band 188, 2007

Kunstforum international, Parasitäre Strategien, Band 185, 2007

Kunstforum international, Denken 3000, Bd. 190, 2008

Kunstforum international, Schönheit I, Bd. 191, 2008

Kunstforum international, Schönheit II, Bd. 192, 2008

Lachmann, R.: Die Unlöschbarkeit der Zeichen: das semiotische Unglück des Mnemonisten, in: dies.; Haverkamp, A. (Hg.): Gedächtniskunst: Raum-Bild-Schrift. Studien zur Mnemotechnik, Franfurt 1991, 122

Landau, E.: Kreatives Erleben, München 1984

Landfester, U.: Beschriebene Haut: eine kleine Kulturgeschichte der Tätowierung, in: Zeuch, U.: Haut, Wolfenbüttel 2003, 175-184

Lange, M.-L: Grenzüberschreitungen, Wege zur Performance, Königstein 2002

Lange, M.-L.: » ... it happens...«, Kreuzfahrten des Performativen, in: Kunst + Unterricht, Heft 273, 6/2003, 4-10

Laqueur, T.: Auf den Leib geschrieben. Die Inszenierung der Geschlechter von der Antike bis Freud, Frankfurt/New York 1990

Lévi-Strauss, C.: Das wilde Denken, Frankfurt am Main 1973 (Paris 1962)

Lorber, J.; Farrell, S.A. (Hg.): The Social Construction of Gender, Newbury Park (Sage) 1991

Loschek, I.: Wann ist Mode? Strukturen, Strategien und Innovationen, Berlin 2007

Luhmann, N: Das Kind als Medium der Erziehung, Frankfurt am Main 2006

Maar, C. u.a. (Hg.): Weltwissen-Wissenswelt. Das globale Netz von Text und Bild, Köln 2000

Maar, C.; Burda, H. (Hg.): Iconic Turn, Köln 2005 (3. Auflage)

Markowitsch, H.; Welzer, H.: Das autobiographische Gedächtnis, Stuttgart 2005

Maturana, H., Varela, F.: Der Baum der Erkenntnis, Bern, München 1987

McLuhan, M.: Die magischen Kanäle, Understanding Media, Basel 1995, (eng. Ausgabe 1964)

Mead, G., H.: Geist, Identität und Gesellschaft aus der Sicht des Sozialbehaviorismus, Frankfurt am Main 1968

Mentges, G., Richard, B. (Hg.): Schönheit der Uniformität, Körper, Kleidung, Medien, Frankfurt am Main 2005

Mercier, P.: Nachtzug nach Lissabon, München 2006 (Roman)

Merleau-Ponty, M.: Phänomenologie der Wahrnehmung, Berlin 1966

Mollenhauer, K.: Die Funktion des Symbols in der Erziehung, in: Oelkers, U.; Wegenast, K. (Hg.): Das Symbol – Brücke des Verstehens, Stuttgart 1991, 98ff.

Montaigne, M. de: Essays. Erste moderne Gesamtübersetzung von Hans Stillet, Frankfurt a. M. 1998

Mörsch, C.: Dekonstruktion der Kategorie Geschlecht: Überlegungen zu Konsequenzen der aktuellen Debatten der Geschlechterforschung für den Textilunterricht, in: Tagungsbericht »Ästhetische Bildung« BÖKWE, Graz 2007, 140-143

Nachtwey, R.: Pflege-Wildwuchs-Bricolage, Opladen 1987

Neuß, N. (Hg.): Ästhetik der Kinder, Frankfurt am Main, 1999

Niehoff, R.; Wenrich, R. (Hg.): Denken und Lernen mit Bildern, interdisziplinäre Zugänge zur ästhetischen Bildung, München 2007

Oelkers, U.; Wegenast, K. (Hg.): Das Symbol – Brücke des Verstehens, Stuttgart 1991

Orlan, Ein Gespräch von Heinz-Norbert Jocks: Die Frau in der Revolte gegen die Schönheit, in: Kunstforum international, Schönheit II, Bd. 192, 2008, 59-75

Otto, G. und A.: Auslegen. Ästhetische Erziehung als Praxis des Auslegens in Bildern und des Auslegens von Bildern, Seelze 1987.

Pantellini, C.; Stohler, P. (Hg.): Body Extensions, Arnoldsche Art Publishers, Stuttgart 2004

Pazzini, K.-J.: Bio muss erst grafiert werden, in: Blohm, M. (Hg.): Berührungen & Verflechtungen, Köln 2002, 307-320

Piaget, J.: Biologie und Erkenntnis, Frankfurt am Main 1974

Polhemus, T.: The Postmodern Designer, in: Den Haan, J.; De Twee, H.: Hussein Chayalan, Rotterdam 2005, 106-111

Raap, J.: Die vereinheitlichte Schönheit, in: Kunstforum international, Schönheit II, Bd. 192, 2008, 93-99

Radits, F. (Hg.): Muster und Musterwechsel in der Lehrer- und Lehrerinnenbildung. Perspektiven aus Pädagogik und Fachdidaktik, Münster 2007

Reck, H.-U.: Totales Erinnern und Vergessensphobie – Aktueller Gedächtniskult und digitale Speichereuphorie, in: Kunstforum international, Ressource Aufmerksamkeit, Bd. 148, Dezember – Januar 2000, 46-50

Reiss, K.: Heute bin ich so, morgen bin ich anders, in: Gaugele, E.; Reiss, K. (Hg.): Jugend, Mode, Geschlecht, Frankfurt am Main 2003, 16-33

Rombach, H.: Der kommende Gott: Hermetik – eine neue Weltsicht, Freiburg im Breisgau 1991

Rötzer, F.: Parasiten sind immer und überall, in: Kunstforum international, Bd. 185, 2007, 67-79

Sabisch, A.; Seydel, F.: Biografieren, in: Kunst + Unterricht, Bio-grafie, Heft 280, 2004, 4-10

Schäfer, G.: Universen des Bastelns – Gebastelte Universen, in: Duncker, L., Maurer, F.; Schäfer, G. (Hg.): Kindliche Phantasie und ästhetische Erfahrung, Ulm 1990, 135-161

Schäfer, G., E. (Hg.): Bildung beginnt mit der Geburt, Weinheim und Basel 2005 (2. erweiterte Auflage)

Schiller, F.: Über die ästhetische Erziehung des Menschen, 1795, Stuttgart 1965

Schmidt, S.: Kognitive Autonomie und soziale Orientierung, Frankfurt 1994

Schmidt, S.: Medienkulturwissenschaft, in: Nünning, A. (Hg.): Metzler Lexikon Literatur- und Kunsttheorie, Stuttgart 1998, 349-351

Schmidt, S.: Diskurse & Geschichten, Abschied vom Konstruktivismus, Hamburg 2003

Schmidt, S.: Selektivität und Kontingenz konstituieren sich gegenseitig. In: Kunstforum international, Denken 3000, Bd. 190 März-April 2008, 49-57

Schneede, M.: Mit Haut und Haaren, Köln 2002

Schröter, S.: FeMale. Über Grenzverläufe zwischen den Geschlechtern, Frankfurt am Main 2002

Schuhmacher-Chilla, D. (Hg.): Im Banne der Ungewissheit, Bilder zwischen Medien, Kunst und Menschen, Oberhausen 2004

Schulz, M.: Ordnungen der Bilder, Eine Einführung in die Bildwissenschaft, München 2005

Schütz, N., Blohm, M. (Hg.): Die Kunst, Der Körper, Das Textile, Köln 2005

Seel, M.: Ästhetik des Erscheinens, München, Wien 2000

Seel, M.: Inszenieren als Erscheinenlassen, in: Früchtel, J.; Zimmermann, J.: Ästhetik der Inszenierung, Frankfurt am Main 2001, 48-62

Selle, G.: Das ästhetische Projekt, Plädoyer für eine künstlerische Praxis in Weiterbildung und Schule, Unna 1992

Selle, G.; Boehe, J.: Leben mit den schönen Dingen, Hamburg 1986

Selle, G.: Der Körper als fremder und eigener, in: Schütz, N.; Blohm, M. (Hg.): Die Kunst, der Körper, das Textile, Köln 2005, S. 49-65

Sennet, R.: The uses of disorder. Personal identity and city life. London 1996

Sennet, R.: Der flexible Mensch, Berlin 1998

Sennett, R.: Handarbeit, Berlin 2008

Serres, M.: Der Parasit, Frankfurt am Main, 1987 (Le parasite, Paris 1980)

Seydel, F.: Biografische Entwürfe, Ästhetische Verfahren in der Lehrer/innenbildung, Köln 2005

Siebert, H.: Über die Nutzlosigkeit von Belehrungen und Bekehrungen, Beiträge zur konstruktivistischen Pädagogik, Landesinstitut für Schule und Weiterbildung, Soest (Hg.), Bönen 1996

Siefer, W.; Weber, C.: Ich, wie wir uns selbst erfinden, München 2008

Singer, W.: Der Beobachter im Gehirn, Frankfurt am Main 2002

Singer, W.: Neurobiologische Anmerkungen zum Wesen und zur Notwendigkeit von Kunst (1984), in: Singer, W.: Der Beobachter im Gehirn, Frankfurt am Main 2002, 211-234

Sloterdijk, P: Der ästhetische Imperativ, Hamburg 2007

Smith, C.; Topham, S.: Xtreme Fashion, München 2005

Spitzer, M.: Geist im Netz, Heidelberg, Berlin 2000

Spitzer, M.: Lernen, Gehirnforschung und die Schule des Lebens, Heidelberg, Berlin 2002

Stange, R.: Stop and Go, in neuen Etappen zu diversen (skulpturalen) Relationen von Kunst, Kleidung und Körper, in: Anna, S.; Heinzelmann, M. (Hg.): untragbar, Mode als Skulptur, Ostfildern-Ruit 2001, S. 56-63

Stenger, U.: Die anthropologische Dimension von Bildern, in: Schuhmacher-Chilla, D. (Hg.): Im Banne der Ungewissheit, Bilder zwischen Medien, Kunst und Menschen, Oberhausen 2004, 117-137

Staudte, A. (Hg.): Ästhetisches Lernen auf neuen Wegen, Weinheim, Basel 1993

Steiner, B.; Yang, J.; Orth, J.; Trunk, C.: Art Works. Autobiografie. Zeitgenössische Kunst, Hildesheim 2004

Ströter-Bender, J.: »Mondstein, flieg und sieg!«, Zur ästhetischen Sozialisation durch die Kultserie Sailor Moon, in: Neuß, N. (Hg.): Ästhetik der Kinder, Frankfurt a. M., 1999, S. 221-234

Textil & Unterricht, Basteln / Bricolage, Seelze-Velber 7/2005

Tönnies, S.: Die Menschenrechte – nichts als schöne Worte?, in FAS, Nr. 27, 6.7.2008, 13

Townsend, C.: Rapture, Art's Seduction by Fashion since 1970, Thames & Hudson LTD, London 2002

Ullrich, W.: Was war Kunst?, Frankfurt am Main 2005

Vester, F.: Denken, Lernen, Vergessen, München 2001 (1. Auflage 1975)

Von Braun, C.: Die westliche Gesellschaft begreift sich als aufgeklärt, als säkularisiert, faktisch ohne ein Unbewusstes, Ein Gespräch mit Birgit Richard, in: Kunstforum international, Bd. 190, 2008, 76-83

von Foerster, H.: Entdecken oder Erfinden - Wie läßt sich Verstehen verstehen?, in: Gumin, H., Meier, H. (Hg.): Einführung in den Konstruktivismus, München 1985, (3. Auflage), 41-88

von Foerster, Heinz: KybernEthik, Berlin 1993

von Glasersfeld, E.: Aspekte einer konstruktivistischen Didaktik, in: Landesinstitut für Schule und Weiterbildung (Hg.): Lehren und Lernen als konstruktive Tätigkeit, Bönen 1995, 7-14

von Hentig, H.: Bildung, München 1996

von Hentig, H.: Kreativität, Hohe Erwartungen an einen schwachen Begriff, München 1998

von Rauchhaupt, U.: Die Realität ist nicht in den Dingen, Frankfurter Allgemeine Sonntagszeitung, 2.3.2008, Nr. 9, S. 69

Wagner, F.; Kapser, K.; Friedrich, J.: Das achte Feld. Geschlechter, Leben und Begehren in der Kunst seit 1960, Ostfildern 2006

Watzlawick, P.: Wie wirklich ist die Wirklichkeit?, München 1990, (18. Auflage)

Watzlawick, P.: (Hg.): Die erfundene Wirklichkeit, München 1995 (5. Auflage)

Watzlawick, P.: Die Möglichkeit des Andersseins, Bern 2007 (6. unveränderte Auflage)

Welsch, W.: Grenzgänge der Ästhetik, Stuttgart 1996

Welsch, W.: Ästhetisches Denken, Stuttgart 2006 (6. Auflage)

Welzer, H. (Hg.): Das soziale Gedächtnis, Geschichte, Erinnerung, Tradierung, Hamburg 2001

West, C., Zimmermann, D.: Doing Gender, in: Lorber, J.; Farrell, S.A. (Hg.): The Social Construction of Gender, Newbury Park (Sage) 1991, 13-27

Wilson, F.: Die Hand – Geniestreich der Evolution, Reinbeck 2002

Wurm, E.: The artist who swallowed the world, Katalog und Beilage deutsche Ausgabe, Ostfildern 2006

Zeuch, U. (Hg.): Haut zwischen 1500 und 1800, Verborgen im Buch – Verborgen im Körper, Wolfenbüttel 2003

Zweite, A.; Krystof, D.; Spieler, R. (Hg.): Ich ist etwas Anderes, Kunst am Ende des 20. Jahrhunderts, Köln 2000

Zweite, A.: Ich ist etwas Anderes, in: Zweite, A.; Krystof, D.; Spieler, R. (Hg.): Ich ist etwas Anderes, Kunst am Ende des 20. Jahrhunderts, Köln 2000, 27-50

Ästhetische Wahrnehmung ist die Aufmerksamkeit, die wir für uns wichtige, ähnliche und wiederkehrende Muster aufbringen, um unsere Wirklichkeit zu ordnen. Tagtäglich mustern wir andere Menschen, ihre Körper, ihre Kleidung oder ihr Verhalten. Wir werden aber auch durch Körperbilder aus unserem kollektiven Gedächtnis in Medien, Literatur oder Kunst gemustert. Ästhetische Bildung hat die Aufgabe, diese alltags-ästhetisch-biografischen Muster und ihre Einbindung in kulturelle Kontexte und Ordnungen bewusst zu machen, zu stören oder zu irritieren, um kreative und innovative Musterbildungen zu fördern. Künstlerisch-pragmatische Strategien bilden dabei ein großes Reservoir an Musteroptionen. Ziel der Muster-Bildungen ist, jungen Menschen Möglichkeiten aufzuzeigen, selbstständig an ihren ästhetischen Mustern weiter zu forschen, um nicht fremdbestimmt gemustert zu werden und sich dennoch in die eigene Eingebundenheit in kulturelle Muster bewusst zu sein.

Kontext Kunstpädagogik

herausgegeben von Johannes Kirschenmann, Maria Peters und Frank Schulz

Tanja Wetzel
Geregelte Grenzüberschreitung
Das Spiel in der ästhetischen Bildung
Band 1, München 2005, 268 Seiten, € 18,80 ISBN 978-3-938028-61-2

Andrea Dreyer
Kunstpädagogische Professionalität und Kunstdidaktik
Eine qualitativ empirische Studie im kunstpädagogischen Kontext
Band 2, München 2005, 300 Seiten, € 19,80 ISBN 978-3-938028-62-9

Bettina Uhlig
Kunstrezeption in der Grundschule
Zu einer grundschulspezifischen Rezeptionsmethodik
Band 3, München 2005, 380 Seiten, € 19,80 ISBN 978-3-938028-63-6

Johannes Kirschenmann, Ernst Wagner (Hrsg.)
Bilder, die die Welt bedeuten
»Ikonen« des Bildgedächtnisses und ihre Vermittlung über Datenbanken
Band 4, München 2006, 293 Seiten, € 18,80 ISBN 978-3-938028-64-4

Manfred Blohm, Christine Heil, Maria Peters, Andrea Sabisch, Fritz Seydel (Hrsg.)
Über Ästhetische Forschung
Lektüre zu Texten von Helga Kämpf-Jansen
Band 5, München 2006, 260 Seiten + CD, € 18,80 ISBN 978-3-938028-65-0

Christina Griebel
Kreative Akte
Fallstudien zur ästhetischen Praxis vor der Kunst
Band 6, München 2006, 271 Seiten, € 18,80 ISBN 978-3-938028-66-7

Johannes Kirschenmann, Frank Schulz, Hubert Sowa (Hrsg.)
Kunstpädagogik im Projekt der allgemeinen Bildung
Band 7, München 2006, 703 Seiten, € 24,80 ISBN 978-3-938028-67-4

Constanze Kirchner, Markus Schiefer Ferrari, Kaspar H. Spinner (Hrsg.)
Ästhetische Bildung und Identität
Fächerverbindende Vorschläge für die Sekundarstufe I und II
Band 8, München 2006, 272 Seiten, € 18,80 ISBN 978-3-938028-68-1

Axel von Criegern
»Lustige Gesellschaft auf einer Gartenterrasse«
Ein Bild-Bild-Diskurs über ein Gemälde des niederländischen Malers Jan Steen
Band 9, München 2006, 138 Seiten, € 14,80 ISBN 978-3-938028-85-8

Hans Brög, Peter Foos, Constanze Schulze (Hrsg.)
Korallenstock
Kunsttherapie und Kunstpädagogik im Dialog
Band 10, München 2006, 420 Seiten, € 22,80 ISBN 978-3-938028-90-2

Christine Heil
Kartierende Auseinandersetzung mit aktueller Kunst
Erfinden und Erforschen von Vermittlungssituationen
Band 11, München 2007, 362 Seiten, € 19,80 ISBN 978-3-938028-95-7

Rolf Niehoff, Rainer Wenrich (Hrsg.)
Denken und Lernen mit Bildern
Interdisziplinäre Zugänge zur Ästhetischen Bildung
Band 12, München 2007, 335 Seiten, € 19,80 ISBN 978-3-86736-112-5

Johannes Kirschenmann, Florian Matzner (Hrsg.)
documenta Kassel, Skulptur Münster, Biennale Venedig
Band 13, München 2007, 324 Seiten, € 19,80 ISBN 978-3-86736-113-2

Oliver M. Reuter
Experimentieren
Ästhetisches Verhalten von Grundschulkindern
Band 14, München 2007, 297 Seiten, € 18,80 ISBN 978-3-86736-114-9

Sara Burkhardt
Netz Kunst Unterricht
Künstlerische Strategien im Netz und kunstpädagogisches Handeln
Band 15, München 2007, 260 Seiten, € 18,80 ISBN 978-3-86736-115-6

Lars Zumbansen
Dynamische Erlebniswelten
Ästhetische Orientierungen in phantastischen Bildschirmspielen
Band 16, München 2008, 249 Seiten, € 18,80 ISBN 978-3-86736-116-3

Nobumasa Kiyonaga
Alfred Lichtwark. Kunsterziehung als Kulturpolitik
Band 17, München 2008, 530 Seiten, € 24,80 ISBN 978-3-86736-117-0

Günther Regel
Das Künstlerische vermitteln ...
Aufsätze, Vorträge, Statements und Gespräche zur Kunst, Kunstlehre und Kunstpädagogik
herausgegeben von Frank Schulz
Band 18, München 2008, 672 Seiten, € 24,80 ISBN 978-3-86736-118-7

Franz Billmayer (Hrsg.)
Angeboten
Was die Kunstpädagogik leisten kann
Band 19, München 2008, 262 Seiten, € 18,80 ISBN 978-3-86736-119-4

Franz Billmayer (Hrsg.)
Nachgefragt
Was die Kunstpädagogik leisten soll
Band 20, München 2009, 160 Seiten, € 14,80 ISBN 978-3-86736-120-0